高等院校经济学管理学系列教材

物流管理信息系统

王洪伟 主编

图书在版编目(CIP)数据

物流管理信息系统/王洪伟主编. —北京:北京大学出版社,2020.1
高等院校经济学管理学系列教材
ISBN 978-7-301-30886-8

Ⅰ. ①物… Ⅱ. ①王… Ⅲ. ①物流—管理信息系统—高等学校—教材 Ⅳ. ①F252-39

中国版本图书馆 CIP 数据核字(2019)第 226915 号

书　　　名	物流管理信息系统
	WULIU GUANLI XINXI XITONG
著作责任者	王洪伟　主编
责 任 编 辑	吕　正
标 准 书 号	ISBN 978-7-301-30886-8
出 版 发 行	北京大学出版社
地　　　址	北京市海淀区成府路 205 号　100871
网　　　址	http://www.pup.cn　新浪微博:@北京大学出版社
电 子 信 箱	sdyy_2005@126.com
电　　　话	邮购部 010-62752015　发行部 010-62750672　编辑部 021-62071998
印 刷 者	河北滦县鑫华书刊印刷厂
经 销 者	新华书店
	787 毫米×1092 毫米　16 开本　24.25 印张　531 千字
	2020 年 1 月第 1 版　2023 年 6 月第 4 次印刷
定　　　价	68.00 元

未经许可,不得以任何方式复制或抄袭本书之部分或全部内容。
版权所有,侵权必究
举报电话: 010-62752024　电子信箱: fd@pup.pku.edu.cn
图书如有印装质量问题,请与出版部联系,电话: 010-62756370

前　言

物流信息来源于物流活动，又反过来指导物流活动，它是现代物流的主要资源，越来越被人们所重视，对物流信息的管理也成为现代物流管理的重要内容，受到企业界和学术界的关注。尤其是"互联网＋"时代的来临，数据资源的海量化和信息技术的新兴化成为现代物流系统的重要特征，并作为"使能器"（enabler），推动物流系统的变革，使其朝着智能、快捷、安全、成本低和服务优的方向发展。

现代物流管理已经离不开信息化的支持。为适应时代需要，突出物流管理的信息化、网络化、智能化和柔性化，物流管理信息系统（logistic management information system）应运而生。物流管理信息系统是信息技术在物流管理中应用的一个新兴领域，是管理信息系统中一个重要的子系统。它是随着管理科学、信息科学、计算机科学与通信技术的不断发展，以及这些学科与现代物流管理相互渗透逐渐形成的一个交叉学科研究领域。物流管理信息系统是现代物流管理的主要工具，它将分散的物流活动联结成有机的整体，提高物流运作的效率，并降低物流成本，在物流活动中起着中枢神经系统的作用。

随着物流信息化建设的深入，我国急需大量既懂信息技术、又通晓物流管理的复合型人才。目前，国内已有多所高校开设物流管理专业，但物流管理高等教育发展时间较短，教材建设相对滞后，这种现状难以满足我国建设现代物流体系、培养物流管理人才的需要。尤其是在"互联网＋"时代，科技物流再升级，物流企业将引进新技术、新模式、新理念，这些都对教材建设提出了前所未有的新挑战，而满足时代发展需求的、优秀的物流管理信息系统的教材在国内较为欠缺。因此，加强物流管理专业的教材体系建设，特别是物流管理信息系统教材的建设，无疑非常重要。

本书分为四个篇章：在概念篇，笔者对物流管理信息系统进行概述，并介绍了基于"社会—技术"视角的物流管理信息系统体系结构，形成了全书的逻辑结构；在技术篇，介绍了常用的信息系统技术、物流单元技术，并重点介绍了新兴信息技术；在应用篇，介绍了物流业务信息系统，以及电子商务环境下的物流管理信息系统；在开发篇，笔者基于系统开发生命周期理论，采用结构化方法，对物流管理信息系统的规划、分析、设计和实施进行介绍。为增强教学实践环节，本书的编写以理论联系实际为指导思想，每一章节都配有应用案例，供读者参考。

本书具有以下特色:

1. "社会—技术"系统的观点贯穿全书

本书构建基于"社会—技术"系统的物流管理信息系统体系结构,从物流管理和信息技术融合的视角介绍物流管理信息系统的概念、原理、应用和开发过程。与采用纯技术观点讲授该课程相比,基于"社会—技术"系统视角的教学效果更佳。

2. 强调新兴信息技术为物流业的赋能

"互联网+"时代,物联网、大数据、云计算、人工智能等新兴技术为物流系统赋能,物流业正经历智慧化、科技化、数字化、在线化、可视化等变革。可以说,智慧物流的蓬勃发展将重构物流行业版图。为此,笔者在"技术篇"里,分别对信息系统技术、物流单元技术和新兴信息技术进行介绍,并结合生动的国内外案例,展示了新兴技术的特点及其引发的物流业变革。

3. "模块化"的内容组织方式

本书以物流管理本科生、研究生为主要使用对象,也可供经济与管理类专业的各类学生使用,还可用于物流企业一线及管理人员的岗位技能培训与自学。为适应各类对象,笔者尽可能注意知识的相关性、连贯性及技能操作的递进性,同时又保持相对独立性。为此,笔者在章节安排上采用了"模块化"的组织方式,即把教学内容分成相对独立的模块,一篇或一章为一个模块,教师可以根据不同的教学对象进行取舍和组合,制定各种授课方案,讲课进度可参考表0-1。

表0-1 教学进度安排表

周次	授课时数	教学篇章	教学内容
1	3	第1篇: 概念篇	第1章 物流管理信息系统概述 1.1 物流 1.2 物流信息 1.3 物流管理信息系统 1.4 案例:沃尔玛和亚马逊的物流信息系统
2	3		第2章 物流管理信息系统体系结构 2.1 物流管理信息系统体系结构 2.2 物流管理信息系统——系统基础 2.3 物流管理信息系统——应用系统 2.4 物流管理信息系统的应用系统 2.5 物流管理信息系统的集成 2.6 案例:SAP助力海尔物流管理信息系统建设

(续表)

周次	授课时数	教学篇章	教学内容
3	3	第2篇：技术篇	第3章 信息系统技术 3.1 计算机网络 3.2 数据库 3.3 数据仓库 3.4 数据挖掘
4	3		第4章 物流单元技术 4.1 条形码技术 4.2 射频识别技术 4.3 GIS技术 4.4 GPS技术 4.5 电子数据交换（EDI）技术
5	3		第5章 新兴信息技术 5.1 物联网技术 5.2 大数据技术 5.3 云计算技术 5.4 移动互联网技术 5.5 人工智能
6	3	第3篇：应用篇	第6章 订单管理信息系统 6.1 订单管理 6.2 订单管理信息系统 6.3 订单管理信息系统主要功能 6.4 电子订货系统（EOS） 6.5 案例：美团外卖订单系统演进
7	3		第7章 库存管理信息系统 7.1 库存管理 7.2 库存管理信息系统 7.3 案例：库存管理信息系统的应用
8	3		第8章 运输管理信息系统 8.1 运输管理 8.2 运输管理信息系统 8.3 案例：南航的货运信息系统
9	3		第9章 配送中心管理信息系统 9.1 配送中心管理 9.2 配送中心管理信息系统 9.3 配送中心管理信息系统的功能 9.4 案例：周大福物料配送中心的规划与实施
10	3		第10章 电子商务环境下的物流管理信息系统 10.1 电子商务环境下的现代物流 10.2 电子商务环境下的物流管理信息系统 10.3 案例："菜鸟网络"让物流变得更智能

(续表)

周次	授课时数	教学篇章	教学内容
11	3	第4篇：开发篇	**第11章 物流管理信息系统规划** 11.1 物流管理信息系统规划概述 11.2 物流管理信息系统规划方法 11.3 初步调查和系统方案设想
12	3		11.4 可行性分析 11.5 系统规划方案书 11.6 案例：物流管理信息系统规划
13	3		**第12章 物流管理信息系统分析** 12.1 系统分析 12.2 详细调查 12.3 功能、数据与流程分析
14	3		12.4 新系统功能模型设计 12.5 新系统流程模型设计 12.6 新系统数据模型逻辑设计 12.7 新系统逻辑模型整合 12.8 系统分析报告 12.9 案例：某金属材料批发公司物流信息系统分析
15	3		**第13章 物流管理信息系统设计** 13.1 系统设计概述 13.2 系统平台设计 13.3 数据模型的详细设计 13.4 输入、输出与用户界面设计 13.5 软件结构设计
16	3		13.6 信息系统安全设计 13.7 信息系统设计报告 13.8 案例：昆山铭泰纸业进销存信息系统设计
17	3		**第14章 物流管理信息系统实施** 14.1 外购/外包方案的实施 14.2 程序设计的组织 14.3 组件开发技术 14.4 程序调试与系统测试 14.5 版本管理
18	3		14.6 人员培训 14.7 系统试运行 14.8 案例：基于组件的第三方物流信息系统集成

  本书的编写分工如下：第1、2章由王洪伟、郑丽娟编写；第3、4、5章由郑丽娟编写；第6、7、8、9、10章由王洪伟、高松编写；第11、12、13、14章由王洪伟编写。王洪伟负责全书的规划和统稿，郑丽娟负责全书的编排，高松负责配套电子教案的制作。在本书的写作过程中，尹装、王伟、孟园、郭恺强、杜战其、宋媛、盛小

宝、袁翔、尹熙成、赵家玲、宫丽英、任豪、蒋晶纬、林星凯、张晓鹏、朱林源、方秀峰、冀宇强、顾启灿、蔡文嘉、袁云、英莹莹、史云祥、侯志萍、潘佳蕾、裴帅、钱幼青、陈诗沁、魏依菲、夏强伟、白韬、刘佳琪、朱苑珺等多位研究生协助参与了部分写作、资料收集、调研和校对工作。

同济大学刘仲英教授和霍佳震教授长期致力于物流信息系统教学与科研工作，感谢两位老师对本书大纲提出的建设性意见。本书"系统分析与设计"的综合案例就取材于各位同事的科研项目。基于3NF的数据库设计方法也是刘老师多年实践总结出来的方法。另外，同济大学徐德华副教授、吴冰副教授，上海财经大学邵建利副教授分别对"信息系统技术""物流单元技术"和"物流信息系统运行管理"的编写提出诸多建设性意见，在此深表感谢。本书编写过程中参考了不少国内外文献，在此谨向这些文献的作者表示衷心的感谢。

由于编者水平有限，书中难免有不妥之处，恳请读者指正。

王洪伟

2019年3月22日于同济大学

第1篇 概 念 篇

第1章 物流管理信息系统概述 ········· 3
- 1.1 物流 ········· 3
- 1.2 物流信息 ········· 6
- 1.3 物流管理信息系统 ········· 10
- 1.4 案例：沃尔玛和亚马逊的物流信息系统 ········· 12
- 本章小结 ········· 15
- 习题 ········· 15
- 参考文献 ········· 16

第2章 物流管理信息系统体系结构 ········· 17
- 2.1 物流管理信息系统的体系结构 ········· 17
- 2.2 物流管理信息系统——系统基础 ········· 20
- 2.3 物流管理信息系统——应用系统 ········· 23
- 2.4 物流管理信息系统的应用系统 ········· 26
- 2.5 物流管理信息系统的集成 ········· 29
- 2.6 案例：SAP助力海尔物流管理信息系统建设 ········· 32
- 本章小结 ········· 34
- 习题 ········· 34
- 参考文献 ········· 35

第2篇 技 术 篇

第3章 信息系统技术 ········· 39
- 3.1 计算机网络 ········· 39
- 3.2 数据库 ········· 50

3.3 数据仓库 ………………………………………………………………… 63
3.4 数据挖掘 ………………………………………………………………… 69
本章小结 ……………………………………………………………………… 75
习题 …………………………………………………………………………… 75
参考文献 ……………………………………………………………………… 76

第 4 章 物流单元技术 …………………………………………………… 77
4.1 条形码技术 ……………………………………………………………… 77
4.2 射频识别技术 …………………………………………………………… 87
4.3 GIS 技术 ………………………………………………………………… 92
4.4 GPS 技术 ………………………………………………………………… 101
4.5 电子数据交换（EDI）技术 …………………………………………… 111
本章小结 ……………………………………………………………………… 119
习题 …………………………………………………………………………… 119
参考文献 ……………………………………………………………………… 120

第 5 章 新兴信息技术 …………………………………………………… 121
5.1 物联网技术 ……………………………………………………………… 121
5.2 大数据技术 ……………………………………………………………… 126
5.3 云计算技术 ……………………………………………………………… 135
5.4 移动互联网技术 ………………………………………………………… 142
5.5 人工智能 ………………………………………………………………… 148
本章小结 ……………………………………………………………………… 155
习题 …………………………………………………………………………… 155
参考文献 ……………………………………………………………………… 155

第 3 篇 应 用 篇

第 6 章 订单管理信息系统 ……………………………………………… 163
6.1 订单管理 ………………………………………………………………… 163
6.2 订单管理信息系统 ……………………………………………………… 167
6.3 订单管理信息系统主要功能 …………………………………………… 167
6.4 电子订货系统（EOS）………………………………………………… 169
6.5 案例：美团外卖订单系统演进 ………………………………………… 174
本章小结 ……………………………………………………………………… 175
习题 …………………………………………………………………………… 176
参考文献 ……………………………………………………………………… 176

第7章 库存管理信息系统 ·············· 177
7.1 库存管理 ···························· 177
7.2 库存管理信息系统 ················ 179
7.3 案例：库存管理信息系统的应用 ············ 184
本章小结 ································ 188
习题 ···································· 188
参考文献 ································ 189

第8章 运输管理信息系统 ·············· 190
8.1 运输管理 ···························· 190
8.2 运输管理信息系统 ················ 192
8.3 案例：南航的货运信息系统 ········ 197
本章小结 ································ 198
习题 ···································· 198
参考文献 ································ 198

第9章 配送中心管理信息系统 ·········· 199
9.1 配送中心管理 ························ 199
9.2 配送中心管理信息系统 ············ 202
9.3 配送中心管理信息系统的功能 ····· 203
9.4 案例：周大福物料配送中心的规划与实施 ············ 208
本章小结 ································ 210
习题 ···································· 210
参考文献 ································ 211

第10章 电子商务环境下的物流管理信息系统 ············ 212
10.1 电子商务环境下的现代物流 ······ 212
10.2 电子商务环境下的物流管理信息系统 ············ 216
10.3 案例："菜鸟网络"让物流变得更智能 ············ 218
本章小结 ································ 220
习题 ···································· 220
参考文献 ································ 220

第4篇 开 发 篇

第11章 物流管理信息系统规划 ·········· 225
11.1 物流管理信息系统规划概述 ······ 226
11.2 物流管理信息系统规划方法 ······ 230

11.3 初步调查和系统方案设想 ………………………………… 252
11.4 可行性分析 ………………………………………………… 255
11.5 系统规划方案书 …………………………………………… 258
11.6 案例：物流管理信息系统规划 …………………………… 259
本章小结 ……………………………………………………… 261
习题 …………………………………………………………… 261
参考文献 ……………………………………………………… 262

第 12 章 物流管理信息系统分析 …………………………… 263
12.1 系统分析 …………………………………………………… 263
12.2 详细调查 …………………………………………………… 264
12.3 功能、数据与流程分析 …………………………………… 265
12.4 新系统功能模型设计 ……………………………………… 267
12.5 新系统流程模型设计 ……………………………………… 271
12.6 新系统数据模型逻辑设计 ………………………………… 272
12.7 新系统逻辑模型整合 ……………………………………… 274
12.8 系统分析报告 ……………………………………………… 276
12.9 案例：某金属材料批发公司物流信息系统的分析 ……… 277
本章小结 ……………………………………………………… 301
习题 …………………………………………………………… 301
参考文献 ……………………………………………………… 302

第 13 章 物流管理信息系统设计 …………………………… 303
13.1 系统设计概述 ……………………………………………… 303
13.2 系统平台设计 ……………………………………………… 309
13.3 数据模型的详细设计 ……………………………………… 315
13.4 输入、输出与用户界面设计 ……………………………… 320
13.5 软件结构设计 ……………………………………………… 332
13.6 信息系统安全设计 ………………………………………… 338
13.7 信息系统设计报告 ………………………………………… 339
13.8 案例：昆山铭泰纸业进销存信息系统设计 ……………… 340
本章小结 ……………………………………………………… 345
习题 …………………………………………………………… 345
参考文献 ……………………………………………………… 345

第 14 章 物流管理信息系统实施 …………………………… 347
14.1 外购/外包方案的实施 ……………………………………… 347
14.2 程序设计的组织 …………………………………………… 352

14.3 组件开发技术 …………………………………………………………… 354
14.4 程序调试与系统测试 ……………………………………………………… 358
14.5 版本管理 …………………………………………………………………… 362
14.6 人员培训 …………………………………………………………………… 365
14.7 系统试运行 ………………………………………………………………… 367
14.8 案例：基于组件的第三方物流信息系统集成 …………………………… 371
本章小结 ………………………………………………………………………… 372
习题 ……………………………………………………………………………… 373
参考文献 ………………………………………………………………………… 373

第1篇

概 念 篇

第 1 章
物流管理信息系统概述

学习目的

1. 理解现代物流的概念、功能和特征;
2. 理解物流信息的概念、类型和特征以及物流信息与信息流的关系;
3. 掌握物流管理信息系统概念、功能和特点;
4. 结合案例了解企业物流信息化建设的过程。

移动互联时代的到来,"互联网+"带来的产业革命,以及云计算、大数据、物联网、物流自动化和智能化技术的不断成熟优化,推动了现代物流与互联网产生更多的"化学反应",从而推动物流产业进入新时代。现代物流与信息技术息息相关,信息技术的发展是现代物流产业变革,实现跃迁式发展的关键和核心。物流信息是现代物流的主要资源,越来越受到人们的重视。作为本书的开篇,本章将阐述有关物流管理信息系统的一系列概念,包括现代物流的概念、功能、特征,物流信息的概念、类型、特征,以及物流管理信息系统的概念、功能、特点,以便读者对现代物流有基本的了解,对物流管理信息系统也有总体上的认识。

1.1 物 流

1.1.1 现代物流的概念

物流由"物"和"流"两个要素组成,其核心是物质资料的"流动"。随着社会分工的逐渐细化,物质资料流通的规模日益庞大,供应链愈发复杂,生产、分配、交换和消费扩展到了一个极其广阔的空间。此时,只有依靠物流才能将整个流程的各个环节连接起来,使社会化大生产得以实现。因此,物流管理水平成为衡量一个国家现代化程度和综合国力的重要标志之一。

现代物流是多学科交融的产物,涵盖的内容十分广泛。自 20 世纪初物流概念诞生至今的一个世纪里,物流及其管理活动经历了多种多样的变化和发展。对物流概念的认识,也是仁者见仁,智者见智。但万变不离其宗,不同的物流概念只是各自强调的方面或是考察的角度有所差异而已。以下列举几种有代表性的说法,为全面理解现代物流这一概念提供参考。

（1）中华人民共和国国家标准《物流术语 GB/T18354-2006》对物流的定义：物品从供应地向接收地的实体流动过程。根据实际需要，将运输、存储、装卸、搬运、包装、流通加工、配送和信息处理等基本功能实施有机结合。

（2）美国物流管理协会（Council of Logistics Management，简称 CLM）对物流的定义：对货物、服务及相关信息从起源地到消费地进行有效率、有效益的流通和存储，以满足顾客要求的过程并对这个过程进行计划、执行和控制。这个过程包括输入、输出、内部和外部的移动，及以环境保护为目的的物料回收。

（3）欧洲物流协会（European Logistics Association，简称 ELA）对物流的定义：在一个系统内对人员和商品的运输、安排及与此相关的支持活动进行计划、执行和控制，以达到特定的目的。

（4）日本工业标准（Japanese Industrial Standards，简称 JIS）对物流的定义：将实物从供给者物理地移动到用户这一过程的活动，一般包括输送、保管、装卸、包装以及与其有关的情报等各种活动。[1]

全面理解现代物流的定义，需要注意以下几点：

（1）对物品的理解。物品不只是生产的商品，还包含伴随着生产和销售出现的包装容器、包装材料等废弃物。

（2）对消费者的理解。消费者不是一般意义上的消费者，还包括生产厂商、批发商、零售商等需求者。

（3）对流通加工的理解。由于流通加工具有产生物品形质（形体和性质）的功能，也可以将其归入生产领域。但是，流通加工的目的是提高物流系统的效率，因而将流通加工视为物流功能更为合适。

1.1.2 现代物流的功能

现代物流具体包括运输、存储、装卸、包装、流通加工、配送、物流信息等。

（1）运输，是对人和物品的装载及运输。组织物品在不同的地域范围内进行流动，克服产需之间地理空间上的差距，以满足社会生产和生活需要。运输是物流的主要功能之一，主要方式有公路、铁路、水运、航空、管道运输。

（2）存储，是一种为克服产需之间的时间差而安排的活动。存储是物流的主要功能之一，它具有增值的效用，但该活动也是导致物流成本上升的重要因素。

（3）装卸。在同一地域范围内，改变物的存放、支承状态的活动称为装卸。它是一项附属性、伴生性的功能，既是物流活动中作业之间的过渡与衔接性作业，也是一种保证物品安全、物流通畅，以提高服务质量的必要手段。

（4）包装，是在物流过程中为保护产品、方便储运、促进销售，按一定技术方法，采用容器、包装材料及其他辅助物品等将基本的流通对象加以包封，并辅以适当的装潢和标志等一系列辅助性功能活动的总称。在社会再生产过程中，它既是生产过程之末，又是物流过程之始。

（5）流通加工，是物品在流通过程中为便于包装、装卸、搬运、运输或存储进行的必要的加工活动，也是促成物品增值的环节之一。

（6）配送，是将物品送达用户，以确保物流服务的环节。

（7）物流信息，是反映物流各种活动内容的知识、资料、图像、数据、文件的总称。信息是支持物流运作，尤其是支持大范围物流网络运作的至关重要的因素，对促进物流系统功能优化和物流过程合理化具有重要意义。[2]

物流功能体现在组织物品进行物理性的流通，在为用户提供某种服务的同时，也实现了物品自身的增值。增值过程通过以下三种效用来实现：

（1）通过加工，促成"物"在生产流通过程的不同时段发生形态上的改变，从而实现增值。

（2）通过运输，改变"物"的空间位置，以创造"物"的"场所效用"，从而实现增值。

（3）通过存储与保管，改变"物"的时间分布状态，以创造"时间效用"，从而实现增值。

1.1.3 现代物流的特征

（1）反应快速化

物流服务提供者对上下游的物流与配送需求的反应速度越来越快，前置时间越来越短，配送间隔越来越小，配送速度越来越快，商品周转次数越来越多。

（2）功能集成化

现代物流越来越重视物流与供应链各个环节的集成，包括物流渠道与商流渠道的集成、物流渠道之间的集成、物流功能的集成、物流环节与制造环节的集成等。

（3）服务系列化

除了传统的存储、运输、包装、流通加工等服务，在外延上，现代物流服务向上扩展至市场调查与预测、采购及订单处理，向下延伸至配送、物流咨询、物流方案的规划、库存控制策略建议、货款回收与结算、教育培训等增值服务；在内涵上，现代物流服务增强了以上服务对决策的支持。[3]

（4）作业规范化

现代物流强调功能、作业流程、作业动作的标准化与规范化，使复杂的作业变成简单的、易于推广与考核的动作。

（5）目标系统化

现代物流从系统角度统筹规划公司整体的物流活动，处理物流活动与商流活动及公司目标之间、物流活动之间的关系，不求单项活动的最优化，但求整体活动的最优化。

（6）手段现代化

生产、流通与销售的规模越大、范围越广，所需的物流技术、设备及管理就应更现代化。计算机与通信技术、机电一体化技术、语音识别技术等得到普遍应用。国际上一些先进的物流系统综合运用了全球卫星定位系统、卫星通信、射频识别装置、机器人，实现了自动化、机械化、无纸化和智能化。

（7）组织网络化

分散的物流单体只有形成网络才能满足现代生产与流通的需求。现代物流需要完善的物流网络体系，使网络上"点与点"之间的物流活动保持系统性、一致性，这样既可保证物流网络具有最优的库存水平及库存分布，也能实现运输与配送的快速和机动。

（8）经营市场化

现代物流的经营管理采用市场机制，无论是自己组织，还是委托他人，都以"服务—成本"的最佳配合为目标。国际上既有企业自办物流相当出色的"大而全""小而全"的例子，也有企业利用第三方提供物流服务的例子。

（9）信息电子化

由于计算机信息技术的应用，现代物流过程的可见性明显增加，物流过程中库存积压、延期交货、送货不及时、库存与运输不可控等风险大大降低。供应商、物流商、批发商、零售商在物流过程中的协调、配合以及控制能力大大加强。

1.2 物流信息

1.2.1 物流信息的概念

物流信息是指一切与物流活动有关的信息。物流信息伴随着物流活动的发生而产生，贯穿于物流活动的整个过程。对物流信息的管理和控制程度，反映了物流企业运作管理与决策方面的水准。只有及时掌握准确的物流信息，才能对物流活动进行有效的控制，因此，物流信息被称为物流的中枢神经。

从狭义上看，物流信息是指与物流活动（包括运输、存储、包装、装卸、搬运、流通加工、配送等）有关的信息。它包括物料流转信息、物流作业层信息、物流控制层信息以及物流管理层信息。在物流管理和决策的每个环节（如运输路线的优化、在途货物的跟踪、最佳库存的确定等）都需要准确详细的物流信息来支持和保障。

从广义上看，物流信息不仅指与物流活动有关的信息，还包括与其他流通活动有关的信息，如与买卖双方交易过程有关的商品交易信息（销售、购买、订货、收货等），与交通有关的运输信息（运输方式、运输路线、运输成本），还有与市场活动有关的市场信息（消费者需求、竞争者、促销商品）。广义的物流信息涵盖整个供应链活动的相关信息，起到了整合生产商、批发商、零售商和消费者的作用，信息使用者可对供应链中各个环节进行有效的计划、协调、控制和管理。

1.2.2 物流与信息流的关系

物流是物质资料从起源地、生产者、供给者到需求者的物理运动过程，是物质实体的流动过程。物流管理的目标就是通过提高物流效率和效益，开发物流领域的利润潜力，让物流成为继原材料资源、人力资源之后企业的"第三个利润源"。信息在物质资料采购、加工、运输、存储和销售过程中以各种形态逐渐形成，并作为物流的重要组成要素，为物流管理提供战略性的依据。它以文字、数字、图形、声音等形式为载体，真实反映物流活动的性质、状态和行为。

信息流与物流互为存在的前提与基础，不可分离。一方面，信息流伴随着物流而产生，物流要求信息能够真实反映物流状态，用以把握、控制和调节物流的方向、数量和速度，使其按照企业需求运作。另一方面，信息技术的不断发展优化了信息流的质量、速度和规模，让信息流反过来作用于物流服务。信息流可以为物流提供最准确及时的一手资料，让企业拥有充足的信息来制订更为有效的物流计划，作出更为科学的决策。

物流转移的是实物化的物质，而信息流是一种非实物化的传递方式。以电子商务为例，物流是物品从供应地向接受地的实体流动过程，根据实际需要，将订货、配送、采购、运输、存储、搬运、包装、流通加工、信息处理等功能有机结合。信息流是指有关交易的各种信息的交流，包括商品信息的提供、分销促销、技术支持、售后服务等内容，也包括询价单、报价单、付款通知单、转账通知单等贸易单证，还包括双方的支付能力、支付信誉等。

一般来说，物流是单向的，而信息流是双向的。信息流的形态复杂，包含的信息量也更大，要求有相应的反馈来控制、调节和管理物流。图1-1描述了物流与信息流的关系（实线为物流，虚线为信息流）。

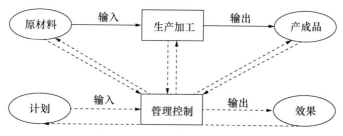

图1-1 物流与信息流的关系

1.2.3 物流信息的类型

1. 按管理者的层次分类

企业经营管理活动划分为四个层面：作业层、知识层、管理层和战略层，如图1-2所示。处于不同层次的管理者对物流信息的需求也不同。

（1）作业层信息：作业层由业务人员构成，如仓库保管员、车队调度员等，他们负责监督日常业务活动，对其负责的业务活动进行指导以保证组织的正常运转。典型的业务有库存水平的检查、车辆安排等。作业层所需要的信息具有重复性、可预见性、详细性、精确性等特点。这些信息主要来自企业内部信息源，结构化程度高。

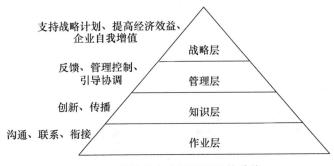

图 1-2 物流信息在不同层级的功能

（2）知识层信息：知识层由知识工作者构成。知识工作者可进一步分为知识工人和数据工人，前者是指知识的创新者，后者则是知识的使用、处理、传播者。他们都是信息和信息技术的使用者，负责帮助组织把知识应用到管理或经营中去。这一层的管理要求信息协助知识显性化、帮助知识进行传播。

（3）管理层信息：管理层由中层经理构成，如采购主管、销售主管、生产主管，他们负责实施组织的目标，对组织内部的各种资源进行有效的利用，计划并控制组织的活动，对计划实施的情况进行检查，以确保目标的实现。如每月一次的原材料订购工作，每个季度必须进行的生产能力平衡等。这一层的信息具有阶段性、可比性、概括性等特点，常常来自于企业内部和外部的信息源。

（4）战略层信息：战略层由高层经理或资深管理者构成，如总经理、CEO、厂长，其目的在于确定组织的目标，制定实现该目标的长远规划和发展方向，并负责与外部进行联系，如与重要供应商或客户、政府部门进行沟通等。战略层所需要的信息具有随机性、概括性、预测性、异常性等特点，数据外部化程度高，多为非结构化信息。

2. 按信息来源分类

（1）内部信息：物流活动本身所产生的信息，包括物料流转信息、物流作业层信息、物流管理层信息和物流战略层信息。这些信息产生于物流活动本身，可用于指导下一个物流循环，协调物流系统内部人、财、物的活动。

（2）外部信息：物流系统以外信息源产生的、可供物流管理使用的信息，包括一些来自经济、工业等领域的对物流活动有作用的信息，还包括供应商信息、顾客信息、交通运输信息、政策法规信息等。这些信息用于指导物流活动的计划、控制、决策等。

3. 按信息作用分类

（1）计划信息：指已经被当作目标确认，但尚未实现的信息。如仓库计划、物流量计划、运输计划，甚至有些协议、合同、投资等信息，只要还没进入具体的业务操作，都可以归入计划信息。这类信息稳定性较强，更新速度较慢，对物流活动有着非常重要的战略性指导意义。

(2) 控制及作业信息：指物流业务操作过程中发生的信息。如库存量、在运量、运输工具、物料价格等。这些信息动态性非常强，更新快，时效性强，主要用来控制和调整正在发生的物流活动并指导将发生的物流活动，以实现对过程的控制和对业务活动的调整。

(3) 支持信息：指能对物流活动产生影响的相关信息，包括法律、民俗、文化、教育、科技等方面，这些信息范围广，隐蔽性强。对这些信息的及时把握可以对物流活动的战略发展产生重要的作用，从整体上提高物流的水平。

(4) 统计信息：指在物流活动结束后对整个流程的总结性信息。如上一年度发生的物流量、采用的运输方式、库存成本等。这些信息都是历史结论，但在总体上会产生一个动态的趋势，可用于对过去物流活动和规律的正确把握，以指导新一轮的物流战略发展规划。

4．按信息加工程度分类

(1) 原始信息：指未加工过的信息。它们是信息工作的基础，也是最权威的凭证。[4]

(2) 加工信息：指对原始信息进行提炼加工和处理后的信息。它们比原始信息更简明扼要，且有规律、有条理，便于物流管理与决策等活动。

5．按与几何空间位置的相关性分类

(1) 空间信息：指描述物流资源几何空间位置的相关信息，一般存储在空间数据库中。

(2) 非空间信息：指与物流资源的几何空间位置无关的信息，较多存储于关系型数据库中。

1.2.4 物流信息的特征

1．信息量大

现代物流的业务范围变大，综合性变强，因此，相应的物流信息量增大。特别是，多品种小批量生产和多频度小数量配送使得库存、运输等物流活动信息剧增。物流企业广为采用的信息技术，如实点销售系统（POS）、电子数据交换（EDI）、电子自动订货系统（EOS），使得物流信息大量自动产生。

2．更新快

物流活动正朝着多品种小批量生产和多频度小数量配送发展，物流信息与商品交易信息的更新速度也会越来越快。物流信息的动态性强、实时性高、时效性强、信息价值衰减速度快。

3．种类多

物流是连接生产和消费的桥梁，任何生产和消费活动都可视为物流信息的组成部分。不仅企业内部各环节会产生不同类型的信息，企业间物流信息以及与物流活动有关的基础设施信息都是物流信息的来源。[5]

4. 标准化、定量化

为使企业内部数据管理更有效，企业间数据交换更便捷，现代物流广泛采用电子技术和网络技术，如 POS、EDI、EOS 等，因而物流信息越来越标准化、定量化。[6]

1.3 物流管理信息系统

1.3.1 物流管理信息系统的概念

物流管理信息系统通常被认为是企业管理信息系统的一种或一部分，因此在介绍物流管理信息系统的定义之前，先来回顾一下管理信息系统的概念。

管理信息系统（management information system，MIS）是一门正在发展的新兴学科，于 20 世纪 80 年代逐渐形成，至今尚无统一的定义。普遍认为，管理信息系统是用系统思想建立起来的，以电子计算机为基本信息处理手段，以现代通信设备为基本传输工具，并能为管理决策提供信息服务的人机系统，即管理信息系统是一个由人和计算机组成的，能收集、传输、存储、加工、维护和使用管理信息的系统。

物流管理信息系统（logistics management information system，LMIS）是企业管理信息系统中一个重要的子系统。它通过对系统内外物流信息的收集、存储、加工处理，获得物流管理中有用的信息，并以表格、文件、报告、图形等形式输出，以便管理人员和领导者有效地利用这些信息组织物流活动，协调和控制各作业子系统的正常运行，实现对物流的有效控制和管理，并为物流管理人员及其他企业管理人员提供战略及决策支持。

1.3.2 物流管理信息系统的功能

物流管理信息系统能够实现对物流服务全过程的管理。它以运输和仓储为主线，管理取货、集货、包装、仓储、装卸、分货、配货、加工、信息服务、送货等各个环节，控制物流服务的全过程。

物流管理信息系统主要有订货管理、入库管理、配货管理、在库管理、出库管理和配送管理等信息处理和作业指示等功能。

（1）订货管理，指客户订单接收与处理以及客户订货的确认。

（2）入库管理，主要功能包括接收货物入库、货物存储计划及存储确认、数据库系统的数据更新、入库确认、生成相应的财务数据信息等。这一环节更多属于业务操作工作。物流中心应采用条形码技术、RF 技术、智能卡等提高员工入库操作的准确率和工作效率；在货物入库时，还应当考虑货物出库和保管的效率和便利性。

（3）配货管理，是指物流中心在员工对客户订单的相关信息进行预配货时作出的相关作业指示。例如，每一个货位上设置一个配货提示器，在提示器亮灯并显示数量时，员工进行商品寻找工作，这样可提高配货的效率并减少差错。

(4) 在库管理，其核心工作在于确定货物的保管位置、数量和入库日期，使在库数据与实际货物保持一致。从不同货物接受订货处理到作出货物出库指示，应保证货物快进快出和先进先出。

(5) 货物盘点，指作业人员对在库货物实数与信息系统的在库数据进行核实并作相应更正。货物盘点工作主要是为了防止由于作业人员在出库操作时出现差错，以及由于货物损坏等原因而造成的实际在库货物数据与信息系统数据不吻合。

(6) 入库保管。对货物的入库保管作业来说，信息系统的应用，不仅在于提高作业效率和精度，而且在于最大限度地利用有限的商品存储空间，尽量避免缺货或货物出库后因货位空闲所造成的巨大损失和资源浪费。

(7) 出库管理，包括出库计划、出库指示和未能出库等内容。其中，出库计划包括出库指示，每个客户的订货数据汇总、分批发货和完成发货等内容；出库指示包括出库部门输出各种出库用的票据；未能出库指将要出库时，对于预定出库单还未出库情况的管理。

(8) 配送管理，是最后一个主要环节，也是全部配送工作中的核心业务。要想合理、经济地进行货物配送，必须尽可能地实现六个"最"，即最少环节、最短距离、最低费用、最高效率、最大效益和最佳服务。配送管理中的配送路线选择和配送车辆安排都要紧紧围绕上述目标展开。

(9) 配送路线选择。物流中心应在利用计算机系统进行货物配送路线的大量模拟基础上，选择合适的配送路线。配送路线的选择要避免迂回运输、相向运输、空车往返等不经济的现象。

(10) 配送车辆安排。可利用一些车辆配送安排的软件模型作为决策的参考依据。要立足于对车辆实行单车经济核算，提高配送车辆的装载使用效率。

(11) 财务会计系统。以采购部门传来的货品入库信息核查供货商送来的清单资料，并据此向厂商付款；或由销售部门取得出货单，制作应收账款清单并收取账款；还要制作各种财务报表，提供给营运、绩效管理人员作为参考。

物流管理信息系统的功能不可能与上述分类完全一致，应根据企业实际需要，立足于企业物流的特点，建立集可靠性、及时性、灵活性和适应性于一体的现代物流管理信息系统。系统所要解决的问题包括：缩短从接受订货到发货的时间，库存矢量化，提高装载和搬运作业效率，提高运输效率，使订货和发货更为省力，提高订单处理的精度，防止出现差错，调整需求和供给，信息查询等。一个功能完善、强大的物流管理信息系统应建立在简单的物流信息管理之上，具备管理控制、信息决策以及制订战略计划等功能。[7]

1.3.3 物流管理信息系统的特点

随着社会经济的发展和科技的进步，物流管理信息系统正在向信息分类的集成化、系统功能的模块化、信息采集的实时化、信息存储的标准化、信息传输的网络化、信息处理的智能化方向发展。

（1）集成化，指物流管理信息系统将业务逻辑上相互关联的部分连接在一起，为企业物流活动中的集成化信息处理工作提供基础。在系统开发过程中，数据库的设计、系统结构以及功能的设计等都应该遵循统一的标准、规范和流程，以避免出现"信息孤岛"现象。

（2）模块化，即把物流管理信息系统划分为各个功能模块的子系统，各个系统通过统一的标准来进行功能模块开发，然后再集成，这样既能满足物流企业不同管理部门的需要，也保证了各个子系统的使用和访问权限。

（3）标准化。它包括两方面内容：一是物流信息本身的标准化，如数据格式、语言、传输协议、处理程序等的标准化；二是物流管理信息系统的结构、接口、基本模块的基本统一性。标准化有利于物流管理信息系统和企业其他信息系统之间的数据和信息的交换与共享。

（4）实时化，即借助于编码技术、自动识别技术、GPS、GIS等现代信息技术，对物流活动进行准确、实时的信息采集，并借助先进的计算机与通信技术，及时地进行数据处理和传送，将供应商、分销商和客户在业务关系上连接起来，使整个物流管理信息系统能够及时掌握和共享属于供应商、分销商或客户的信息。

（5）网络化，即通过网络技术和通信技术将分散在不同地理位置的物流分支机构、供应商、客户等连接起来，形成一个复杂但有密切联系的信息网络，实时了解各地业务的运作情况。物流信息中心将对各地传来的物流信息进行汇总、分类、综合分析，并通过网络反馈和传达结果，以指导、协调、综合各个地区的业务工作。

（6）智能化。目前尚缺乏十分成功的案例，但物流管理信息系统正往这个方向努力发展。例如，物流企业决策支持系统中的知识子系统，它就负责收集、存储和智能化处理在决策过程中所需要的物流领域知识、专家的决策知识和经验知识。

1.4 案例：沃尔玛和亚马逊的物流信息系统

1. 沃尔玛的物流管理信息系统

沃尔玛是国际著名的连锁企业。从2002年至2018年的17年间，沃尔玛先后13次荣登美国《财富》杂志世界500强企业榜首，其中，2014—2018年连续5年在《财富》杂志世界500强企业中蝉联冠军。沃尔玛从美国一个本地小店开始逐步开疆拓土，至2018年，沃尔玛已在美洲、欧洲、亚洲等大洲的27个国家经营超过10700家购物广场或会员商店、社区店等。沃尔玛自1950年开设第一家特价商店至今的70年里，力压同行业中相关企业的竞争，虽在电子商务的冲击下增长有所放缓，但在同行业中仍具有十分强大的竞争力。沃尔玛的骄人成就离不开信息化战略。这与创始人沃尔顿先生追求卓越的经营理念是密不可分的。他将高科技和物流信息系统进行了合理巧妙的搭配，利用信息技术这一载体运营公司，满足市场需求，进而扩大市场占有率，并及时掌握客户需求，提高了客户的满意度和忠诚度，让顾客感受到所买的不仅仅是自己所需的商品，还有服务、心情、尊重和效率。

(1) 沃尔玛信息系统战略的运作

1969年，沃尔玛首先使用计算机跟踪存货数据；1977年，全面实现SKU单品级库存控制；1980年，最早使用条形码；1984年，首先使用CM品类管理软件；1985年，第一个采用EDI；1988年，最早使用无线扫描枪；1989年，最早与P&G公司等大型供应商实现VMI、ECR产销合作。沃尔玛拥有全美最大的民用电子信息通信系统，甚至超过了电信业巨头美国电报电话公司。到了20世纪80年代末期，沃尔玛配送中心的运行已完全实行自动化。配送中心内部则采用沃尔玛最先进的全球物流系统（GLS）实现机械化、自动化、智能化作业，在实现效率、准确率提升的同时，也使仓库内的货流更加顺畅、准确和快捷。沃尔玛的全球采购战略、配送系统、商品管理、电子数据系统战略在业界都是可圈可点的经典案例。目前，为了适应市场环境的变化，沃尔玛正在打造线上线下的全渠道销售网络。在传统优势的基础上，借助网络技术和数据挖掘技术，力图实现线上业务与实体零售店和移动应用的整合，可以说，沃尔玛的每一步发展都离不开信息技术。

(2) 沃尔玛信息系统战略的作用

沃尔玛之所以能在零售市场脱颖而出，是因为牢牢树立了"低价销售、保证满意"经营宗旨，向顾客提供"高品质服务"和"无条件退款"等承诺。沃尔玛承诺的"天天平价"和"最周到服务"，也是因为其比竞争对手更具节省开支的能力。这都得益于沃尔玛快速高效的现代化供应链管理——通过对信息流、物流、资金流的有效调控，利用先进的技术，把供应商、分销商和零售商以及最终用户连成一个整体的功能性网链结构，以便更加有效地协调和管理。

沃尔玛对信息技术的探索和认识在零售连锁企业中最为突出。沃尔玛将条码技术、RFID技术、二维码以及PIE系统、ECR系统等现代信息技术集成一体，巩固了企业供应链整合性、快速反应和及时供应的特点，通过信息系统统计货物情况，进而迅速制定适应市场变化的方案，实现规模化经营，使得信息技术成为提升企业综合优势的"杀手锏"。同时，为了将客户的需求放在第一位，沃尔玛采用了先进的、符合消费者需求变化的信息系统——ECR（efficient consumer response，有效客户反应）系统，使得包含生产商、制造商、物流配送商、零售商的完整供应链系统得以快速、高效地工作，增强自身优势，进而更好地生存与发展。

在互联网时代，沃尔玛与时俱进，应用新技术，导入新经济管理模式，从而获得新的竞争能力。目前，沃尔玛正在构建线上线下融合的全渠道销售模式，使用网络技术和数据挖掘技术更好地满足顾客随时随地的购物需求，以实现线上线下真正无缝衔接，提升消费者的购物体验。

(3) 信息系统战略对沃尔玛的重要意义

没有信息技术的支撑，沃尔玛不可能建立如此庞大的零售帝国。早在1966年，创始人沃尔顿只拥有几家商店的时候，他就认识到：除非及时地掌握所有账本上的信息，否则就无法在现有的基础上再大规模地扩张。因此，他必须具备控制和管理任何地方的商店的能力。但此时，沃尔玛的商店大多位于偏僻的乡村，对于沃尔玛的管理者来说，想每天都到这些地方了解情况绝非易事。而现在，一系列先进的信息系统实现了管理大型零售商店的目标。

随着现代科技的日新月异，社会生产方式和人们生活方式的巨大变化使消费需求进一步多样化和个性化。目前，传统零售行业在电商的强大冲击下，开始进入新零售阶段。新零售阶段，融合线上、线下、物流的新零售模式成为激活零售市场的关键。而沃尔玛正是凭借对零售业不同阶段的认识，使用不同阶段的信息技术才能得以领先于其他竞争对手，从而铸就沃尔玛零售帝国的传奇。

有人说："信息技术始于战略，而不是系统。"这句话十分正确。从沃尔玛的成功可以看出，沃尔玛正是成功运用并适时调整自己的信息技术战略，紧随市场的变化和信息技术的发展，从而不断改进自身的信息系统，所以才能够保证提供高效、快速、优质的服务，最终取得巨大的成功。而 Kmart 公司这样一个拥有悠久历史的百年老店在创造了一段辉煌的历史后却轰然倒塌，从中不难看出信息技术的运用对于公司有着极为重要的战略意义。沃尔玛通过信息技术实现"最低成本、最优服务、最快反应"，这就是沃尔玛立于零售业巅峰的根本原因。

2. 亚马逊的物流信息系统

亚马逊成立于 1995 年，是美国最具代表性的网络零售商。成立伊始，亚马逊只经营书籍网上销售业务，现在已成为商品种类最多的网上零售商。如今，亚马逊的市值差不多是沃尔玛、Fedex 和两个波音飞机公司市值的总和。2018 年 12 月，世界品牌实验室编制的 2018 年"世界品牌 500 强"揭晓，亚马逊排名第 1 位。

亚马逊从最初的一家网上书店开始，颠覆传统的实体书店模式，发展成后来的全品类互联网零售商，一直把"成为最以客户为中心的公司"作为努力的目标。为了打造以客户为中心的服务型企业，亚马逊从 2001 年开始大规模推广第三方开放平台，2002 年推出 AWS 网络服务，2005 年推出 Prime 服务，2007 年开始向第三方卖家提供外包物流服务 FBA（Fulfillment by Amazon）、2010 年推出自助数字出版平台 Digital Text Platform（DTP）。同时，亚马逊开发家居智能音箱 Amazon Echo 及语音助理 Alexa，有分析师认为这将是亚马逊另一个增长点。

亚马逊成为零售业的翘楚，正是得益于智慧物流。亚马逊 CEO 贝佐斯要让在亚马逊购物成为人们的一种习惯，他不断定义零售的新内涵，也不断刷新用户购物新体验。通过运用机器人、无人机和大数据技术，亚马逊将智慧物流的概念演绎得淋漓尽致。不难想象，在各种技术的参与下，亚马逊将构建更加庞大的全方位物流网络，引领并推动电商物流行业的发展。

强大的智能物流助推亚马逊全球化战略：

第一，智能的订单处理中心增强了亚马逊的竞争力。亚马逊拥有高技术含量和智能的订单处理中心：2012 年，亚马逊以 7.75 亿美元收购 Kiva Systems 公司，优化了企业的物流系统。2015 年，亚马逊将机器人数量增至 10000 台，用于北美的各大运转中心。Kiva 系统作业效率要比传统的物流作业提升 2—4 倍，机器人每小时可运行 30 英里，准确率达到 99.99%。过去耗时 1 个多小时的货品提取作业，机器人 15 分钟内就能完成。货物的取送、分拣让人眼花缭乱却又井井有条。加上其他技术如 RFID 和抓举机械手臂的使用，科技助力人工更高效地运作。基于高科技含量的物流管理，亚马逊的商品周转期短于向供应商付款的周期。这使得亚马逊可以节省巨大的采购和存储成本，并极大地优化了现金流。

第二，亚马逊基于智能物流无限拉近与客户的距离，不断提高用户的购物体验。2013 年 12 月，亚马逊推出 Prime Air 快递无人机，顾客在网上下单，如果重量在 5 磅以下，可以选择无人机配送到家。无人机在物流中心流水线末端自动取件，装载货物从仓库直接起飞，它搭载"感知躲避技术"，能自动躲避空中和地面上的障碍。飞行范围可覆盖 24 平方公里，时速可达 88.5 公里，可以在 30 分钟内将小型包裹交到客户手里。此外，亚马逊还是第一个将大数据技术应用于运作电商物流平台的企业。亚马逊引进随机存储技术，该技术可以在未指定具体发货地址和时间的情况下，将包裹运送至目的地所在区域，而具体地址将在运输途中确定下来。

第三，完善的运营网络使得亚马逊能够提供更多差异化的增值服务，如爆发式增长的 Prime 会员服务。亚马逊在全球建立快速响应的仓储物流运输网络，其遍布全球的 149 个运营中心基于强大的智能系统和云技术，可以实现全球库存的实时共享，商品可跨国配送至 180 多个国家和地区，且随着业务的扩张和出货量的增加，亚马逊仓储能力每年都在不断提升。

强大的订单处理中心、高效的物流配送能力和完善的运营网络，使得亚马逊具有全天候、全球化、全平台的客户服务能力和优秀的运营能力。亚马逊借助其成熟的运营网络布局和 20 年的物流管理经验，以技术应用为支撑，开创性地提出了多样性物流管理系统，这是亚马逊最大的优势，也是各大企业学习的范例。

本章小结

本章首先给出了物流和物流信息的相关概念，介绍了现代物流的定义、功能、特征，指出现代物流具有反应快速化、功能集成化、服务系列化、作业规范化、目标系统化、手段现代化、组织网络化、经营市场化、信息电子化等特征；详细介绍了物流信息的概念及与物流的关系、分类和特征，进一步阐述物流和信息流之间密不可分的关系。然后，着重介绍物流管理信息系统的概念、功能和特点。

习题

1. 简述现代物流的概念和功能。
2. 物流信息有哪些特征和分类？
3. 简述物流管理信息系统的功能和特点。
4. 物流管理信息系统是否是一个单一的系统？怎样结合各个系统发挥最大的优势？

5. 简述物流管理信息系统的概念与特点。

参考文献

[1] 刘志学主编：《现代物流手册》，中国物资出版社 2001 年版。

[2] 黄中鼎主编：《现代物流管理学》，上海财经大学出版社 2004 年版。

[3] 陈淑祥：《简论我国农产品现代物流发展》，载《农村经济》2005 年第 2 期，第 18—20 页。

[4] 安立华、任秉银主编：《物流信息系统》，东北财经大学出版社 2013 年版。

[5] 傅莉萍、姜斌远主编：《物流管理信息系统》，北京大学出版社 2014 年版。

[6] 别文群、李江立、缪兴锋、张梅编著：《物流信息管理系统》，华南理工大学出版社 2005 年版。

[7] 王道平主编：《物流管理信息系统》，机械工业出版社 2015 年版。

[8] 高明波主编：《物流管理信息系统》，对外经济贸易大学出版社 2008 年版。

[9] 李玉清、方成民主编：《物流管理信息系统》，中国财政经济出版社 2014 年版。

第 2 章

物流管理信息系统体系结构

学习目的

1. 理解物流管理信息系统的体系结构;
2. 掌握物流管理信息系统的"社会—技术"特征;
3. 掌握物流管理信息系统基础的特点;
4. 理解不同维度物流管理信息系统的应用系统;
5. 了解物流管理信息系统的各个应用系统及其集成。

第 1 章介绍了物流管理信息系统的基本概念、功能和特点,使读者对物流管理信息系统有了整体认识。为了让读者掌握物流管理信息系统,从第 2 章起,本书将对物流管理信息系统进行详细介绍。如果把物流管理信息系统喻为一栋房子,那么其体系结构就是钢筋框架。因此,一个完善的体系结构可以为未来物流管理信息系统的运行和维护构建坚实的基础。本章从管理信息系统的基本体系结构出发,结合物流的特点,提出面向"社会—技术"特征的物流管理信息系统体系结构。同时,本章对物流管理信息系统的系统基础和应用系统加以介绍,特别介绍内部集成与外部集成。最后通过案例启发大家展开更深入的思考。

2.1 物流管理信息系统的体系结构

2.1.1 管理信息系统的体系结构

管理信息系统的体系结构(management information system architecture,MISA),又称管理信息系统的结构或管理信息系统的组成模型,是指管理信息系统的组成要素及组成要素之间的关系,以及要素及其关系对构建管理信息系统所起的作用。

很多学者提出了管理信息系统体系结构的概念,例如,德国 IDS 公司的 August-Wilhelm Scheer 教授提出了集成化信息系统体系结构(architecture of integrated information system)的概念。高复先教授提出了集成化 MIS 的组成模型,该模型包含 5 个基本部分:人员、管理、数据库、计算机软件和计算机硬件,如图 2-1 所示;

薛华成教授从概念结构、功能结构、软件结构、硬件结构4个方面阐明管理信息系统的结构；刘仲英教授提出了满足"社会—技术"系统特征的管理信息系统体系结构。

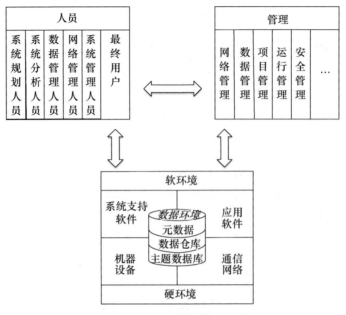

图 2-1　信息系统的基本组成

2.1.2　物流管理信息系统的体系结构

物流管理信息系统的体系结构（logistics management information system architecture，LMISA）是指物流管理信息系统的组成要素及组成要素之间的关系，以及要素及其关系对构建物流管理信息系统所起的作用。根据该定义，物流管理信息系统体系结构应该涵盖以下三方面内容：

(1) 物流管理信息系统的构成要素。

(2) 构成要素之间的关系。

(3) 构成要素内部的结构和功能。

有学者从系统的角度分析物流管理信息系统的体系结构，认为构成物流管理信息系统的主要组成要素有硬件系统、软件系统、数据资源、企业管理制度与规范以及相关人员。也有学者从概念结构、层次结构、功能结构、软件结构、物流结构5个方面阐明了物流管理信息系统的结构。还有学者从层次的角度分析物流管理信息系统，认为物流管理信息系统的体系结构包括4个层次：计划管理系统、协调控制系统、业务处理系统、企业信息平台，如图2-2所示。

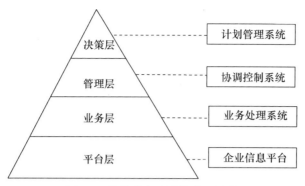

图 2-2 物流信息系统的体系结构

2.1.3 物流管理信息系统的"社会—技术"性

在各种体系结构的基础上，图 2-3 给出了能全面反映"社会—技术"系统特征的

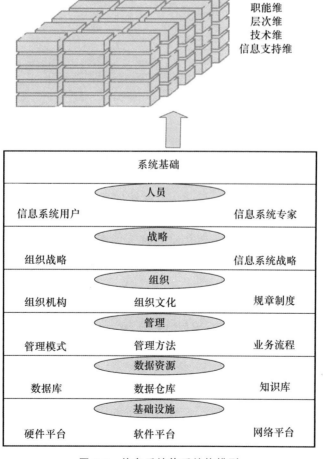

图 2-3 信息系统体系结构模型

物流管理信息系统体系结构，它包括两部分："物流管理信息系统——系统基础"和"物流管理信息系统——应用系统"，以下简称为"系统基础"和"应用系统"。

"系统基础"（图中的矩形框）包括人员、战略、组织、管理、数据资源和基础设施6个组成要素，它们是支持"应用系统"开发和运行的基础，或者说是"应用系统"开发和运行的环境；"应用系统"（图中的立方体部分）是人们通常所指的物流管理信息系统，它是通过系统开发提交给用户使用的物流管理信息系统应用软件。两大部分相互联系组成了物流管理信息系统的有机整体。

2.1.4 物流管理信息系统的"社会—技术"要素分析

物流管理信息系统是一个"社会—技术"系统，强调技术方法和行为方法相结合，而本章提出的体系结构很好地诠释了物流管理信息系统的技术要素和社会要素之间的关系。属于技术系统范畴的要素包括：数据资源、基础设施、应用系统；属于社会系统范畴的要素包括：人员、战略、组织、管理，如图2-4所示。

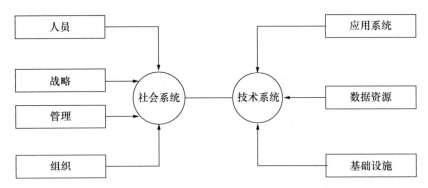

图2-4 物流信息系统的"社会—技术"要素

在信息技术飞速发展的时代，构建信息系统的各种技术已经比较成熟，一个信息系统项目常常可以有多种技术方案作为备选，技术已不是信息系统失败的主要威胁，而忽视信息系统的社会因素已是导致信息系统失败的主要原因。"社会—技术"系统的视角有助于避免对信息系统采取单纯的技术方法，技术要素和行为要素都得到了重视。

2.2 物流管理信息系统——系统基础

2.2.1 人员

信息系统人员指与信息系统建设与使用有关的人员，包括信息系统专家和信息系统用户，是体系结构中最具活力的要素。

（1）信息系统专家

信息系统专家是指参与系统开发的各类专业人员，如系统分析员、系统设计员、系统程序员、系统规划和咨询人员。为了确保物流管理信息系统的成功开发与运行，除了选择专业化的开发队伍，还应意识到物流管理信息系统的推广有可能受到来自高层、中层和基层员工质疑和反对，因此，消除用户的抵触情绪是信息系统专家的一项重要工作。此外，选择经验丰富的IT咨询人员进行信息系统配置或二次开发也是非常必要的。

（2）信息系统用户

信息系统用户是指提出需求或使用"应用系统"输出结果的人员，如企业高层、首席信息官（chief information officer，CIO）、业务人员、信息系统管理员、客户或者供应商。其中，企业高层往往是应用系统建设项目的投资者和风险承担者，并从信息系统受益。"应用系统"能否在组织中运行成功，取决于信息系统用户对"应用系统"的接受程度。例如，企业高层不支持物流管理信息系统建设，该信息系统项目就没有资金支持，无法投入开发；有些业务人员不习惯在电脑上操作业务，就会反对使用物流管理信息系统，使信息系统的运用陷入困境。诸如此类行为都会直接影响信息系统的投入使用。

2.2.2 战略

战略包括企业战略和物流管理信息系统战略两个部分，战略在体系结构中起主导作用。

1. 企业战略

企业战略是企业为了适应外部环境对目前从事的和将来要从事的活动所进行的重大决策，企业战略包括企业的使命和长期目标，企业的环境约束，当前计划和计划指标的集合。企业战略具有层次性，不同层次又包括不同类型的战略。企业战略与各个职能战略的关系如图2-5所示。

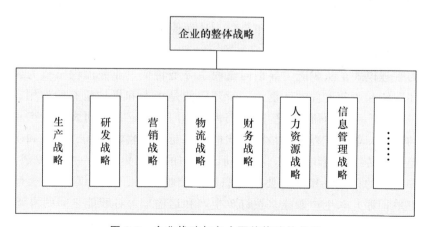

图2-5 企业战略与各个职能战略的关系

2. 物流管理信息系统战略

物流战略和信息管理战略是两个重要的职能层战略，两者相互融合就形成了物流管理信息系统战略，该战略是关于企业物流信息系统长远发展的目标，是为实现企业战略而采取的基于信息技术的物流战略方案。物流管理信息系统规划应与企业战略有机融合，做到物流管理信息系统战略与企业战略相匹配。

2.2.3 组织

组织是在社会经济系统中为了实现共同目标而形成的具有一定形式和结构的群体和关系，是基于确定目标、结构和协调活动机制与一定社会环境相联系的社会系统，包括组织结构、组织文化、规章制度、职能分工等。组织是信息系统实施的对象，是信息系统得以运行的基础要素，它与信息系统的相互影响体现在两个方面：

（1）信息系统需要与组织相适应，为组织中的一些重要部门提供信息，辅助管理和决策。不同的组织有不同的信息需求，因而有不同的应用信息系统。

（2）信息系统也会对组织产生影响，并推动组织创新和变革。在物流信息系统开发过程中，应该对组织结构和职能分工进行调整，并营造积极向上的组织文化氛围。

2.2.4 管理

管理包括管理过程、管理模式等。信息系统是优化、改变和创新管理过程和管理模式的手段。

1. 管理过程

管理过程也称为企业流程、业务流程。关于业务流程有很多定义，典型的定义有："业务流程是指企业为了完成某一目标或任务而进行的、跨越时间和空间的、逻辑上相关的、一系列活动的有序集合。"自从有了社会组织就有了管理，也就有了相应的业务流程。例如，企业中的采购流程、人才引进流程、产品销售流程、生产流程、合同审批流程等。信息系统可以使部分业务流程自动化，或者通过不断发展的工作流软件实现企业流程的重新设计和简化，从而使企业达到高效。

2. 管理模式

当前的管理模式正从职能主导型向流程主导型转变，业务流程已成为管理的主要对象。管理职能和业务流程的区别是：管理职能是指人和机构应有的作用、功能、职责和权力。例如，企业由研发、生产、销售等部门组成，那么研发、生产和销售就是这些部门的职能；业务流程通常是跨职能的，超越了销售、市场、生产和研发之间的界限，也超越了传统的组织结构，把不同部门中的员工集中在一起来完成某项工作。例如，许多公司的订货流程就需要销售职能（接收订单、输入订单），会计职能（财务审查、订单记账）和生产职能（按订单生产和运输）等各职能之间的协调。

2.2.5 数据资源

数据资源包括数据和信息，是信息系统处理的对象和核心要素。

1. 数据和信息的关联

数据由原始事实组成，信息是按特定方式组织在一起的事实的集合，信息系统把数据加工成信息，信息又成为管理和决策的依据。用户向信息系统输入原始数据，信息系统则输出更有用的信息，这就是建立信息系统的目的。

2. 数据和信息的管理

数据和信息被组织在信息系统数据库、数据仓库或者知识库中，构成了信息系统加工的原料、半成品或成品仓库。数据库和数据仓库是两种不同的数据管理技术，前者面向事务处理，而后者面向经营决策，前者为后者提供基础性的数据支持。

2.2.6 基础设施

信息系统的基础设施包括支持信息系统运行的软硬件平台。

1. 硬件平台

硬件平台包括计算机主机、外部存储设备、打印机、服务器、通信电缆、通信设施等物理设备。

2. 软件平台

软件平台包括系统软件和应用软件。操作系统、网络操作系统、数据库管理系统等属于系统软件；用于物流信息采集的条形码软件、用于物流信息跟踪的 GPS 软件等属于应用软件。

2.3 物流管理信息系统——应用系统

物流管理信息系统是管理信息系统的一个重要的子系统，是支持物流企业或物流系统运作、管理、控制和决策的信息系统。"应用系统"是管理信息系统体系结构（MISA）的主要组成部分，它是一个通过系统开发提交给用户使用的信息系统应用软件，可从多个维度分类，包括：组织维、职能维、层次维、技术维和信息技术支持维等。分类（多维模型）框架如图 2-6 所示。

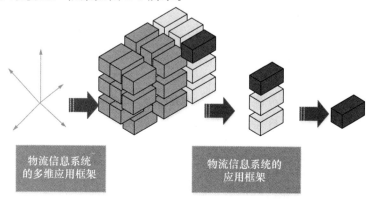

图 2-6 物流管理信息系统的分类框架

2.3.1 组织维

按照组织维，企业类型可以划分为生产企业、流通企业、物流企业等，相关的物流管理信息系统分为：生产企业物流管理信息系统、流通企业物流管理信息系统、物流企业物流管理信息系统。

1. 生产企业物流管理信息系统

（1）物流活动：供应物流、生产物流、销售物流、回收物流、废弃物物流。

（2）相关系统：物流信息是伴随着企业的投入、转换、产出而发生的。对于生产类型的企业来讲，则是将原材料、燃料、人力、资本等的投入，经过制造或加工使之转换为产品或服务。生产企业的物流管理信息系统有四个子系统，即供应物流子系统、生产物流子系统、销售物流子系统及废弃物物流子系统。

2. 流通企业物流管理信息系统

（1）物流活动：供应物流、销售物流。

（2）相关系统：对于流通型类型的企业来讲，则是将设备、人力、管理和运营的投入，转换为对用户的服务。流通企业的物流管理信息系统有两个子系统，即供应物流子系统和销售物流子系统。

3. 物流企业物流管理信息系统

（1）物流活动：进货、仓储、装卸与搬运、配送、流通加工等。

（2）相关系统：配送管理子系统、存储管理子系统、客户服务子系统、运输与调度子系统等。

2.3.2 职能维

企业传统的四大职能是：生产、财会、人事和市场。企业中与物流管理相关的特色职能是：库存、运输和配送。

1. 库存业务管理

（1）基本业务：接运、检验、装卸、搬运、理货、堆码、保管、中转、包装、分拣等。

（2）相关系统：入库管理、出库管理、盘点管理、库区库位管理、库存管理、库存统计和分析、退换货管理、预警控制。

2. 运输业务管理

（1）基本业务：集货、分配、搬运、中转、装入、卸下、分散。

（2）相关系统：配载调度系统、运输过程控制系统、运输资源（人员、车辆）管理系统、跟踪调度系统。

3. 配送业务管理

（1）基本业务：对物品进行拣选、加工、包装、分割、组配。

（2）相关系统：配送优化管理（GIS 维护优化模块、GPS 优化模块与实时配送调度监控、动态作业管理等)、货运商管理、配送管理、运费结算、车辆信息维护、代收款管理。

2.3.3 层次维

1. 不同管理层次的信息需求

物流应用信息系统是把各种功能的物流活动联系在一起的纽带,处于物流管理中不同管理层次上的物流部门或人员,需要不同类型的物流信息。根据处理的内容及决策的层次,物流管理可以分为数据管理、业务处理、计划控制、决策分析。

(1) 数据管理层

数据管理层能够有效地保存企业物流所涉及的有关数据,并对这些数据进行分类管理,该层为其上的三个层提供原始数据。

(2) 业务处理层

业务处理层能够支持企业的日常物流运作,解决日常业务中遇到的物流问题,其主要任务是数据录入、查询、统计及对数据的适当处理。

(3) 计划控制层

计划控制层能够帮助企业建立进、销、存、调的计划与控制机制,并辅助物流部门进行决策。

(4) 决策分析层

决策分析层能够帮助决策层领导进行决策分析,为中长期目标服务。如为企业提供 BPR、物流设备选址、仓库选址、物流服务效果分析等方面的决策支持信息。

2. 物流管理信息系统的层次维

按照不同物流管理层次对物流信息的不同需求,物流管理信息系统可以分为"操作型信息系统"和"决策支持型信息系统"。

(1) 操作型信息系统

操作型信息系统是按照某个固定模式对数据进行处理和加工的系统,其输入、输出和处理的方式均是不可改变的。该类系统为物流管理中的数据管理层和业务处理层服务,如事务处理系统(transaction processing system,TPS)。

(2) 决策支持型信息系统

决策支持型信息系统能根据输入数据的不同,运用知识库、模型库、方法库的支撑,对不同数据进行加工和处理,并为客户提供决策支持的信息。该类系统为物流管理中的计划控制层和决策分析层服务,如决策支持系统(decision support system,DSS)。

2.3.4 功能维

按照物流管理信息系统可以完成的功能的多少,应用系统可以划分为专项信息系统和综合信息系统。

1. 专项信息系统

专项信息系统通常只能完成物流的某个单一功能的信息管理工作，如电子订货系统、库存管理系统、运输管理系统、配送管理系统等。

2. 综合信息系统

综合信息系统能够完成一个企业或一个行业全部的物流功能所需的信息管理工作，如进销存管理系统、综合物流信息平台等。

2.4 物流管理信息系统的应用系统

2.4.1 TPS/MIS/DSS/EIS

1. TPS

TPS 是指负责记录、处理并报告组织中重复性的日常活动，记录和更新企业业务数据的信息系统。它是为组织作业层服务的最基本的信息系统形式，也是信息系统在组织中早期的应用形式。TPS 处理由事务产生的及与事务相关的数据，获取、处理和存储事务以及产生与企业例行活动相关的各种文档，对日常往来的数据按常规进行处理，是一种面向数据的系统。

TPS 的服务目标是实现事务处理的自动化，提高组织处理事务的效率、质量及顾客的满意度。借助于计算机的高速运算和数据处理能力，TPS 比人工系统运行得更快，耗费的人力资源和其他资源更少。TPS 输出的数据如果不进一步加工，则不能形成对管理有用的信息。

2. MIS

当前，管理信息系统的狭义理解是指那些能从内部和外部收集数据，经过加工处理，形成有用的信息，以预定的形式提供给以中层为主的各管理层使用的信息系统。在信息系统的应用体系结构中狭义 MIS 起着连接 TPS、DSS 和 EIS 的作用。管理信息系统（狭义）通过对事务信息的汇总和分析，向管理者提供定期和预定的报告、报表和查询，支持管理层（以中层为主）高效地组织、计划和控制企业的运行。

3. DSS

在管理活动中，管理者经常需要对半结构化和非结构化的复杂问题作出最佳解答，因此希望信息系统能够提供协助，以提高决策的科学性和有效性。通过 MIS 可以获得经过分类、比较、汇总和简单计算后产生的信息，但是这些信息对于解决复杂问题的决策支持力度是不够的，为满足解决复杂决策问题的要求，决策支持系统 DSS 应运而生。

DSS 已成为融计算机技术、信息技术、人工智能、管理科学、决策科学、心理学、组织行为学等学科与技术于一体的技术集成系统。DSS 是将数据模型、管理模型和用户交互软件集成在一起的，能够支持组织中高层和中层管理人员进行半结构化和非结构化决策的信息系统，其目的在于提高决策的效能，而不是效率。

4. EIS

典型 DSS 设计的目的是有效支持组织中高层管理者的专门决策问题，针对相对比较狭窄的决策问题进行建模和分析，但是它不能为高层管理者提供多样化的信息和决策支持。而 EIS 能帮助企业高层了解组织运作情况和制定组织战略方针，为更宏观的目标服务。因此，有人认为 EIS 是 DSS 的一种特例，也就是说 EIS 是一种针对高级管理人员的信息需求，辅助管理者面向非结构化问题决策的信息系统。或者说，通过更便利地获取企业内部和外部与组织目标相关的信息，EIS 能为高层决策者提供决策支持。

2.4.2 订单/仓库/运输/配送管理信息系统

1. 订单管理信息系统

随着分销渠道扁平化，企业管理集中化，企业将面对越来越多的经销商、零售商，他们由于缺乏足够的流动资金周转，所以大都采用多次小批量的采购，每次订货数量、金额很小，但是提高了订货频率，导致企业日常订单的处理量猛增，如何应对订单数量激增的状况，用最短的时间准确地处理每一张订单就成为首要问题。

订单管理是客户服务部门接受客户下达的印制合同（订单）之后，将订单录入系统，从而开始单据在物流系统中的流转过程，同时对订单进行管理和跟踪，动态掌握订单的进展和完成情况，并与客户之间保持联系，向客户及时提供订单的执行情况，以满足客户订单交货期的要求。

根据客户的订货数量录入、修改、查看、审核订单，了解订单执行或未执行情况。业务订单是整个作业的基础，企业除了主动接单，同时也能搭配受托加工的接单模式。但是如果企业处理订单的效率不佳，就会导致对客户服务的响应变慢，同时也会增加物流成本，降低物流效率，从而导致企业的竞争力下降。

2. 仓库管理信息系统

随着社会经济的发展和工业生产的加速，货物进出仓库更为频繁，仓库信息管理变得更为重要。传统仓库管理完全由人来完成，以手工记录为主，当企业的物流业务成长到一定规模之后，随着订单数量的增加，客户需求不断个性化，执行效率就成为物流发展的瓶颈，单纯依靠人力资源的增加已不能提升出入库执行的速度，反而带来了成本与差错率的大幅上升。一个高效的仓储中心将是取得竞争优势和获得更高利润的关键，客户对这些大型仓储与配送中心的作业效率、准确率、响应速度、作业量等提出了更高的要求。

通过采用条码、射频等先进的物流技术设备，对出入仓货物实现联机登录、存量检索、容积计算、仓位分配、损毁登记、状态报告等进行自动处理，并向系统提交图形化的仓储状态，按分类、分级的模式对仓库进行全面的管理和监控，可以缩短库存信息流转时间，使企业的物料管理层次分明、井然有序，为采购、销售和生产提供依据;智能化的预警功能可自动提示存货的短缺、超储等异常状况;系统还可进行材料库存分类汇总,避免资金积压。完善的库存管理功能,可对企业的存货进行全面的控制和管理,降低库存成本,提高企业的市场竞争力。

3. 运输管理信息系统

现代运输管理是对运输网络的管理,在这个网络中传递着不同区域的运输任务、资源控制、状态跟踪、信息反馈等信息。运输管理信息系统是物流管理信息系统的重要组成部分,运输是整个供应链管理中不可或缺的一个环节,运输的效率直接影响整个物流系统的运作。然而,如何合理有效实现运输系统利润的最大化、服务最优化,这是长期困扰物流企业和企业物流部门的问题。保持物流信息的畅通、合理使用各方资源是物流企业和企业物流部门发展的基本条件,运输管理信息系统的建立是必不可少的。

物流企业和企业物流部门应当根据运输单元和运输网络建立高效、可靠、智能、安全、分布式的现代物流运输管理信息系统。其核心目标是对运输过程中的人、车、货、客户及费用核算进行有效的协调和管理,实现对各种资源的实时监控、协调及智能化管理,满足客户服务的信息需求。系统以计划调度管理为中心,对客户(合同客户、零担客户、委托代理客户)运输委托下单、车辆计划安排、路线选择排程,结合跟踪系统进行实时网上车辆调度,客户服务,实现物流成本控制及各种账务(运费结算、保险、车价等)的全方位管理,以提高运输经营管理水平,创造更好的利益与利润,体现"以客户为中心"的服务理念。

运输管理信息系统利用先进的GPS技术、GIS系统,实现运输的最佳路线选择和动态调配;利用先进的计算机技术和网络技术,提高双向信息监控机能,实现运输的网络化管理,提高货车配置效率,降低运输成本,实现一套完整的物流运输的解决方案;优化企业的内部管理,降低物流运输成本,提高物流服务的质量。同时,运输管理信息系统能够与物流环节中的其他相关的信息系统(如货代、仓储、配送等管理系统)无缝衔接,保障物资流、信息流、资金流的畅通,增强竞争力,为客户提供更加完善的物流运输及增值服务。

4. 配送管理信息系统

连锁物流系统主要起到商品集散的作用,它通过商品的集中采购、集中储备和统一配送,成为连锁经营市场供应的保障系统。在整个连锁经营的物流系统中,配送中心是一个关键的节点。连锁物流系统的大多数物流活动都是在配送中心进行的,可以说配送中心的运营情况是整个物流系统运营好坏的标志。

物流配送中心是以组织配送性销售或供应,执行实物配送为主要职能的流通型节点。配送中心为了更好地进行送货的编组准备,必然需要进行零星集货、批量进货等种种资源搜集工作和对货物的分类整理、配备等工作,因此,配送中心又具有集货中心、分货中心的职能。为了进行更有效、更高水平的配送,配送中心往往还需要有较强的流通加工能力。此外,配送中心必须具备送货功能,必须执行货物配备后的送达到户的使命。由此可见，配送中心的功能是较全面、完整的，它实际上是集货中心、分货中心、加工中心功能的综合，并具有配与送的更高业务水平。

2.5　物流管理信息系统的集成

集成可以解释为整体的各部分之间能协调地工作，以发挥整体效益，达到整体优化目的的过程。物流管理信息系统需要集成的原因有：

1. 数据交换的需要

组织内不同类型的信息系统之间的联系主要是通过数据传递来实现的。例如，TPS 是其他信息系统的数据来源，EIS 主要是从其他低层系统获取数据，MIS、DSS、OAS、KWS 之间也有数据传递关系。服务于不同功能的系统之间也可以相互交换数据，例如，销售管理系统接收的订单需要传输到制造管理系统，以作为生产或交付订单上指定产品的依据。对于组织间信息系统而言同样存在集成的问题。

2. 系统的逐步开发

一个组织可以按照信息系统应用体系设计符合自己需要的实际系统，但是要集成所有的子系统或模块是很困难的，因为信息系统的建设需要花费很多的资金、人力和物力，考虑到组织条件的约束，多数是总体规划分批实施。先后建设的子系统或模块之间需要集成。由于这种集成是在总体规划下进行的，所以一般预先留有数据接口，比较容易实现。

3. "信息孤岛"的存在

在组织信息化过程中，一些组织的部门在没有经过信息系统的总体规划的情况下，独自开发适用于本部门业务的信息系统，如销售部门开发了销售物流信息系统，采购部门开发了采购物流信息系统，而这些系统之间数据不能共享。这样的问题称为"信息孤岛"，要对这些遗留系统进行集成是比较困难的，是推翻重来还是集成必须认真考虑。

4. 新业务模式的出现

业务范围的扩张和业务模式的转换，使新的业务模式不断出现，SCM、CRM、电子商务是典型的例子，另外，虚拟企业组织模式的出现也使组织间信息系统的集成成为迫切需要解决的问题。

5. 信息技术的更新

信息系统技术的不断升级常常要求对那些已经过时的系统进行集成。早期的集成是手工进行的，这项工作就像给正在快速行驶的汽车换轮胎，既复杂又繁重，随着组织对集成呼声的提高和信息技术的发展，一种自动化的信息系统集成技术 EAI（enterprise application integration）应运而生。EAI 提供了一种方法，使现有的应用程序和数据库能适应新的环境，发挥新的作用，使新加入的数据和资源能够和原有的资源一起工作。

2.5.1 物流管理信息系统的内部集成——ERP 系统

企业资源计划（enterprise resource planning，ERP）体现了当今最先进的企业管理理论，并提供了企业信息集成的最佳方案。它将企业的物流、资金流和信息流统一起来进行管理，对企业所拥有的人力、资金、材料、设备、方法（生产技术）、信息和时间等各项资源进行综合平衡和充分考虑，最大限度地利用企业的现有资源取得更大的经济效益，科学、有效地管理企业人、财、物、产、供、销等各项具体业务工作。

从管理系统的角度看，ERP 是整合企业管理理念、业务流程、基础数据和制造资源，用系统化的管理思想为企业决策层及员工提供决策运行手段的管理平台。美国生产与库存管理协会（APICS）认为："ERP 系统是一个面向供需链的信息系统，主要功能是将企业用来满足客户订单所需的资源进行有效的集成与计划，以扩大整体经营绩效、降低成本"。

从软件产品的角度看，ERP 综合应用了 B/S、C/S 体系、大型关系数据库结构、面向对象技术、图形用户界面、第四代语言（4GL）和网络通信等信息技术成果，是面向企业信息化管理的软件产品。

总的来说，ERP 是建立在信息技术基础上的，利用现代企业的先进管理思想，全面地集成企业的所有资源信息，并为企业提供决策、计划、控制与经营业绩评估的全方位和系统化的管理平台，ERP 是集先进的管理思想和信息技术于一体的企业资源管理信息系统。ERP 不仅是一种软件，而且是一种先进的企业管理思想和管理模式。

2.5.2 物流管理信息系统的外部集成——跨组织信息系统

跨组织信息系统，是由许多互相联系的公司（组织），为了实现共同目标，应用信息技术克服地理位置、组织界限的障碍而组成的协同工作系统，最典型的是基于供应链管理的物流管理信息系统集成。IOLIS 的使用者，如供应商、制造商、客户在一个统一的系统环境里，一个 IOLIS 可以联结相邻两个企业，也可以联结多个企业，如图 2-7 所示。

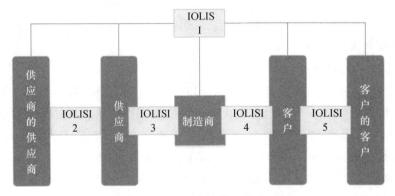

图 2-7 跨组织的物流管理信息系统

供应链是围绕核心企业，将供应商、制造商、分销商、零售商，直到最终用户连成一个整体的功能网链结构模式，通过对信息流、物流、资金流的控制，从采购原材料开始，制成中间产品以及最终产品，最后由销售网络把产品送到消费者手中。供应链管理最关键的是采用了集成的思想和方法，并应用先进的信息技术实现其管理目标。

物流是供应链的重要组成部分，它贯穿于整个供应链。在供应链管理环境中，除了供应链相邻环节的信息交换，在供应链各环节上都有共享信息，信息的传递不是逐级的链状结构，而是呈纵横交错的网状结构，这就使得物流信息不再局限于某一个物流环节，整个供应链上的任何节点都能够看到这些信息。企业应及时掌握市场需求和供应链运作情况，同时根据这些进行必要的管理、协调和组织工作，使供应链上的物流保持同步，更为精确和迅速。

为使物流管理信息系统真正成为供应链管理的强有力工具，基于供应链的物流管理信息系统的集成应注意以下几点：

1. 供应链中的物流过程须重新设计

供应链管理是一种集成企业核心竞争力的全新管理模式，在这种模式下，企业资源的概念得以扩展，更倾向于对外部资源的合理利用，并且对外部也增强了主动性和响应性。因此基于供应链管理的物流管理信息系统集成，需要分析供应链上各企业各环节的物流过程，并按供应链管理理念对之进行一体化的重新设计，才能使信息系统的集成建立在先进管理模式上。

2. 建立公共信息平台

公共信息平台是行业信息共享通常采用的一种信息共享方式，对于供应链上的物流信息共享，也可以采用公共信息平台。供应链上的公共信息平台应该以互联网技术为基础，建立公共的网站为大家提供信息服务。物流公共信息平台的功能主要体现在标准化和信息共享上，这些标准有助于实现异构产品或信息的统一描述，还可将供应链中的术语规范、加入供应链的条件、享受的权利、承担的风险和义务、业务操作流程、资金结算、纠纷仲裁和责任追究等问题以标准化的信息资源固化于网络中。

3. 建立适应信息集成的管理模式

集成化物流管理信息系统的建设是一项复杂的社会系统工程，特别是在整个供应链上，公共信息平台由谁建、总体规划由谁制定、整个物流一体化由谁设计、集成信息系统建设由谁管理等，必须有从宏观上进行有效管理的机制。对供应链上物流管理信息系统的集成，从管理机制上讲，主要有三种模式可供选择：

（1）第一种是由供应链上的核心企业按照企业内部物流一体化的方法，将这种管理延伸到整个供应链物流管理，包括对物流信息化建设和物流管理信息系统集成的管理；

（2）第二种是企业将支持整个供应链物流一体化的信息集成外包，由第三方甚至

第四方物流来承担;

（3）第三种是建立物流联盟，由供应链上具有共同发展战略、共同利益、不同的互为补充的核心竞争力的企业共同参与物流管理一体化和集成化信息系统的建设。

此外，关于信息系统的集成，已有一些先进的技术支持，如网络平台、数据仓库、中间件、智能代理等，它们对集成化的物流管理信息系统建设的推动作用不可忽视。供应链物流管理信息系统集成要在需求的牵引下，充分应用这些先进的技术来实现。

2.6 案例：SAP助力海尔物流管理信息系统建设

1. 背景介绍

为了与国际接轨，建立起高效、迅速的现代物流管理信息系统，海尔采用了SAP公司的ERP系统和BBP系统（原材料网上采购系统），对流程进行改造。经过近两年的实施，海尔的现代物流管理信息系统不仅很好地提高了物流效率，而且将海尔的电子商务平台扩展到了包含客户和供应商在内的整个供应链，极大地推动了海尔电子商务的发展。

2. 需求分析

现代企业运作的驱动力只有一个：订单。没有订单，现代企业就不可能运作。围绕订单而进行的采购、设计、制造、销售等一系列工作，其中最重要的一个流程就是物流。离开物流的支持，企业的采购、制造、销售等行为就会带有一定的盲目性和不可预知性。

建立高效、迅速的现代物流管理信息系统，才能使企业具有最核心的竞争力。海尔需要这样的一套信息系统，使其能够在物流方面一只手抓住用户的需求，另一只手抓住可以满足用户需求的全球供应链。海尔实施信息化管理的目的主要有以下两个方面：

（1）现代物流区别于传统物流的主要特征是速度，而海尔物流信息化的建设需要以订单信息流为中心，使供应链上的信息同步传递，才能实现以速度取胜。

（2）海尔物流需要以信息技术为基础，向客户提供竞争对手所不能提供的增值服务，使海尔顺利从企业物流向物流企业转变。

3. 解决方案

海尔采用了SAP公司提供的ERP和BBP系统，组建了自己的物流管理系统。SAP物流整体解决方案如图2-8所示。

图 2-8 SAP 物流整体解决方案

4．系统构成

海尔的 ERP 系统共包括五大模块：MM（物料管理）、PP（制造与计划）、SD（销售与订单管理）、FI/CO（财务管理与成本管理）。

ERP 上线后，打破了原有的"信息孤岛"，提高了信息的准确率，加快了响应速度。如原来订单由客户下达到传递到供应商需要 10 天以上的时间，而且准确率低，ERP 上线后订单不但 1 天内就能完成"客户—商流—工厂计划—仓库—采购—供应商"的过程，而且准确率极高。

另外，对于每笔收货，扫描系统能够自动检验采购订单，防止暗箱收货，而财务在收货的同时自动生成入库凭证，将财务人员从繁重的记账工作中解放出来，发挥了真正的财务管理与财务监督职能，效率与准确率大大提高。

5．经验总结

（1）海尔选择了 SAP 成熟的 ERP 系统，而不是请 SAP 公司根据海尔当时的状况进行开发，主要目的是借助成熟的系统提升自己的管理水平。

（2）实施"一把手"工程与全员参与，有效推进信息系统的执行。海尔所有信息化的建设均是基于流程的优化，提高对客户的响应速度来进行的，所以应用面涉及海尔内部与外部很多部门。打破旧的管理办法，推行新流程的阻力非常巨大。海尔物流的信息化建设一直是部门一把手亲自负责的工作，这保证了信息化实施的效果。如在 ERP 上线初期，BOM（物料清单）数据不准确是困扰系统正常运转的瓶颈，它牵涉到企业的基础管理工作与长期工作习惯的改变，物流 ERP 推进部部长发现问题后，亲自推动，并制定了有效的管理模式，这不但提高了系统的执行率，而且规范并提升了企业的基础管理水平（BOM 的准确率、现场管理），保证了信息系统作用的发挥。

（3）培训工作同步进行，保证信息系统的实施效果。由于信息化工作的不断推进，原有的手工管理变为计算机操作，这对物流的基层工作者如保管员、司机、年纪较大的采购员来说均是挑战。在实施 ERP 信息系统时，公司内部开展了全员培训，并对相关操作人员进行了严格的技能考试，考试通过后才能获得上岗证书。物流信息中心也开发了内部培训的网站，详细介绍系统的基础知识、业务操作，并对操作的问题进行答疑，这些均保证了信息化的效果。

目前，海尔已实现了即时采购、即时配送和即时分拨物流的同步流程。采购订单全部由网上下达，提高了劳动效率，以信息代替库存商品。

海尔的物流系统不仅实现了"零库存""零距离"和"零营运资本"，而且整合了内部资源，协调了供货商，提高了企业效益和生产力，方便了使用者。

本章小结

物流管理信息系统源于管理信息系统，但又紧密结合物流的特点。本章提出的面向"社会—技术"的物流管理信息系统充分考虑社会要素和技术要素，强调社会要素在物流管理信息系统实际应用中的重要性。

物流管理信息系统由系统基础和应用系统两大部分组成。系统基础包括人员、战略、组织、管理、数据资源和基础设施 6 个组成部分。应用系统是人们通常所指的信息系统，可以从组织角度、职能角度、层次角度、功能角度等多维度进行理解，多角度理解有助于更好地开发和应用物流管理信息系统。目前广泛出现和存在的应用系统较多，本章向读者介绍常见的如 TPS、MIS、DSS、EIS 等应用系统。此外，笔者结合物流的特点，介绍了订单管理信息系统、仓库管理信息系统、运输管理信息系统、配送管理信息系统。

物流管理信息系统内不同类型的信息系统之间的数据传递实现的集成，使整体和个体都能协调地工作，发挥整体效益，实现整体优化。通过内外部集成的介绍，读者应当更理解本章前面所提出的面向"社会—技术"的物流管理信息系统。

习题

1. 简述物流管理信息系统的"社会—技术"要素。
2. 简述 TPS、MIS、DSS、EIS 的概念。
3. 物流管理信息系统体系结构的主要特点是什么？
4. 信息系统集成化的含义是什么？请举例说明。
5. 请说明 ERP 和跨组织信息系统的含义及特征。

参考文献

[1] August-Wilhelm Scheer, *Architecture of Integrated Information Systems: Foundations of Enterprise Modelling*, Springer-Verlag, 1992, 1-30.

[2] 侯炳辉:《MIS 三十年回眸及其新认识》,载《信息系统学报》2011 年第 8 期,第 93—99 页。

[3] 杨青、王延清、薛华成:《企业战略与信息系统战略规划集成过程研究》,载《管理科学学报》2000 年第 4 期,第 60—66 页。

[4] 吴晨晖、刘仲英:《企业信息系统柔性的定义和分类研究》,载《工业工程与管理》2000 年第 2 期,第 26—29 页。

[5] 黄梯云主编:《管理信息系统》,高等教育出版社 2005 年版。

[6] 刘仲英、吴冰、徐德华、张新武:《企业知识管理系统柔性与环境的战略匹配》,载《同济大学学报(自然科学版)》2004 年第 6 期,第 811—816 页。

[7] 杜彦华、吴秀丽主编:《物流管理信息系统》,北京大学出版社 2010 年版。

[8] 冯耕中主编:《物流管理信息系统及其实例》,西安交通大学出版社 2003 年版。

[9]《SAP 助力中国优秀 CIO》,https://news.sap.com/china/2003/04/14/。

第 2 篇

技 术 篇

第 3 章

信息系统技术

学习目的

1. 了解计算机网络的概念;
2. 理解数据库、数据模式、数据视图等数据库相关概念;
3. 掌握数据仓库、数据集市的概念,了解其在物流领域中的应用;
4. 掌握数据挖掘技术的概念和方法。

3.1 计算机网络

3.1.1 计算机网络的基本概念

1. 计算机网络的定义

计算机网络是计算机技术与通信技术结合的产物。1969 年,互联网的前身——美国的 ARPA 网投入运行,这标志着计算机网络的产生。

早些年,人们将分散的计算机、终端及其附设,利用通信媒体连接起来,以实现相互的通信,称作网络系统。1970 年,在美国信息处理协会召开的计算机联合会议上,计算机网络被定义为"以能够共享资源(硬件、软件和数据等)的方式连接起来,并且各自具备独立功能的计算机系统之集合"。

本书将计算机网络定义为:利用通信线路将地理位置分散的、具有独立功能的许多计算机系统连接起来,按照某种协议进行数据通信,以实现资源共享的信息系统。

2. 计算机网络的分类

计算机网络可以从不同的角度进行分类,下面介绍几种常见的分类。

(1) 按地理范围分类

① 局域网(local area network,LAN),即地理范围在几百米到几千米以内的计算机网络,通常由一个小型单位内或办公楼群、校园内的计算机连接构成。

② 城域网(metropolitan area network,MAN),即一种大型的局域网,地理范围介于局域网和广域网之间,通常为几千米到几十千米,其运行方式接近于局域网。

③ 广域网（wide area network，WAN），即地理覆盖区域很大，通常为几十千米到几千、几万千米，可以跨越城市、地区、国家乃至全球。

④ 互联网（Internet），即地球上最大的广域网。

（2）按网络传输技术分类

① 广播式网络，即某台计算机发送的消息，网络内所有计算机都可以收到。

② 点对点式网络，即通过中间设备直接发到需要接收的计算机，其他计算机则收不到这个消息。

（3）按拓扑结构分类

① 总线型网络，即用一条被称为总线的中央主电缆，将相互之间以线性方式连接的工作站连接起来，如图3-1所示。

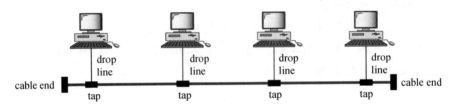

图 3-1 总线型拓扑结构

② 星型网络，即以中央结点为中心与各结点连接而组成的，各结点与中央结点通过点对点方式连接，中央结点执行集中式通信控制策略，如图3-2所示。

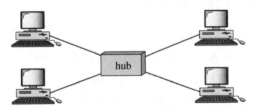

图 3-2 星型拓扑结构

③ 环型网络。环型网络中各结点通过环路接口连在一条首尾相连的闭合环形通信线路中，环路上任何结点均可以请求发送信息，如图3-3所示。

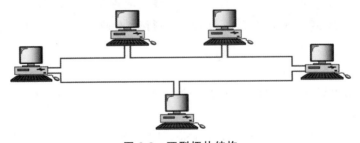

图 3-3 环型拓扑结构

④ 网状网络。在这种网络结构中，计算机两两相连，这种冗余结构提供了容错功能，常用于广域网中，局域网则很少使用，如图3-4所示。

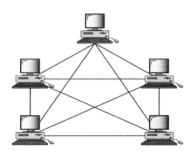

图 3-4 网状拓扑结构

（4）按连接以及服务范围分类

① 互联网，即分布在世界各地，在使用不同硬件和软件的计算机或网络之间进行通信，把不兼容的网络通过连接器连接以达到互通的目的，这样连接起来的整个网络的集合就叫互联网。

② 内联网，即基于互联网技术在单位内部建立的网络，它是基于互联网协议标准、Web 设备和技术来构建可提供 Web 信息服务以及连接数据库等一些数据操作应用的、自成体系的单位内部网络，即 Intranet。

③ 外联网。除了单位内部网，其他一切和单位运营活动相关的网络都可以归结为单位的外部网，即 Extranet。

3. 计算机网络的组成

从资源构成的角度讲，计算机网络是由硬件和软件组成的。硬件包括各种主机、终端等用户端设备，以及交换机、路由器等通信控制处理设备，而软件则由各种系统程序和应用程序以及大量的数据资源组成。从逻辑功能上来看，可将计算机网络划分为资源子网和通信子网，如图 3-5 所示。

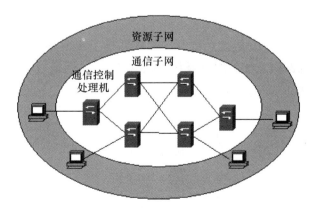

图 3-5 计算机网络的基本结构

（1）通信子网

通信子网由通信控制处理机（CCP）、通信线路与其他通信设备组成，负责完成网络数据传输、转发等通信处理任务。

① 通信控制处理机一方面作为与资源子网的主机、终端连接的接口，将主机和终

端连入网内;另一方面,又作为通信子网中的分组存储转发结点,完成分组的接收、校验、存储、转发等功能,实现将源主机报文准确发送到目的主机的作用。目前,通信控制处理机一般为路由器和交换机。

② 通信线路为通信控制处理机与通信控制处理机、通信控制处理机与主机之间提供通信信道。计算机网络采用多种通信线路,如电话线、双绞线、同轴电缆、光缆、无线通信信道、微波与卫星通信信道等。

(2) 资源子网

资源子网由主机系统、终端、终端控制器、联网外部设备、各种软件资源与信息资源组成。资源子网实现全网的面向应用的数据处理和网络资源共享,它由各种硬件和软件组成。

① 主机系统。主机系统是资源子网的主要组成单元,装有本地操作系统、网络操作系统、数据库、用户应用系统等软件。它通过高速通信线路与通信子网的通信控制处理机相连。普通用户终端通过主机系统连入网内。早期的主机系统主要是指大型机、中型机与小型机。

② 终端。终端可以是简单的输入、输出终端,也可以是带有微处理器的智能终端(本身具有存储与处理信息的能力)。终端通过主机系统连入网内,也可以通过终端设备控制器、报文分组组装与拆卸装置或通信控制处理机连入网内。

③ 网络操作系统。网络操作系统是建立在各主机操作系统之上的操作系统,用于实现不同主机之间的用户通信,以及全网硬件和软件资源的共享,并向用户提供统一的、方便的网络接口,便于用户使用网络。

④ 网络数据库。网络数据库是建立在网络操作系统之上的数据库系统,可以集中驻留在一台主机上(集中式网络数据库系统),也可以分布在每台主机上(分布式网络数据库系统),它向网络用户提供存取、修改网络数据库的服务,以实现网络数据库的共享。

⑤ 应用系统。应用系统是建立在上述部件基础上的具体应用,以实现用户的需求。图 3-6 表示主机操作系统、网络操作系统(NOS)、网络数据库系统(NDBS)和应用系统(AS)之间的层次关系。

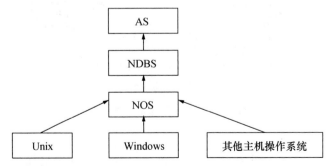

图 3-6 主机操作系统、NOS、NDBS 和 AS 之间的关系

3.1.2 计算机网络体系结构

计算机网络很复杂,涉及的软硬件技术很多,因此应分层设计和实现。计算机网络的各层及其协议的集合称为网络的体系结构。就是说,网络体系结构是关于网络应该设置为哪几层、每层应提供哪些功能的描述,一般用模型来表达。

1. OSI 模型

早期的网络采用不同的协议,因此不同网络之间的通信很困难。在 20 世纪 80 年代,国际标准化组织 ISO 开始致力于制定一套普遍适用的规范集合,以使得全球范围的计算机平台可进行开放式通信。ISO 创建了一个有助于开发和理解的计算机通信模型,即开放系统互连(open systems interconnect,OSI)模型。OSI 模型将网络结构划分为七层(如图 3-7 所示):物理层、数据链路层、网络层、传输层、会话层、表示层和应用层。每一层均有自己的一套功能集,并与紧邻的上层和下层交互作用。在顶层,应用层与用户使用的软件(如文字处理程序或电子表格程序)进行交互。在 OSI 模型的底端是携带信号的网络电缆和连接器。

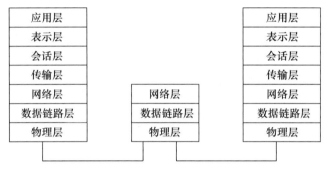

图 3-7 OSI 模型的层次

七个层次分为三个子功能组。底下三层是网络支持层,它们处理从一个设备到另一个设备数据传输的物理方面的问题(如电气特性、物理连接、物理寻址、传输时序和可靠性等)。上面三层可认为是用户支持层,它们允许不相关的软件系统间的互操作。第四层将两个子功能组连接起来,并保证下层是以上层能够使用的形式传输。OSI 模型的高层由软件实现,而低层则是硬件和软件的复合体,但物理层几乎都是由硬件组成。各层的功能如表 3-1 所示。

表 3-1 OSI 模型各层的主要功能

层次	主要功能
应用层	允许访问网络资源,提供用户接口
表示层	翻译、加密和压缩数据
会话层	建立、管理和终止会话(同步、错误恢复)
传输层	提供端到端的可靠传递和差错恢复
网络层	通过路由选择算法将数据包分组从源头传到目的地,提供网际互联、拥塞控制
数据链路层	将比特组成帧,提供结点到结点的传递,并采用差错控制与流量控制的方法
物理层	通过介质传输、机械及电气规范

2. TCP/IP 模型

TCP/IP 模型是由 TCP/IP（transmission control protocol/Internet protocol）协议及其各协议之间的关系来描述的。它的跨平台性使其逐步成为互联网的标准协议。通过 TCP/IP 协议，不同操作系统、不同架构的多种物理网络之间均可以进行通信。

TCP/IP 协议套件实际是一个协议簇，包括 TCP 协议、IP 协议以及其他一些协议。每种协议采用不同的格式和方式传送数据，它们都是互联网的基础，一个协议套件是相互补充、相互配合的多个协议的集合。其中 TCP 协议用于在程序间传送数据，IP 协议则用于在主机之间传送数据。

TCP/IP 协议簇的层次与 OSI 模型的层次并不严格对应。TCP/IP 参考模型是四层结构，如图 3-8 所示。

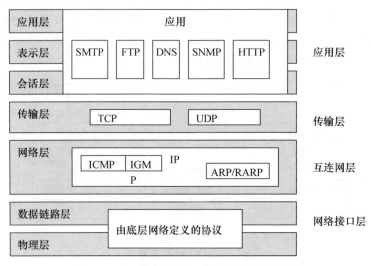

图 3-8 TCP/IP 模型与 OSI 模型的对应关系

TCP/IP 在网络接口层并没有定义具体的协议，它可以利用其他网络所定义的底层协议。互联网层相当于 OSI 模型的网络层，主要通过 IP 协议来处理数据分组。传输层与 OSI 模型的传输层功能相同，提供了两个传输层协议：可靠的面向连接的传输控制协议 TCP 和无连接的用户数据包协议 UDP。应用层包括所有的高层协议。

3.1.3 TCP/IP 协议

1. TCP/IP 服务结构

网络的每一个层次都要向上一层次提供服务。从上面的 TCP/IP 模型的描述可以看出，TCP/IP 协议是围绕着 3 个层次的网络服务设计的，如图 3-9 所示。

最底层的服务被定义为不可靠的、尽最大努力传送的、无连接的分组传送系统，这种机制是 IP 协议的特点，它为其他层的服务提供了基础。中间层是一个可靠的传送服务，对应 TCP 协议，网络数据传输的可靠性就由该层来保证，同时，它为应用层提供了一个有效平台。最高层是应用服务层。

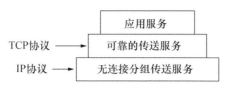

图 3-9　TCP/IP 协议的三个服务层

所谓 IP 协议的不可靠，指的是不能保证正确传送，分组可能丢失、重复、延迟或不按序传送，而且服务不检测这些情况，也不通知发送方和接收方。所谓无连接，指的是每个分组都是独立处理的，可能经过不同的路径，有的可能丢失，有的可能到达。所谓尽最大努力传送，指的是网络协议尽最大努力将数据传送到每个分组，只有当资源用尽或底层网络出现故障时，才会出现不可靠服务。

IP 协议只管将数据包传送到目的主机，无论传输正确与否，均不验证，不发确认，也不保证数据包的顺序，而这一问题就由传输层的 TCP 协议来解决。TCP 协议为互联网提供了可靠的无差错的通信服务。当数据包到达目的地后，TCP 协议检查数据在传输中是否有损失，如果接收方发现有损坏的数据包，就要求发送端重新发送被损坏的数据包，确认无误后再将各个数据包重新组合成原文件。

TCP 协议是面向连接的协议，它提供计算机进程之间的连接，是一种端到端的服务。TCP 通信过程包括请求、建立连接、通信、终止连接等一系列动作。

2. IP 地址

为保证接入 TCP/IP 网络的每台计算机在相互通信中能够互相识别，必须使其具备唯一的逻辑地址，即 IP 地址。目前，全球广泛应用的 IP 协议是 4.0 版本，即 IPv4，其 IP 地址由 32 位组成，它分两部分，即网络号和主机号。网络号确定了该主机所在的物理网络，主机号确定了在某一物理网络上的一台主机。

IP 地址是 32 位二进制数，不便于用户输入、读数和记忆，为此用一种"点分十进制"数来表示，每 8 位一组，用十进制表示，并利用点号分割各部分，每组值的范围为 0 到 255，因此 IP 地址用此种方法表示的范围为 0.0.0.0 到 255.255.255.255，如上海电信的 DNS 服务器的 IP 地址为 202.96.209.5。

根据网络规模不同，IP 地址分为 A 到 E 五类，其中 A、B、C 为基本类，用于主机地址，D 类用于组播，E 类保留不用，如图 3-10 所示。

A 类地址的四段号码中，第一段号码为网络号，剩下的三段号码为本地计算机的号码。如果用二进制表示 IP 地址，A 类 IP 地址就由 1 字节的网络地址和 3 字节的主机地址组成，网络地址的最高位必须是"0"。A 类 IP 地址中网络标识长度为 7 位，主机标识长度为 24 位，A 类网络地址数量较少，一般分配给少数规模很大的网络。

B 类地址由 2 字节的网络地址和 2 字节的主机地址组成，网络地址的最高位必须是"10"。B 类 IP 地址中网络标识长度为 14 位，主机标识长度为 16 位，B 类网络地址适用于中等规模的网络，每个网络所能容纳的计算机超过 6 万台。

C 类地址由 3 字节的网络地址和 1 字节的主机地址组成，网络地址的最高位必须

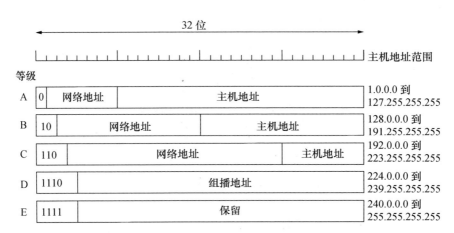

图 3-10 IP 地址的分类

是"110"。C 类 IP 地址中网络标识长度为 21 位，主机标识长度为 8 位。C 类网络地址数量较多，适用于小规模的局域网络，每个网络能够有效使用的计算机台数最多只有 254 台。

在 IP 地址中，有一些是特殊的地址，不用于标识一台设备，见表 3-2。

表 3-2 特殊的 IP 地址

网络号	主机号	用途
任意	全 0	标识一个网络，即网络地址
任意	全 1	广播地址
127	任意	本机回送地址

3.1.4 网络通信结构模式

1. 客户/服务器模式

客户/服务器（client/server，C/S）模式的特点是：（1）服务器负责管理数据库的访问，并对客户机/服务器网络结构中的数据库安全层加锁，进行保护。（2）客户机负责与用户的交互，收集用户信息，通过网络向服务器发送请求。（3）C/S 模式中，资源明显不对等，是一种"胖客户机"或"瘦服务器"结构。（4）客户程序（前台程序）在客户机上运行，数据库服务程序（后台程序）在应用服务器上运行。

C/S 模式的主要优点是由于处理任务在客户机和数据库服务器上分开进行，从而使信息系统的速度不受工作站速度的制约，网络线路上的数据传输量少（只传输处理结果），此外，还有工作站平台无关性、数据库无关性的优点。

C/S 模式也有许多缺点，如系统移植困难、用户界面风格不一、使用繁杂、客户端开发维护麻烦、应用系统的开发设计比较复杂等。

2. 浏览器/服务器模式

浏览器/服务器模式（browser/server，B/S 模式）的特点是：（1）客户端统一采用浏览器，如 Netscape 和 IE，通过浏览器向 Web 服务器提出请求，由 Web 服务器对数据库进行操作，并将结果传回客户端。(2) 简化了客户机的工作，但服务器将担负更多的工作，对数据库的访问和应用程序的执行都将在服务器上完成。即当浏览器发出请求后，其数据请求、加工、返回结果、动态网页生成等工作全部由 Web 服务器完成。

B/S 模式是三层结构的 C/S 模式（如图 3-11 所示），把传统的 C/S 模式中的服务器分解为一个应用服务器，即 Web 服务器和一个或多个数据库服务器。由于 B/S 三层模型的各层次都有较强的独立性，因此在系统软件、硬件环境发生变化时，它比二层 C/S 模型有更强的适应能力。与 C/S 模式相比，B/S 模式的客户端只需要用浏览器就能访问系统，具有"瘦客户端"的优点，使用简单，管理维护方便。

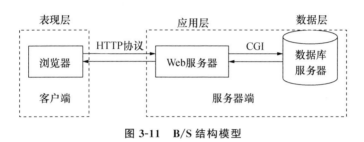

图 3-11　B/S 结构模型

(1) 表现层：客户端 Web 浏览器通过 URL 向指定的 Web 服务器发出服务请求。Web 服务器用 HTTP 协议把所需的页面资料传送给用户。客户端接收页面资料，并显示在 Web 浏览器上。

(2) 应用层：具有通用网关接口（CGI）的 Web 服务器。Web 服务器接受客户请求，首先执行 CGI 程序，与数据库连接，进行数据处理。而后由数据层将处理结果返回 Web 服务器，再由 Web 服务器传至客户端。

(3) 数据层：数据库服务器，为 Web 服务器提供数据查询与处理服务。

B/S 模式适用于系统与用户交互量不大的应用。对于需要频繁、高速交互的应用系统，B/S 模式并不一定是最好的选择。B/S 应用模式并不一定要取代传统的 C/S 模式，它们往往是互相补充、相辅相成的。

3.1.5　Internet、Intranet 与 Extranet

1. Internet 概述

Internet 是一个以 TCP/IP 协议连接各个国家、地区、机构的计算机网络的数据通信网。它将数万个计算机网络、数千万台主机互连在一起，形成世界上覆盖面最广、规模最大的计算机网络。从信息资源的角度来说，Internet 是一个集各部门、各领域的信息资源为一体的，供网络用户共享的信息资源网。

2. DNS 域名系统

Internet 上的每台主机的名字必须是唯一的，否则该名字就不能把该主机与其他主机区分开来。为此,Internet 规定了一套命名机制,称为域名系统(domain name system,DNS)。按域名系统定义的名字称为域名。

域名系统将整个 Internet 视为一个由不同层次的域组成的集合体,即域名空间,并设定域名采用层次型命名法,从左到右,从小范围到大范围,表示主机所属的层次关系。不过,域名反映出的这种逻辑结构和其物理结构没有任何关系,也就是说,一台主机的完整域名和物理位置并没有直接联系。

域名由字母、数字和连字符组成,开头和结尾必须是字母或数字,最长不超过 63 个字符,而且不区分大小写。完整的域名总长度不超过 255 个字符。例如,同济大学的 Web 服务器的域名是 www.tongji.edu.cn,其顶层域是 cn,表示中国;接下来的子域是 edu,表明主机是教育单位的;再接下来的子域是 tongji,表示这台主机来自同济大学;最左边的子域是 www,表示该主机的名字,从该名字可以联想它是一台 Web 服务器。

DNS 起源于高级研究计划局网(ARPANET),由 Internet 协议下的授权委员会负责管理 Internet 的地址和域名的登记,采用分级管理模式。这些名字分成两类:(1)表示机构:com(商业单位)、org(非营利组织)、edu(教育机构)、gov(政府部门)、net(网络支持中心)等。(2)表示地理位置:cn(中国)、hk(中国香港地区)、jp(日本)、de(德国)、uk(英国)等。

域名是为了方便人类的使用,而 IP 协议软件只使用 32 位的 IP 地址,且不能直接使用域名。当用户用域名来表示通信对方的地址时,在 Internet 内部必须将域名翻译成对应的 32 位 IP 地址,然后才能进行进一步的处理。这个翻译工作是由 Internet 的 DNS 名称服务器自动完成的,称为域名解析。

3. Intranet 概述

(1) Intranet 概念

Intranet 是指采用 Internet 技术,以 TCP/IP 协议为基础,以 Web 为核心应用,服务于企业内部事务,将企业内部作业计算机化,以实现企业内部资源共享的网络。简言之,Intranet 是使用企业自有网络来传送信息的私有互联网。

(2) Intranet 技术要点

① 统一的用户端。用户从标准的统一用户端能够访问 Intranet 的所有资源,其应用与用户的网络环境、联网方式、地理位置无关。

② 非结构化信息的发布。各种多媒体信息以及各种格式的文本信息均应该有方便、简单的发布方式和更新方式。

③ 动态数据库应用。提供高效的 Web 与数据库的连接方法,最好有可视化的开发工具。对于企业级的数据库应用,可以采用 API 方式与数据库连接,或者采用标准接口如 JDBC、ADO 等。

④ 消息流机制。应该具备邮件路由和事件触发等工作流功能,使应用系统可以方便地基于 E-mail、Web 等开放标准实现业务流程的网络化。

⑤ 安全技术。常用的安全措施有设置防火墙、采用安全服务器代理以及加密技术

等。此外，防病毒措施也是十分必要的。制定清晰的信息网络安全政策和网络用户使用准则也是安全措施的一个重要方面。

（3）Intranet 提供的应用服务

① 信息发布：企业规模不断扩大，员工可能分布于不同的地域。通过企业的 Intranet，可以进行各种分级别的公文信息的发布。这样可以节省大量的文本印刷费用，同时又能节约时间，使分布在各地的企业员工能全面了解相关的信息，实现无纸化办公。

② 管理和操作业务系统：在建立企业内部管理和业务数据库服务器后，员工在浏览器上通过 Web 服务器访问数据库，并进行有关业务操作，从而实现传统管理系统的全部功能，包括办公自动化系统、人事管理系统、财务系统等。

③ 用户组和安全性管理：可以建立用户组，在每个用户组下再建立用户。对于某些需要访问权限的信息，可以对不同的用户组或用户设置不同的读、写权限，对于需要在传输中保密的信息，可以采用加密、解密技术。

④ 电子邮件：在企业 Intranet 系统中设置邮件服务器，为企业的每个员工设置一个账号，这样员工不仅可以相互通信，而且可以使用统一的 E-mail 账号对外收发 E-mail。

⑤ 电子商务：在 Web 上开展电子商务，主要方式有全球范围内的产品展销、销售的信息服务等。

4．Extranet

Intranet 只限于企业内部使用，而 Extranet 是企业内联网向企业外部合作伙伴的扩展。也就是说，在两个或更多的公司的联网计算机资源间定义并建立有限的信任关系，所以 Extranet 就被称为"外联网"。

企业往往通过 Internet 等公共互联网络与分支机构或其他公司建立 Extranet，以进行安全的通信。这就要解决 Intranet 与这些远程节点连接通信所用的公共传输网的传输安全、费用和方便性的问题。最常用的技术是 VPN（virtual private network，虚拟专用网）。VPN 是采用隧道、加密和身份认证等技术，在公共网络上建立与 Intranet 安全连接的技术。

通过 Extranet 实现合作伙伴间的信息共享，企业能够获得以下潜在效益。（1）改善客户服务，客户可通过 Extranet 访问企业的相关数据，快速得到他们需要的信息；（2）集成技术及网络环境，为企业间协作提供基础，加快集成企业间的信息流动，提高供应链自动化程度；（3）企业网是企业实施生产、经营的支撑环境，Extranet 是对企业网的扩展，充分发挥企业网的作用，未来的企业网从地域角度来讲，已绝非一个大型局域网的规模，它并不限于楼宇、园区、城域或国家。从服务角度来讲，只有企业真正运行在 Intranet、Internet、Extranet 无缝连接的网络集成环境中，才能使企业网成为一个能满足企业各方面需求的综合网络；（4）降低通信成本，Extranet 可代替传统的专线访问服务设施，节省了昂贵的硬件费用、设备维护费用和长途电话拨号接入费用等。

3.1.6　计算机网络在物流领域的应用案例

宝供物流企业集团有限公司（简称"宝供物流"）成立于 1994 年，是我国最早运用现代物流理念为客户提供物流一体化服务的专业公司，被中国物流与采购联合会授予"中国物流示范基地"荣誉称号，也是中国 AAAAA 级物流企业、中国物流百强企业。

宝供物流信息系统运用 Internet、Intranet 网络技术，构建了基于 VPN 的网络数据传输平台，各分公司与总公司借助 DDN 专线、光缆或卫星网与卫星小站进行通信连接。宝供公司的物流信息系统利用计算机网络技术，使宝供总公司、6 大分公司、40 多个运作点实现内部办公网络化、外部业务运作信息化，并实现仓储、运输等关键物流信息的网上实时跟踪。另外，客户可以通过宝供信息系统实时管理和控制不同区域、不同仓库、不同类型、不同产品的库存，制定最佳营销策略。同时，实现了"客户电子订单一体化运作"的目标，极大简化了商务流程，提高了业务运作效率。

3.2　数　据　库

从客观事物的物理状态到计算机内的数据，要经历现实世界、信息世界、数据世界和计算机世界四种状态的转换。建立数据库系统的过程，实际上就是将现实世界与计算机世界紧密结合的过程。数据库系统不仅指数据库和数据库管理系统本身，而且指计算机系统引进数据库技术后的整个系统。

3.2.1　数据库的基本概念

1. 数据库

（1）数据库的定义

所谓数据库，是指长期存储在计算机内的、有组织的、可共享的数据集合。数据库中的数据按一定的数据模型组织、描述和存储，具有较小的冗余度、较高的数据独立性和易扩展性，并被各种用户共享。

（2）数据库的特点

① 数据的结构化。数据库的特征之一是整体数据的结构化，即在描述数据时不仅描述数据本身，还描述数据之间的联系。

② 数据的共享性高。数据库从整体角度看待和描述数据，使得数据面向整个系统，因此数据可以被多个用户、多个应用共享使用。数据共享可以减少数据冗余，节约存储空间，避免数据之间的不相容性和不一致性。

③ 数据的独立性高。包括物理数据的独立性和逻辑数据的独立性。物理数据的独立性，是指全局逻辑数据结构独立于物理数据结构，即用户的应用程序与数据库中的物理存储结构互相独立。逻辑结构的独立性，是指全局逻辑数据结构独立于局部逻辑数据结构，即用户的应用程序与数据的全局逻辑结构的相互独立性。

2. 数据库管理系统

（1）数据库管理系统的定义

数据库管理系统（database management system，DBMS）是位于用户与操作系统之间的一层数据管理软件。DBMS 能使用户方便地定义数据和操纵数据，并保证数据的安全性、完整性、多用户对数据的并发使用及发生故障后的系统恢复。其功能如表 3-3 所示。

表 3-3 数据库管理系统的主要功能

主要功能	解释
数据库定义	数据库对象定义：表、索引、约束、用户等
数据库操纵	实现对数据库的基本操作：增加、删除、修改和查询
数据库保护	恢复、并发控制、完整性控制、安全性控制
数据库的建立和维护	初始数据的转换和导入、数据备份、数据库的重组织、性能监控和分析等，这些操作通常由一些实用程序完成

DBMS 的上述功能是由一组不同的程序模块来完成。不同的 DBMS，其功能并不完全相同。因此，它包含的程序模块也不完全一致。例如，关系模型的 DBMS 没有数据的物理描述语言；某些层次模型和网络模型的 DBMS 没有查询语言。

（2）常见的数据库管理系统

① SQL Server

SQL Server 是微软公司推出的关系型数据库管理系统，微软于 1988 年推出第一个 OS/2 版本，随后不断更新版本。2000 年，SQL Server 2000 发布，增加了很多影响 SQL Server 扩展性的改进，如索引视图和联合数据库服务器。2005 年，SQL Server 2005 面世，该版本增加了商业智能功能，包括移动和转换数据工具、分析数据工具和报告数据工具。2008 年推出的 SQL Server 2008 增加了更完整的数据管理和分析解决方案，提供了丰富的报表功能，还支持异步数据应用和数据驱动事件通知。2012 年发布的 SQL Server 2012，致力于支持企业的大数据处理，增加了强大的 BI 工具 Power View 用以提供数据查找和数据质量服务。随着云技术的普及，2014 年，微软推出定位为混合云平台的 SQL Server 2014，其技术聚焦安全和数据分析，以及混合云平台搭建等方面。SQL Server 跨越客户端和云端，为企业提供了云备份以及"云灾难"恢复等混合云应用场景，将关键数据无缝迁移到 Microsoft Azure。

② Oracle

Oracle 数据库是甲骨文公司出品的、以分布式数据库为核心的一组软件产品，是使用最为广泛的数据库管理系统。Oracle 可移植性好，运行效率高，数据管理功能完整，数据安全性和稳定性强，并且实现了分布式处理功能，支持多种平台，是一种适应高吞吐量的数据库解决方案。2007 年，甲骨文公司推出 Oracle 11g，相比以往版本，Oracle 11g 增强了 BI 方面的功能，提高了系统性能安全性，加强了对 Binary XML 的支持和性能优化，并扩展了 Oracle 特有的网格计算能力。2013 年，Oracle

12c 上市，它是一款针对云计算而设计的数据库，其新特征包括六个方面：云端数据库整合的全新多租户架构、数据自动优化、深度安全防护、面向数据库云的最大可用性、高效的数据库管理以及简化大数据分析。

③ DB2

DB2 是 IBM 公司开发的关系数据库管理系统，是适用范围最广的数据库产品，几乎覆盖了所有流行的硬件和操作系统平台。它支持从 Windows 到 UNIX，从中小型机到大型机，从 IBM 到非 IBM（HP 及 SUN UNIX 系统等）各种操作平台。既可以在主机上以主、从方式独立运行，也可以在客户、服务器环境中运行。

④ MySQL

MySQL 是 Web 应用最流行的数据库管理系统，该系统体积小、速度快、灵活性较高、拥有成本低，并且开放源代码，尤其适用于个人使用者和中小型企业，一般中小型网站的开发都选择 MySQL 作为网站数据库。

3. 数据库系统

数据库系统不是仅指数据库和数据库管理系统本身，而是指计算机系统引进数据库技术后的整个系统。通常，数据库系统是由数据库、硬件、软件（DBMS 及其开发工具和应用系统）、人员（数据库管理员和用户）组成。数据库系统的层次结构如图 3-12 所示。

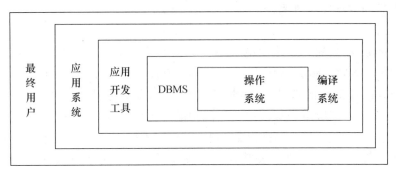

图 3-12　数据库系统的层次结构

3.2.2　数据模型

1. 信息描述

数据库系统面向计算机，而其应用是面向现实的，这两个世界存在差异。直接将现实世界中的语义映射到计算机世界十分困难，为此，人们引入信息世界和数据世界，作为现实世界通向计算机世界的桥梁。也就是说，从客观事物的物理状态到计算机内的数据，要经历现实世界、信息世界、数据世界和计算机世界四种状态的转换。因此，建立数据库系统的过程，实际上就是将现实世界与计算机世界紧密结合的过程，如图 3-13 所示。

（1）现实世界。现实世界是指存在于人们头脑之外的客观世界，事物及其相互联

图 3-13 四种状态之间的转化关系

系就处于这个世界。事物可以是人、物或者事件,还可以是客观事物之间存在的联系。

(2) 信息世界。信息是现实世界在人的头脑中的反映。人的头脑对于这些事物经过认识、选择、描述之后进入信息世界。信息世界用实体—联系模型来表示。其中,实体是客观存在并可相互区分的事物,例如,学生张三、工人李四、计算机系等;属性是实体所具有的特性。实体可以由若干个属性来刻画,例如,学生由学号、姓名、年龄、年级组成。

(3) 数据世界。数据是对信息的符号化表示,与信息存在对应关系。数据世界可用数据模型来表示,信息世界中的实体—联系模型与数据模型相对应,信息世界中的实体对应数据世界里的记录。对应属性的数据为字段;对应实体集的数据称为文件。

(4) 计算机世界。数据世界中的数据经过编码、加工后就可进入计算机世界。计算机世界中的数据采用二进制数表示。程序的任务之一就是在计算机所承认的二进制数与人们所习惯的数据表示法之间进行转换。

2. 实体—联系模型(E-R 模型)

实体—联系模型(entity-relationship model)是用于描述信息世界中的概念模型,它是一个过渡的数据模型,随后再转换为可被 DBMS 接受的数据模型。它面向现实世界,不受 DBMS 约束,且易于理解,因此被广泛使用。

(1) 基本 E-R 模型图形

E-R 模型包含三种元素:实体、实体之间的联系和属性,分别用矩形、菱形和椭圆表示,用无向边把实体及其属性连接起来,将参与联系的实体用线段连接,并标上联系的数量。基本 E-R 模型图形由一个或多个实体及相互间的联系构成。图 3-14 描述了学生选修课程的 E-R 模型图。

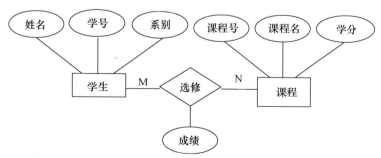

图 3-14 学生选修课程的 E-R 模型图

(2) 构造 E-R 模型

构造 E-R 模型就是根据现实世界客观存在的事物及其关系所给出的语义要求，组合基本 E-R 图形为 E-R 模型。它包括如下步骤：① 标识实体集；② 标识联系集；③ 标识属性值集；④ 标识关键字。

3. 数据模型

数据模型是对客观事物及其联系的数据化描述。在现实世界中，事物并不是孤立存在的，不仅实体与属性之间存在联系，实体与实体之间也彼此关联。相应地，数据模型中的联系也有两种，一是数据记录内部，即数据项之间的联系；二是数据记录之间的联系。前者对应实体属性之间的联系，后者对应实体之间的联系。数据模型有四种：层次模型、网状模型、关系模型和面向对象模型。

(1) 层次模型

层次模型的数据结构类似一棵倒置的树，每个节点表示一个记录类型，记录之间的联系是一对多的联系（如图 3-15 所示）。

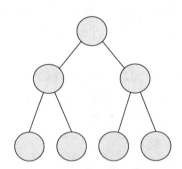

图 3-15 层次模型数据结构

基本特征是：① 有且只有一个位于树根的节点，称为根节点；② 一个节点下面可以没有节点，即向下没有分支，该节点称为叶节点；③ 一个节点可以有一个或多个相连的节点，前者称为父节点，后者称为子节点；④ 同一父节点的子节点称为兄弟节点；⑤ 除根节点外，其他任何节点有且只有一个父节点。

层次模型结构简单，容易实现，对于某些特定的应用系统效率很高，但动态访问数据（如增加或修改记录类型）时，效率并不高。另外，对于一些非层次性结构（如多对多联系），层次模型表达比较烦琐且不直观。

(2) 网状模型

网状模型是层次模型的一种扩展，它采用网状结构表示实体及其之间的联系。网状结构的每一个节点代表一个记录类型，记录类型可包含若干字段，联系用链接指针表示，去掉了层次模型的限制（如图 3-16 所示）。

网状模型的特征是：① 允许多个节点没有父节点；② 一个节点可以有多个父节点。

网状模型与层次模型相比，提供了更大的灵活性，能更直接地描述现实世界，其性能和效率也比较高。网状模型的缺点是结构复杂，用户不易掌握，记录类型联系变

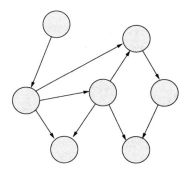

图 3-16 网状模型数据结构

动后涉及链接指针的调整,因此扩充和维护都比较复杂。

（3）关系模型

关系模型用二维表来表示实体,用外码表示实体间的联系。其优点是:简单,概念直观,用户易理解;非过程化的数据请求,数据请求可以不指明路径;数据独立性,用户只需提出"做什么",无须说明"怎么做"。表 3-4、表 3-5、表 3-6 是关系模型的实例。

表 3-4 学生信息表

学号	姓名	系号
S01	朱然	D01
S02	刘理	D01
S03	徐华	D02

（外码指向学号列，属性指向表头）

表 3-5 课程表

课程	课程	学分
C01	数学	4
C02	物理	3

表 3-6 成绩表

学号	课程号	成绩
S01	C01	85
S02	C02	90
S03	C02	95

关系模型把数据看成二维表中的元素,一张表就是一个关系。表中的每一行称为一个元组,它相当于一个记录值。表中的每一列是一个属性值集,属性的取值范围称为域,属性相当于数据项或字段。如果表格有 n 列,则称该关系为 n 元关系。

关系具有如下性质:① 关系中的每一列属性都是不能再分的;② 一个关系中的各列都被指定一个相异的名字;③ 各行相异,不允许重复;④ 行、列的次序均无关;⑤ 每个关系都有一个唯一标识各元组的主关键字,它可以是一个属性或属性组合。

（4）面向对象模型

面向对象模型中的对象（object）是现实世界中实体的模型化，与记录（元组）对应。每个对象有一个唯一的标识符，把属性和行为封装在一起。类（class）是具有相同属性和行为的对象的集合。系统中所有类构成一个有向无环图。类之间有继承关系，如图3-17所示。

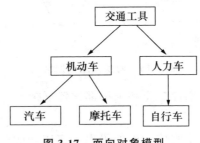

图3-17　面向对象模型

4. E-R模型向关系模型的转换

针对实际问题，先设计E-R模型，然后将E-R模型转换为计算机可实现的数据模型，在这里以关系模型为例。实体集之间的联系包含三种：（1∶1）（1∶n）和（m∶n），下面根据三种联系介绍从E-R模型向关系模型的转换方法。

（1）（1∶1）联系的E-R模型向关系模型的转换原则

（1∶1）联系的E-R模型可以单独对应一个关系模型：由联系属性、参与联系的各实体集的主码构成关系模型，其主码可选参与联系的实体集的任一主码，也可以由联系属性及一方的主码加入到另一方实体集对应的关系模型中。

（2）（1∶n）联系的E-R模型向关系模型的转换原则

（1∶n）联系的E-R模型可以单独对应一个关系模型：由联系属性、参与联系的各实体集的主码构成关系模型，n端的主码为该关系模型的主码，也可以由联系属性及1端的主码加入n端实体集对应的关系模型中，主码仍为n端的主码。

（3）（m∶n）联系的E-R模型向关系模型的转换原则

（m∶n）联系的E-R模型单独对应一个关系模型，该关系模型包括联系的属性、参与联系的各实体集的主码属性，该关系模型的主码由各实体集的主码属性共同组成。

3.2.3　关系模型规范化

1. 问题的提出

在关系模型中，一个关系可以用来描述一个实体及其属性，又可用来描述实体间的联系。但对于任一给定的实体及其属性，有时不能满足应用要求，还应该对它进行规范化。

下面是一个不规范的关系模型实例：某公司是A市政府办公用品采购的定点单

位，其销售记录的关系模型 GP0801（订单代码、订购日期、客户、发货日期、产品、单价、数量、雇员），如表 3-7 所示。

表 3-7 销售记录关系模型

订单代码	订购日期	客户	发货日期	产品	单价(元)	数量	雇员
08022	2008年3月5日	A市发改委	2008年3月7日	笔记本	3	230本	张照
08022	2008年3月5日	A市发改委	2008年3月7日	台灯	20	30个	张照
08022	2008年3月5日	A市发改委	2008年3月7日	数据线	4	25根	张照
08023	2008年3月5日	B区教委	2008年3月6日	翻页笔	40	35支	鞠彬
08023	2008年3月5日	B区教委	2008年3月6日	数据线	4	42根	鞠彬
08024	2008年3月5日	C县县政府	2008年3月5日	笔记本	3	9本	孙锐
08024	2008年3月5日	C县县政府	2008年3月6日	钢笔	4	42支	孙锐
08024	2008年3月5日	C县县政府	2008年3月5日	花盆	23	9个	孙锐
08024	2008年3月5日	C县县政府	2008年3月5日	翻页笔	30	14支	孙锐
08025	2008年3月6日	B区教委	2008年3月6日	钢笔	30	25支	鞠彬

"订单代码""产品"是关系模型 GP0801 的关键字。经过分析，存在以下问题：

① 冗余度高。如果雇员与客户的联系是固定的，当该客户每购买一种产品时，雇员就重复保存一次。

② 修改问题。如果在关系模型 GP0801 中，某客户的联系雇员变动，就需要对所涉及的雇员进行修改，这不仅提高了更新的复杂程度，而且有可能造成数据不一致。

③ 删除问题。如果某客户暂时不需要任何产品，则在删除该客户时就丢失了其所联系雇员的一些信息，而该雇员可能在以后再次用到。

④ 插入问题。在这个关系中，关键字由"订单代码""产品"组成。如果新增一个客户的有关数据，而其所购买的产品未定，那么这个客户数据就无法插入，因为缺少关键字其他数据。

2. 规范化方法

如果将关系模型 GP0801 分解为如表 3-8 至表 3-12 所示的 5 个关系，上述问题就可以解决。通常，我们将结构复杂的关系按照一定规则转化为较简单的关系，这一过程称为关系的规范化（normalization）。前面介绍的关系模型规范化基本概念是设计一个规范化的关系模型的基础，下面我们讨论规范化的方法。

3. 规范关系

（1）第一范式（1NF）

定义：如果关系模型 R 中的每个属性值都是不可分的最小数据单位，则称 R 为第一范式，简称 1NF（first normal form）。

按照上述定义，每个属性都不可以是重复组或组合项，也不可为空值（即值不存在）。显然，表 3-13 具有重复组，而表 3-14 的属性"工资"是一个组合项，它们都不是 1NF，但这种非 1NF 的关系经过简单处理可以变为 1NF。例如，将表 3-13 所在行的其他属性值也予以重复，转化为表 3-15 的形式。至于表 3-14 中的组合项，只要去掉组合项名，如有必要，适当修改其他属性名，再转化为表 3-16 的形式。

表 3-8　雇员表

雇员代码	雇员名称
11	鞠彬
12	王雷
13	张照
14	张开

表 3-9　订单明细表

订单代码	产品代码	数量
08022	A12	20
08022	B12	30
08022	B12	25
08023	A25	35
08023	B12	42
08024	A23	9
08024	A24	14
08024	C03	3
08024	A25	55
08025	A24	25

表 3-10　产品表

产品代码	产品名称	单价(元)	库存量
A23	笔记本	3	250 本
A24	钢笔	30	400 支
A25	翻页笔	40	150 支
B12	数据线	4	523 根
B13	台灯	20	49 个
C03	花盆	23	27 个

表 3-11　客户表

客户代码	客户名称
101	A 市发改委
102	B 区教委
103	C 县县政府

表 3-12　订单表

订单代码	订购日期	客户代码	发货日期	雇员代号
08022	2008 年 3 月 5 日	101	2008 年 3 月 7 日	13
08023	2008 年 3 月 5 日	102	2008 年 3 月 23 日	11
08024	2008 年 3 月 5 日	103	2008 年 3 月 23 日	12
08025	2008 年 3 月 23 日	102	2008 年 3 月 8 日	12

表 3-13　订单表（1）

订单	客户	产品	单价(元)	数量
08022	A 市发改委	笔记本	3	230 本
		台灯	20	30 个
		数据线	4	25 根
08023	B 区教委	翻页笔	40	35 支
		数据线	4	42 根

表 3-14　工资表（1）

职工号	姓名	工资		
		基本工资(元)	奖金(元)	扣款(元)
10111	金晓卿	2200	2000	200
10112	周亮	2890	800	80
10113	张英	2880	800	80
10114	王三元	2500	2500	300

表 3-15　订单表（2）

订单	客户	产品	单价(元)	数量
08022	A 市发改委	笔记本	3	230 本
08022	A 市发改委	台灯	20	30 个
08022	A 市发改委	数据线	4	25 根
08023	B 区教委	翻页笔	40	35 支
08023	B 区教委	数据线	4	42 根

表 3-16　工资表（2）

职工号	姓名	基本工资(元)	奖金(元)	扣款(元)
10111	金晓卿	2200	2000	200
10112	周亮	2890	800	80
10113	张英	2880	800	80
10114	王三元	2500	2500	300

(2) 第二范式（2NF）

定义：如果关系模型 R 满足第一范式，并且它的所有非关键字属性都完全函数依赖于主关键字，则称 R 为第二范式，记为 2NF。

例如，在表 3-17 中所示的关系中，属性"单价""数量"依赖于主关键字（供应单位、产品代码），而属性"邮政编码"只依赖于主关键字中的一个分量"供应单位"。因此，这个关系不满足 2NF 的条件，只是一个 1NF 关系。这种关系会导致数据冗余和更新异常情况。如果按照 2NF 的要求，可以将表 3-17 分解为表 3-18、表 3-19 所示的形式，这两个新关系都满足 2NF 的条件。

表 3-17 供货信息表

产品代码	供应单位	单价	数量	邮政编码
A21	S1	3	230	08022
A22	S2	20	30	08022
B21	S3	4	25	08022
B22	S3	40	35	08022
C25	S4	4	42	08023

表 3-18 供货信息表

产品代码	供应单位	单价	数量
A21	S1	3	230
A22	S2	20	30
B21	S3	4	25
B22	S3	40	35
C25	S4	4	42

表 3-19 供应单位表

供应单位	邮政编码
S1	08022
S2	08022
S3	08022
S4	08023

(3) 第三范式（3NF）

定义：如果关系模型 R 满足第二范式，并且它的任何一个非关键字属性都不依赖于主关键字，则称 R 是第三范式，记为 3NF。

第二范式虽然比第一范式更进步了，但仍然存在更新异常和高冗余等问题。如在表 3-20 中，合同号是主关键字，其余均为非关键字属性。这里就存在合同号与供应单位、供货单位与邮政编码的关系。邮政编码是通过供应单位同主关键字发生联系，即经过传递而推出。如果把表 3-20 分解为表 3-21 和表 3-22，这两个新关系都满足 3NF 的条件。

表 3-20 合同信息表

合同号	签订日期	对方单位	邮政编码
H01	2008 年 3 月 15 日	D1	08022
H04	2008 年 7 月 7 日	D2	08023
H05	2008 年 10 月 11 日	D2	08023

表 3-21 合同信息表

合同号	签订日期	对方单位
H01	2008 年 3 月 15 日	D1
H04	2008 年 7 月 7 日	D2
H05	2008 年 10 月 11 日	D2

表 3-22 单位表

对方单位	邮政编码
D1	08022
D2	08023

除了 1NF、2NF、3NF，还有 BCNF、4NF 和 5NF 等关系，但在实际应用中一般达到 3NF 就可以了，有兴趣的读者可参阅数据库理论方面的书籍。

3.2.4 数据视图

数据库系统环境下，文件的物理组织、存储细节等细节事务都交由 DBMS 来处理。用户只需要处理数据，而不必考虑数据在计算机中的保存。这样，在数据库系统中，用户看到的数据与在计算机系统中所保存的数据并不是一回事，从用户看到的数据到计算机内的物理数据之间经过了两次转换。第一次是系统为了实现数据共享、减少冗余，把所有数据进行综合，抽象成全局数据。第二次是系统为了提高存取效率，把全局数据按照物理组织的最优方式来存放。

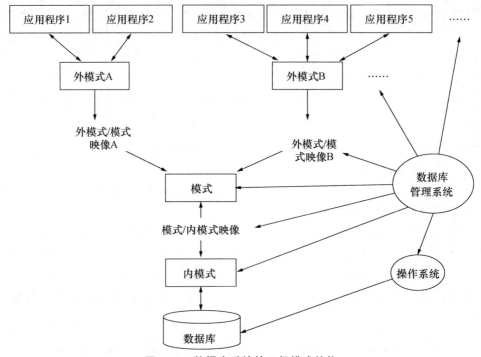

图 3-18 数据库系统的三级模式结构

图 3-18 给出了数据库系统的三级模式结构。通常，数据库系统的结构是一致的，可以用三级模式和两级映像来概括描述。

1. 三级模式

（1）外模式（external schema）

外模式对应用户级数据库，又称子模式。它用子模式定义语言来定义，而且是用户与数据库的接口，因此，一个子模式中包含了相应用户的记录类型的描述以及与概念模式中相应记录的映像定义。每个用户都必须使用一个子模式，但多个用户也可以使用同一个子模式。

（2）概念模式（conceptual schema）

概念模式对应概念级数据库，它用模式定义语言来定义。模式的主体是数据库的数据模型,它是所有用户视图数据库的一个最小并集。

(3) 内模式 (internal schema)

内模式对应物理级数据库,又称存储模式,用物理模式描述语言描述。物理级数据库包括数据库的全部存储数据,是用户操作的对象。从系统程序员的角度看,这些数据是按一定的文件方式组织起来的。

2. 两级映像

从图3-18可以看出,每两级模式之间存在从一种模式结构到另一种模式结构的映像,这种功能是由DBMS支持的。

从外模式到概念模式的映像的作用在于:当整个系统要求改变模式时,只需改变映像关系而保持外模式不变。这种用户级数据独立于全局的逻辑数据的特性称为逻辑数据独立性。

从概念模式到内模式的映像作用在于:当物理数据库改变时,只需修改这种映像关系而保持概念模式和外模式不变。这种全局的逻辑数据独立于物理数据的特性称为物理数据独立性。

由于有了这两级数据独立性的存在,数据库系统就把用户数据和物理数据完全分开,用户不必过多关注物理存储细节,用户程序也不必依赖于物理数据,降低了系统的维护成本。

3.2.5 数据库在物流领域的应用案例

通常,物流企业都会有若干子公司或关联部门,虽然在业务上它们各自独立,但彼此之间数据的交换和处理却日趋频繁。例如,处理异地库存信息和车辆跟踪,需要多个部门大量数据的交换和处理。所以,快速、准确处理大量繁杂的数据并提供决策支持,成为物流发展的关键点之一。以某企业的导航系统为例,该系统使用 SQL Server 数据库管理系统,通过引进数据库技术解决了实际应用需求,实施过程如下:

1. 公路物流信息系统组成

系统组成结构如图 3-19 所示,车载导航仪上的卫星定位器通过接收北斗星的定位信号计算车辆所在的方位(经度、纬度),GPRS 接发器通过 GPRS 网络与基地控制

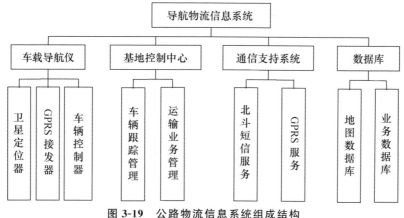

图 3-19 公路物流信息系统组成结构

中心发送和接收信息，车辆控制器可对报警车辆进行断油、断电处理；基地控制中心对车辆进行跟踪和监控管理，如果基地控制中心是在汽车运输公司，当然也要进行运输业务的管理；通信支持系统不仅要能够完成北斗导航的短信息功能，更要求具备利用电信公司的 GPRS 进行信息传递的功能；系统数据库则要包括地图数据库和业务数据库，如 Google 地图，用地图数据来显示车辆轨迹，同时还需要业务数据库来对车辆档案、业务运单等运输管理的数据进行存储。

2. 主要数据表结构

数据表的设计需要根据系统软件功能的要求和未来的发展确定，应该有一定的前瞻性和扩展性，所以数据表中的字段的名称、类型和数据宽度都要考虑到今后的系统需求，SQL Server 数据库系统在这方面做得很好，数据表结构可以方便地增加、删除或修改。

根据功能需求，本系统应包含：车辆基本信息表、车辆状态表、运单头表、运单明细表和短信息表等数据表，它们构成系统数据的有机整体。图 3-20 数据表的基本组成部分，还应增加部分数据表，比如，运输计划表、回单确认表等，限于篇幅，不一一列出。

车辆状态表

列名	数据类型	允许 null 值
状态编码	char(12)	
车牌号码	nchar(10)	√
时间	date time	√
当前经度	char(10)	√
当前纬度	char(10)	√
海拔高度	char(4)	√
车速	char(3)	√
所在行政区域	nchar(10)	√
状态描述	nchar(6)	√
司机姓名	nchar(6)	√

运单头表

列名	数据类型	允许 null 值
运单号	char(20)	
起始地	nchar(10)	√
目的地	nchar(10)	√
出发时间	detetime	√
到达时间	detetime	√
司机姓名	nchar(6)	√
押运人	nchar(6)	√

车辆基本信息表

列名	数据类型	允许 null 值
车牌号码	nchar(10)	
车辆类型	nchar(20)	√
所有人	nchar(30)	√
身份证号	char(10)	√
联系电话	char(11)	√
住址	nchar(30)	√
使用性质	nchar(6)	√
品牌型号	nchar(18)	√
载客量	numeric(4,0)	√
注册日期	date	√
发证日期	date	√
发证机关	nchar(30)	√

司机信息表

列名	数据类型	允许 null 值
驾驶证号	char(18)	
身份号码	char(18)	√
司机姓名	nchar(6)	√
性别	nchar(1)	√
准驾姓名	char(2)	√
住址	nchar(20)	√
电话	char(11)	√
发证机关	nchar(30)	√

短信息表

列名	数据类型	允许 null 值
运单号	char(20)	
起始地	nchar(10)	√
目的地	nchar(10)	√
出发时间	detetime	√
到达时间	detetime	√
司机姓名	nchar(6)	√
押运人	nchar(6)	√

运单明细表

列名	数据类型	允许 null 值
运单号	char(20)	
序号	char(3)	√
货物名称	nchar(20)	√
重量	numeric(5,0)	√
体积	numeric(3,0)	√
货主姓名	nchar(6)	√
货主电话	char(11)	√

图 3-20 主要数据表结构

3. 主要数据表关联

数据表关联是通过将数据表中的主关键字和外部关键字进行连接来实现的。本系统也不例外,有了这种数据联系,就能保证数据修改、删除的一致性,而不至于出现数据孤立的情况,从而保证数据的完整和系统功能的正确。

图 3-21 显示了系统数据表的关联。车辆状态表和短信息表通过车牌号码(外部关键字)与车辆基本信息表中的车牌号码(主关键字)联系,表明车辆运行状态与基地控制中心之间收发的短信息属于某一辆车;为了完整地描述运单的目的地、收货人、货物品种等运输要素,所以通过运单号将运单头和运单明细进行关联,这与销售系统中的订单头和订单明细的关系类似。

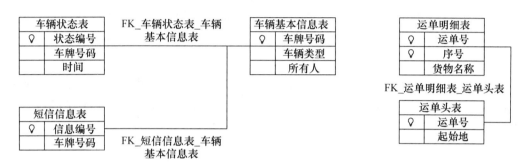

图 3-21　数据表关联

3.3　数 据 仓 库

3.3.1　数据仓库的基本概念

1. 数据仓库的定义

数据仓库专家 W. H. Inmon 在 *Building the Data Warehouse* 一书中对数据仓库作了如下描述:数据仓库是一个面向主题的、集成的、随时间变化的、相对稳定的数据集合,它用于支持管理决策。这一定义也反映了数据仓库的基本特点。

2. 数据仓库的特点

根据 Inmon 的定义,数据仓库具有以下四个方面特征:

(1) 数据面向主题性。面向主题描述的是数据仓库中数据的组织特征。传统数据库中的数据是面向应用而组织起来的,而数据仓库的数据是面向主题进行组织的。前者只为处理具体操作事务组织数据,数据的划分未必有助于决策分析。后者的数据被划分为各自独立的领域,每个领域有自己的逻辑内涵,互不交叉,适用于决策分析。

(2) 数据集成性。数据仓库的数据是从原有分散的多个数据库、数据文件和数据段中抽取出来的,数据来源可能既有内部又有外部。多个数据库中的数据进入数据仓库之前,必须经过转换、统一和综合。

(3) 数据不可更改性。从普通数据库中提取的数据在数据仓库中被转换、综合并存储，这些数据不可以修改，只供查询和分析，从而支持不同的用户在不同的时间查询相同的问题时，获得相同的结果。

(4) 数据时变性。数据仓库随时间变化不断增加新的数据，删去旧的无用的数据，经常按照时间段进行综合，并隔一定时间进行抽样等操作。因此，数据仓库数据的码键都包含时间项，以标明数据的历史时期。

3. 数据仓库与数据库比较

(1) 数据库是面向事务的设计，数据仓库是面向主题的设计。数据库是面向业务的，使用者是企业的一般业务人员，他们进行企业日常的数据处理和维护工作；数据仓库是面向决策的，使用者是企业的高层管理人员，他们不负责处理业务，而是把企业运行数据收集以后用于分析和决策，数据仓库的数据来源是企业的业务数据库，甚至 Excel 表格或文本文件。

(2) 数据库一般存储在线交易数据，数据仓库一般存储历史数据。数据库注重的是企业运行的当前数据，其任务是收集和记录企业的原始业务数据；数据仓库面对的是非即时性的历史数据，其任务是从企业的业务数据中提取业务数据，并经过加工和处理后呈现给企业的决策人员。

3.3.2 数据集市

1. 数据集市的定义

数据集市（data mart）是面向某个特定主题，从数据仓库中选出所需的基本数据而建立，是一种更小、更集中的数据仓库。由于数据集市面向部门级业务，反映了企业的部门视图，所以也被称为部门级数据仓库（departmental data warehouse）。

数据集市可根据自身需要选择并生成基本数据，因此，数据集市的投资规模比数据仓库要小得多，从而可以充分利用专业技术（如多维技术、立体技术等）进行数据分析。

2. 数据集市的特点

数据集市除具有数据仓库的基本特征以外，还具有以下特点：① 规模较小，灵活，可以按照多种方式来组织，如按特定的应用、部门、地域、主题等；② 由业务部门主持定义、设计、实施、管理和维护；③ 能够快速实现，成本较低，投资回收期短，风险小；④ 有利于进一步升级到完整的数据仓库或形成分布式数据仓库。

3. 数据集市的类型

数据集市分为两种，一种是独立数据集市（independent data mart），独立数据集市直接从操作型环境获取数据；另一种是从属数据集市（dependent data mart），从属数据集市从企业级数据仓库获取数据。

3.3.3 数据仓库的数据模型

数据模型通过抽象的表现实体及实体之间关系的定义和描述，来表达具体的业务关系。数据仓库的数据模型是针对特定的数据仓库应用系统的一种特定的数据模型，在创建数据仓库时需要使用各种数据模型对数据仓库进行描述。

1. 概念模型

在设计数据仓库的概念模型时，可以采用在业务处理系统中常用的实体—关系模型，即 E-R 模型。概念模型包括整个组织系统中各部门的业务处理数据以及所需要的元数据，能够体现出哪些部门需要哪些共同的数据。

2. 逻辑模型

数据仓库的逻辑模型采用多维数据库形式，这是对传统的关系数据库采用的二维数据表形式的扩充。主要有：

（1）星型模型。星型模型反映了多维的数据关系，它由一个事实表和一组维度表组成。星型模型的核心是事实表，各个维度表都连接到事实表。每个维度表都有一个维度作为主键，这些维度的主键组合成事实表的主键，事实表的非主键属性称为事实。按这种方式组织的数据，我们可以按照不同的维度，对这些事实数据进行求和、求平均等计算，从而从不同角度来分析主题的情况。星型模型如图 3-22 所示。

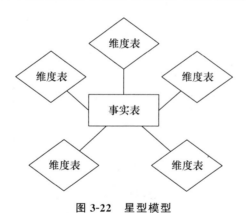

图 3-22　星型模型

星型模型的优点有：由于数据已经过预处理，主要数据都在庞大的事实表中，所以用户只要扫描事实表就可以进行查询，而不必把多个庞大的表链接起来，因此查询访问效率较高。同时，星型模型比较直观，通过分析星型模型，很容易组合出多种查询方式。

（2）雪花模型。雪花模式是对星型模型的扩展，每一个维度都可以向外连接多个详细类别表。在这个模型中，维度表除了具有星型模型总维度表的功能外，还连接了对事实表进行详细描述的详细类别表。详细类别表通过对事实表在有关维度上的详细描述，达到了缩小事实表和提高查询效率的目的，如图 3-23 所示。

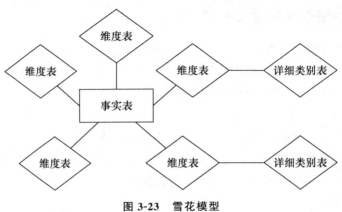

图 3-23 雪花模型

由于雪花模型的结构相对复杂，因此查询需要多一层链接。但雪花模型可以避免维度表的数据冗余，当维度表某一个属性本身拥有很多属性，并且数据量较大时，就需要使用雪花模型。

3.3.4 数据仓库系统的体系结构

数据仓库系统的体系结构如图 3-24 所示，它包括：

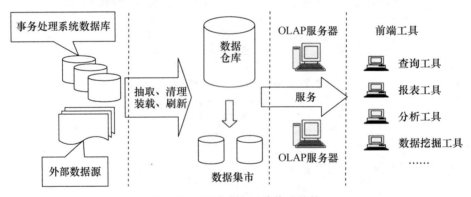

图 3-24 数据仓库系统体系结构

1. 数据源

它是数据仓库系统的基础，包括企业内部信息和外部信息。内部信息包括存放于关系数据库中的各种业务处理数据以及各类文档数据。外部信息包括各类法律法规、市场和竞争对手信息等。

2. 数据的存储与管理

它是数据仓库系统的核心。数据仓库的组织管理方式决定了它与传统数据库的区别，同时也决定了它对外部数据的表现形式。决定采用什么产品和技术来建立数据仓库的数据存储与管理，需要从数据仓库的技术特点着手分析。针对现有各业务系统数据，进行抽取、清理、集成，并按照主题进行组织。数据仓库按照数据的覆盖范围可以分为企业级数据仓库和部门级数据仓库（即数据集市）。

通常，数据仓库的结构表现为星型模型或雪花模型。每个星型模型都对应一个主题，都由一个事实表和若干个维度表构成。事实表存储的是关于这个主题的、企业经营决策最为关心的事实业绩数据，而维度表存储的是看待这些事实数据的角度。关于数据仓库的详细结构，可参考相关文献。

3. OLAP 服务器

它对分析需要的数据进行有效集成，按多维模型予以组织，以便进行多角度、多层次的分析，并发现趋势。具体可以分为：ROLAP、MOLAP 和 HOLAP。ROLAP 的基本数据和聚合数据均存放在关系数据库管理系统之中；MOLAP 的基本数据和聚合数据均存放于多维数据库中；HOLAP 的基本数据存放于关系数据库管理系统之中，聚合数据存放于多维数据库中。

4. 前端工具

它包括报表工具、查询工具、数据分析工具、数据挖掘工具以及基于数据仓库或数据集市的应用开发工具。其中，数据分析工具主要针对 OLAP 服务器；报表工具、数据挖掘工具主要针对数据仓库。图 3-25 是 SAP Business Object 前端数据展示工具的一个工作界面。

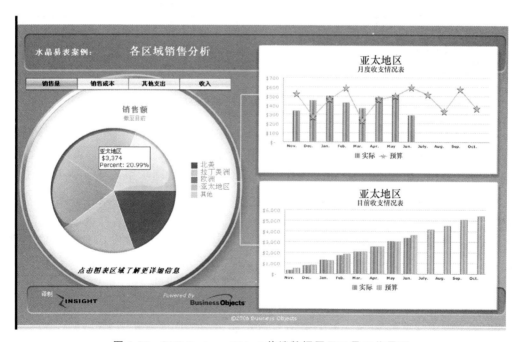

图 3-25　SAP Business Object 前端数据展示工具工作界面

3.3.5　数据仓库在物流领域的应用案例

为了提升市场竞争能力和实现管理水平的飞跃，中国邮政采用数据仓库平台作为速递平台的硬件平台，并采用动态数据仓库解决方案来搭建速递跟踪查询系统（简称"速递平台"）。该系统依托综合网和互联网，集生产作业、经营服务和综合管理于一体,是国内第一个利用动态数据仓库技术实现实时数据加载与查询的系统,具有邮件及其总包全程实时动态跟踪查询、全国联动统一版本软件和数据集中、系统运行质量监控管理、综合统计分析、经营管理决策和方便扩展外延等功能,包括生产作业、跟踪查询、客户管理、财务管理、系统管理、运行监控、网管系统、经营分析8个子系统,如图3-26所示。

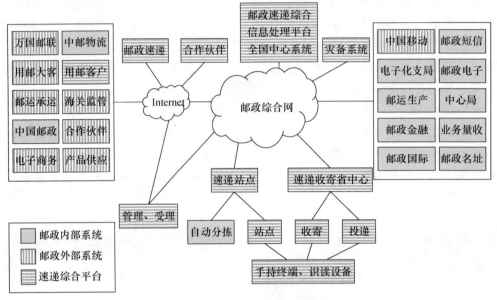

图3-26 邮政速递综合信息处理平台总体框架

根据应用对象所使用的数据特征不同,速递综合信息处理平台各个子系统分别由数据仓库平台和数据库平台承载。将与生产操作相关的、对单笔操作时效要求较高的子系统建在数据库平台之上,如生产作业子系统、系统管理子系统等。将数据统计、查询能力要求较高,要求存储周期较长的子系统则建在数据仓库之上,如经营分析、实时动态跟踪查询、决策支持系统等。

目前,速递平台采集的信息包括收寄信息、邮政内部分拣封发信息、运输信息、投递信息。其中,收寄信息来自邮政36000多个电子化支局和5000多个速递专业收寄处理中心,邮政内部分拣封发信息来自速递平台328个站点,运输信息来自全国201个邮政运输处理中心以及邮政航空公司、20多个国内外航空公司,投递信息来自36000多个电子化支局和500多个速递专业投递中心。同时,近万台无线手持终端设备可提供收寄信息、投递信息的实时采集。对内实现与邮政电子化支局系统、网运平台、投递系统、短信平台、CPCA认证系统、支付网关、量收系统、名址系统、客户管理系统等系统的互联互通,对外实现与TNT系统、KAHALA系统、万国邮联、航空公司、海关系统等的互联互通。

速递平台的数据仓库平台是一个基于动态数据处理技术的数据仓库平台。本质上,动态数据仓库的应用仍然是以数据仓库架构为基础,同时利用数据综合性、完整性等特点,结合高性能的分析和查询机制为企业提供决策支持。实时动态跟踪查询是数据仓库技术在速递业务方面应用的一部分,更多的应用则在统计分析与决策分析等方面。

下面重点介绍数据仓库在解决实时动态跟踪查询方面的应用。与传统数据仓库相比,动态数据仓库系统与业务系统的联系更为紧密,从而对数据的变动性和时效性要求也更高。数据仓库系统的整体架构更多地采纳了业务运营系统设计思路,汇集了运营系统与分析系统的优点,使得传统的数据仓库应用与跟踪查询应用能够更好地融合。

(1) 信息的实时接收与加载对系统的容错能力和数据处理效率提出了更高的要求。在本系统中,通过可编程数据接口模块能够随时监控企业服务总线 ESB (enterprise service bus) 消息队列,实时完成数据的接收和解析;同时,在可编程数据接口模块中还嵌入了校验模块,以验证信息的格式,确保数据加载能够持续稳定。

(2) 在性能优化方面,数据仓库模型采用了多种索引和分区技术以提高数据的访问和更新效率。通过使用内存技术和动态数据访问优化策略,提高了邮件信息的查询效率。

(3) 传统数据仓库和动态数据仓库对于系统资源的需求类型和数量有所不同,在资源自由竞争情况下,难以实现资源的合理利用。各类应用彼此冲突将会严重降低系统的整体性能。为使各类应用均能在适当时间获取其所需资源,本系统采用了数据仓库混合负载管理机制,将各类资源根据需要分配给各类应用,实现了系统资源的有效利用。混合负载管理是一套通过对系统资源的合理配置与使用以实现最优资源利用率的管理机制。在动态数据仓库的应用环境中,系统承担的应用在资源的需求类型、需求时段以及需求紧迫性等方面均存在较明显的差异,因此应结合业务应用特点,指定白天工作时间、白天非工作时间和夜间三项原则。

(4) 数据加载方面,数据加载的时效性是动态数据仓库的重要特征之一,也是实现实时数据访问的基础。在实时数据处理的环境下,处理流程需要具有高健壮性和容错能力,能够在系统或数据异常的情况下确保数据的安全和自身的稳定运行。同时,随着数据处理时效的提高,数据的变动性会显著上升,因此数据处理的速度非常关键。结合邮政速递的业务特征,数据仓库采用三种加载策略以满足不同数据的加载需要:一是实时数据加载,二是小批次加载,三是批量加载。

3.4 数 据 挖 掘

3.4.1 数据挖掘的基本概念

1. 数据挖掘的定义

数据挖掘具有多种文字不同但含义接近的定义,例如,"识别出巨量数据中有效的、新颖的、潜在有用的、最终可理解的模式的非平凡过程"。顾名思义,数据挖掘就是试图从海量数据中找出有用的知识。

数据挖掘将数据看成形成知识的基础，就像采矿或淘金一样，可以从中总结规律并进一步上升为知识形式。企业进行数据挖掘，就是按企业既定业务目标，对大量的企业数据进行探索和分析，揭示隐藏的、未知的或验证已知的规律，并进一步将其模型化的过程。其中，未知规律是该规律预先未曾预料到，数据挖掘就是要发现那些不能靠直觉发现的知识，有时可能违背直觉的知识，甚至是出人意料的。例如，在商业数据挖掘中，最典型的例子是一家连锁店通过数据挖掘发现小孩尿布和啤酒之间有着惊人的联系。

数据挖掘与传统的数据分析的本质区别是，数据挖掘是在没有明确假设的前提下挖掘信息、发现知识。数据挖掘所得到的信息应具有未知、有效和可实用三个特征。

2. 数据挖掘的过程

数据挖掘是一个完整的过程，该过程从大型数据库中挖掘未知的、有效的、可实用的信息，并使用这些信息作出决策或丰富知识，图 3-27 列出了数据挖掘的基本步骤：

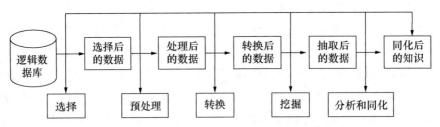

图 3-27　数据挖掘基本过程和主要步骤

（1）确定业务对象。清晰定义业务问题，认清数据挖掘的目的是数据挖掘的重要一步。挖掘的结果是不可预测的，但对要探索的问题应是有预见的。盲目地进行数据挖掘是不会成功的。

（2）数据的选择。即搜索所有与业务对象有关的内部和外部数据信息，并从中选择适用于数据挖掘应用的数据。

（3）数据的预处理。即研究数据的质量，为进一步分析作准备，并确定将要进行挖掘操作的类型。

（4）数据的转换。即将数据转换成分析模型。这个分析模型是针对挖掘算法建立的。建立一个真正适合挖掘算法的分析模型是数据挖掘成功的关键。

（5）数据挖掘。即对所得到的经过转换的数据进行挖掘。除了选择合适的挖掘算法外，其余一切工作都由系统自动完成。

（6）结果分析。即解释并评估结果。其使用的分析方法依数据挖掘操作而定，通常会用到可视化技术。

（7）知识的同化。即将分析所得到的知识集成到业务信息系统的组织结构中。

3.4.2 数据挖掘的系统结构

如图 3-28 所示，数据挖掘系统由各类数据库、挖掘前处理模块、挖掘操作模块、模式评估模块、知识输出模块组成。

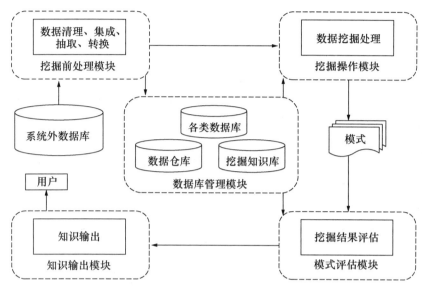

图 3-28 数据挖掘系统的体系结构

1. 数据库管理模块

该模块负责对系统内数据库、数据仓库、挖掘知识库的维护与管理。这些数据库、数据仓库是对外部数据库进行转换、清理、净化得到的，它们是数据挖掘的基础。

2. 挖掘前处理模块

该模块对所收集到的数据进行清理、集成、选择、转换，生成数据仓库或数据挖掘库。其中，清理是指清除干扰；集成是将多种数据源组合在一起；选择是指选择与问题相关的数据；转换是将选择的数据转换成可挖掘形式。

3. 模式评估模块

该模块对数据挖掘结果进行评估。由于挖掘出的模式可能有许多，需要将用户的兴趣度与这些模式进行分析对比，评估模式价值，分析存在不足的原因，如果挖掘出的模式与用户兴趣度相差较大，需返回相应的过程（如挖掘前处理或挖掘操作）重新执行。

4. 知识输出模块

该模块对数据挖掘出的模式进行翻译、解释，将知识以人们易于理解的方式提供给真正渴望知识的决策者使用。

5. 挖掘操作模块

该模块利用各种数据挖掘算法针对数据库、数据仓库、数据挖掘库，并借助挖掘知识库中的规则、方法、经验和事实数据等，挖掘和发现知识。

3.4.3 数据挖掘的方法

利用数据挖掘进行数据分析常用的方法有：分类、回归分析、聚类分析、关联规则、特征、变化和偏差分析、Web 页挖掘等，它们分别从不同的角度对数据进行挖掘。

1. 分类（categorization or classification）

分类是找出数据库中一组数据对象的共同特点，并按照分类模式将其划分为不同的类别。其目的是通过分类模型，将数据库中的数据项映射到某个给定的类别。简单来说，分类就是按照某种标准给数据对象贴标签。分类可以应用到客户分类、客户属性和特征分析、客户满意度分析、客户购买趋势预测等方面。例如，汽车零售商将客户按照对汽车的喜好划分成不同的类别，营销人员就可以将新型汽车的广告手册直接邮寄到有这种喜好的客户手中，从而大大增加了商业机会。

2. 聚类分析（clustering）

聚类分析是把一组数据按照相似性，聚合成子集或者簇的过程，其目的是使得属于同一簇的数据之间的相似性尽可能大，不同簇的数据之间的相似性尽可能小。聚类是一种最常见的无监督学习方法，可以将其应用于客户群体的分类、客户背景分析、客户购买趋势预测、市场的细分等。

3. 回归分析（regression）

回归分析是处理变量之间相关关系的一种工具，回归的结果可以用于预测或者分类。回归分析方法反映的是事务数据库中属性值在时间上的特征，它产生一个将数据项映射到一个实值预测变量的函数，发现变量或属性间的依赖关系，其研究问题包括数据序列的趋势特征、数据序列的预测以及数据间的相关关系等。它可以应用于市场营销的各个方面，如客户寻求、保持和预防客户流失活动、产品生命周期分析、销售趋势预测及有针对性的促销活动等。

4. 关联规则（association）

关联规则是描述数据库中数据项之间所存在关系的规则，即根据一个事务中某些项的出现可导出另一些项在同一事务中也出现，即隐藏在数据间的关联或相互关系。在客户关系管理中，通过对企业客户数据库中大量数据进行挖掘，可以从大量记录中发现有趣的联系，找出影响市场营销效果的关键因素，为产品定位、定价与定制客户群、客户寻求、细分与保持、市场营销与推销、营销风险评估和诈骗预测等决策支持提供参考依据。

3.4.4 数据挖掘在物流领域的应用案例

华夏卷烟工业有限公司（以下简称"华夏卷烟"）成立于 20 世纪 70 年代，最初市场范围仅限于华东地区的几个省份，现已发展成为集烟叶培植加工、卷烟制烟、物流服务、相关设备生产等于一体的大型公司,市场亦逐步扩大至全国各地以及部分海外地区。

在 2000 年之前,华夏卷烟仍是一个以手工为主,自动化程度不高,外包烟草物流的小公司。中国加入 WTO 之后,整个烟草行业迎来了国外烟草品牌的挑战,此时,我国的烟草服务体系尚未成型,健全的烟草物流配送网络还未建立,市场需求量无法预测,且物流配送效率低下,集约化程度低下。这些问题给华夏卷烟的发展带来了很大障碍。

2002 年起,各地烟草公司纷纷响应国家烟草专卖局"电话订货、电子结算、网上配货、现代物流"的号召,开始建设卷烟配送物流体系。2003 年,烟草行业正式启用卷烟生产经营决策管理系统,开始实现卷烟成品物流信息系统和行业统一信息系统的集成,并且开始运用条码、电子标签等自动识别技术。但因为信息化水平不高、技术不够先进等原因,华夏卷烟仍面临着产销不能有机结合、物流服务一体化建设较差、烟草生产管理智能化管控不足等多方面的问题。

2014 年开始,华夏卷烟新晋的年轻领导层意识到烟草行业的竞争将更多地集中在对大数据、云计算和智能化技术的使用上,根据国外著名大型烟草公司的经验,依靠先进高效的物流技术,配合新兴的高科技信息技术,快速地掌握卷烟分销渠道,获取卷烟流通情况,能够提高卷烟市场的控制力。华夏卷烟开始着手构建先进的烟草物流体系,并建设覆盖全领域、全过程的烟草物联网,打造高效迅捷的烟草智能物流,主动应对全球化背景下的全方位挑战。

目前,华夏卷烟逐步构建了卷烟成品物流综合管控系统。它不是一个独立的系统,而是基于其核心业务的综合营销系统,与物流、仓储、监控等其他业务系统实现对接,并保持技术的延续性和一致性,以实现业务系统的整合,如图 3-29 所示。

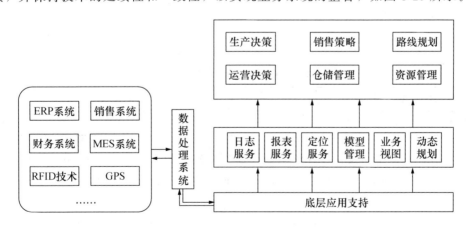

图 3-29 华夏卷烟的业务处理系统架构

以路线规划为例来说明数据挖掘在该公司物流方面的应用。该公司采用"蚁群"算法进行路线规划。即在给定供应点的基础上,通过算法得出最优的配送顺序,使配送过程所消耗的时间最少,或驶过的路径最短,以达到供货速度最快、成本最低的最优状态。

路线规划所需数据均来自通过相应的设备采集并存储的数据库。首先要掌握安排的卡车的类型、数量、油量对于行车里程的限制，这些信息需要从车辆信息数据库中提取；其次要掌握配送点两两之间的距离，该信息需要从实际车行记录的数据库中获取；最后要获取配送点的需求量的数据。生产过程在客户订购行为之前，所以公司通常需要通过统计各个配送点以及其他渠道销售的烟草的数量，来决定下一期的实际生产数量，避免造成库存积压、滞销等现象。假设目前有 8 个配送点，需要两辆载重为 8 吨的卡车运输，每辆车的满油最大行驶距离是 50 千米。各个配送点之间的距离如表 3-23 所示：

表 3-23 配送点距离表 （单位：千米）

序号	0*	1	2	3	4	5	6	7	8
0*	0								
1	3.5	0							
2	5.5	6	0						
3	7	3.5	7	0					
4	8.5	9.5	9.5	9.5	0				
5	19.5	4.5	9.5	4.5	9.5	0			
6	9.5	7	7	8.5	7	6.5	0		
7	15.5	10.5	7	8.5	7	8.5	6.5	0	
8	7.5	9.5	7	14.5	9.5	7	9.5	9.5	0

*：0 表示配送中心。

各配送点需求量如表 3-24 所示。

表 3-24 各配送点需求量表

配送点	1	2	3	4	5	6	7	8
需求量	1	2	1	2	1	4	2	2

在此基础上，我们设置好评估函数以及相应的参数，进行多次循环，得到多组评估结果及其对应的路径，取评估函数值最小的路径，如表 3-25 所示。

表 3-25 路径选取结果

路线 1	0-6-7-4-0
路线 2	0-1-3-5-8-2-0

按照此规划路线进行实际配送路径安排，路线 1 和路线 2 分别表示两辆卡车应该经过的路线和顺序。本例是实际情景的简化，实际配送时，一般会有几十甚至上百个

配送点，以及数辆配送卡车，而油量对于里程的限制有可能会被弱化。具体的"蚁群"算法，读者可以参照相关的算法书籍，并从本例中自行计算验证。

在此系统中，数据挖掘也远远不仅限于对于配送路线的规划，更多的是从如RFID、GPS、客户销售订单、地理位置等记录的数据中，通过聚类或者关联的方法，搜寻影响产品销量的因素，帮助公司有针对性地制定相关策略，从而提高销量；或者发觉影响运营效率的潜在问题，以便采取相应措施，通过路线集中程度，优化配送点设置，或者本例所示的通过优化路线来降低时间或燃油成本等。

本章小结

计算机网络、数据库、数据仓库和数据挖掘是物流管理信息系统必不可少的核心技术。

"计算机网络"一节介绍了计算机网络的基本概念，描述了网络的体系结构模型：OSI 模型和 TCP/IP 模型。OSI 模型只是理论参考模型，并没有实现。而 TCP/IP 是一个从实际应用中总结出来的模型，是事实上的标准模型。随后，比较了 C/S 和 B/S 两种网络通信结构模型的优缺点，还介绍了 Internet、Intranet、Extranet 的特点及适用范围。

"数据库"一节介绍了数据库的基本概念，描述了数据库创建过程中历经的现实世界、信息世界、数据世界和计算机世界四种状态及其相互转换的过程，介绍了 E-R 模型的建模方法和四种基本的数据模型：层次模型、网络模型、关系模型和面向对象模型。针对关系数据模型，详细解释关系模型的规范化理论。最后，介绍了数据库系统的三级模式结构及其二级映像的基本原理。

数据仓库是面向高层决策的数据存储与管理平台，它在物流信息系统中扮演着重要角色。"数据仓库"一节从数据资源管理演化的角度入手，介绍数据仓库和数据集市的基本概念及特点，并对数据仓库的数据模型、体系结构进行进一步解释。

为了能够从海量信息中分析提炼出有价值的信息，我们从数据挖掘的基本概念开始，分别从基本概念、系统结构等方面介绍了数据挖掘技术，然后归纳了几种常用的数据挖掘方法，并分析了一个实际案例。

习题

1. 什么是网络体系结构？OSI 模型中的各层实现了哪些功能？
2. 关系模型的规范化模式有哪些？
3. 请简述数据仓库的特点及其与数据库的不同。
4. 物流信息系统中有哪些常见的数据挖掘技术？请结合实际情况举例说明。
5. 大数据技术如何改善物流信息的处理？如何提高物流信息系统的效率和处理速度？

参考文献

[1] 康瑞华、尹帆、薛胜军:《基于 B/S 模式和分布式数据库技术的物流信息系统》,载《武汉理工大学学报(交通科学与工程版)》2003 年第 6 期,第 860—863 页。

[2] 刘红:《动态数据仓库在中国邮政速递综合信息处理系统的应用》,载《信息通信技术》2009 年第 6 期,第 37—42 页。

[3] 邓礼全、孙月光、沈洪敏:《北斗导航公路物流信息系统的数据库设计》,载《物流科技》2014 年第 11 期,第 37—39、45 页。

[4]《数据挖掘常用的方法》,http://www.vsharing.com/k//2013-10/690272.html。

第 4 章

物流单元技术

学习目的

1. 理解条形码技术的基本概念和特点;
2. 理解射频识别技术的概念和主要特点;
3. 理解 GIS 技术的概念、特征、组成和功能;
4. 理解 GPS 技术的概念、工作原理和特点;
5. 理解 EDI 技术的概念、特点和基本结构。

物流单元是指为运输和仓储等物流环节而设立的任何组成单元。物流技术通常是指与物流要素活动有关的专业技术的总称。随着计算机技术的普及,物流技术综合了诸多现代信息技术,如条形码、射频识别、地理信息系统、全球卫星定位系统以及电子数据交换技术。信息技术是现代物流重要的组成部分,也是物流技术中发展最快的领域。基于信息技术,可以对物流中大量多变的数据进行快速、准确、及时的采集、分析和处理等,从而加快信息反应速度,增强供应链的透明度,改善控制管理能力和客户服务水平,进而提高整个物流系统的效益。

4.1 条形码技术

4.1.1 条形码的基本概念

随着计算机应用的普及以及相关硬件设备成本的降低,条形码的应用得到了很大的发展。条形码可以准确、快捷地记录并识别商品的生产国、制造厂家、商品名称、图书分类号、邮件起止地点、日期等信息,因而在商品流通、图书管理、邮电管理、银行系统等领域都得到了广泛应用。现代物流需要大量成熟、快速的信息采集技术,而条形码技术可以实现数据自动采集,从而能适应物流系统需求、提升物流系统效率。

1. 条形码的定义

条形码(bar code)是用以表示一定信息的特殊代码,是由一组按一定编码规则排列的粗细不同、黑白相间的条、空及相应的字符、数字、字母组成的图形符号,可以利用光扫描阅读将数据输入计算机。

2. 条形码的类型

根据编码方式不同，条形码可分为一维条形码和二维条形码，如图 4-1 和图 4-2 所示。

图 4-1　一维条形码　　　　　　　　图 4-2　二维条形码

（1）一维条形码

一维条形码种类多样，被广泛应用于各个领域。常见的一维条码有用于标识商品的 EAN/UPC 码（商品条形码），在超市中最常见，其中 EAN 码作为 EDI 基础被世界各国广泛使用，UPC 码主要在北美地区使用；用于表示数字和字母的 Code 39 码被广泛应用于管理领域；此外还有用于物流管理领域的 ITF25 码，用于医疗、图书领域的 Codebar 码，以及 Code 93 码、Code 128 码等。

一维条形码所携带的信息量有限，如商品上的条形码仅能容纳 13 位（EAN-13 码）阿拉伯数字，更多的信息只能依赖预先建立的商品数据库的支持，这在一定程度上限制了条形码的应用范围。因此，进入 20 世纪 90 年代后，二维条形码应运而生。

（2）二维条形码

与一维条形码相比，二维条形码携带的信息量更大，而且对于使用一维条形码时存储于后台数据库的信息，二维条形码可以直接对其进行存储，且识读源可直接阅读二维条形码获得相应信息。此外，二维条形码还有错误修正及防伪功能，相比一维条形码有更高的数据安全性。

由于二维条形码的高信息携带量，它可以把照片、指纹等信息编制于其中，有效解决了证件的识读和防伪问题。因此，二维条形码广泛应用于护照、身份证、行李证、军人证、健康证、保险卡等涉及身份信息的证件上。例如，菲律宾、埃及、巴林等国家在身份证、驾驶证或者护照上采用了该技术。我国的高铁车票上也加入了二维条码验证技术，将证件信息及车票信息编在其中，通过识读该二维条形码可以实现身份的自动识读，有效杜绝了假冒车票，加快了进站效率。

4.1.2　条形码的发展历史

条形码技术最早产生于 20 世纪 40 年代威斯丁豪斯（Westinghouse）的实验室。一位名叫约翰·克马帝（John Kermode）的发明家，"异想天开"地想对邮政单据实行自动分拣，他在信封上作了条形码标记，条形码中的信息是收信人的地址，类似于今天的邮政编码。为此，克马帝发明了最早的条形码标识，设计方案非常的简单，即一个"条"表示数字"1"，两个"条"表示数字"2"，依此类推。随后，他又发明了由基本元件组成的条形码识读设备：一个扫描器（能够发射光并接收反射光），一个测定反射信号条和空的方法——边缘定位线圈，以及使用测定结果的方法——译码器。

此后不久，克马帝的合作者道格拉斯·杨（Douglas Young），在克马帝的条形码的基础上进行了改进，他利用条之间空的尺寸变化，可在同样大小的空间实现对100个不同的地区进行编码，而克马帝的条形码只能对10个不同的地区进行编码。

直到1949年，专利文献中才第一次出现乔·伍德兰德（Joe Wood Land）和伯尼·西尔沃（Bemy Silver）发明的全方位条形码符号。他们的想法是利用克马帝和道格拉斯·杨设计的条形码中垂直的"条"和"空"，并使之弯曲成类似靶子的环状。这样一来，不管条形码符号的朝向如何，扫描器都能通过扫描图形的中心，实现对条形码符号的解码。

在利用这项专利技术对其进行不断改进的过程中，一位科幻小说作家艾萨克·阿西莫夫（Isaac Azimov）在其《裸露的太阳》一书中，讲述了使用信息编码方法实现自动识别的事例。此书中的条形码符号看上去像是一个方格子的棋盘，类似于今天的二维矩阵条形码符号。虽然此条形码符号没有方向、定位和定时，但很显然，它表示的是高信息密度的数字编码。

4.1.3 一维条形码

1. 一维条形码的结构

一个完整的条形码符号组成结构是两侧静区、起始字符、数据字符、分隔字符、校验字符和终止字符。其排列方式如图4-3所示。

左侧静区	起始字符	左侧数据字符	中间分隔字符	右侧数据字符	校验字符	终止字符	右侧静区

图4-3 条形码结构

（1）静区：条形码符号的两侧通常是空白的，在这块区域没有任何符号信息，其作用是提示阅读器准备或者完成扫描条形码符号。

（2）起始字符：条形码符号起始位置的若干空白条和空字符是起始字符，它是一个条形码符号的开始。阅读器会首先确认此字符是否存在，然后处理由扫描器获得的一系列脉冲信号。

（3）数据字符：由条形码字符组成，用于代表一定的原始数据信息。

(4) 分隔字符：用来分隔左右两侧数据字符。

(5) 校验字符：在条形码制中定义了校验字符。有些码制的校验字符是必需的，有些码制的校验字符则是可选的。校验字符是通过对数据字符进行一种算术运算确定的，用于识别读入信息的有效性。

(6) 终止字符：条形码符号的终止位置的若干条和空字符是终止字符，它们用于识别一个条形码符号的结束。阅读器识别终止字符，便可知道条形码符号已扫描完毕。若条形码符号有效，阅读器则向计算机传送数据，并向操作者提供反馈。终止字符的使用，避免了不完整信息的输入。当采用校验字符时，终止字符还指示阅读器对数据字符实施检验计算。

2. 条形码识别系统的组成

条形码识别系统主要用于阅读条形码所代表的信息，它由条形码扫描器、放大整形电路、译码接口电路和计算机系统等部分组成，如图4-4所示。

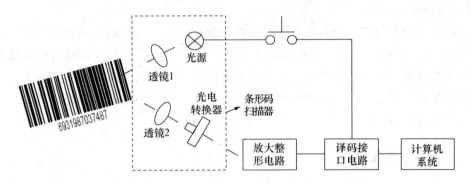

图 4-4 条形码识别系统

条形码具有非对称结构，扫描器可以双向扫描识读，一般通过设置起始字符、终止字符为不对称的二进制序列结构来实现。当条形码符号被反向扫描时，阅读器会在校验计算和传送信息前，把条形码各字符重新排列成正确的顺序。

条形码阅读器的工作原理如图4-5所示。首先，由阅读器光源发出的光通过光系统照射到条形码符号上；然后，条形码符号反射的光经光学系统成像在光电转换器上，光电转换器接收光信号后，产生一个与扫描点处光强度成正比的模拟电压，模拟电压通过整形，转换成矩形波，矩形波是一个二进制脉冲信号；最后再由译码器将二进制的脉冲信号解译成计算机可直接识别的数字信号。

3. 常用一维条形码

(1) EAN 条形码

EAN 条形码起源于1977年，是国际上通用的商品代码。欧洲各国按照UPC码的标准制定了欧洲物品编码EAN码，与UPC码兼容，而且这两者的符号体系是相同的。EAN条形码为长度固定的、连续型的数字式码制，其字符集是数字0~9。它采用四种元素宽度，每个条或空是1、2、3或4倍单位元素宽度。

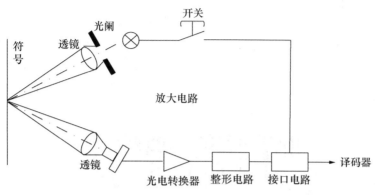

图 4-5　条形码阅读器的基本工作原理

通常，EAN 条形码由代表产品代码的 12 位数字和 1 位校验码组成，前 3 位为国别码，中间 4 位数字为制造商号，后 5 位数字为产品代码。国别码由 EAN 总部分配并管理。中国的国别码为 690—692。当国别码为 690—691 时，厂商代码为 4 位，产品代码为 5 位；当国别码为 692 时，厂商代码和产品代码分别为 5 位和 4 位。其中，厂商代码由 EAN 在各国的分支机构分配并管理；在我国，则由中国物品编码中心统一分配厂商代码，产品代码则由制造商根据规定自己编制，具体的构造如图 4-6 所示。

图 4-6　EAN 码

（2）Code 39 码

Code 39 码于 1974 年面世，它是一种可以供使用者双向扫描的分散式条形码，可以同时支持数字和字母，相邻两个条形码间必须包含一个无任何意义的空白，其应用比一般的条形码广泛。它的优点是对码数没有强制限定，也可用大写英文字母表示，且校验码可以忽略不计。Code 39 码的构造如图 4-7 所示。

图 4-7　Code 39 码

(3) Code 128 码

Code 128 码于 1981 年面世,它是一种连续条形码,其长度可变,且字母与数字混合。Code 128 码相对其他条形码而言较为复杂,但其所支持的字符也较多,同时它也可以与其他编码方式混合使用,所以应用弹性较大。Code 128 码共由四个部分组成,分别为起始码、资料码、终止码以及校验码,其中校验码是可选的。其构造如图 4-8 所示。

图 4-8　Code 128 码

(4) EAN-128 码

EAN-128 码是根据 EAN/UCC-128 码定义标准,将资料转换成条形码符号,它采用 128 码逻辑,具有完整性、紧密性、连接性及高可靠度的特性。它主要包括生产过程中辅助性的、易变动的信息,如生产日期、批号、计量等,可应用于货运标签、便携式数据库、连续性数据段、物流配送标签等。其构造如图 4-9 所示。

图 4-9　EAN-128 码

4. 条形码技术的优点

条形码技术具有以下优点:

(1) 可靠性:条形码输入数据的出错率为 1‰,远远低于键盘输入时 1/300 的出错率。如果条形码采用校验位技术,出错率将降低 1000 倍。这使得条形码技术有着极强的可靠性。

(2) 高效性:一个每分钟打 90 个字的打字员 1.6 秒可输入 12 个字符或字符串,如果使用条形码,做同样的工作只需要 0.3 秒,速度提高了约 5 倍,实现了"即时数据输入"。

(3) 灵活性:条形码作为一种识别手段,可以被单独使用,也可以结合其他相关设备组成识别系统,从而实现自动化识别。此外,如果与其他控制设备联系起来,可以组成自动化管理系统，即使没有自动识别设备，也可以利用手工键盘输入。

（4）成本低廉：与其他自动化识别技术相比较，条形码标签易于制作，对设备和材料没有特殊要求，而且识别设备价格较低，且操作简单，无须太多的学习成本。这使得使用条形码的成本非常低，这对重视成本的商业具有极强的吸引力。

（5）自由度高：条形码标签与识别装置的相对位置自由度比光学字符识别的自由度更大。条形码通常在一维方向上表达信息，对于同一个条形码，其表示的信息完全相同且连续，即使标签有部分缺损，仍可以利用正常部分输入准确的信息。

4.1.4 二维条形码

1. 二维条形码的分类

二维条形码是一种新的信息存储和传递技术，包括 PDF 417 码，Code 49 码、Code 16K 码、Data Matrix 码、Maxicode 码等，现已广泛应用在国防、公共安全、交通运输、医疗保健、工业、商业、海关及政府管理等领域。根据实现原理、结构形状的差异，二维码类型有两种：堆叠式/行排式二维码（stacked bar code）（见图 4-10）、矩阵式二维码（dot matrix bar code）（见图 4-11）。

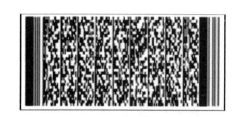

图 4-10 堆叠式/行排式二维码

4-11 矩阵式二维码

（1）堆叠式/行排式二维码

堆叠式/行排式二维码的编码原理建立在一维条码基础之上，使用者按照需要将条形码符号堆积成二行或多行。它在编码设计、校验原理、识读方式等方面继承了一维码的一些特点，识读设备与条码印刷以及一维码技术兼容，可以用激光或者 CCD 阅读器进行识别。但由于行数的增加，需要对行进行判定，其译码算法与软件与一维码不完全相同。具有代表性的行排式二维码有：Code 16K 码、Code 49 码、PDF 417 码、Micro PDF 417 码等。

PDF 417码

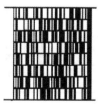

Code 49码

Code 16K码

图 4-12 三种典型的行排式二维码

(2) 矩阵式二维码

矩阵式二维码是在一个矩形空间通过黑、白像素在矩阵中的不同分布进行编码。在矩阵相应元素位置上，用"点"（方点、圆点或其他形状）表示二进制"1"，用"空"表示二进制"0"，点的排列组合确定了矩阵式二维码所代表的意义。矩阵式二维码是建立在计算机图像处理技术、组合编码原理等基础上的一种新型图形符号自动识读处理码制。矩阵式二维码只能被二维的CCD图像式阅读器以全向的方式进行扫描识读。矩阵式二维码有：Code One 码、Maxicode 码、QR Code 码、Data Matrix 码、Han Xin Code 码、Grid Matrix 码等。

2. 常用二维条形码

(1) PDF 417 码

PDF 417 码是一种多层、可变长度、具有高容量和纠错能力的二维码。PDF 取自英文 portable data file 三个单词的首字母，意为"便携数据文件"。因为组成条形码的每一符号字符都是由4个条和4个空共17个模块构成，所以被称为 PDF 417 码。每一个 PDF 417 码可以表示 1100 个字节或 1800 个 ASCII 字符，或 2700 个数字的信息。

每一个 PDF 417 码由空白区包围的一序列层组成。每一层包括：左空白区、起始符、左层指示符号字符、1 到 30 个数据符号字符、右层指示符号字符、终止符、右空白区。

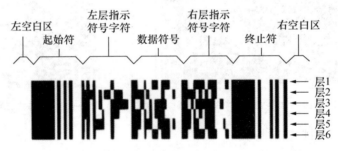

图 4-13　PDF 417 码

(2) Code 49 码

Code 49 码是一种多层、连续、可变长度的条形码符号，它可以表示全部的 128 个 ASCII 字符。每个 Code 49 码由 2 到 8 层组成，每层有 18 个条和 17 个空。层与层之间由一个层分隔条分开。每层包含一个层标识符，最后一层包含表示符号层数的信息。

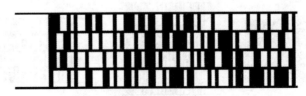

图 4-14　Code 49 码

(3) QR Code 码

QR Code 码是由日本 Denso 公司于 1994 年研制出的一种矩阵式二维条形码。它除了具有二维条形码所具有的信息容量大、可靠性高、可表示汉字及图像多种信息、保密防伪性强等优点外，还具有以下特点：①超高速识读：QR Code 码的超高速识读特性，使它可应用于工业自动化生产线管理等领域；② 全方位识读；③ 能够有效地表示中文和日文。

图 4-15　QR Code 码

(4) Data Matrix 码

Data Matrix 码是一种矩阵式二维码，它有两种类型：ECC000-140 码和 ECC200 码。ECC000-140 码具有几种不同等级的卷积纠错功能；而 ECC200 码则使用 Reed-Solomon 进行纠错。

图 4-16　Data Matrix 码

3. 二维条形码识读设备

(1) 线性 CCD 和线性图像式阅读器（linear imager）可阅读一维码和线性堆叠式二维码（如 PDF 417 码），在阅读二维码时，需要沿条形码的垂直方向扫过整个条形码，我们称之为"扫动式阅读"，这类识读产品具备成本较低的特点。

(2) 带光栅的激光阅读器可阅读一维码和线性堆叠式二维码。阅读二维码时，将光线对准条形码，由光栅元件完成垂直扫描，不需要手工扫动。

(3) 图像式阅读器（image reader）采用面阵 CCD 摄像方式将条形码图像摄取后进行分析和解码，可阅读一维码和所有类型的二维码。另外，二维码的识读设备依工作方式的不同还可以分为：手持式、固定式和平版扫描式。二维码的识读设备虽然对于一维码的识读会有一些限制，但是均能识别一维码。

4. 二维码的优点

(1) 编码密度高，信息容量大：可容纳多达1850个字母、2710个数字或500多个汉字，比普通条形码信息容量高几十倍。

(2) 编码范围广：二维码可以对图片、声音、文字、签字、指纹等信息进行编码，用条形码表示出来。

(3) 容错能力强：二维码具有纠错功能，损毁面积达50%时仍可恢复信息，这使得其因穿孔、污损等引起局部损坏时，照样可以正确识别其中内容。

(4) 译码可靠性高：它的误码率远低于普通一维码。

(5) 可引入加密措施：保密性、防伪性好。

(6) 成本低：二维码同一维码一样，制作简便，识别设备成本低。

4.1.5 物流条形码的应用案例

天津丰田汽车有限公司是丰田汽车公司（以下简称"丰田汽车"）在中国投资的第一个轿车生产基地。在这里，丰田汽车不惜投入其最新技术，生产专为中国最新开发的，且充分考虑环保、安全等条件因素的新型小轿车。通过使用二维码技术，丰田汽车在生产过程控制管理系统中成功加入二维码数据采集技术，完成了生产过程控制管理系统的组建。

1. 丰田汽车组装生产线数据采集管理

汽车是在小批量、多品种混合生产线上生产的，当写有产品种类和生产指示命令的卡片被安放在产品生产台上时，这些命令便可被各个作业操作人员读取并完成，然而使用这些卡片存在严重的问题和隐患，如速度慢、出错率高、数据统计慢、协调管理和质量管理难度大等一系列问题。

(1) 系统概要

① 如果用二维码来取代上述的手工卡片，初期投入费用并不高，同时也建立了可靠性较高的系统。

② 在生产线的前端，根据主控计算机发出的生产指令，条形码打印机打印出1张条形码标签，将其贴在产品的载具上。

③ 各作业工序中，操作人员用条形码识读器读取载具上的条形码符号，将作业的信息输入计算机，主系统对作业人员和检查装置发出指令。

④ 操作人员用扫描器读取贴在安装零件上的条形码，然后再读取贴在载具上的条形码标签，以确认零件是否安装正确。

⑤ 各工序中的生产指示号码、生产线顺序号码、车身号数据和实装零部件的数据、检查数据等，均被反馈给主控计算机，用来对进展情况进行管理。

(2) 应用效果

① 成本较低。

② 二维码可被识读器稳定读取，错误率低。

③ 可节省大量的人力和时间。

④ 主系统对生产过程的控制全面提升。

⑤ 使生产全过程和主系统连接成为一体，生产效益大大提高。

2. 丰田汽车供应链采集系统的应用

(1) 应用环境

汽车零件供货商主要按照汽车厂商的订单来生产零配件，并长期供货，这样可以减少人为操作，降低成本，提高效率。

(2) 应用描述

① 汽车厂家将看板标签贴在自己的周转箱上，先定义箱号。

② 汽车厂家读取看板标签上的一维码，将所订购的零件编号、数量、箱数等信息制作成 QR Code 码，并制作带有该 QR Code 码的看板单据。

③ 将看板单据和看板标签一起交给零件生产厂。

④ 零件生产厂读取看板单据上的 QR Code 码，处理订货信息，并制作发货指示书。

⑤ 零件生产厂将看板标签附在发货产品上，看板单据作为交货书发给汽车生产厂。

⑥ 汽车生产厂读取看板单据上的 QR Code 码进行接货统计。

(3) 应用效果

① 采用 QR Code 码使得原来无法条码化的品名、规格、批号、数量等指标都可以实现自动对照，出库时的肉眼观察操作大幅减少，降低了操作人员在识别验货时的人为错误率，避免了误配送的发生。

② 出库单系统打印二维码不易出错。

③ 出库工作可以完全脱离主系统和网络环境独立运行，对主系统的依赖性小，降低了主系统网络通信和系统资源的压力，同时对安全性的要求降低。

④ 真正做到了二维码数据、出库单数据与实际出库物品的属性特征统一。

⑤ 加快了出库验收作业的时间，缩短了工作的过程，验收的信息量大大增加，从而提高了效率、降低了成本，同时也保证了安全性。

4.2 射频识别技术

4.2.1 RFID 的基本概念

射频识别技术 RFID（radio frequency identification）出现于 20 世纪 40 年代，20 世纪 90 年代后进入实用化阶段。RFID 的标签与识读器之间利用感应、无线电波或微波能量进行非接触双向通信,实现标签存储信息的识别和数据交换。

4.2.2 RFID 的历史

RFID 技术诞生于二战期间,其被英国皇家空军用于识别敌我双方的战机。二战结束后,由于其成本较高,该技术一直应用于军事领域,并没有很快普及民用领域。直到 20 世纪八九十年代,随着芯片和电子技术的提高和普及,欧洲率先将 RFID 技术应用到公路收费等民用领域。21 世纪初,RFID 迎来了崭新的发展,其在民用领域的价值开始得到世界各国的广泛关注,RFID 技术大量应用于门票防伪、生产自动化、门禁、公路收费、停车场管理、身份识别、货物跟踪等民用领域,且新的应用范围还在不断扩展。

RFID 技术的发展可划分如下:

1941—1950 年:雷达的改进和应用催生了 RFID 技术,奠定了 RFID 技术的理论基础。

1951—1960 年:RFID 技术的早期探索,主要处于实验室实验研究阶段。

1961—1970 年:RFID 技术的理论得到发展,开始了一些应用尝试。

1971—1980 年:RFID 技术处于大发展时期,各种 RFID 技术测试得到加速,并出现了最早的 RFID 应用。

1981—1990 年:RFID 技术及产品进入商业应用阶段,各种应用开始出现。

1991—2000 年:RFID 技术标准化问题日益得到重视,RFID 产品得到广泛使用,逐渐成为人们生活的一部分。

2001 年至今:标准化问题日益为人们所重视,RFID 产品种类更加丰富,有源射频标签、无源射频标签及半无源射频标签均得到发展,射频标签成本不断降低,行业应用规模扩大。RFID 技术的理论得到丰富和完善。单芯片射频标签、多射频标签识读、无线可读可写、无源射频标签的远距离识别,适应高速移动物体的 RFID 正在成为现实。

4.2.3 RFID 的主要特点

1. 数据的读写机能

RFID 技术可识别高速运动物体并可同时识别多个标签,只要通过 RFID 读写器即可,它可直接读取信息至数据库内,并可以将物流的状态写入标签,供下一阶段物流处理使用。

2. 形状小型化和多样化

RFID 的读取不受尺寸大小与形状限制,不需要为了读取的精确度去配合纸张的固定尺寸和印刷品质。因此,RFID 电子标签可往小型化与多样化的角度设计。

3. 耐环境性

短距离射频产品不怕油渍、灰尘污染等恶劣环境，尤其对水、油和药品等有很好的抗污性，因此 RFID 可在这样的环境中替代条形码。

4. 可重复使用

RFID 为电子数据，可以被反复覆写，因此可以回收标签重复使用。如被动式 RFID，不需要电池就可以使用，因此没有维护保养的需要。

5. 数据记忆量大

数据容量会随着记忆规格的发展而扩大，未来物品所需携带的资料将越来越大，对卷标所能扩充的容量的需求也会增加，RFID 则不会受到此类限制。

4.2.4 RFID 系统的组成与工作原理

1. RFID 系统的组成

RFID 系统包括系统上层、读写器和电子标签三个部分，如图 4-17 所示。无源系统的读写器通过耦合元件发送出一定频率的射频信号，当电子标签进入读写器的覆盖区域时，电子标签可以通过耦合元件获得能量以驱动电子标签中的芯片与读写器进行通信。读写器读取标签自身编码等信息并解码后传送至数据处理子系统。对于有源系统，电子标签进入读写器工作区域后，由自身内嵌的电池为标签内的芯片供电，以完成与读写器间的通信过程。

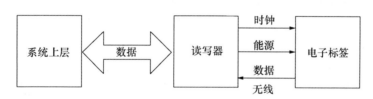

图 4-17 RFID 系统组成

（1）电子标签

电子标签也称为智能标签（smart tag），是由 IC 芯片和无线通信天线组成的超微型的小标签。目前，市场上已有多种电子标签可供选择，按照标签内是否有内置电池可分为以下三大类：

① 被动式（无源）：标签内不内置电池，所需能量由读写器通过接口进行供给。由于其价格低廉，体积小巧，应用最为广泛，如智能卡、存货管理等。缺点是读取距离较短。

② 半被动式：标签内的电池用来驱动内部芯片和感应周围环境，但与读写器交互信息所需的能量由读写器供给。读取距离较被动式标签长，抗干扰能力更强。主要用于检测环境或震荡情况等。

③ 主动式：标签内置电池，会主动侦测读写器的信号，并发送本身的信息到读写器。其优点是通信范围大，记忆容量大；缺点是体积较大、价格昂贵、使用寿命较

短。主要应用于军事、医疗和工业中。

(2) 读写器

读写器又称阅读器（reader）。读写器负责与电子标签的双向通信，同时接收来自系统上层的控制指令。读写器的频率决定了 RFID 系统工作的频段，其功率决定了射频识别的有效距离。读写器根据使用的结构和技术的不同可以是只读或读写装置，它是 RFID 系统信息控制和处理的中心。读写器通常由天线、射频接口、逻辑控制单元等部分组成。

天线是一种能将接收到的电磁波转换为电流信号，或者将电流信号转换成电磁波后发射出去的装置。在 RFID 系统中，读写器必须通过天线发射能量，并形成电磁场。

射频接口的主要任务和功能包括：产生高频发射能量，激活电子标签并为其提供能量；对发射信号进行调制，将数据传输给电子标签；接收并解调来自电子标签的射频信号等。在射频接口中有两个分隔的信号通道，它们分别承担了电子标签和读写器之间两个方向的数据传输。

逻辑控制单元也称读写模块，其功能包括：与应用系统软件进行通信，并执行从应用系统软件发送来的指令；控制读写器与电子标签的通信过程；信号的编码与解码；对读写器和标签之间传输的数据进行加密和解密；执行防碰撞算法；对读写器和标签的身份进行验证等。

(3) 系统上层

系统上层也称应用系统，包括中间件、信息处理系统和数据库。在 RFID 系统的应用软件中，除了运行在标签和读写器上的部分软件之外，介于读写器与企业应用之间的中间件（middleware）是其中的一个重要组成部分。

RFID 系统中间件将底层 RFID 硬件和上层企业应用软件结合在一起。中间件的任务是对读写器发送的与标签相关的事件、数据进行过滤、汇集和计算，减少从读写器传往企业应用的巨量原始数据，增加抽象出的有意义的信息量。不同的标准对中间件的定义不尽相同。不同 RFID 应用中的 RFID 中间件所包含的内容也可能有差别。通常，RFID 中间件被定义为：处于 RFID 读写设备与后端应用之间的程序，它提供对不同数据采集设备的硬件管理，对来自这些设备的数据进行过滤、分组、计数、存储等处理，并为后端的企业应用程序提供符合要求的数据。

2. RFID 系统的工作原理

读写器通过天线发送出一定频率的射频信号，标签进入磁场后，接收解读器发出的射频信号，凭借感应电流所获得的能量发送出存储在芯片中的产品信息（passive tab，无源标签或被动标签），或者主动发送某一频率的信号（active tag，有源标签或主动标签）；解读器读取信息并解码后，将信息传送至中央信息系统进行有关数据处理，如图 4-18 所示。

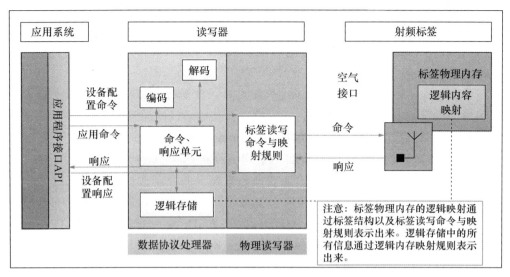

图 4-18 RFID 工作原理

4.2.5 RFID 的应用案例

RFID 机器人助力仓库管理

Fetch Robotics 是一家成立于 2014 年的美国机器人公司，该公司经营范围涉及制造业、零售和酒店管理、供应链等领域，提供物流和材料处理应用解决方案。Fetch Robotics 已经获得软银、Shasta Ventures 和 Oreilly AlphaTech Ventures 的两轮投资，共募得 2300 万美元。

TagSurveyor 是该公司推出的一款具备 RFID 功能的机器人，该机器人使用了 UHF RFID 读取器技术以及传感器公司 Sick 提供的 Freight100 机器人平台，用于库存盘点。这些自动化机器人在仓库和其他设施内运送货物，并使用传感器来进行导航，以避开障碍物。客户还可以根据 RFID 标签读数统计库存或管理资产。很多零售和物流公司正使用 UHF RFID 标签管理物品，但这些公司不一定有充足的人手使用手持式读卡器来跟踪物品位置。

该机器人将提供一种无须额外人手的标签读取方法。Fetch Robotics 公司产品营销总监 Joe Lau 说："机器人是 RFID 跟踪方案的一个补充。"

TagSurveyor 机器人内置 Sick RFU630 RFID 读取器及 3 个 RFA630 天线，这些天线以 3 个不同的角度发送传输信息，从而确保读取无死角。该机器人可在一个同时存在车辆及员工的环境下工作，机器人使用了多个传感器感应环境并进行自动导航。Joe Lau 说，这是独一无二的，大多数其他机器人在避障方面都遇到难题。

据 Fetch Robotics 的应用工程师 Myles Blodnick 介绍，TagSurveyor 机器人系统设置起来非常方便。开启机器人后，机器人便自动在场地中行走，并将路线转换成地图存储在板载电脑中。该数据可以通过机器人的 Wi-Fi 功能转发到云服务器上。在基于云的 FetchCore 软件中，用户可以查看他们创建的地图并指定机器人的路径。此外，用户还可以在地图中设置"禁用"区域和备用路径，整个设置过程只需要 3 个小时。Joe Lau 补充说，为了确保最大的标签读取率，Fetch Robotics 还为客户提供培训和工作路径优化。

当大型场地使用多台 TagSurveyor 机器人时，数据将存储在云服务器平台上。然后，用户可以设置 RFID 读取周期。随着机器人在整个设施内移动，它将在 25 英尺内读取 UHF RFID 标签，然后根据传输功率及标签质量判断标签位置。

Joe Lau 称，手动 RFID 标签读取的平均精度可达 75% 到 80%，而 TagSurveyor 机器人的读取精度接近 100%。对于第三方物流提供商及制造商来说，这是一个可靠的工具。该系统可通过 SaaS 模式获取，也可一次性购买。机器人的电池可以支撑 9 小时，充电时间为 3 小时。TagSurveyor 机器人使用广角激光扫描仪和 3D 传感器等设备来完成导航。读取器可以使用多个天线来识别标签读取的方向。

Joe Lau 认为，机器人可提供比无人机更有效的库存跟踪系统。这是因为机器人的续航时间更长，且可以用在层高较低的环境中。可见，依托 RFID 技术的机器人确实对提升库存管理的效率起着很好的作用。

4.3 GIS 技术

4.3.1 GIS 的基本概念

1. GIS 的概念

地理信息系统（GIS）是管理和分析空间数据的计算机技术，它可以提供各种有关区域分析、方案优选、战略决策等方面的解决办法，因此，地理信息系统在物流领域得到了广泛应用。

对 GIS 没有统一的定义。不同研究方向、应用领域的 GIS 专家，对它的理解是不同的。较权威的定义由美国联邦数字地图协调委员会给出：地理信息系统是由计算机硬件、软件和不同的方法组成的系统，该系统设计用来支持空间数据的采集、管理、处理、分析、建模和显示，以便解决复杂的规划和管理问题。

2. GIS 的特征

GIS 是信息技术，属于空间信息系统，其应用有以下特征：

（1）具有采集、管理、分析和输出多种地理空间信息的能力，具有空间性和动态性；

（2）以地理研究和地理决策为目的，以地理模型方法为手段，具有区域空间分析、多要素综合分析和动态预测能力，生成高层次的地理信息；

（3）由计算机系统支持进行空间地理数据管理，并由计算机程序模拟常规的或专门的地理分析方法，产生有用信息，完成人类难以完成的任务。

4.3.2 GIS 的组成

GIS 由四部分组成：计算机硬件系统，计算机软件系统，系统开发、管理和使用人员以及地理数据（或空间数据）。其中，计算机软件和硬件系统是最核心的部分，空间数据可以反映 GIS 的地理内容，而管理人员和用户则决定系统的工作方式和信息表示方式，GIS 的组成如图 4-19 所示。

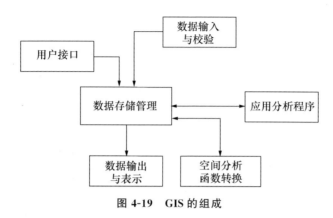

图 4-19　GIS 的组成

1. 计算机硬件系统

计算机硬件系统是计算机系统中实际物理装置的总称，是 GIS 的物理外壳。硬件指标会极大地影响（支持或制约）系统的各方面性能，包括系统的规模、精度、速度、功能、形式、使用方法，甚至是软件。GIS 计算机硬件系统的基本组件包括输入、输出设备、中央处理单元、存储器（包括主存储器、辅助存储器硬件）等，这些硬件组件协同工作，为计算机系统提供必要的信息，使其完成任务；还能保存数据以备使用；也可以将处理得到的结果或信息提供给用户，图 4-20 为常见的实现输入输出功能的计算机外部设备和 GIS 专用的外部设备。

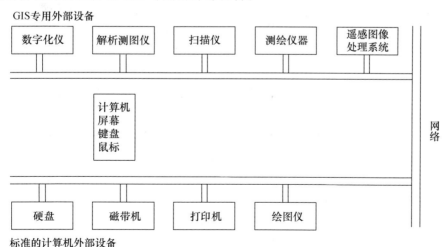

图 4-20　计算机标准外部设备和 GIS 专用的外部设备

2. 计算机软件系统

为了实现复杂的空间数据管理功能，GIS 需要具备多种软件功能模块，与硬件环境相配套。在软件层次上，需要的软件有系统软件、基础软件、基本功能软件、应用软件等多层次体系。按照 GIS 的功能对计算机软件系统进行划分，可分为以下六个部分：

（1）计算机系统软件。这是由计算机厂家提供的、为用户使用计算机提供方便的程序系统，通常包括操作系统、汇编程序、编译程序、诊断程序、库程序以及各种维护使用手册、程序说明等，是 GIS 日常工作所必需的。

（2）数据输入子系统。它通过各种数字化设备（如数字化仪、扫描仪等）将各种已存在的地图数字化，或者通过通信设备或磁盘、磁带的方式录入遥感数据和其他系统已存在的数据，也包括用其他方式录入的各种统计数据、野外调查数据和仪器记录的数据。对应不同的数据输入、存储和管理方式，系统都应配备相应的支持软件。

（3）数据编辑子系统。GIS 应具有较强的图形编辑功能，以便对原始数据输入错误进行编辑和修改。同时，还需要进行图形修饰，为图形设计颜色、符号、注记等，并建立拓扑关系，组合复杂地物，输入属性数据等。

通常，GIS 软件具有以下编辑功能：① 图形变换：放大、缩小、屏幕滚动、拖动等；② 图形编辑：删除、增加、剪切、移动、拷贝等；③ 图形修饰：颜色、符号、注记等；④ 拓扑关系：多边形建立、拓扑检验等；⑤ 属性输入：属性连接、数据实时输入、数据编辑修改等。

（4）空间数据库管理系统。在 GIS 中既有空间定位数据，又有说明地理的属性数据。对这两类数据进行组织与管理并建立两者间的联系是至关重要的。为保证 GIS 的有效工作，保持空间数据的一致性和完整性，需要良好的数据库结构和数据组织方法。一般采用数据库技术来完成该项工作。

（5）空间查询与空间分析系统。这是 GIS 面向应用的一个核心部分，也是 GIS 区别于其他系统（如 MIS）的一个重要方向，它应具有以下三方面的功能：① 检索查询：包括空间位置查询、属性查询等；② 空间分析：能进行地形分析、网络分析、叠置分析、缓冲区分析等；③ 数学逻辑运算：包括函数运算、自定义函数运算以及驱动应用模型运算。

GIS 通过对空间数据及属性的检索查询、空间分析、数学逻辑运算，可以产生满足应用条件的新数据，从而为统计分析、预测、评价、规划和决策等提供服务。

（6）数据输出子系统。其功能是将检索和分析处理的结果按用户要求输出，其形式可以用地图、表格、图表、文字、图像等表达，也可在屏幕、绘图仪、打印机或磁介质上输出。

3. 地理数据库系统

GIS 的地理数据分为空间数据和非空间数据。其中，空间数据（几何数据）由点、线、面组成，它们的表达可采用栅格和矢量两种形式，可表现地理空间实体的位置、大小、形状、方向以及拓扑几何关系。

地理数据库系统由数据库和地理数据库管理系统（DBMS）组成。其中，DBMS用于数据维护、操作和查询检索。地理数据库是 GIS 应用项目重要的资源，它们的建立和维护非常复杂，涉及许多步骤，需要技术和经验，且需要投入高强度的人力与开发资金，是 GIS 应用项目开发的瓶颈技术之一。

4．应用人员与组织机构

人是 GIS 的重要因素。GIS 是一个动态的地理模型，仅仅依靠系统软硬件和数据还不能构成完整的地理信息系统，还需要人进行系统组织、管理、维护和数据更新、系统扩充完善、应用程序开发，并灵活采用地理分析模型提取多种信息，为研究和决策服务。

4.3.3 GIS 的功能

GIS 的任务分为五个方面：（1）位置——在某个特定的位置有什么；（2）条件——什么地方有满足某些条件的东西；（3）变化趋势——通过综合现有数据来识别已经发生或正在发生变化的地理现象；（4）模式——分析与已经发生或正在发生事件有关的因素；（5）模型——建立新的数据关系以产生解决方案。

为了完成上述任务，需要具备不同的功能来实现这些任务。目前，大多数商用 GIS 软件包都提供数据获取、数据预处理、数据存储与组织、数据查询与分析、图形展示与交互等功能。图 4-21 说明了这些功能之间的关系，以及它们的不同表现。

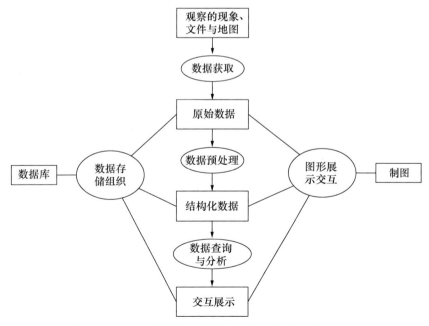

图 4-21　GIS 功能概述（椭圆）以及它们的表现（矩形）

从图 4-21 可以看出，数据获取是从对现实世界的观测以及从现存文件和地图中获取数据。有些数据已经是数字化形式，但是往往需要进行数据预处理，将原始数据转换为结构化的数据，以便于查询和分析。查询分析是求取数据的子集或对其进行转换后，得到查询结果。在整个处理过程中，都需要数据存储检索以及交互表现的支持，换言之，这两项功能贯穿 GIS 数据处理的始终。

GIS 软件系统具备九项功能，即数据获取、数据预处理、数据存储与组织、数据查询与分析、图形展示与交互、资源管理、区域规划、国土检测、辅助决策。

1. 数据获取

数据获取可以保证 GIS 数据库中的数据在内容与空间上的完整性、数值逻辑一致性与正确性等。一般而言，GIS 数据库的建设占整个系统建设投资的 70% 或更多，并且这种比例在短期内不会有明显改变。因此，信息共享与自动化数据输入成为 GIS 研究的重要内容。

可用于 GIS 数据采集的方法与技术很多，有些仅用于 GIS，如手持跟踪数字化仪。目前，最为人们所关注的是自动化扫描输入与遥感数据集成。扫描技术的应用与改进、实现扫描数据的自动化编辑与处理仍是 GIS 数据获取研究的关键。

2. 数据预处理

数据预处理包括数据格式化、转换和概括。数据格式化是指不同数据结构在数据间的变换，它是一种耗时、易错、需要大量计算量的工作，应尽可能避免。数据转换包括数据格式转换、数据比例尺的变换等。在数据格式的转换方式上，矢量到栅格的转换要比其逆运算快速且简单。数据比例尺的变换涉及数据比例尺缩放、平移和旋转等方面，其中最为重要的是投影变换。制图综合（generalization）包括数据平滑、特征集结等。目前，GIS 所提供的数据概括功能极弱，与地图综合要求还有很大差距，需要进一步发展。

3. 数据存储与组织

数据存储与组织是建立 GIS 数据库的关键步骤，涉及空间数据和属性数据的组织。栅格模型、矢量模型或栅格矢量混合模型是常用的空间数据组织方法。空间数据结构的选择在一定程度上决定了系统所能执行的数据与分析的功能。在地理数据组织与管理中，最关键的是如何将空间数据与属性数据融为一体。目前，大多数系统都是将二者分开存储，通过公共项（一般定义为地物标识码）来连接。这种组织方式的缺点是数据的定义与操作相分离，无法有效记录地物在时间域上的变化。

4. 数据查询与分析

数据查询与分析包括空间查询、空间分析和模型分析。空间查询是 GIS 以及许多其他自动化地理数据处理系统应具备的最基本的分析功能；空间分析是 GIS 的核心功能，也是 GIS 与其他计算机系统的根本区别；模型分析是在 GIS 支持下，分析和解决现实世界中与空间相关的问题，它是深化 GIS 应用的重要标志。

5. 图形展示与交互

GIS 为用户提供了许多用于地理数据表现的工具，其形式既可以是计算机屏幕显示，也可以是诸如报告、表格、地图等图件，尤其要强调的是其地图输出功能。一个好的 GIS 应能提供一种良好的、交互式的制图环境,以供使用者设计和制作高质量的地图。除上述功能外,GIS 还包括一些应用功能,例如,资源管理、区域规划、国土监测和辅助决策等。

6. 资源管理

GIS 可直接对数据库进行查询、统计、制图,以及提供区域多种组合条件的资源分析,为资源的合理开发利用和规划决策提供条件。

7. 区域规划

城市与区域规划具有高度的综合性,涉及资源、环境、人口、交通、经济、文化和金融等因素,但是要对这些信息进行筛选并转换成可用的形式具有一定困难,规划人员需要切实可行的信息,而 GIS 是能为规划人员所使用的功能强大的工具。

8. 国土检测

GIS 可有效应用于森林火灾的预测预报、洪水灾情检测和淹没损失估算、土地利用动态变化分析和环境质量的评估研究。

9. 辅助决策

利用 GIS 数据和互联网传输技术,可以深化电子商务的应用,满足企业决策多维性的需求。

4.3.4 移动 GIS

1. 移动 GIS 概述

移动 GIS 是以移动互联网为支撑,以智能手机或平板电脑为终端,结合北斗、GPS 或基站为定位手段的 GIS 系统,是继桌面 GIS、WebGIS 之后又一新的技术热点。移动定位、移动办公等越来越成为企业或个人的迫切需求,移动 GIS 就是其中最为核心的部分,它使得各种基于位置的应用层出不穷。

2. 移动 GIS 的组成结构

与传统 GIS 相比,移动 GIS 的组成略复杂,因为它要求实时地将空间信息传输给服务器。具体是指,移动 GIS 是以空间数据库为数据支持、地理应用服务器为核心应用、无线网络为通信桥梁、移动终端为采集工具和应用工具的综合系统,如图 4-22 所示。

(1)移动终端设备

移动 GIS 的客户端设备是一种便携式、低功耗、适合地理应用,并且可以用来快速、精确定位和识别地理位置的设备。硬件主要包括掌上电脑(PDA)、便携式计算机、手机等。软件主要是嵌入式的 GIS 应用软件。用户通过终端向远程的地理信息服务器发送服务请求,然后接收服务器传送的计算结果并显示出来。

(2)无线通信网络

无线通信网络是连接用户终端和应用服务器的纽带,它将用户需求传输给地理信息应用服务器,再将服务器的分析结果传输给用户终端。移动 GIS 的无线通信网络包

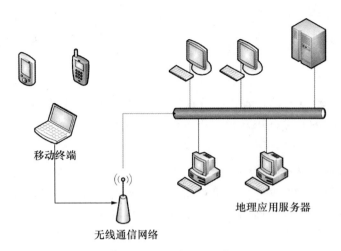

图 4-22 移动 GIS 架构

括：20 世纪 90 年代初期移动 GIS 刚形成时的个人移动电台；GPS 卫星系统的通信网络；基于蜂窝移动通信系统的 GSM、GPRS、CDMA。

（3）地理应用服务器

移动 GIS 中的地理应用服务器位于固定场所，它为移动 GIS 用户提供大范围的地理服务以及潜在的空间分析和查询操作服务。该服务器应具备以下功能：数据的整理和存储、地理信息空间查询和分析、图形和属性查询、强大的计算能力和处理超大量访问请求的能力、数据更新功能、对海量数据进行存储和管理。

（4）空间数据库

空间数据库用于组织和存储与地理位置有关的空间数据及相应的属性描述信息，移动空间数据库是移动 GIS 的数据存储中心，并且能对数据进行管理，为移动应用提供各种空间位置数据。移动空间数据库使得移动设备可以和多种数据源进行交互，屏蔽固定网络环境的差异，优化查询条件。

3. 移动 GIS 的特点

（1）移动性：运行于各种移动终端上，与服务端可通过无线通信进行交互，实时获取空间数据，可以随时随地进行空间信息服务，也可以脱离服务器与传输介质的约束独立运行。

（2）客户端多样性：移动 GIS 的客户端指的是在户外使用的可移动终端设备，其选择范围较大，可以是拥有强大计算能力的主流微型电脑，也可以是屏幕较小、功能受限的各类移动计算终端，如 PDA、移动电话等，甚至可以是专用的 GIS 嵌入设备，这决定了移动 GIS 是一个开放的可伸缩的平台。

（3）动态性：及时响应用户的请求，能处理用户环境中随时间变化的因素的实时影响，在移动过程中，不受限制地对采集到的相关信息及时进行处理并发布给用户。这也是移动 GIS 最大的特点。

（4）数据资源分散、多样性：移动 GIS 运行平台向无线网络的延伸进一步拓宽了应用领域。由于移动用户的位置是不断变化的，移动用户需要的信息也是多种多样的，这就需要系统支持不同的传输方式，任何单一的数据源都无法满足所有的移动数据请求。

4.3.5 GIS 的应用案例

在物流领域，可凭借 GIS 强大的空间分析能力来完善物流系统。地理数字化数据有两种方式：矢量或栅格。矢量数据是由点、线和多边形组成的，物流企业可以把顾客的地点以点的形式存储在数据库中；公路网可以描绘成一组线，而仓库服务的区域边界可以看成一个多边形。扫描的数据也可以用栅格的形式表示，每一个栅格存储特定的数据。GIS 在物流中的应用主要是物流中心选址、信息查询、最佳路径和最短路径选择，完整的 GIS 物流分析软件集成了车辆路线模型、最短路径模型、网络物流模型、分配集合模型和设施定位模型等。

1. GIS 在网络优化中的应用

GIS 的网络分析功能在现实生活中的应用如下：

(1) 送货区域规划功能。利用零售户历史的分布和订货量数据，采用配送系统路径优化算法，划分覆盖区域内所有零售户的送货区域。

(2) 送货线路的优化功能。在配送区域优化划分的基础上，针对每条送货线路当日订购户的数目、分布和订货量，采用优化算法，形成当日的行车送货路线。

(3) 优化线路顺序功能。将优化的当日行车送货路线以报表形式输出，按送货顺序依次列出订货、付款情况等信息，实现自动顺序的输出。

(4) 优化线路可视化显示功能。该功能的重要特色是实现优化线路在地图窗口中的可视化显示，能直观醒目地在地图窗口中显示实时送货线路通过的道路、村庄及经过的零售户标点。

(5) 点间经济距离的测算功能。利用该功能可在显示零售户分布的地图窗口中，计算任意两个点之间的经济距离，为配送管理人员进行分析决策提供参考数据。

(6) 查询信息显示功能。利用该功能，可在显示零售户分布的地图窗口中，通过划定任意区域查询，弹出显示零售户的信息窗口，方便快捷，便于管理人员随时了解销售的情况。

2. GIS 在交通规划中的应用

传统的道路信息大多采用手工方式进行统计与整理。由于道路信息的属性繁多（如道路长度、地理范围、路幅形式、路面宽度、路面材料、路面面积和路面状况等），若按多种属性统计道路数据，计算量较大。尤其是按地理范围进行道路统计时，必须按地理范围的边界把跨越不同范围的道路分隔成段，并按相应的比例折算道路的长度和面积等信息，工作量很大。

GIS 技术应用于道路规划运输，可以实现道路规划以及运输设计和管理的自动化，形成道路规划与运输计划、道路的区域管理、领导决策等多层次、多目标的区域GIS。可以在通用 GIS 软件基础上扩充道路规划运输系统软件程序，以工具箱的形式连接在系统数据库上，构成一个功能强大的数据系统。

GIS 在交通规划中的应用包括以下五个方面：

(1) 利用航测、遥感和 GIS 技术对区域的地形、地貌、河流、城镇、公路、铁路等进行全面调查，规划区域交通路线的空间分布。

(2) 根据研究区域范围内各地的经济指标、发展速度指标，人口分布状况与构成，现有道路的状况、运营状况，找出道路与各地经济发展和人口之间的关系、运输与经济和人口的关系以及存在的问题，为规划者和运输决策者提供道路规划和运输规划的依据。

(3) 进行道路和运输动态变化的分析，包括对道路变迁、车辆变迁、运输变迁、经济和人口变迁的分析和快速决策。应用遥感、摄影测量和计算机数字处理相结合的技术，对多数据源、多时态信息进行复核、分解，为规划运输决策者找出道路和运输变迁的原因和规律。

(4) 提出区域道路规划纲要。首先对现有道路作出科学评价，然后，根据各地的经济发展、人口状况、军事需要、两点之间的地形、地貌地质条件，得出各个时期道路等级最合理的动态规划分析结果。

(5) 根据区域运输体系和目前道路状况，对区域道路和运输进行科学管理。在建立区域运输和道路数据库的基础上，建立区域运输与道路的预测模型，提出区域运输与道路养护等方面的发展方针和待解决的问题，并且可以进行区域道路交通事故发生的预报，为管理者制定决策提供依据。

3．GIS 在物流中的应用

(1) GIS 在物流仓库选址中的应用

影响仓库选址的因素有多个，如供应区的距离、交通情况、运输成本需求情况等，单一方面并不能决定仓库选址的位置。传统的选址方法有：因素比较法、重心法、网络法、模糊聚类法。不同方法的侧重点也有差异，所得到的结果也会有差异。传统的选址过程如下：分析物流现状、识别选址的影响因素、收集资料、定性和定量分析（采用比较法、重心法等方法）、结果评价与检查、合格后确定选址结果；如果结果不合格，则重新进行选址分析。

但是，传统的仓库选址方法也存在一定的局限性：

① 增加了人力资源的使用，从而增加了选址成本。

② 可能导致最终的结果面临一种不可能的条件，例如，条件过于恶劣或者处于市中心等。

③ 结果可能偏离实际情况，影响结果的准确性。

为了得到更准确的选址方案，人们使用 GIS 方法对仓库选址进行分析。在物流系统中，将仓库和运输路线共同组成物流网络，仓库处于网络的节点上，节点决定网络。使用空间数据代表选址中的具体数据，采用 GIS 的空间分析方法（如缓冲区分析、最短路径分析）对选址方案进行分析。

（2）GIS 在物流配送中的应用

配送是供应链的最后一个环节，也是"最后一公里"竞争的关键。在这个环节，GIS 就是撒手锏。在传统的电商物流配送过程中，用户无法实时知晓订单的配送情况与具体位置，众多用户便选择咨询客服，然而客服也无法准确回答。为此，京东自主开发了 GIS 系统，并于 2011 年投入使用。

GIS 在物流配送中的具体应用如下：

① 京东和一家提供地图服务的公司合作，将后台系统与地图公司的 GPS（全球卫星定位）系统进行关联。在包裹出库时，每个包裹都有一个条形码，运货的车辆也有相应的条形码，出库时每个包裹都会被扫描，将同一辆车上包裹的条形码与这辆车的条形码关联。当这辆车在路上运行时，车的 GPS 与地图就形成了实时的位置信息传递，这与车载 GPS 系统是一个道理。

② 当车辆到达分拨站点分配给配送员后，每个配送员在配送时都有一台 PDA，而这台 PDA 也是一个 GPS 设备。通过扫描每件包裹的条形码，这个包裹又与地图系统关联。这个实时位置信息与京东商城的后台系统打通之后开放给前台用户，用户就能实时在页面上看到自己订单的运行轨迹。

③ GIS 使物流管理者在后台可以实时看到物流运行情况（如车辆位置信息、车辆的停留时间、包裹的分拨时间、配送员与客户的交接时间等），这些都会形成原始数据。经过分析之后，可以给管理者提供优化流程的参考，比如，怎么合理使用人员、怎么划分配送服务人员的服务区域、怎么缩短每个订单的配送时间等。另外，通过对一个区域的发散分析，可以看到客户的区域构成、客户的密度、订单的密度等。

此 GIS 是物联网的典型应用，是一种可视化物流的实现。通过自主研发的 GIS，可以实现对订单轨迹、行车轨迹、配送员轨迹的实时监控和调度，并可以实现基于 GIS 的 O2O 等服务，大大提高了用户的购物体验。

4.4 GPS 技术

4.4.1 GPS 的基本概念

1. GPS 简介

全球定位系统（global positioning system，GPS）是由美国国防部开发的中距离圆形轨道卫星导航系统。它利用分布在高度为 20200 千米的 6 个轨道上的 24 颗人造卫星对地面目标的状况进行精确测定，每条轨道上拥有 4 颗人造卫星，在地球上任何一点、任何时刻都可以同时接收到来自 4 颗人造卫星的信号，人造卫星所发射的空间轨道信息覆盖整个地球表面。它可以为地球表面绝大部分地区提供准确定位、测速和高精度的时间标准。

GPS 能对静态或动态对象进行动态空间信息的获取，快速、精度均匀、不受天气和时间限制地反馈空间信息。它主要应用于船舶和飞机的导航、对地面目标的精确定时和定位、地面及空中交通管制、空间与地面灾害的监测等。GPS不仅是一种可以定时和测距的定点导航系统，还可以向全球用户提供连续、定时、高精度的三维位置和时间信息，以满足军事部门和民用部门的需求。

2. 四大全球卫星导航系统

1973年，GPS开始筹建，于1989年正式发射工作人造卫星，于1994年全部建成并投入使用。该系统能在全球范围内，向任意用户提供高精度、全天候的、连续的、实时的三维测速、三维定位和授时，从根本上解决了人类在地球及周围空间的导航及定位问题。GPS除了应用于海上、陆地和空中运动目标的导航、制导和定位，还可为空间飞行器进行精密定轨，满足军事部门的需求。同时，它在大地测量、工程勘探、地壳监测等民用部门展现了广阔的应用前景。常见系统有GPS（美国）、北斗（中国）、GLONASS（俄罗斯）和GALILEO（欧盟）四大卫星导航系统。

(1) 美国GPS系统。美国GPS系统是最早出现的系统，从20世纪70年代开始研制，目的是为陆海空三大领域提供实时、全天候和全球性的导航服务，并用于情报收集、核爆监测和应急通信等一系列军事目的，经过20余年的研发，到1994年，全球覆盖率高达98%的24颗GPS人造卫星布设完成。

(2) 中国北斗系统。北斗系统是由中国建立的区域导航定位系统。该系统由4颗北斗定位人造卫星（北斗一号）（2颗工作人造卫星、2颗备用人造卫星）、地面控制中心为主的地面部分、北斗用户终端3个部分组成。北斗卫星导航系统建设目标是建成独立自主、开放兼容、技术先进、稳定可靠、覆盖全球的导航系统。2011年起，北斗系统开始向中国及周边地区提供连续的导航定位和授时服务；2012年，开始正式向亚太地区提供服务。其民用服务与GPS一样免费。

(3) 俄罗斯GLONASS系统。1982年，苏联开始建设GLONASS系统，到1996年，完成了24颗工作人造卫星加1颗备用人造卫星的布局。GLONASS在系统组成和工作原理上与GPS类似，且在定位、测速及定时精度上优于施加选择可用性政策之后的GPS系统，俄罗斯向国际民航和海事组织承诺，将向全球用户提供民用导航服务，这为GLONASS的广泛应用提供了方便。

(4) 欧洲GALILEO系统。GALILEO系统是欧盟正在建造中的人造卫星定位系统。2003年，GALILEO系统计划正式启动。它可与美国的GPS和俄罗斯的GLONASS系统兼容，但比它们更安全、更准确、更商业化，且有助于欧洲太空业的发展。

3. GPS接收机的分类

(1) 按接收机的用途分类

GPS接收机按用途可以分为以下几种：

① 导航型接收机：主要用于运动载体的导航，可实时给出载体的位置和速度。这类接收机一般采用C/A码伪距测量，单点实时定位精度太低，一般误差为25米，这类接收机价格便宜，应用广泛。根据应用领域的不同，此类接收机还可以进一步进行分类，如表4-1所示。

表 4-1　导航型接收机分类

类型	用途
车载型	用于车辆导航定位
航海型	用于船舶导航定位
航空型	用于飞机导航定位，由于飞机运行速度快，因此要求在航空上用的接收机能在高速运动中接收信号
星载型	用于卫星导航定位，由于卫星的运动速度达 75 千米/秒以上，因此对接收机的要求更高

② 测地型接收机：用于精密的大地测量和工程测量。这类仪器采用载波相位观测值进行相对定位，定位精度高，但仪器结构复杂，价格较贵。

③ 授时型接收机：利用 GPS 卫星提供的高精度时间标准进行授时，常用于天文台及无线电通信。

（2）按接收机的载波频率分类

GPS 接收机按载波频率可分为以下几种：

① 单频接收机：只能接收 L1 载波信号，测定载波相位观测值进行定位。由于不能有效消除电离层和延迟影响，单频接收机只适用于短基线的精密定位。

② 双频接收机：可以通过手机接收 L1、L2 载波信号，利用双频对电离层延迟不同的特点，消除电离层对电磁波信号延迟的影响，因此双频接收机可用于长达几千千米的精密定位。

（3）按接收机的通道种类分类

GPS 接收机能同时接受多颗 GPS 人造卫星信号，并且将不同人造卫星信号进行分离，同时对人造卫星信号进行跟踪、处理和测量，因此被称为天线信号通道。根据通道种类，GPS 接收机分为多通道接收机、序贯通道接收机、多路多用通道接收机。

（4）按接收机工作原理分类

GPS 接收机按工作原理可以分为以下四种：

① 码相关型接收机：利用码相关技术得到伪距观测值。

② 平方型接收机：利用载波信号的平方技术去掉调研信号，来恢复完整的载波信号，通过相位计测定接收机内产生的载波信号与接收到的载波信号之间的相位差，测定伪距观测值。

③ 混合型接收机：综合上述两种接收机的优点，既可以得到码相位伪距，也可以得到载波相位观测值。

④ 干涉型接收机：将 GPS 人造卫星作为射电源，采用干涉测量方法，测定两个测站间的距离。

4.4.2　GPS 的主要功能

国外 GPS 技术被广泛应用于公交、地铁、私家车等方面。国内 GPS 技术应用还处于萌芽状态，但发展势头迅猛，交通运输业已意识到 GPS 在交通信息化管理方面的优势，并逐渐发挥它的作用，主要体现在以下四个方面：

1. 导航功能

导航功能是 GPS 的最基本的功能。车主只要输入起点和终点，GPS 便可立即将两地之间的最佳捷径指给车主。市场上已有不同种类的 GPS 导航产品，可以为车主提供便利的导航功能，这大大地方便了司机的出行。这一功能的发挥需要与 GIS 技术结合使用。

2. 实时跟踪功能

监控中心能设定跟踪网内的任何车辆，时间可以是几秒钟或者几分钟、几小时监控一次，监控时间和次数都由监控中心设定。被监控的车辆能直观显示在中心电子地图上并详细地记载行驶路线，以便管理人员随时回顾查询。

3. 防盗报警功能

当车主离开车辆，车辆处于设防状态时，如果有人非法开启车门或发动车辆，车辆就会自动报警，此时，车主与车辆监控中心会同时收到报警电话，监控中心的值班人员会立即报警；车辆则会自动启动断油、断电程序。

4. 反劫功能

如果遇到劫匪，车主不再是孤军奋战，因为有 GPS 支持，车主只要按下报警开关，车辆就会向监控中心发出遇劫报警。如果报警开关被劫匪发现并遭到破坏，则遭到破坏的系统能自动发出报警信号，监控中心便立即启动自动跟踪系统，将车辆的位置信息报告给公安机关，以便公安机关对车主进行及时营救。

在国内借助语音导航，车主可以通过监控中心得知车辆的所在位置，同时也可以向该中心查询行走路线。这种语音导航与国外的电子地图相比，虽然并不完美，但它可以减轻车主边开车边看地图的压力，车主只要利用免提电话，便可以轻松得到指引。

4.4.3　GPS 的组成与工作原理

1. GPS 的组成

GPS 系统包括三部分：空间部分（GPS 卫星星座）、地面控制部分（地面监控系统）、用户设备部分（GPS 信号接收机），如图 4-23 所示。

（1）GPS 卫星星座

GPS 的卫星星座由 21 颗工作人造卫星和 3 颗在轨备用人造卫星组成，记作（21＋3）GPS 星座。24 颗人造卫星均匀分布在 6 个轨道平面内，轨道平面相对于赤道平面的倾角为 55°，各个轨道平面之间交角 60°。每个轨道平面内的各卫星之间的交角 90°，每条轨道上均匀分布 4 颗人造卫星，相邻轨道之间的人造卫星要彼此成 30°，以保证全球均匀覆盖的要求。

在用 GPS 信号导航定位时，为了计算观测站的三维坐标，必须观测 4 颗 GPS 人造卫星，称为定位星座。这 4 颗人造卫星在观测过程中的几何位置分布对定位精度有一定的影响。对于某地某时，甚至不能测得精确的点位坐标，这种时间段叫作"间隙

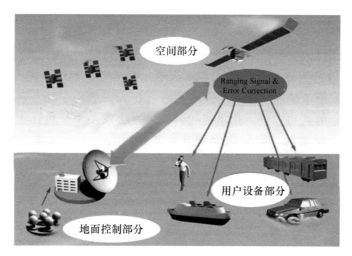

图 4-23　GPS 系统的组成

段"。但这种时间间隙段是很短暂的，并不影响全球绝大多数地方的全天候、高精度、连续实时的导航定位测量。

（2）地面监控系统

地面监控系统要监测和控制人造卫星上的各种设备是否正常工作，以及人造卫星是否一直沿着预定轨道运行。此外，还要保持各颗人造卫星处于同一时间标准——GPS 时间系统。GPS 工作卫星的地面监控系统由分布在全球的 1 个主控站、3 个信息注入站和 5 个监测站组成。

① 主控站：主控站位于美国科罗拉多斯普林附近的福尔肯空军基地。其任务如下：采集数据，推算、编制导航电文；给定全球定位系统时间基准；协调和管理所有地面监测站和注入站系统，使得整个系统正常工作；调整人造卫星运动状态，启动备用人造卫星等。

② 注入站：3 个注入站分别设在大西洋的阿森松岛、印度洋的迪戈加西亚岛和太平洋的卡瓦加兰岛。其任务是将主控站传来的导航电文注入相应人造卫星的存储器中。每天注入 3 次，每次注入 14 天的星历。此外，注入站能自动向主控站发射信号，每分钟报告一次工作状态。

③ 监测站：监测站的任务是为主控站提供人造卫星的观测数据。每个监测站均用 GPS 信号接收机对每颗可见人造卫星每 6 分钟进行一次伪距测量和积分多普勒观测，采集气象要素以及电离层和对流层所产生的数据，并在主控站的遥控下自动采集定轨数据并进行各项改正，每 15 分钟平滑一次观测数据，依此推算出每 2 分钟的观测值，然后将数据发送给主控站。

（3）GPS 信号接收机

GPS 信号接收机的任务是：捕获到按一定人造卫星高度截止角所选择的待测人造卫星的信号，并跟踪这些人造卫星的运行，对所接收到的 GPS 信号进行变换、放大和处理，以便测算出 GPS 信号从人造卫星到接收机天线的传播时间，解译 GPS 人造卫星所发送的导航电文，实时计算出观测站的三维位置，甚至三维速度和时间，最终实现利用 GPS 进行导航和定位的目的。

接收机硬件和机内软件以及 GPS 数据的后处理软件包，构成完整的 GPS 用户设备。GPS 接收机的结构分为天线单元和接收单元两部分。对于观测地型接收机来说，两个单元一般分成两个独立的部件，在观测时可将天线单元安置在观测站上，接收单元置于观测站附近的适当方位，用电缆线将两者连接成一个整机；也可将天线单元和接收单元制作成一个整体，在观测时将其安置在测站点上。目前，各种类型的 GPS 接收机体积越来越小，重量越来越轻，便于野外观测。GPS 系统和 GLONASS 系统兼容的全球导航定位系统接收机已经问世。

2. GPS 的工作原理

GPS 定位采用空间被动式测量原理，即在测站上安装 GPS 用户接收系统，以各种可能的方式接收 GPS 发送的各类信号，由计算机求解站星关系和测站的三维坐标。GPS 基本定位原理是：卫星不间断地发送自身的星历参数和时间信息，用户接收到这些信息后，经过计算求出接收机的三维位置、三维方向及运动速度和时间信息。如图 4-24 所示，假设 t 时刻在地面待测点上安置 GPS 接收机，可以测定 GPS 信号到达接收机的时间 Δt，再加上接收机所接收到的卫星星历等其他数据可以建立以下 4 个方程：

$$[(x_1-x)^2+(y_1-y)^2+(z_1-z)^2]^{1/2}+c(v_{t_1}-v_{t_0})=d_1$$
$$[(x_2-x)^2+(y_2-y)^2+(z_2-z)^2]^{1/2}+c(v_{t_2}-v_{t_0})=d_2$$
$$[(x_3-x)^2+(y_3-y)^2+(z_3-z)^2]^{1/2}+c(v_{t_3}-v_{t_0})=d_3$$
$$[(x_4-x)^2+(y_4-y)^2+(z_4-z)^2]^{1/2}+c(v_{t_4}-v_{t_0})=d_4$$

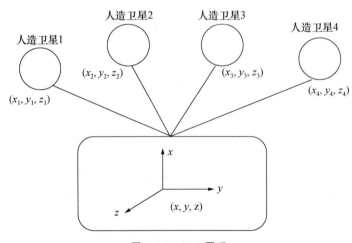

图 4-24　GPS 原理

4 个方程式中各个参数的意义如下：

待测点坐标 x、y、z 和 v_{t_0} 为未知参数，其中 $d_i=c\Delta t_i$（$i=1,2,3,4$），d_i（$i=1,2,3,4$）分别为人造卫星 1、人造卫星 2、人造卫星 3、人造卫星 4 到接收机之间

的距离。Δt_i（$i=1$，2，3，4）分别为人造卫星1、人造卫星2、人造卫星3、人造卫星4的信号到达接收机所经历的时间。x_i，y_i，z_i（$i=1$，2，3，4）分别为人造卫星1、人造卫星2、人造卫星3、人造卫星4在t时刻的空间直角坐标，可由人造卫星导航电文求得。v_{t_i}（$i=1$，2，3，4）为人造卫星的钟差，由人造卫星星历提供。v_{t_0}为接收机的钟差。c为GPS信号的传播速度（即光速）。

由以上4个方程可算出各测点的坐标x，y，z和接收机的时差v_{t_0}，即可求出目标的三维坐标和相对速度、方向，实现定位功能。

从原理上看，通过3颗人造卫星就可以确定接收机所在位置。但实际上，如果接收机端不配备一个铯原子钟，定出来的位置肯定误差较大。而普通GPS信号接收机不会安装饱和铯原子钟。所以，需要第4颗人造卫星校准时间。可以从方程中看到，时间都不是绝对时间，而是以人造卫星之间的时差来计量的。由以上可知，要实现精确定位需解决两个问题：一是要确定人造卫星的准确位置；二是要测定人造卫星信号的传播时间。

(1) 确定卫星的准确位置

要确定人造卫星所处的准确位置，需要优化人造卫星云心轨道，而且监测站要通过各种手段连续不断地监测人造卫星的运行状态，适时发送控制指令，使人造卫星保持在正确的运行轨道。

(2) 准确测定人造卫星信号的传输时间

举个例子，在所处的地点和人造卫星上同时启用录音机来播放《东方红》乐曲，我们会听到先后两支《东方红》曲子，而且一定不合拍。为了使两者合拍，必须延迟启动地上录音机播放的时间。当听到两支曲子合拍时，启动录音机所延迟的时间就等于曲子从人造卫星传送到地上的时间。实际上，录音机播送的不是《东方红》乐曲，而是一段称为伪随机码的二进制电码。延迟GPS接收机产生的伪随机码，与接收到人造卫星传来的码同步，测得的延迟时间就是人造卫星信号传到GPS接收机的时间。这就解决了测定人造卫星至用户的距离问题。

4.4.4 GPS系统的特点

1. 定位精度高

GPS的定位精度很高，其精度由许多因素决定。用C/A码做差分定位时的精度一般是5米，采用动态差分定位精度小于10厘米，静态差分定位精度达到百万分之一厘米。GPS的测速精度为0.1米/秒。

2. 覆盖面广

GPS可以在任何时间、任何地点连续覆盖全球范围，从而大大提高GPS的使用价值。

3. 观测时间短

随着GPS的不断完善，软件的不断更新，目前，以20千米为相对静态的定位，仅需15—20分钟；快速静态相对定位测量时，当每个流动站与基准站相距15千米以内时，流动站观测时间秩序为1—2分钟。然后可随时定位，每站观测只需几秒钟。

4. 被动式、全天候的导航能力

GPS被动式、全天候的导航定位方式隐蔽性好，不会暴露用户位置，用户数据也不受限制，接收机可以在各种气候条件下工作，因此系统的机动性强。

5. 操作简便

随着GPS接收机的不断改进，其自动化程度越来越高，有的已经达到"傻瓜化"的程度；接收机的体积越来越小，重量越来越轻，极大地降低了测量工作者的工作紧张程度和劳动强度。

6. 功能多，应用广

随着人们对GPS认识的加深，GPS不仅在测量、导航、测速、测时等方面得到更广泛的应用，且应用领域还将不断扩大，如汽车自定位、跟踪调度、陆地救援、内河及远洋船队最佳航程和安全航线的实时调度等。

4.4.5　GPS的应用案例

1. GPS基本功能的应用

（1）导航功能的应用

三维导航是GPS的首要功能，飞机、船舶、地面车辆及行人都可以利用导航接收器进行导航。用户拥有GPS接收机，就不会为迷路而烦恼，它可以准确地指出用户所在的地理位置。

① 在航海的应用中，最早可以追溯到20世纪60年代的第一代人造卫星导航系统TRANSIT。这种人造卫星导航系统不能连续导航其定位的时间间隔随纬度而变化，主要用于二维导航。GPS的出现克服了TRANSIT卫星系统的局限性，不仅精度高、可连续导航、有很强的抗干扰能力，而且能提供三维的时空位置速度信息。

② 航空飞行用的GPS可以说是功能最复杂的，它非常详细地提供各机场的资料，广泛应用于地面监视和管理，航路导航飞行试验与测试、飞机着陆等各个方面。例如，计算机中存储的飞行地区地形高度变化的电子地图，可利用GPS接收机即时计算出飞机飞行高度，与电子地图结合就能定出这架飞机的精确位置。一旦飞机离一座山太近，计算机将向驾驶员发出警告。

③ 汽车导航系统是在GPS基础上发展起来的一项新型技术。汽车导航系统由GPS接收机、微处理器、车速传感器、陀螺传感器、CD-ROM驱动器、LCD显示器组成。GPS接收机接收GPS人造卫星信号（3颗以上），求出车辆所在地理位置的经、纬度坐标，再利用地图匹配技术，将汽车的位置和CD-ROM中存储的道路数据等信息相结合，LCD显示器就可显示汽车的具体位置。车载GPS导航仪如图4-25所示。

司机在驾驶安装了GPS车辆导航系统的汽车时，只要通过车前的显示器触摸屏输入目的地，显示器上即可显示标有本车位置和最佳路线的电子地图。司机按照电子

图 4-25 车载 GPS 导航仪

地图上显示的行驶方向及扬声器发出的指令行驶，就可以到达目的地。这样的导航系统能帮助司机以最佳的路径驶向目的地，在任何时间、地点、天气及地域都不会迷失方向。

（2）定位功能的应用

GPS 是当今世界上精度最高的人造卫星无线电定位测量系统，可以全天候在全球范围内为固定目标和移动目标连续提供高精度的位置定位信息。有些高度精确的 GPS 接收系统可以即时得到厘米级的测量精度。因此，GPS 技术在土地测绘、建筑测量、工程测绘等领域有广泛的应用前景。

同样，GPS 技术也可应用于特大桥梁、隧道的控制测量中。例如，在江阴长江大桥的建设中，工程人员用常规方法建立了高精度边角网，然后利用 GPS 对该网进行检测，GPS 检测网达到了毫米级精度，由于其速度快、精度高，因此具有明显的经济和社会效益。

2. GPS 与移动数据库相结合的应用

移动数据库技术配合 GPS 技术，在物流行业中有众多重要的应用，可以实现智能交通管理、大宗货物运输管理等功能。

（1）车辆跟踪

车辆跟踪监控系统是集 GPS、GIS 和现代通信技术于一体的高科技系统。其主要功能是对移动车辆进行实时动态跟踪，利用无线通信设备将目标的位置和其他信息传送至主控中心，在主控中心进行地图匹配后显示。利用 GPS 和电子地图可以实时显示车辆的位置，并跟随目标移动，使目标始终保持在屏幕上，还可实现多窗口、多车辆、多屏幕同时跟踪。

（2）信息查询

GPS的信息查询功能为用户提供主要物标，如道路的准确位置、沿路设施、旅游景点、宾馆等数据，用户能够在电子地图上根据需要进行查询。通过查询可实时从电子地图上直观了解运输车辆所处的地理位置，以及经度、纬度、速度等数据，还可以查询行车的路线、时间、里程等信息。系统可自动将车辆发送的数据与预设的数据进行比较，对较大偏差进行报告，从而使后方管理人员准确掌握公司的运输情况。

（3）话务指挥与动态调度

监控中心可监视车辆的运行状况，对系统内的所有车辆进行动态调度管理，通过车辆调度，可提高车辆的实载率，有效减少车辆的空驶率，从而达到降低运输成本、提高运输效率的目的。

调度人员能在任意时刻通过调度中心发出调度指令，并得到确认信息。同时可进行运输工具待命计划管理，操作人员通过在途信息的反馈，在运输工具未返回车队前即制订待命计划，提前下达运输任务，减少等待时间，加快运输工具周转速度。

（4）紧急援助及事故处理

通过GPS定位和监控管理可以对遇有险情或发生事故的车辆进行紧急援助。监控中心的电子地图显示求助信息，并以报警声光提醒值班人员进行应急处理。

（5）运输管理

将运输工具的运能信息、维修记录、车辆运行状况、司机信息、运输工具的在途信息等多种信息提供给调度部门决策，以提高正确率，尽量减少空车时间和空车距离，充分利用运输工具。

（6）数据存储、分析功能

要实现路线规划及路线优化，须事先规划车辆的运行路线、运行区域及何时到达等，并将这些信息保存在数据库中，以备以后使用。同时要进行可靠性分析，即汇总运输工具的运行状态，了解运输工具是否需要修理，预先制订修理计划，动态衡量该型号车辆的性能价格比。

（7）服务质量跟踪

在监控中心设立服务器，存储车辆的有关信息（运行状态、在途信息、位置信息等用户关心的信息），让有权限的用户能异地获取自己需要的信息。同时，还可以将用户索取信息中的位置信息用相应的地图传送过去，并将运输工具的历史轨迹显示在上面，使该信息更加形象化。依据资料库存储的信息，可随时调阅每台运输工具的工作资料并可根据各管理部门不同的要求制作各种不同形式的报表，使各管理部门能更快速、更准确地作出判断。

网络GPS的出现无论是对GPS供应商还是对物流运输企业来讲都是一个真正的好消息，因为它可直接使投资费降低，信息无地域传输，最终使GPS使用的门槛降低，从而使更多的物流企业从中受益。

4.5 电子数据交换（EDI）技术

4.5.1 EDI 的基本概念

EDI（electronic data interchange）中文译为电子数据交换。国际标准化组织将其描述成："将贸易（商业）或行政事务处理按照一个公认的标准形成结构化的事务处理或信息数据格式，从计算机到计算机的电子传输。"国际电信联合会将 EDI 定义为："从计算机到计算机之间的结构化的事务数据互换。"联合国标准化委员会及联合国贸发会给出的定义如下：EDI 是用户的计算机系统之间的，对结构化的、标准化的商业信息进行自动传送和自动处理的过程。由于使用 EDI 可以减少甚至消灭贸易过程中的纸面文件，因此 EDI 又被人们称为"无纸贸易"。

从定义可以看出，EDI 包含了三个方面的内容，即计算机应用、通信网络和数据标准化。其中，计算机应用是 EDI 的条件，通信网络环境是 EDI 的基础，数据标准化是 EDI 的特征。这三方面相互衔接、相互依存，构成 EDI 的基础框架。

EDI 的定义至今没有一个统一的规范，但在这三个方面的内容却是相同的：(1) 资料用统一标准；(2) 利用电子信号传递信息；(3) 计算机系统之间的连接。

4.5.2 EDI 的起源与发展

1. EDI 的起源

EDI 最早起源于第二次世界大战后期的柏林空运事件。该行动的美方负责人 Edward A. Guilbert 发现他每天要处理大量的纸面文件。为了改变这种情况，他开始使用电传进行通信，同时，为了使整个过程更简单，他制定了操作格式和过程的标准。后来，Guilbert 创立和领导了美国运输业数据协调委员会，研究开发电子通信标准的可行性，他们的方案形成了 EDI 的基础。到了 20 世纪 90 年代，该组织发展成为电子数据交换协会。

2. EDI 的发展

二战之后，随着经济的复苏，全球贸易的日趋活跃使得各种贸易单证与交易文件激增。尤其是国际贸易，不仅涉及贸易公司的各种贸易单证，如订单、提单等，还涉及海关、商检部门的单证，如进出口许可证等，以及银行、保险部门的文件。在这种情况下，有时一笔生意从托运到结汇，内部环节多达 20 多个，需要交换的单证达数十份。据美国有关专家统计分析，平均每做成一笔生意需要 30 份纸面单证，而全世界每年做成的贸易不下亿笔，因贸易活动而产生的纸面文件数以十亿计，纸面文件的处理工作十分繁重。与此同时，市场竞争出现了新的特征，价格因素在竞争中所占的比重逐渐减小，而服务性因素所占比重逐渐增大。经销商为了减少风险，要求供应商供应的商品要批量小、品种多、速度快，以便能适应瞬息万变的市场行情，这就向供应商提出了较苛刻的要求。而在整个贸易链中，绝大多数的企业既是供应商，又是经销商，既是买家，又是卖家。因此，提高商业文件的传递速度就成了贸易链中所有成员的共同目标。这种需求刺激了信息技术及其应用的飞速发展，并促使以计算机、网络通信和数据标准化为基本框架的 EDI 的产生。

美国是最早应用 EDI 的国家之一。早在 1990 年，美国排名前 100 的大企业中有 97%、排名前 500 的大企业中有 65% 使用了 EDI。到 1991 年，超过 15000 家企业或团体使用了 EDI，其中有几千家是国际性的大企业，应用领域包括贸易、运输、银行、医学、建筑、汽车等多种行业。目前，EDI 的用户也以每年 20%—40% 的速度增加。

欧洲也是 EDI 的发源地之一。1994 年，欧洲进行了 EDI 应用情况调查，有 53% 的公司正在使用或计划使用 EDI。在应用 EDI 的公司中，利用 EDI 订购零部件者占 69%，利用 EDI 支付款项者占 24%。调查表明，用纸面订单订货做成一笔生意平均需要 55 美元，而用 EDI 订货只需 27 美元，可节省一半成本。用 EDI 传递的采购订货单所占比例在 1995 年达 40%。

新加坡在推行 EDI 的应用中最为突出，是世界上第一个在国际贸易中实现 EDI 全面管理的国家。新加坡在 1988 年年底建成了世界上第一个包含 22 个政府部门的贸易促进网络（TradeNet）。目前，新加坡已废除了所有的书面贸易文件，使所有进出口贸易都采用 EDI 方式申报。

日本的航运公司对应用 EDI 也很积极。它们与货运代理公司、计量公司、理货公司和发货人共同开发了一个名为 SHIPNETS 的网络。该网络是一个跨行业的网络体系，于 1986 年正式启用，经过 5 年的努力，网络成员已发展到 24 家航运公司、145 个货运代理、2 家计量公司和 2 家理货公司（配送中心）。

3. 中国 EDI 发展概况

中国内地于 1990 年正式引入 EDI。进入"九五"以后，国家加大了 EDI 应用试点的力度，将其列为国家科委"九五"国家科技攻关项目。EDI 应用模式分为三种：(1) 行业应用模式，如海关 EDI 通关系统、国际集装箱运输 EDI 示范工程等；(2) EDI 中心模式，如广东 EDI 中心、上海港航 EDI 中心等；(3) China EDI 模式，以邮电通信网为支撑提供 EDI 增值服务。

中国香港地区的 EDI 应用起步于 20 世纪末。1998 年，香港多家私营企业和商贸协会一起组建了 Trade Link（贸易通），开始研究香港建立 EDI 服务的可行性。其目的是为全香港进出口商提供一系列增值服务，以提高香港整体的生产率及竞争力。香港零售业应用 EDI 的典范是百佳超市连锁公司，该公司有 172 家连锁店，由互联网连接 30 家大客户，向 500 家供货商订购 10000 多种商品。作为 EDI 的早期应用者，百佳连锁超市在 1996 年以前就与 29 家供货商用 EDI 进行订货，每月用 EDI 传送订单 2100 份，占总数的 26%，其中有两家供应商通过 EDI 接收 400 份发票。到 1996 年年底，百佳已能够与全部供应商用 EDI 传送订购单、订购单回应、发货通知、发票及汇款通知等信息。

中国台湾地区的 EDI 应用首先是通关自动化系统，该系统从 1989 年开始酝酿，

1990 年核定方案,最初目标是实现货物通关自动化,最终目标则是实现国际贸易无纸化。1992 年,中国台湾地区开通空运货物通关自动化系统,当时有报关业和承揽业用户 118 家、进出口商用户 7 家、保税工厂用户 3 家。银行在 EDI 建立之前就构建了一个银行网络,形成了金融咨询服务中心。通过与该服务中心联网,18 家银行和分行全部实现了利用网络完成税费的缴纳。

4.5.3 EDI 的作用和特点

1. EDI 的作用

在经济效益方面,EDI 能够建立更密切的贸易伙伴关系,优化企业内部运作流程,增加贸易机会,改进质量和服务,降低成本以及获得竞争优势。在社会效益方面,可变革贸易方式,带动新产业的产生和发展,堵塞漏洞,减少腐败,节约资源和能源。EDI 的作用包括四个方面:

(1) 缩短事务处理周期、降低成本

EDI 是在计算机上自动完成格式化商业数据的交换,这些商业数据可以包括销售订单和发票等,这种交换发生在制造商和其原料供应商、客户、银行,以及其他贸易伙伴之间。公司采用 EDI 可以更快速、更便捷地传送发票、采购订单、顾客文件、运输通知和其他商业凭证,提高了快速交换单证的能力,从而加快商业业务的处理速度。有数据表明,使用 EDI 技术后,事务处理的周期平均缩短了 40%。

在一个制造商的业务处理过程中,对相关纸张业务文件的处理是非常费时、费力的,但 EDI 可以将这个工作自动化,以降低工作人员的劳动强度,提高工作效率和质量。在人工处理纸张业务文件的过程中,主要工作包括输入和重复输入大量的数据和文字,收发大量的传真、普通信件和快递信件,内部批准流程,以及其他一些费时、费力的处理工作。而 EDI 解决了这些问题,它缩短了所有相关的事务处理周期,简化了工作流程,降低了出错的概率。同时,EDI 实行无纸化,没有邮费支出,从而降低了运作成本。

(2) 降低错误率、提高总体质量

EDI 通过对数据进行电子式的记录,减少由于重新输入数据而可能出现的一些输入错误,将错误率减少 50%以上,从而提高业务的总体质量,降低数据输入对人的依赖性。

(3) 减少库存

缩短事务处理的周期,就意味着减少了库存,增加了流动资金,加快了订单的完成等,这对一个 EDI 用户来讲,是极其重要的。

(4) 为增加商业效益提供了可能性

由于 EDI 存储了完备的交易信息和审计记录,因此可以为管理决策提供更好的信息,进而为提高商业效率和降低成本提供更大的可能性。

2. EDI 的特点

作为电子商业贸易的一种工具,EDI 将商业文件如订单、发票、货运单、报关单

等按统一的标准,编制成计算机能够识别和处理的数据格式,在计算机之间进行传输。与其他网络应用相比,EDI 具有以下特点:

(1) EDI 的使用是在不同的组织之间;

(2) EDI 传输的是企业间的报文;

(3) 传输的报文是格式化的,符合国际标准的,这是计算机能够自动处理报文的基本前提,也是 EDI 和 E-mail、Faxmail 等的主要区别;

(4) EDI 使用的数据通信网络一般是增值网、专用网;

(5) EDI 数据从计算机到计算机的传输是自动的,不需人工介入。

4.5.4 EDI 的基本结构

从技术实现的角度来看,EDI 有三个组成要素,即计算机硬件及专用软件组成的计算机应用系统、通信网络和 EDI 的标准化。这三个要素相互衔接、相互依存,构成了 EDI 的基本框架。计算机应用系统是实现 EDI 的前提条件,通信网络是实现 EDI 的基础,EDI 的标准化是实现 EDI 的关键。

1. EDI 的计算机应用系统

实现 EDI,需要配备相应的 EDI 软件系统和硬件系统。

(1) EDI 软件系统

EDI 软件具有将用户数据库中的信息译成 EDI 的标准格式以供传输交换的能力。也就是说,贸易双方在进行数据交换时,需要有专门的 EDI 翻译软件将各自专用的文件格式转换成一个通用的标准格式,以便对方能自动将标准格式转换成自己的专用格式。EDI 标准具有较强的灵活性,可以适应不同行业的需求。然而,每个公司都有其自己规定的信息格式,因此,当需要发送 EDI 标准格式时,必须用某些方法从公司的专用数据库中提取信息,并翻译成 EDI 标准格式信息进行传输,这就需要 EDI 相关软件的帮助。EDI 软件主要由转换软件、翻译软件、通信软件和数据库维护软件组成。

① 转换软件。转换软件可以帮助用户将计算机系统文件转换成翻译软件能够理解的平面文件,或是将从翻译软件接收的平面文件转换成计算机系统中的文件。平面文件是用户格式文件和 EDI 标准格式文件之间的对照性文件,它符合翻译软件的输入格式,通过翻译软件变为 EDI 的标准格式文件。平面文件是一种普通的文本文件,其作用在于生成 EDI 电子单证,以及用于内部计算机系统的交换和处理等,它可以直接阅读、显示和打印输出。

格式转换软件大多数由公司内部开发,这是因为公司的业务不同而导致单证格式的不同。在转换过程中,需要读取标准库和代码库中的信息。标准库中存放的是各种报文标准、数据段和数据元目录,代码库存放的是各种标准代码和合作伙伴使用的代码。

② 翻译软件。翻译软件就是把平面文件翻译成 EDI 标准格式或将收到的 EDI 标准格式翻译成平面文件,再由通信软件进行传输。

③ 通信软件。将 EDI 标准格式的文件外层加上通信信封,再送到 EDI 系统交换

中心的邮箱，或从 EDI 系统交换中心内将接收的文件取回。通信软件负责管理和维护贸易伙伴的电话号码系统，执行自动拨号等功能。

④ 数据库维护软件。在 EDI 系统中，转换软件、翻译软件和通信软件所使用到的标准库、代码库、翻译算法库、用户信息库、用户地址库等，都需要由数据库维护软件负责对其进行维护。

（2）EDI 硬件系统

EDI 硬件系统主要包括计算机、调制解调器和通信线路。

① 计算机。目前所使用的计算机，无论是个人电脑、工作站还是小型机、大型机等均可利用。

② 调制解调器。由于使用 EDI 来进行电子数据交换必须通过通信网络，而目前采用电话网络进行通信是很普遍的方法，因此调制解调器是必备的硬件设备。调制解调器的功能与传输速度，应根据实际需要进行选择。

③ 通信线路。一般最常用的通信线路是电话线路，如果对传输时效和资料传输量方面有较高要求，可以考虑租用专线。

2. 通信网络

EDI 的运用需要把一端的电子信息传送到另一端，通信网络实现了 EDI 电子信息传递的基本要求。一般而言，EDI 的网络通信环境适应于各种通信网络。

（1）根据各种通信网络信息传送的特点，通信网络可分为公共电话网、分组交换网、专用网三种。

① 公共电话网。使用电话网需要一个调制解调器，因为电话线是用来传递语音信号的，而 EDI 要求传送的是数字信号。因此，通过调制调解器把数字信号转换成模拟语音信号，这样就能把 EDI 的电子信息传送出去。同样，接收端的计算机也需要通过调制解调器把模拟信号转换成数字信号。

② 分组交换网。电话的交换方法对于计算机数据交换来说存在一个缺点，即通信线路占用时间的浪费，于是便产生了分组交换网。分组交换网的原理是建立通信子网，利用子网的存储转发功能提高通信线路的利用率。

③ 专用网。专用网往往以数字数据网（digital data network，DDN）为基础为用户提供服务。DDN 是利用数字信道传输数据信号的数据传输网，是利用数字信道为用户提供语音、数据、图像信号的半永久连接电路的传输网。它一般是建立在光缆、数字微波和数字卫星的通道的基础上。DDN 可为 EDI 提供高速且高质量的通信环境。

（2）根据 EDI 用户之间相互传送电子信息的方式，通信网络可分为点对点、增值网和互联网三种。

① 点对点。两个单位的计算机之间的联网可以是直接的，也可以是间接的。早期的电子数据交换是通过计算机直接联网来实现的，这种模式被称作"点对点"。在这种情况下，发送数据的计算机通过联网可直接"访问"接收数据方的计算机。这种传输环境必须尽量单纯化，交换双方须以同一种格式与传输协议、同一速度，甚至在双

方议定的同一时间段内进行交换。一旦交换对象或业务往来数量增加,就难以立即应变。因此,EDI 是公司或机构极少采用的一种方式。近年来,随着技术的进步,这种点对点的方式虽然在某些领域中仍在使用,但已有所改进。

② 增值网是特殊的计算机网络,通常以公司的形式向计算机用户提供服务。它除了在网络上开展一般通信服务外,还向用户提供其他服务,如把数据从某种格式标准转换为另一种格式标准;使数据处理速度不相同的计算机之间实现数据的交换。这些服务就像一个公司把货物从一个地方运到另一个地方的同时,对货物进行了加工,因而被称作增值网。利用增值网开展 EDI 活动时,贸易伙伴之间就不需要直接联系。它们在增值网里都有自己的"信箱",发送者把电子信息上传至增值网,增值网会把电子信息传送到接收方的电子信箱里。接收方可以根据自己的安排,每天一次或数次打开自己的信箱,把电子信息传入自己的计算机。如果发送方和接收方的计算机所使用的标准不相同,那么可以由增值网来翻译,对数据格式进行转换。

③ 互联网具有成本低、覆盖面广、对不同数据格式进行自动转化等特点,它为 EDI 创造了一个全新的应用软件平台,使得基于互联网的 EDI 能够迅速成为全球性的贸易工具。

3. EDI 标准

EDI 标准是指它的数据标准。EDI 是以格式化的、可用计算机自动处理数据的方式来进行公司间的文件交换。在人工处理订单的情况下,工作人员可以从各种不同形式的订单中,得出所需的信息,如货物名称、型号规格、价格、交货时间等。这些信息可以用手工书写,也可以采用打字方式;可以先说明货物的名称、型号,再说明价格,也可以先说明价格,再说明货物的型号、规格。订单处理人员在处理这些格式不同的订单时,能明白它所表达的信息,但计算机却不行,要使计算机"看懂"订单,订单的有关信息必须采用相应的电子文档形式,并且应该按照事先规定的格式和顺序排列。事实上,商务中的任何数据和文件的内容都要按照一定的格式和顺序排列,才能被计算机识别和处理。

EDI 报文必须按照国际标准进行格式化。目前,最广泛应用的 EDI 国际标准是 UN/EDIFACT 标准,除业务格式外,还要符合计算机网络传输标准。EDI 标准主要包括语法规则、数据结构定义、编辑规则与转换、公共文件规范、通信协议、计算机语言等。

4.5.5 EDI 的实现

EDI 的实现过程就是用户将相关数据从自己的计算机信息系统传送到有关贸易方计算机信息系统的过程。EDI 工作过程所传送的报文都是结构化的数据,过程因用户应用及外部通信环境的差异有所不同,一般分为以下六个步骤,如图 4-26 所示。

(1) 生成 EDI 平面文件。用户应用系统将用户的应用文件(如单证、票据等)或从数据库中取出的数据,通过映射程序转换为平面文件。EDI 平面文件是通过应用系统将用户的应用文件(如单证、票据等)或数据库中的数据映射成一种标准的中间文

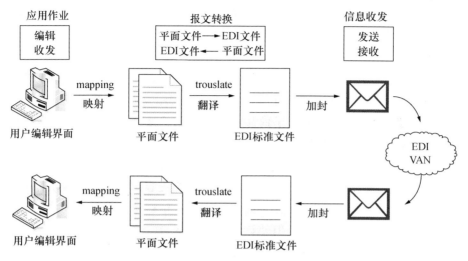

图 4-26 EDI 工作方式

件。这一转换过程称为映射（mapping）。

（2）翻译并生成 EDI 标准格式文件。将平面文件通过翻译模块翻译并生成 EDI 标准格式文件。EDI 标准格式文件，就是所谓的 EDI 电子单证或称电子票据。它是 EDI 用户之间进行贸易和业务往来的依据。EDI 标准格式文件是一种只有计算机才能阅读的 ASCII 文件。

（3）通信。发送方通过计算机通信模块发送 EDI 信件。通信模块是 EDI 系统与 EDI 通信网络的接口。通信软件将已转换成标准格式的 EDI 报文经建立在报文处理系统（message handling system，MHS）数据通信平台上的信箱系统，投递到对方的信箱中，信箱自动完成投递和转接，并按照通信协议的要求，为电子单证加上信封、信头、信尾、投送地址、安全要求及其他辅助信息。

（4）EDI 文件的接收和处理。接收方从 EDI 信箱中收取信件。接收和处理过程是发送 EDI 信件的逆过程。用户需要通过通信网络接入 EDI 信箱系统，打开自己的信箱，将来函接收到自己的计算机中。

（5）拆开 EDI 信件并翻译成平面文件。

（6）将平面文件转换并传送到接收方的信息系统中进行处理。

4.5.6 EDI 的应用案例

日本化妆品物流中的 EDI 应用

日本化妆品产销商虽然获得了良好的发展和较高的利润，但是近年来，化妆品市场增长放缓，行业中竞争日趋激烈。为此，日本的化妆品产销商也在不断寻求让企业获得更大发展空间、取得更高利润的方法，其中，EDI 成为各企业重点关注的对象。本案例以在日本具有代表性、EDI 应用较成熟的化妆品生产商以及销售商为实例,浅析日本化妆品物流交易中 EDI 的应用及其发展趋势。

1. 日本化妆品传统物流环节存在的缺点

日本的化妆品流通环节都相当复杂,并且效率低下。制造商和零售商之间夹杂着贸易公司、分店、批发商等各种名目的组织机构,每个组织机构中都在各自重复发货、收货、装卸、库存、验货等物流作业。

重复烦琐的验货手续不仅延迟了商品的上架时间,也会耗费产销商大量的人力资源。这种耗费大量人力资源的制度,越来越让生产商和零售商感到不值。在化妆品的物流环节,处理发货单、收货单等纸质文件也会消耗大量的时间。此外,由于在百货店、化妆品专营店中的导购人员多是生产商派遣来的美容部员工,并不是店铺的正式员工,所以他们基本都不能通过自己掌握的顾客需求情况进行订货,只能在得到店铺负责人的许可后才能下订单。这不但使订货的手续变得复杂,还导致不能按照店铺的销售量和库存商品情况及时订货,使化妆品错过了最佳的销售时机,严重影响了化妆品的销售额。

2. 日本企业基于 EDI 对化妆品物流环节的改革

日本化妆品产销商认识到物流环节与业绩和利润的密切关系,开始着手对物流环节进行改革,改革重点之一就是引入 EDI。

从 1999 年开始,外资化妆品品牌 MaxFactor 和日本老牌百货店三越百货就开展了一系列引入 EDI 制度的措施,以求实现灵活运用 EDI 技术、简化点验货的手续和流程、废除收发货传票等纸质交易文书、提高订货处理的效率这四大目标,从而降低成本、增加利润。

(1) 在引入 EDI 后,两家企业把订货、订单管理、销售额管理、交货、验货、赊账等信息通过网络共享。这大量节省了不必要的手续和工作时间。此外,电子化的信息共享还在很大程度上减少了纸质交易文书的使用,节省了处理这些文书的时间和劳动力。

(2) 在引入 EDI 后,两家公司也对化妆品的订货手续进行了简化。生产商派驻的导购员无须得到百货店相关负责人的认可,就可直接凭借自己对顾客需求的把握确认订单的内容,通过网络向公司发送订单。百货店每个月会制定下个月订货的限额,只要在这个范围内,导购员都可以自主决定订单的内容。这样导购员就无须因为每张订单都向百货店确认而浪费本应用在导购服务上的时间,并保证商品获得最佳的销售时机。

3. EDI 的应用取得良好效益

三越百货在 1999 年 10 月率先在东京银座分店引入 EDI,并于同年 12 月,在东京全部三越百货引入 EDI,2000 年,所有三越百货店都实现了物流管理 EDI 化。在引入 EDI 后,三越百货的化妆品部门取得了良好的效益。根据统计数据显示,化妆品部门的订货业务量减少了 77%,与商品相关的工作量减少了 73%。并且化妆品的物流流通时间也大为缩减,由原来的 3—4 日缩短到 1—2 日,最大限度确保了商品的及时供应以及把握最佳的销售时机。同时，通过这一系列的改革措施还让化妆品部的导购人员有更多的时间和精力用于导购工作上，提高了导购服务的质量。

由于 EDI 在 Maxfactor 和三越百货间应用的成功，由日本全国化妆品生产商和百货店组成的"化妆品流通 BPR 委员会"决定以 Maxfactor 和三越百货共同开发的商业模式和系统作为化妆品生产商和百货店之间在线交易的基准。其他化妆品产销商也相应加快了引入 EDI 的步伐，2000 年春季开始，资生堂、佳娜宝、花王、高斯这四家日本化妆品行业前列的生产商也相继引入 EDI。

综上所述，EDI 可让化妆品产销商获得更大的发展空间、取得更高的利润。目前，我国的化妆品产销商在物流和交易过程中还存在着一些不合理的制度和低效率的行为，希望日本化妆品物流交易中 EDI 的应用实例能够为中国的化妆品产销商带来新的发展。

本章小结

本章介绍了物流管理中所应用的各类信息技术，包括：条形码技术、射频识别技术、地理信息系统技术、全球定位系统技术以及电子数据交换技术。

条形码技术作为现代物流系统中重要的信息采集技术，是实现物流管理自动化的基础，它可以实现自动数据采集，提升物流系统效率。

射频识别技术（RFID）是一种非接触式的自动识别技术，主要通过射频信号自动识别目标对象并获取相关数据，识别工作无须人工干预，可应用于各种恶劣环境；可识别高速运动物体并可同时识别多个标签，操作快捷方便。

地理信息系统（GIS）是管理和分析空间数据的计算机技术，它主要由四个部分组成：计算机硬件系统，计算机软件系统，系统开发、管理和使用人员以及地理数据（或空间数据）。GIS 的技术优势在于其空间分析能力，能将 GIS 融入物流管理中，有助于物流企业有效地利用现有资源，降低损耗、提高效率。

全球定位系统（GPS）是一种以人造卫星为基础的高精度无线电导航定位系统，GPS 以其定位精度高、覆盖面广、观测时间短、全天候、操作简便、多功能的特点，在物流领域得到了广泛应用。

电子数据交换技术（EDI）是指用户计算机之间对结构化的、标准化的商业信息进行自动传送和自动处理的过程。EDI 在物流系统中的使用有助于缩短事务处理周期、降低成本、降低错误率、减少库存、提高总体质量，从而提高商业效益。

习题

1. 条形码有哪几种类型？
2. 条形码技术具备怎样的优点？
3. 什么是 RFID？RFID 具有什么特点？

4．RFID 由哪几个主要部分组成？
5．什么是 GIS？GIS 有哪些特征？
6．GIS 由哪几个主要部分组成？请说明 GIS 功能的应用。
7．什么是移动 GIS？请简述其架构、功能与特点。
8．GIS 在网络优化和交通规划中的具体应用有哪些？如何用 GIS 实现物流仓库选址？
9．什么是 GPS？GPS 有哪些特点？
10．请简述 GPS 的组成及其工作原理。
11．GPS 有哪些主要功能？
12．请简述 GPS 在物流中的应用。
13．什么是 EDI？EDI 有什么特点？
14．请简述 EDI 的基本结构。
15．请简述 EDI 的实现过程。

参考文献

[1] 王菽兰、谢颖主编：《物流信息技术》，北京交通大学出版社、清华大学出版社 2007 年版。

[2] 王道平、王煦主编：《现代物流信息技术》，北京大学出版社 2010 年版。

[3] 李俊韬等编著：《物流信息技术与信息管理实训》，机械工业出版社 2013 年版。

[4] 刘丙午、李俊韬、朱杰、杨玺编著：《现代物流信息技术及应用》，机械工业出版社 2016 年版。

[5] 张劲珊主编：《物流信息技术与应用》，清华大学出版社 2013 年版。

[6] 朱长征主编：《物流信息技术》，清华大学出版社 2014 年版。

[7] 王道平、张大川主编：《现代物流信息技术》，北京大学出版社 2014 年版。

[8] 王鑫、史纪元主编：《EDI 实务与操作（第二版）》，对外经济贸易大学出版社 2007 年版。

[9] 谢金龙、刘亚梅、王凯主编：《物流信息技术与应用》，北京大学出版社 2010 年版。

[10] 方少林：《贸易与管理新方式：EDI》，中国金融出版社 2008 年版。

[11] 姜蓉、沈伟民：《京东：以物联网抢跑供应链竞争》，载《经理人》2012 年第 9 期，第 62—65、20 页。

[12] 郭庆新、张卉、李彦霏编著：《RFID 技术与应用》，中国传媒大学出版社 2015 年版。

[13] 韦元华、舟子主编：《条形码技术与应用》，中国纺织出版社 2003 年版。

第 5 章

新兴信息技术

学习目的

1. 了解物联网的概念、架构及其在物流领域的应用；
2. 了解大数据技术的定义、特征、方法及其在物流领域的应用；
3. 了解云计算和云存储的定义及其在物流领域的应用；
4. 了解移动互联网技术的概念、组成及其在物流领域的应用；
5. 了解人工智能的发展和应用。

如何提高物流人工效率，如何跟踪物流状态以及如何有效调度物流资源等问题，一直困扰并阻碍物流行业的发展。新兴信息技术的涌现，对物流行业产生了深远的影响。物联网作为信息产业发展的第三次浪潮，带动了各行各业的应用创新。物联网使得人类对周围世界实现"可知、可思、可控"，将互联网从电脑等人机交互设备的互联延伸到任何物品之间的信息交换。同时，伴随着互联网的发展，信息数据的爆炸已经成为现实。大量数据的衍生带来了大量信息，如何从新增信息中提取有效数据，对物流行业的精细化管理也有着重要意义。信息数据随着物流触角的延伸呈碎片化，如何有效分析和管理这些信息和数据也成为一个重大问题。云计算和云存储的发展就是用来解决碎片化海量信息的分析和管理问题。在移动互联网应用快速普及的时候，如何将移动互联网技术应用于物流领域也是一个重要的技术应用分支。人工智能已经在不断为人类创造商业价值和社会价值，其本身蕴含的潜力在大数据的帮助下，还可以实现更深的挖掘。这些新兴信息技术的应用不但给物流行业带来了新的发展和机遇，同时也给物流行业带来了新的要求和挑战。如何掌握和应用新的信息技术，对未来物流管理有着重要的影响和意义。

5.1 物联网技术

5.1.1 物联网的基本概念

物联网被称为继计算机、互联网之后信息产业发展的第三次浪潮。它通过各种智能感知技术、网络通信技术和智能信息处理技术，带动相关行业的创新。

1. 物联网的定义

物联网这一概念，字面理解为"物物相连"，深层次理解则体现了多种技术的大融合。

麻省理工学院的 Kevin Ashton 首次提出物联网的概念：把 RFID 技术与传感器技术应用于日常物品中就形成了一个"物联网"。

国际电信联盟（ITU）将物联网定义为：通过二维码识读设备、射频识别装置、红外感应器、全球定位系统和激光扫描器等信息传感设备，按约定的协议，把任何物品与互联网相连接，进行信息交换和通信，以实现智能化识别、定位、跟踪、监控和管理的一种网络。

IBM 则提出：把传感器设备安装到各种物体中，并且普遍连接形成网络，即"物联网"，进而在此基础上形成"智慧地球"。

综上所述，物联网有两层含义：它是在互联网基础上延伸和扩展的网络，核心和基础仍是互联网；用户端可延伸和扩展到任何物品与物品之间，进行信息交换和通信。

2. 物联网的发展历史

1991 年，剑桥大学的"特洛伊咖啡壶"事件轰动一时。特洛伊实验室的研究员为查看楼下的咖啡是否煮熟，在咖啡壶旁设置了一个摄像头，通过内部网络进行实时视频监测，这个咖啡壶便是对物联网的初步构想。

1998 年，麻省理工学院建立"自动识别中心"，提出一个以射频识别技术支撑"物联网"的构想，使万物皆可通过网络互联。

2005 年，国际电信联盟发布《ITU 互联网报告 2005：物联网》，正式提出"物联网"的概念。该报告指出，无所不在的"物联网"通信时代即将来临，世界上所有物体都可以通过互联网进行信息交换，而不是仅仅基于射频识别技术。

2009 年 1 月，在美国总统圆桌会议上，IBM 总裁首次提出"智慧地球"计划，建议政府投资新一代的智慧型基础设施，即把感应器嵌入和装备到电网、铁路、桥梁等各种基础设施中，将这些物体普遍连接，形成物联网，如图 5-1 所示。

2009 年 8 月，温家宝总理提出建立"感知中国"中心，物联网被正式列为国家五大新兴战略性产业之一，并写入《政府工作报告》。2013 年，云计算、物联网被列入我国的重大科技规划。

2015 年，美国宣布投入 1.6 亿美元推动"智慧城市"计划，将物联网应用实验平台的建设作为首要任务，并组建"智能制造创新机构"，以推进先进传感器、控制器、平台和制造建模技术的研发。

2018 年，物联网开始进入以基础性行业和规模消费为代表的第三次发展浪潮，5G、低功耗广域网等基础设施加速构建，人工智能、边缘计算、区块链等新技术加速

图 5-1 "智慧地球"计划

与物联网结合,物联网迎来跨界融合、集成创新和规模化发展的新阶段。

5.1.2 物联网的三层架构模式

物联网旨在对周围世界实现"可知、可思、可控"。可知指能够感知,可思指具有智能判断,可控指对外产生及时影响。为此,物联网结构可分为三个层次:感知层、网络层、应用层,如图 5-2 所示。

1. 感知层

感知层通过自动识别技术、传感技术、定位技术实现对物体的信息感知、定位和识别,类似于人的眼、耳、鼻、喉和皮肤。

(1) 自动识别技术:通过特定的识别装置,自动获取物体本身的特征(如条形码、声音等),并提供给后台的计算机系统进行后续处理。

(2) 传感技术:从仿生学观点,如果把计算机看成处理和识别信息的"大脑",把通信系统看成传递信息的"神经系统"的话,那么传感器就是"感觉器官"。它是一种模拟转换数字的技术,传感器采集到的信息是物理世界中的物理量、化学量、生物量,这些信号并不能被识别,所以需要转化成可处理的数字信号,如温度、压力、流量、位移、速度等。

(3) 定位技术:如果物品自身能释放信息,那么通过定位技术就可以准确地判断物体的位置,就像花朵释放花香,吸引蝴蝶和蜜蜂传播花粉。定位技术分为卫星定位、无线电波定位、传感定位等,它已被广泛应用于寻找失物和追踪贵重物品。

2. 网络层

网络层由私有网络、互联网、有线和无线通信网、网络管理系统和云计算平台等组成,它们负责传递和处理感知层获取的信息。网络层连接感知层和应用层,它实现

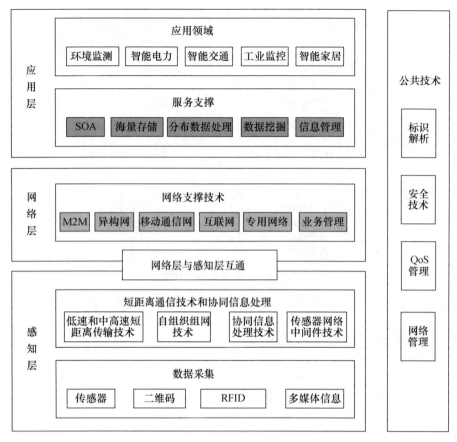

图 5-2 物联网三层结构

了两层之间的数据透明、无障碍、高可靠性、高安全性的传送以及更加广泛的互联功能，其功能包括：寻址、路由选择、连接、保持和终止等。

（1）无线通信技术

无线接入网是以无线通信为技术手段，在局端到用户端进行连接的通信网。无线接入技术具有成本低廉、不受地理环境限制、支持用户移动性等优点。随着 ZigBee、蓝牙、RFID、UWB、Wi-Fi、WiMAX、5G 等无线技术的出现，无线接入的需求与日俱增。

（2）有线通信技术

有线接入网技术主要有基于双绞线传输的接入网技术、基于光传输的接入网技术和基于同轴电缆传输的接入网技术。

（3）移动互联网

移动互联网是移动通信和互联网两者的结合体。其技术层面的定义是以宽带 IP 为技术核心，同时提供语音、数据、多媒体等业务的开放式基础电信网络；终端的定义是用户使用手机、笔记本电脑、平板电脑等移动终端，通过移动网络获取移动通信网络服务和互联网服务。移动互联网具有以下要素：终端、网络、平台、应用、定价。笔者将在 5.4 节介绍移动互联网。

3. 应用层

应用层是物联网和用户的接口，是信息技术与行业专业技术的结合，它包含支撑平台子层和应用服务子层（如医学领域的医学物联网，交通领域的智能交通）。它实现了跨行业、跨应用、跨系统之间的信息协同、共享和互通，达到了物联网真正的智能应用。

5.1.3 物联网在物流中的应用

物联网技术的发展离不开物流行业的支持。例如，RFID、GPS、GIS、视频与图像感知、传感器的感知技术，都属于物联网在物流信息化领域的应用。

物联网技术在物流业的集成应用十分广泛。例如，农业部的溯源项目，通过追溯系统采集食品质量信息和种植、养殖加工过程中与质量相关的数据，建立质量信息数据库，并通过条形码识别技术对产品质量进行追溯。配合仓储物流的规范化管理，质量追溯系统除了能对产品质量进行追溯外，还能对产品的物流状态进行跟踪。

在可视化、智能化的管理网络系统方面，以车联网为例，它基于 GPS 卫星导航定位技术、RFID 识别技术、传感器感知技术等，借助互联网和数据通信手段，进行车辆实时定位、运输物品监控、在线调度与配送可视化管理。

智能化的物流配送中心基于传感、RFID、声、光、机、电、移动计算等技术，借助配送中心智能控制、自动化操作的网络，解决物流配送作业过程中大量的运筹和决策，如库存水平的确定、运输搬运路径的选择、自动导向车的运行轨迹和作业控制、自动分拣机的运行等。

5.1.4 物联网的应用案例

近年来，我国医药产业蓬勃发展，医药产品体积小、重量轻、价值高的特点，使其在流通环节，对存储、包装、运输有着特殊的要求。然而，我国医药物流专业化分工水平不高，长期面临配送成本居高不下、质量难以保障等问题，缺少能够整合上游药品生产厂、供应商和下游药品批发零售企业、医院等各环节的专业医药物流服务商。

华润无锡医药有限公司（简称"华润无锡"）基于物联网技术，研发了智能医药物流配送系统，实现了对医药用品流通、仓储、配送等全过程的智能管理，成为医药智能物流的领先企业。

2013 年，华润无锡开始研发智能医药物流系统。2015 年，该系统正式上线。该系统包括智能物流系统和电子商务平台，其中，智能物流系统集成了仓储管理系统（WMS）、企业资源计划（ERP）、无线射频识别（RFID）拣货、PTL 电子标签辅助拣货系统、低碳磁悬浮节能环保空调、全自动堆垛、实时监控、GPS 定位等应用；电子商务平台则包括 Web 系统、订单系统、支付系统等，覆盖药品从生产出厂到运输、再到销售的全部环节。具体而言，该系统实现了三大突破：

（1）高品质运输。华润无锡为仓库和车辆安装了信息化设备。低碳磁悬浮节能环保空调可以自动控制温度和湿度，确保仓库恒温恒湿。GPS定位系统和温度湿度控制系统能够实时监控车辆运输路线和货箱内的温度、湿度数据。一旦发现异常，总部电脑就会发出警报，提醒工作人员及时调整安排，确保药品从出库到送抵客户过程中的质量和运输安全。

（2）快速送达。在接单环节，除传统电话下单外，华润无锡还开发了电子商务平台，实现线上线下24小时下单支付。电子商务平台与ERP系统对接，可随时查看所购药品的库存情况。客户订单生成后即传送至WMS系统，由系统自动安排药品的分配、拣货、复核、出库等环节，从而提升订单处理能力，缩短配送时间。另外，华润无锡还应用WMS系统对药品和货厢的空间尺寸进行精确计算，规划药品堆放，避免挤压或碰撞。

（3）低差错运行。系统能够帮助工作人员降低差错率。以拣货环节为例，医药产品实行的是批号管理，同一种药品的批号因出厂时间存在差异，导致药品品种数量异常庞大。为此，华润无锡引入自动分拣系统。当订货单生成后，货架上的警示灯会自动提醒工作人员到此拣货，一旁的标签则会显示发货的具体数量，工作人员只需按数量拣货。这既降低了出错的概率，又大幅削减了人力成本。

仅无锡市场，华润无锡就有1000多家上游企业，每个厂家的配送条件因药品品种不同也有所差异。同时，华润无锡还直接面对4000多家遍布城乡的药店、医院、诊所及大量终端消费者，药品需求个性化、差异化特征明显。智能医药物流系统的应用，使华润无锡能够及时获取上下游的供需信息，更加精确地把握市场需求，提升医药物流配送质量。在"智能医药物流系统"的支持下，生产商将药品运到华润无锡物流中心，由工作人员验收、贴上电子标签后进入整件库区。电子标签中的二维码和RFID芯片可用来记录药品批次、名称、货架位置、有效期等信息。当医院、药店在电子商务平台购买此件药品后，系统就会自动生成电子订单并发往物流中心，物流中心根据仓储管理系统快速定位药品并拣货装箱。这些药品由华润无锡的专车送到医院或药店。

自智能医药物流系统投入使用以来，实现了信息实时交互与过程实时追踪，人力成本降低了50%，据统计，其年增销售额已超3亿元，为地方增税300万元。

5.2 大数据技术

随着移动互联网、物联网和云计算的发展，大数据（big data）也越来越吸引人们的关注。正如1982年未来学家John Naisbitt在他的著作《*Megatrends：Ten New Directions Transforming Our Lives*》中提到的："我们现在大量生产信息，正如过去我们大量生产汽车一样，人类正被信息淹没却又渴求知识"。

5.2.1 大数据的来源

大数据通常为 PB 或 EB 级的大小。这些数据来源多元化，包括传感器、气候信息、公开信息（如杂志、报纸、文章等），还包括购买交易记录、网络日志、病历、军事监控、视频和图像档案、大型电子商务等。根据来源不同，大数据分为如下类型：

1. 来自人类活动的大数据

这类大数据指人们通过社会网络、互联网、健康、金融、经济、交通等活动所产生的各类数据，包括微博、病人医疗记录、文字、图形、视频等信息。网络大数据具有多源异构、交互性、时效性、社会性、突发性和干扰大等特点，不但非结构化数据多，而且数据的实时性强，大量数据都是随机产生的。

2. 来自计算机的大数据

这类大数据指各类计算机信息系统产生的数据，以文件、数据库、多媒体等形式存在，也包括审计、日志等自动生成的信息。

3. 来自物理世界的大数据

这类大数据指各类数字设备、科学实验与观察所采集的数据。如摄像头不断产生的数字信号，医疗物联网不断产生的人的各项指标，气象业务系统采集设备所收集的海量数据等。

5.2.2 大数据的定义和特征

麦肯锡公司在《Big data: The Next Frontier for Innovation Competition and Productivity》报告中对大数据进行了定义：大数据指的是大小超出常规的数据库工具获取、存储、管理和分析能力的数据集。它同时强调，并不是说一定要超过特定 TB 级的数据才算是大数据。

维基百科上的定义则是：大数据是指所涉及的数据规模巨大到无法通过主流软件工具，在合理时间内达到采集、管理、处理并整理成帮助企业落实经营决策、实现经营目的的信息。

《科学》杂志的定义是：代表着人类认知过程的进步，数据集的规模是无法在可容忍的时间内用目前的技术、方法和理论去获取、管理、处理的。

进一步地，可以从大数据的"4V"特征对其进行深入了解。

（1）数据体量大（volume），指收集和分析的数据量非常大，大数据通常指 10TB 规模以上的数据量。之所以产生如此巨大的数据量，一是由于各种仪器的使用，使我们能够感知到更多的事物，这些事物的部分甚至全部数据就可以被存储；二是由于通信工具的使用，使人们能够全时段联系，"机器—机器"（M2M）方式的出现，使得交流的数据量成倍增长；三是由于集成电路成本降低，使很多东西都具备智能的成分。在实际应用中，很多企业用户把多个数据集放在一起，形成 PB 级的数据集，甚至 EB 级的数据集。

（2）处理速度快（velocity），大量数据形成流式数据，需要对数据进行实时分析，这是大数据的标志性特征。例如，沃尔玛每小时收集的客户交易数据超过 2.5PB，谷歌每天有约 50 亿次的搜索查询。这样的信息生成速度使得大量应用领域都要求能够实时进行分析预测。

（3）数据类别多（variety），大数据来自多种数据源，数据种类和格式日渐丰富，包含结构化、半结构化和非结构化等多种形式。

（4）数据具有真实性（veracity），不同的数据源可靠性和可信性是可变的。比如，社交媒体中充斥着垃圾信息，同样地，来自网站和手机上的点击也非常易受干扰。

5.2.3 大数据处理流程

图 5-3 表示了大数据处理流程，即对经数据源获取的数据，进行数据清洗、转换和集成，并将大量的数据存储到分布式并行数据库，利用分布式计算架构进行处理，使用大数据分析方法进行分析，最后将分析结果向用户展现。

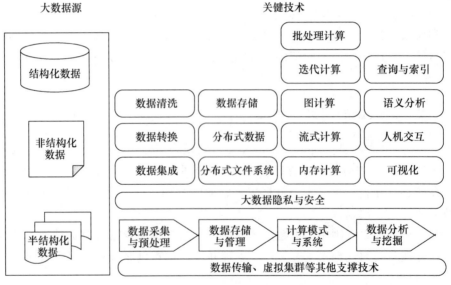

图 5-3 大数据处理流程

1. 大数据采集与预处理

大数据的一个重要特点是数据源多样化，包括数据库、文本、图片、视频、网页等各类结构化、非结构化和半结构化数据。因此，大数据处理的第一步是从数据源采集数据，并进行预处理和集成操作，为后续流程提供统一的高质量数据集。

数据采集手段有：传感器收取、射频识别 RFID、条形码技术以及数据检索分类工具（如百度和谷歌等搜索引擎）等。数据抽取与集成方式分为以下四类：基于物化或 ETL 引擎方法、基于联邦数据库引擎或中间件方法、基于数据流引擎方法和搜索引擎方法。异构数据源的集成过程需要对数据进行清洗，以消除相似、重复或不一致数据。

2. 大数据存储与管理

大数据给存储系统带来三个方面的挑战：一是存储规模大，数据量通常达到 PB 甚至 EB 级；二是存储管理复杂，需要兼顾结构化、非结构化和半结构化的数据；三是数据服务的种类和水平要求高。

大数据存储与管理需要为上层应用提供高效的数据访问接口，存取 PB 甚至 EB 级的数据，并且对数据处理的实时性、有效性提出了更高要求，常规技术手段无法应对。某些实时性要求较高的应用，如状态监控，更适合采用流处理模式，直接在清洗和集成后的数据源上进行分析，而大多数应用需要存储以支持后续深度数据分析流程。目前，一批新技术的问世可应对大数据存储与管理的挑战，包括分布式缓存、基于 MPP 的分布式数据库、分布式文件系统以及各种 NoSQL 分布式存储方案。

3. 大数据计算模式与系统

大数据计算模式指根据大数据的不同数据特征和计算特征，从多样性的大数据计算问题和需求中提炼并建立的各种高层抽象或模型，它的出现有力推动了大数据技术和应用的发展。大数据处理的数据特征和计算特征维度有：数据结构特征、数据获取方式、数据处理类型、实时性或响应性能、迭代计算、数据关联性和并行计算体系结构特征。根据大数据处理多样性需求和上述特征维度，目前已有多种典型、重要的大数据计算模式以及相应的大数据计算系统和工具。典型大数据计算模式与系统如表 5-1 所示。

表 5-1 典型大数据计算模式与系统

典型大数据计算模式	典型系统
大数据查询分析计算	HBase、Hive、Cassandra、Impala、Shark、Hana 等
批处理计算	Hadoop、MapReduce、Spark 等
流式计算	Scribe、Flume、Storm、S4、Spark Steaming 等
迭代计算	Hadoop、MapReduce、Twister、Spark 等
图计算	Pregel、Giraph、Trinity、PowerGraph、GraphX 等
内存计算	Dremel、Hana、Spark 等

其中，在数据规模极大时，大数据查询分析计算模式可以提供实时或准实时的数据查询分析能力，满足企业日常的经营需求；最适合于大数据批处理计算模式的是 Google 公司的 MapReduce 模型；流式计算是一种实时计算模式，需要对一定时间窗口内应用系统产生的新数据完成实时计算处理，避免数据堆积和丢失，尽可能快地对最新数据作出分析并给出结果；迭代计算是图计算、数据挖掘等领域常见的运算模式；图计算是用来表示真实社会广泛存在的事物之间联系的有效手段，在社交网络、Web 链接关系、社会关系等方面存在大量图数据；内存计算是指中央处理器直接从内存而不是硬盘上读取数据，并进行计算、分析，是对传统数据处理方式的一种加速。

4. 数据分析与挖掘

由于大数据呈现多样化、动态异构，且比小样本数据更有价值等特点，因此需要通过大数据分析技术来理解数据的语义，并提高数据质量和可信度。针对非结构化或半结构化数据的挖掘问题，可采用大规模文本文件的检索与挖掘技术。例如，针对传统分析软件扩展性差以及 Hadoop 系统分析功能薄弱的特点，IBM 公司对 R 和 Hadoop 进行集成。R 是开源的统计分析软件，通过 R 和 Hadoop 深度集成，可进行数据挖掘和并行处理，使 Hadoop 获得了强大的深度分析能力。Weka（一种类似 R 的开源数据挖掘工具软件）和 MapReduce 的集成，也可实现大数据的分析。对于信息用户来讲，最关心的并非是数据的分析处理过程，而是对大数据分析结果的解释与展示，因此在一个完善的数据分析流程中数据结果的解释步骤至关重要。为提升数据解释的展示能力，引入数据可视化技术，能够迅速和有效简化与提炼数据流，帮助用户交互筛选大量数据，有助于用户从复杂数据中得到新知，常见的可视化技术有：原位分析（in-situ analysis）、标签云（tagcloud）、历史流（history flow）、空间信息流（spatial information flow）、不确定性分析等。

5.2.4 大数据分析方法

麦肯锡的报告指出，用于大数据分析的关键技术包括 A/B 测试、关联规则挖掘、分类、数据聚类、众包、数据融合和集成、数据挖掘、集成学习、遗传算法、机器学习、自然语言处理、神经网络、神经分析、优化、模式识别、预测模型、回归、情绪分析、信号处理、空间分析、统计、监督式学习、无监督式学习、模拟、时间序列分析、时间序列预测模型等。

1. 深度学习

大数据分析的一个核心问题是如何对数据进行有效表达、解释和学习，深度学习就是利用层次化的架构学习对象在不同层次上的表达，这种层次化的表达可以帮助解决更加复杂抽象的问题。深度学习的"深度"是指从"输入层"到"输出层"所经历层次的数目，即"隐藏层"的层数。层数越多，深度也越深。深度学习通过构建具有很多隐藏层的机器学习模型和海量训练数据，来学习更有用的特征，从而最终提升分类或预测的准确性。深度学习强调模型结构的深度，突出特征学习的重要性，通过逐层特征变换，将样本在原空间的特征变换到新空间，从而使分类或预测更加容易。与人工规则构造特征的方法相比，利用大数据来学习特征，更能够刻画数据的丰富内在信息。

2. 知识计算

对数据进行高端分析，就需要从大数据中先抽取出有价值的知识，并将其构建成可查询、分析和计算的知识库。知识计算的基础是构建知识库，这包括三个部分，即知识库的构建、多源知识的融合与知识库的更新。目前，世界各国建立的知识库多达

50余种。从构建方式上，可以分为手工构建和自动构建。手工构建是依靠专家编写的规则，从不同来源收集相关的知识信息；自动构建依靠系统自动学习，经过标注的语料来获取规则。随着大数据时代的到来，面对大规模网页信息中蕴含的知识，自动构建知识库的方法越来越受到重视和青睐。

3. 社会计算

社会计算包括在线社会网络的结构分析、在线社会网络的信息传播模型、社会媒体中的信息检索与数据挖掘。

在线社会网络的结构分析：其结构在微观层面上具有随机化无序的现象，在宏观层面上呈现规则化、有序化的现象，为了理清网络具有的这种看似矛盾的不同尺度的结构特性，需要探索和分析连接微观和宏观的网络中观结构（也称为社区结构）。社区结构是指网络节点按照连接关系的紧密程度不同，自然分成若干个内部连接紧密但与外部连接稀疏的节点组，每个节点组被称为社区。

在线社会网络的信息传播模型：如传染病模型、随机游走模型。

社会媒体中的信息检索与数据挖掘：社会媒体中的数据呈现新特征：（1）信息碎片化现象明显，文本内容特征越发稀疏；（2）信息互联被人的互联所取代；（3）呈现自媒体现象，个人影响力、情感与倾向性掺杂其中。

4. 可视化

为分析大规模、高维度、多来源、动态演化的信息，并辅助实时决策，可以依赖的手段有两种，即数据转换和视觉转换。

（1）通过对信息流进行压缩或者删除数据中的冗余信息对数据进行简化。其中很多工作主要解决曲面的可视化，使用基本的数据转换方法对数据进行简化。

（2）通过设计多尺度、多层次的方法实现信息在不同解析度上的展示，从而使用户可自主控制展示解析度。已有多尺度算法集中在对地形类数据的渲染上。

（3）利用创新的方法把数据存储在外存，并让用户可以通过交互手段获取相关数据。这类研究也称为核外算法（out-of-core algorithm）。

（4）提出新的视觉隐喻方法以全新的方式展示数据。其中一类典型的方法是"焦点＋上下文"方法，它对焦点数据进行细节展示，对不重要的数据则简化表示，如鱼眼视图。

5.2.5 大数据的应用案例

1. 大数据在物流行业中的应用

面对竞争激烈的市场，利用大数据技术挖掘隐藏在海量数据中的信息来支撑和创新业务模式，已成为物流行业转型升级的关键所在。

（1）大数据在物流行业中的应用机理

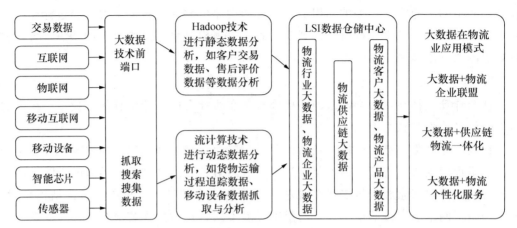

图 5-4 大数据在物流行业应用机理

第一步：收集数据。通过大数据前端口探测客户，对来自物联网、互联网、移动互联网等渠道的物流数据信息进行抓取和收集。

第二步：分析数据。运用 Hadoop 技术分析 PB 级的结构化数据和非结构化数据，运用流计算技术分析流数据与激增的大型数据，动态收集多个数据流。

第三步：建立物流数据仓库。利用 LSI 技术，安全存储大量来自 Hadoop 和流计算的物流数据，形成虚拟资源云，供企业搜索使用。

（2）大数据在物流行业中的应用模式

① "大数据＋供应链物流一体化"模式

供应链物流一体化是指实现云制造和云物流、云销售和云物流的一体化。

一是云制造和云物流一体化：以云物流为平台，对制造资源和制造能力进行集成共享与协同调度。其中，最典型的两种模式是以龙头企业为链主的云物流和众包。前者如以武汉二汽集团为链主的云物流平台，年采购汽车零部件交易额达到 120 亿元，云物流的运用，使平台上的企业运营成本下降了 40％左右，达到互利共赢。后者如一达通、怡亚通、江苏新宁等系统，它们以大物流企业为主，锁定一个产业链巨头的供应链主企业，沿供应链向上或向下延伸，为它们提供多维度的供应链综合服务。

二是云销售和云物流一体化：伴随电子商务的发展，越来越多的电商与物流企业合建物流体系，以弥补电商在物流方面的短板，为市场扩张打下基础。云销售和云物流一体化，一方面有利于发挥传统物流行业拥有的渠道覆盖优势；另一方面有利于电商企业开拓三四线城市市场，解决"最后一公里"配送的问题，起到资源疏导作用。

② "大数据＋物流企业联盟"模式

物流企业联盟是一种联盟战略，也称物流超市，其为生产企业、商贸企业与物流专线企业提供了直接对接的平台。物流超市和传统超市的对比，如表 5-2 所示。

表 5-2 物流超市和传统超市对比

内容	物流超市	传统超市
比较	运输线路齐全	商品品种齐全
服务	"五一"营销模式	服务规范
承诺	不卖货源	不售假货
信息化	全方位网络分析	信息化程度高
方式	详细咨询	货比三家

物流超市采取"五一"营销模式：统一品牌、统一标准、统一服务质量、统一企业形象、统一价格体系。物流超市借助 SaaS（software as a service）技术，建立云物流服务平台，使物流供应链上的各方均可按照预定的权限和流程，在云物流服务平台上完成相关物流环节的工作。信息流的无缝对接，突破业务的时间和空间限制，使传统物流发生质的提升。

③ "大数据＋物流个性化服务"模式

大数据的核心价值是服务。其目标是利用物流业大数据，通过打造物流数据应用平台，使物流企业能为客户量身定制个体化的产品和服务。利用物联网、云计算等技术建立数据仓库，使用数据挖掘技术来筛选有效客户，在此基础上，对信息进行分析、整理与分类等操作，并与商务企业、仓储企业、第三方物流服务商共享信息，使供应链能对客户需求作出快速反应，从而提升客户满意度，进而提升物流企业的业绩。

2. 大数据在物流业中的应用案例

顺丰"即日达"、京东"211"限时达、日日顺超时免单、"双 11"物流第一单仅耗时 15 分钟，这些行业动态显示了物流企业对时效性的重视。在此，以国内某知名快递企业为例，解析大数据在提升物流时效性上的应用。

该快递企业是国内快递行业中的一匹黑马，凭借成熟的时效管理方案，成为快递行业最具成长潜力的企业之一。该企业在时效性管理方面采用以下两种思路：

（1）提前判定运输车辆到达时间，提前安排，减少交接过程中的时间损耗

利用"车载卫星定位终端中的定位模块＋电子地图技术"，实时掌握车辆的位置、速度以及与该场站的剩余距离（如图 5-5 所示），然后通过距离与速度的关系，计算出到达时间。时间数据的准确性由剩余距离和行驶速度的数据准确性决定。数据采集密度和传输的稳定度和速度影响数据的准确性。但数据采集太密，会加大数据存储和处理的难度，因而在数据密度和精确度之间寻求平衡就显得十分重要。

图 5-5 剩余距离页面

（2）对各关键物流节点考核时效，约束和规范运输过程，从总体上控制运输时间

企业通过卫星定位、电子地图技术实现车辆自动触发的判定方式，利用电子围栏技术在电子地图上提前描绘出车辆进出场站的位置区域，设定车辆只要进出该区域，就记录时间，当卫星定位发现车辆进出该划定区域时，立即报警计时，作为车辆进出的时间，如图5-6所示。企业的打卡技术化，保证了公平性，这不仅使效能提升10%以上，还令司机随意停车、绕路导致延误的情况大为减少，客户服务水平得到提升。

图 5-6 区域进出报表页

3. 大数据给物流业带来的变革

（1）了解行业发展动态，增强客户忠诚度

借助大数据，物流企业可对未来市场和竞争对手的行为进行预测，及时调整战略，避免盲目投入资金，还可以通过用户的历史记录来建立模型，预测其未来的行

为，进而设计有前瞻性的物流服务方案，提高与客户合作的默契程度，避免客户的流失。

（2）提高管理的透明度和服务质量，优化盈利方式

大数据分析通过物流信息交流开放与信息共享，可以使物流从业者、物流机构的绩效更透明，这间接促进了物流服务质量的提高。同时，通过汇总分析平台中的大量客户数据，可提高物流需求方和物流服务提供方的决策能力，有助于提高物流企业的盈利能力。

5.3 云计算技术

5.3.1 云计算的起源

云计算模式经历了四个阶段：电厂模式、效用计算、网格计算和云计算。

（1）电厂模式

电厂模式是利用电厂的规模效应来降低电力价格，并让用户使用起来更方便，且无须维护和购买任何发电设备。

（2）效用计算

1961年，人工智能之父麦肯锡提出了"效用计算"这个概念，其核心借鉴了电厂模式，具体目标是整合分散在各地的服务器、存储系统以及应用程序来共享给多个用户，让用户能够像把灯泡插入灯座一样来使用计算机资源，并且根据其所使用的量来付费。

（3）网格计算

网格计算是研究如何把需要巨大算力才能解决的问题分成许多小的部分，然后把这些部分分配给诸多低性能的计算机来处理，最后把这些计算结果综合起来攻克难题。

（4）云计算

云计算的核心与前面的效用计算和网格计算非常类似，也是希望IT技术能像使用电力那样方便，并且成本低廉。但与效用计算和网格计算不同的是，云计算的发展更踏实稳健，因为其在需求方面已经有了一定的规模，同时在技术方面也已基本成熟。

5.3.2 云计算的定义和特征

2006年，谷歌（Google）、亚马逊（Amazon）等公司提出"云计算"的构想。根据美国国家标准与技术研究院（NIST）的定义，云计算是一种利用互联网实现随时随地、按需、便捷访问共享资源池（如计算设施、存储设备、应用程序等）的计算模式。计算机资源服务化是云计算重要的表现形式，它为用户屏蔽了数据中心管理、大规模数据处理、应用程序部署等问题。

云计算的特点可归纳如下：

(1) 弹性服务。服务的规模可快速缩放，以自动适应业务负载的动态变化。用户使用的资源同业务的需求相一致，避免了因为服务器性能过载或冗余而导致的服务质量下降或资源浪费。

(2) 资源池化。以共享资源池的方式统一管理资源。利用虚拟化技术，将资源分享给不同用户，资源的放置、管理与分配策略对用户透明。

(3) 按需服务。以服务的形式为用户提供应用程序、数据存储、基础设施等资源，并可以根据用户需求，自动分配资源，而不需要系统管理员干预。

(4) 服务可计费。监控用户的资源使用量，并根据资源的使用情况对服务计费。

(5) 泛在接入。用户可以利用各种终端设备（如台式机、笔记本电脑、智能手机等）随时随地通过互联网访问云计算服务。

5.3.3 云计算的优点

(1) 用户体验

云计算时代会出现越来越多基于互联网的服务，对个人用户而言，这些服务丰富多样、功能强大、可随时随地接入，无须购买、下载和安装任何客户端，只需使用浏览器就能轻松访问，也无须为软件的升级和感染病毒操心。此外，人们可以将文档等数据放在云端共享和协作，如共同编辑同一篇文章，而且通过严格的权限管理机制来确保协作是在安全环境下进行的。对企业用户而言，可以利用云技术优化其现有的IT服务，使现有的IT服务更可靠、更自动化，可以将企业的IT服务整体迁移到云端，使企业卸下维护IT服务的重担，从而更专注于其主营业务。

(2) 成本

对个人用户而言，由于他们使用的服务运行在云端，本地计算需求比较少，所以无须像过去那样不断地升级计算机，只需一个可以上网的智能终端即可，如手机和上网本等。同时，由于互联网服务是按需使用的，所以无须在初期购置价格不菲的软件客户端。对企业用户而言，除了可以利用云技术来降低企业IT项目初期的投资成本和后期的维护成本之外，还可以通过将IT服务外包或者整体迁移到云端来削减IT部门的规模，使公司的结构更合理。

5.3.4 云计算的技术实现

1. 云计算的体系架构

云计算可以按需提供弹性资源，它的表现形式是一系列服务的集合。云计算的体系架构包括三层，分别是核心服务层、服务管理层、用户访问接口层，如图5-7所示。核心服务层将硬件基础设施、软件运行环境、应用程序抽象成服务，这些服务具有可靠性强、可用性高、规模可缩放等特点，以满足多样化的应用需求。服务管理层为核心服务提供支持，进一步确保了核心服务的可靠性、可用性与安全性。用户访问接口层实现端到云的访问。

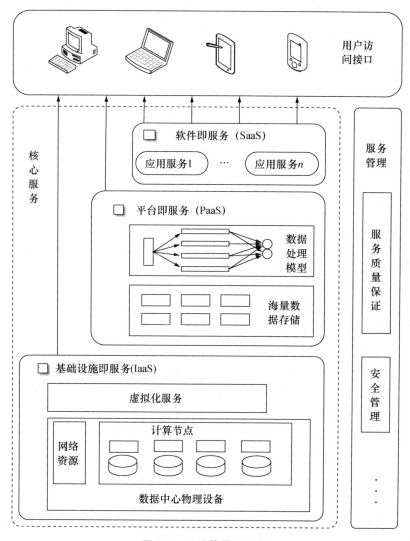

图 5-7　云计算体系架构

（1）核心服务层

核心服务层可以分为三个子层：基础设施即服务层（IaaS，infrastructure as a service）、平台即服务层（PaaS，platform as a service）、软件即服务层（SaaS，software as a service）。

IaaS 提供硬件基础设施部署服务，为用户按需提供实体或虚拟的计算、存储和网络等资源。在使用 IaaS 层服务的过程中，用户需要向 IaaS 层服务提供商提供基础设施的配置信息、运行于基础设施的程序代码以及相关的用户数据。由于数据中心是 IaaS 层的基础，因此数据中心的管理和优化问题成为研究热点。另外，为了优化硬件资源的分配，IaaS 层还引入了虚拟化技术。借助于 Xen、KVM、VMware 等虚拟化工具，可以提供可靠性高、可定制性强、规模可扩展的 IaaS 层服务。

PaaS 是云计算应用程序运行环境，它提供应用程序部署与管理服务。通过 PaaS 层的软件工具和开发语言，应用程序开发者只需上传程序代码和数据即可使用服务，而不必关注底层的网络、存储、操作系统的管理问题。由于目前互联网应用平台（如 Facebook、Google、淘宝等）的数据量日趋庞大，PaaS 层应当充分考虑其对海量数据的存储与处理能力，并利用有效的资源管理与调度策略提高处理效率。

SaaS 是基于云计算基础平台所开发的应用程序。企业通过租用 SaaS 层服务解决企业信息化问题，如通过 Gmail 建立属于自己的电子邮件服务，该服务托管于 Google 的数据中心，企业不必考虑服务器的管理、维护问题。对于普通用户来讲，SaaS 层服务将桌面应用程序迁移到互联网，可实现应用程序的泛在访问。

（2）服务管理层

服务管理包括服务质量（QoS, quality of service）保证和安全管理等。

① 服务质量保证。云计算需要提供可靠性高、可用性高、低成本的个性化服务。然而，云计算平台规模庞大且结构复杂，很难完全满足用户的 QoS 需求。为此，云计算服务提供商需要和用户进行协商，并制定服务水平协议（SLA, service level agreement），使得双方对服务质量的需求达成一致。当服务提供商提供的服务未能达到用户的要求时，用户将得到补偿。

② 安全管理。数据安全是用户关心的问题。云计算数据中心采用的是资源集中式管理方式，这使得云计算平台存在单点失效问题。保存在数据中心的数据会因为突发事件（如地震、断电）、病毒入侵、黑客攻击丢失或泄露。根据云计算服务特点，云计算环境下的安全与隐私保护技术（如数据隔离、隐私保护、访问控制等）是保证云计算得以广泛应用的关键。

除了 QoS 保证、安全管理外，服务管理层还包括计费、资源监控等管理，这些管理措施对云计算的稳定运行同样起到重要作用。

（3）用户访问接口层

用户访问接口实现了云计算服务的泛在访问，包括命令行、Web 服务、Web 门户等形式。命令行和 Web 服务的访问模式既可为终端设备提供应用程序开发接口，又便于多种服务的组合。通过 Web 门户，云计算将用户的桌面应用迁移到互联网，从而使用户可以随时随地通过浏览器访问数据和程序，提高工作效率。

虽然用户可以通过访问接口使用便利的云计算服务，但是由于不同云计算服务商提供的接口标准不同，导致用户数据不能在不同服务商之间迁移。为此，在 Intel、Sun 和 Cisco 等公司的倡导下，云计算互操作论坛（CCIF, cloud computing interoperability forum）宣告成立，它致力于开发统一的云计算接口（UCI, unified cloud interface），以实现"全球环境下，不同企业之间可利用云计算服务无缝协同工作"的目标。

2. 云计算的技术支持

云计算主要有五大类技术支持：

(1) 摩尔定律

硬件产业的发展一直遵循摩尔定律,芯片、内存、硬盘等设备在性能和容量方面得到了极大提升,同时,这些设备的价格也比过去便宜。以芯片为例,单线程加上多核配置的电脑,它的整体性能已达到前所未有的水平。此外,诸如固态硬盘(SSD)和图形处理器(GPU)等新兴技术的出现极大地推动了信息产业的发展。可以说,摩尔定律为云计算提供了充足的"动力"。

(2) 网络设施

由于宽带和光纤的普及,网络带宽从过去平均 50 千字节/秒增加到平均 1 兆/秒以上,基本满足了大多数服务的需求。再加上无线网络和移动通信的不断发展,人们在任何时间、任何地点都能利用互联网。可以说,互联网已经成为社会的基础设施,并将终端和云端紧紧地连在了一起。

(3) Web 技术

经过 20 世纪 90 年代的混沌期和 21 世纪初的阵痛期,Web 技术已经进入快速发展期。随着 AJAX、jQuery、Flash、Silverlight 和 HTML5 等技术的发展,Chrome、Firefox 和 Safari 等性能出色、功能强大的浏览器的不断涌现,Web 不再是简单的页面。在用户体验方面,Web 越来越接近桌面应用,用户只要通过互联网连接到云端,就能通过浏览器使用功能强大的 Web 应用。

(4) 系统虚拟化

x86 芯片的性能已经非常强大,但每台 x86 服务器的利用率却非常低,在能源和购置成本等方面浪费极大。随着 VMware 的 vSphere 和开源的 Xen 等基于 x86 架构的系统虚拟化技术的发展,一台服务器能承受过去多台服务器的负载,从而提升硬件的利用率,并降低能源的浪费和硬件的购置成本。更重要的是,这些技术提高了数据中心自动化管理的程度,从而减少企业在管理方面的投入,使云计算中心的管理更智能。

(5) 移动设备

随着 iOS 和 Android 智能手机系统的发展,手机这样的移动设备不再只是一个移动电话,更是一个完善的信息终端。通过它们,人们可以访问互联网上的信息和应用。由于移动设备整体功能越来越接近台式机,人们通过这些移动设备能够随时随地访问云中的服务。

5.3.5 云存储的相关概念

1. 云存储的基本概念

云存储是在云计算概念基础上发展出来的一个概念。云计算是对基于网络的、可配置的共享计算资源池能够方便地随需访问的一种模式。这些共享资源计算池包括:网络、服务器、存储、应用和服务。云存储是云计算技术架构的重要组成部分,实际上,它是一个以数据存储和管理为核心的云计算系统。

2. 云存储的系统架构

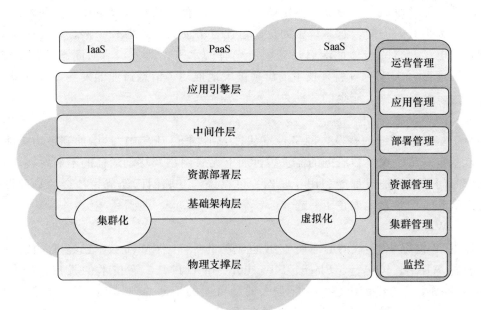

图 5-8 云存储的系统架构

（1）物理支撑层

云存储必须承载于物质之上。对于云数据中心而言，供电、散热、安防和维护等必不可少的元素构成了云的最底层，也就是物理支撑层。

（2）基础架构层

基础架构层包括集群架构层和虚拟化集群管理层。

集群架构层：网络、服务器、存储系统和网络设备管理系统共同构成了支撑数据中心运营的 IT 系统设备。然而，这些服务器和存储设备并不是孤岛，而是通过集群化的方式实现架构。这种集群架构有两种实现方式：一是利用网格技术，把现有的、零散的、非专用的网络资源整合起来，形成一个计算和存储的分布式集群；二是使用专门的集中式并行集群数据中心。

虚拟化集群管理层：在集群的基础上，IT 架构需要在其上覆盖一层或多层虚拟化层，以提高整个系统的弹性，并将所有资源虚拟化为资源池。对于计算资源，也就是集群中的服务器节点，通过使用 Vmware、Citrix 等虚拟机平台完成这个工作。对于存储节点，通过分布式文件系统或者分布式卷管理系统等虚拟化平台来进行存储。另外，网络、服务器以及存储集群基础架构还需要一个管理模块，负责整个集群的监控、硬件资产管理、硬件故障更换管理等。

（3）资源部署层

在虚拟化的存储集群之上，还需要一个管理和驱动这个集群运作的角色。一个独立的虚拟机与虚拟存储资源调度分配软件模块可以完成这个任务，它通过调用这些虚拟化模块所提供的接口来完成整体的资源调度与分配回收。

(4) 中间件层

在物理环境、IT 基础架构、基础架构监控管理、资源分配部署回收层搭建好之后,便形成了云架构中的基座。在这个基座之上,可以完成各种业务资源的部署。但是,应用层与资源层之间需要一个中间层来适配,以保障资源和不同业务应用顺利对接。

(5) 应用引擎层

应用引擎层提供一个通用的业务开发平台,或者将其他平台开发的应用适配进来,然后统一发布。在这里可以产生各种与云存储服务相关的业务应用。

(6) 业务展现与运营层(IaaS、PaaS、SaaS)

云存储系统的数据中心已经由硬件、软件、架构等搭建起来,呈现集群化、虚拟化和自动化的状态,各种业务可随时部署和撤销,底层资源得到最大化利用。但用户并不关心底层是否为集群化或虚拟化,更不关心底层是人工部署还是自动部署。用户只关心能否得到最快的响应与最好的服务,同时更关心提供服务的方式、界面、操作便捷性、收费是否合理等。例如,IaaS 提供硬件基础设施部署服务,PaaS 提供应用程序部署与管理服务,SaaS 提供应用程序服务。对于一个云来讲,业务展现与运营层(IaaS、PaaS、SaaS)最终关系到云盈利模式及利润。

5.3.6 云计算的应用案例

锦程物流网以电子商务和网络公共平台为依托,以网络营销推广、网络交易、网络结算、网络物流金融、信誉体系等多元化网络服务为手段,整合国内外物流行业资源和贸易客户资源,打造贸易商面向物流提供商的网络物流集中采购渠道、物流提供商面向贸易商的网络营销渠道、物流提供商之间的同行网络采购合作渠道,致力于打造全球最有影响力的物流交易市场。

锦程物流网连续荣获由中国物流行业协会颁发的"最佳物流 B2B 网站""中国物流最佳媒体"殊荣、由《电子商务世界》评选出的"中国行业电子商务网站 TOP 100"称号、由《互联网周刊》评选出的"中国商业网站 100 强"称号等。

随着业务的扩展,锦程物流网需要大量的硬件设备及网络带宽投入。传统的 IDC 托管方式,不仅需要一次性的巨额投入,而且可扩展性差。公司原有的数据中心面临数据量急速膨胀、服务器利用率低、能耗大、场地不足、IT 维护成本高、业务连续能力低等问题,已经无法满足大额数据的要求。每一年,锦程物流网的 IT 部门都试图预测下一年的业务以及数据的增长量,以期能较好满足业务的需求,但业务的高速发展总是超出 IT 部门的预期。

面对这些问题,锦程物流网开始打造公司物流云。为了给客户提供一致的优良服务,掌握货物的递送情况,锦程物流网利用云计算,打造上、中、下游的共享平台,建立了物流云的公有云,让中小型物流企业不必再自建系统,只需登录其打造的公有云平台,即可进行订单、仓储、配送的管理。云计算的特性在于通过网络和共享的 IT 资源,用最少的管理成本,达到最好的资源配置和最大的效能。物流云的公有云平台，对锦程物流网及其合作伙伴都有益处。对锦程物流网来说，它无须付出高额的费用来自建集散中心，每年可节省上千万元人民币的配送与库存成本；对于中小型物流企业来说，它们无须投资自有 IT 系统，只需通过网络和浏览器就能进入锦程物流网的公有云平台来处理与扩展业务。

企业的运输效率异常重要，但以往由于信息流通不畅或不及时，物流企业的空车率往往较高，影响了整体效率。通过物流云，物流企业能够实时了解货运情况，直接安排途中接货，减少空车行驶情况的发生。

物流云还能够解决物流企业在仓储与运输上的衔接问题，整合孤立系统，提供多元化的服务，例如，物流系统与银行现金流系统、天气预报系统和交通信息系统的对接等。

另外，物流系统与银行现金流系统对接之后，银行可以根据物流云中厂商的库存状态和运输情形，评估其所提供给厂商周转的信贷利率。如果某厂商的库存管理情况不良，银行可以及早在资金方面作出处理，降低投资风险。

物流系统与天气预报系统和交通信息网络相对接之后，物流企业能够进行有效的路径规划。在途司机可以通过随身设备及时发现前方即将出现的恶劣天气，更改行进路线。

综上所述，物流云帮助物流企业达到的不仅是运输、仓储的整合，更是物流、资金、贸易、研发等的整合，是一项集上、中、下游的全面整合。

5.4 移动互联网技术

5.4.1 移动互联网的基本概念

1. 移动互联网的定义

移动互联网是移动通信和传统互联网融合的产物。对于移动互联网这一概念，还没达成统一的认识。目前，主要有以下几种观点：

（1）艾瑞咨询认为，移动互联网技术层面的定义是指以宽带 IP 为技术核心，可同时提供语音、数据、多媒体等业务服务的开放式基础电信网络。终端层面的定义，在广义上是指用户使用手机、笔记本等移动终端，通过移动网络获取移动通信网络服务和互联网服务，在狭义上是指用户使用手机终端，通过移动网络浏览互联网和手机网站，获取多媒体、定制信息等其他数据服务和信息服务。

（2）中兴通信公司在《移动互联网技术发展白皮书》中认为，"狭义的移动互联网是指，用户能够通过手机、PDA 或其他手持终端通过通信网络接入网络。广义的移动互联网是指，用户能够通过手机、PDA 或其他手持终端以无线的方式通过各种网络（WLAN、WIMAX、GPRS、CDMA 等）接入互联网"。

（3）工业和信息化部电信研究院在《移动互联网白皮书》中认为，"移动互联网是以移动网络作为接入网络的互联网及服务，包括三个要素：移动终端、移动网络和应用服务"。该定义将移动互联网涉及的内容囊括为三个层面：① 移动终端：包括手机、专用移动互联网终端和数据卡方式的便携电脑；② 移动通信网络接入：包括 2G、3G、4G 甚至 5G 等；③ 公众互联网服务：包括 Web、WAP 方式。移动终端、接入网络是移动互联网的基础，而应用服务则是移动互联网的核心。

2. 移动互联网的主要特征

(1) 交互性

用户可以随身携带并随时使用移动终端，在移动状态下接入和使用移动互联网应用服务。目前，从智能手机到平板电脑，随处可见这些设备的踪影，可以随时随地用语音、图文或者视频解决，极大提高了用户与移动互联网的交互性。

(2) 便携性

相对于个人电脑，移动终端小巧轻便且可随身携带，移动设备都以远高于个人电脑的使用频率伴随在用户身边，这个特点决定了人们在使用移动终端设备上网时，可以带来个人电脑上网无可比拟的优越性，即沟通与资讯的获取远比个人电脑设备方便。用户可随时随地获取娱乐、生活、商务相关的信息，进行支付、查找周边位置等操作，这些使得移动应用可以进入人们的日常生活，满足人们的衣食住行、吃喝玩乐等需求。

(3) 隐私性

移动终端设备的隐私性远高于个人电脑的要求，高隐私性决定了移动互联网终端应用的特点，数据共享时既要保障认证客户的有效性，也要保证信息的安全性。

(4) 定位性

移动互联网有别于传统互联网的应用是位置服务应用。它具有以下几种服务：位置签到、位置分享及基于位置的社交应用；基于位置围栏的用户监控及消息通知服务；生活导航及优惠券集成服务；基于位置的娱乐和电子商务应用；基于位置的用户换机感知及信息服务。

(5) 娱乐性

移动互联网中的丰富应用，如图片分享、视频播放、音乐欣赏、电子邮件等，为人们的工作、生活带来很多的便利和乐趣。有数据表明，国内外移动互联网用户使用频率最高的是娱乐类，其中使用量最高的为浏览网页、新闻及社区网站；其次是即时通信类，如微信、QQ 等。

(6) 局限性

移动互联网应用服务也受到了来自网络能力和终端硬件能力的限制。在网络能力方面，受到无线网络传输环境、技术能力等因素的限制；在终端硬件能力方面，受到终端大小、处理能力、电池容量等的限制。移动互联网各个部分相互联系、相互作用并互相制约，任何一部分的滞后都会延缓移动互联网发展的步伐。

(7) 强关联性

由于移动互联网业务受到网络及终端能力的限制，因此，其业务内容和形式也需要匹配特定的技术规格和终端类型，它们具有强关联性。移动互联网通信技术与移动应用平台有着紧密联系，没有足够的带宽就会影响在线视频、视频通话、移动网游等应用的扩展。同时，根据移动终端设备的特点，也有与之对应的移动互联网应用服务。

（8）身份统一性

身份统一是指移动互联用户自然身份、社会身份、交易身份、支付身份通过移动互联网平台得以统一。信息本来是分散在各处的，在互联网逐渐发展、基础平台逐渐完善之后，用户在各处的身份信息将得到统一。例如，用户在网银应用中绑定了手机号和银行卡，支付的时候用户验证手机号后就直接从银行卡扣钱；又如，手机直接代表用户的支付身份，当人们走进店里，店家就知道要从哪张卡扣钱，而不用再问用户。身份统一对于移动电子商务影响较大，特别是社会身份和支付身份的绑定，这不仅解决了部分欺诈问题，还创造了更便捷的交易和支付方式。

5.4.2 移动互联网与互联网

1. 移动互联网与传统互联网

相对传统互联网而言，移动互联网强调随时随地，并且可以在高速移动的状态中接入互联网并使用应用服务。移动互联网与传统互联网的区别在于：终端、接入网络的方式以及由于终端和移动通信网络的特性所带来的独特应用。

移动互联网相较于传统互联网的优势在于：实现了随时随地的通信和服务获取；具有安全、可靠的认证机制；能够及时获取用户及终端信息；业务流程可控等。其劣势在于：无线频谱资源的稀缺性；用户数据的安全和隐私性；移动终端硬软件缺乏统一标准，业务互通性差等。

2. 移动互联网与无线互联网

通常，移动互联网与无线互联网并不完全等同：移动互联网强调使用蜂窝移动通信网接入互联网，特指手机终端采用移动通信网（如3G、4G）接入互联网并使用互联网服务；无线互联网则强调接入互联网的方式是无线接入，除了蜂窝网外还包括其他无线接入技术。

5.4.3 移动互联网的组成

移动互联网架构如图5-9所示。从中可以看出，移动互联网的组成可以归纳为移动通信网络、移动互联网终端设备、移动互联网应用和移动互联网相关技术四大部分。

1. 移动互联网终端设备

移动互联网终端是指通过无线通信技术接入互联网的终端设备，如智能手机、平板电脑等，其主要功能就是移动上网。移动互联网终端设备的兴起是移动互联网发展的重要助推器。移动终端是实现移动互联网的前提和基础，以下是移动终端相关技术。

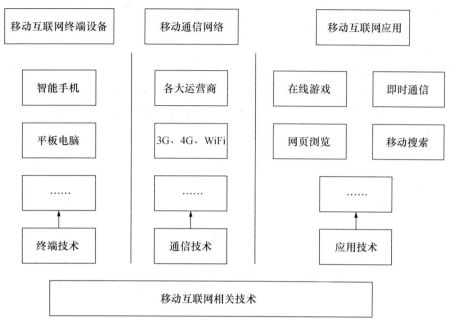

图 5-9 移动互联网架构

（1）网络访问加速技术

目前，运营商提供包括 2G、3G、WiFi、4G、5G 等在内的各种接入网络方式。运营商确保用户在各种复杂网络环境下使用移动互联网应用均能获得良好体验，这是移动应用开发中的关键问题之一。总体指导原则为：能够动态感知用户的网络状况，调整应用处理逻辑和应用内容展现机制；当出现网络切换、网络中断、网速异常下降等情况时，能够及时处理，不影响用户的主流程操作；在代码编写中对网络请求代码设置多重异常保护措施，增强代码的健壮性，防止应用因为网络不稳定而闪退等问题。

（2）能耗控制技术

能耗控制涉及应用开发方法和应用网络访问等诸多方面。在应用开发中，需要掌握各种省电的手段，如系统级电源管理、无线通信节能机制等；在应用设计过程中，需要考虑应用网络访问的频度并减少不必要的数据交互。

（3）移动搜索技术

移动搜索是指以移动网络为数据传输承载，对分布在传统互联网和移动互联网上的数据信息进行搜集整理，供手机用户查询的业务。通常，人们使用移动设备搜索时，大多数都与位置密切相关，这与传统的纯文本搜索方式有着很大的区别。为此，通过准确地标记 Web 资源的地理位置，并结合用户上下文信息（如当前位置、时间等），提供搜索问题的答案，并为用户提供定位服务，具有非常重要的价值。

（4）终端硬件技术

硬件发展趋势：向智能化发展，实现功能更丰富；处理能力更强，存储空间更大。模块化发展趋势:手机设备已经出现硬件及软件架构向通用化发展的动向,大量采用嵌入式操作系统与中间件软件,关键零部件也呈现标准化发展趋势。

(5)终端软件技术

终端软件包括操作系统和第三方应用软件,其特点是以智能终端操作系统为基础,结合各种层次或类别的中间件实现对应用服务的支持。终端操作系统的发展趋势是具有开放性、安全性。终端应用软件的发展趋势是操作本地化、服务全能化以及开发传统电信业务替代产品。

2. 移动通信网络

移动互联网时代无须连接网线,它是指移动通信技术通过无线网络使网络信号覆盖每个角落,让人们能随时随地接入所需的移动应用服务。熟知的移动互联网接入网络有 EDGE、WiFi、3G、4G、5G 等。

3. 移动互联网应用概览

目前,运用最多的就是移动互联网应用程序。移动音乐、手机游戏、视频应用、手机支付、位置服务等丰富多彩的移动互联网应用发展迅猛,正在深刻改变信息时代的社会生活,移动互联网正在迎来新的发展浪潮。以下是几种典型的移动互联网应用:

(1)电子阅读,是指人们利用移动智能终端阅读小说、电子书、报纸、期刊等的应用。电子阅读区别于传统的纸质阅读,它真正实现了无纸化浏览。特别是热门的电子期刊、电子图书馆等功能如今已深入现实生活,与过去的阅读方式有了显著不同。

(2)手机游戏,可分为在线移动游戏和非网络在线移动游戏,是目前移动互联网最热门的应用之一。随着人们对移动互联网接受程度的提高,以及移动终端性能的改善,更多的游戏形式将被支持,客户体验也会越来越好。

(3)移动视听,是指利用移动终端在线观看视频、收听音乐及广播等影音应用。移动视听是移动互联网的新亮点,它将多媒体设备和移动通信设备融合起来,不再单纯依赖一种功能应用而存在。移动视听通过内容点播、观众点评等形式提供个性化服务。另外,移动视听最大的好处就是可以随时随地收看,因此应用频率较高。

(4)移动搜索,是指以移动设备为终端,对传统互联网进行的搜索,可实现高速、准确地获取信息资源。随着移动互联网内容的充实,人们查找信息的难度会不断降低,内容搜索需求也会随之增加,智能搜索、语义关联、语音识别等技术都可融入移动搜索中来。

(5)移动社区,是指以移动终端为载体的社交网络服务,也就是终端、网络加社交的意思。通过网络这一载体把人们连接起来,从而形成具有某一特点的团体。随着互联网的普及,以 Facebook、Twitter 为代表的社交媒体发展非常迅速。在中国,较为著名的社交媒体有:人人网、新浪微博、腾讯微博等。

(6)移动支付,是指允许用户使用其移动终端对所消费的商品或服务进行支付的一种服务方式。移动支付分为近场支付和远程支付两种。整个移动支付价值链包括:移动运营商、支付服务商(银行、银联、网联等)、应用提供商(公交、校园、公共事业等)、设备提供商(终端厂商、卡供应商、芯片提供商等)、系统集成商、商家和终端用户。

5.4.4 移动互联网的应用案例

顺丰速运成立于1993年,是一家民营快递企业。这些年,顺丰速运一直致力于企业信息化建设。早在2004年,顺丰速运就和深圳移动合作,在全省范围内启动"巴枪"物流管理应用。谈到为什么要与深圳移动合作,顺丰速运负责人表示,在中国加入WTO的大环境下,速递业的专营权已经放开,信息化程度对物流企业的发展至关重要。在此背景下,顺丰速运希望借助深圳移动成熟、稳定、高覆盖率的无线网络平台,进一步增强企业核心竞争力。

顺丰速运的负责人表示,自从使用了"巴枪"产品之后,大大优化了物流管理的流程,规范了货物的进出库操作流程,减少了外勤人员开展物流信息传递的通信成本,提高了货物揽、配送环节的时效性。所谓"巴枪",是低成本、可移动的信息化解决方案,它是以手机或PDA终端为平台,结合条码和扫描枪而形成的条码数据采集系统。通过使用"巴枪"产品,顺丰速运的工作人员在揽、配送环节的处理时间减少了20%左右,人均业务量从每人每天30单提高到了每人每天40单,而且客户随时随地都能获取货物的在途信息,规避了因信息流中断造成客户满意度下降的情况。公司通过"巴枪"在各货运站点的扫描操作,提高了物流全程的透明度,提升了客户服务的水平。

同顺丰速运一样,中南运输公司负责人在这个话题上也赞不绝口:"移动通信技术为中南运输带来了经济效益和社会效益的双丰收。"移动信息化在中南运输公司出租汽车业务上的应用,主要是出租车电召,这是出租车行业的发展趋势。对这家企业而言,出租车电召最直接的效果就是提高了出租车的运营效率,减少了空驶里程。从效益角度看,第一,减少空驶里程就是减少对城市的环境污染,这是社会效益;第二,对出租车司机来说,减少空驶里程就是减少成本,提高了经济效益;第三,从整个出租车行业来说,电召可以提高行业效率,降低城市出租车的容量,这种对城市交通的改善和环境的保护,都是可以从效益角度进行解释和分析的。

除降低成本和增加效益之外,移动信息化还会给企业带来附加价值。中南运输公司负责人表示,交通运输行业是个微利行业,竞争非常激烈,企业必须通过提升管理降低成本。要想在提高客户满意度和控制成本之间达到平衡,需要更多的技术支撑,移动通信技术的介入就有了巨大的空间和必要性。很明显的一点,移动通信技术对出租车的安全起到了重要的作用。通过对出租车的实时监听监控,使得被监听监控车辆的安全系数大幅度提高。具体表现在:(1)为司机的安全提供一定的保障。通过语言沟通对话,对有抢劫意图和对司机有暴力行为的人起到一种威慑作用。(2)一旦安全事故发生,如抢劫,警方可以锁定车辆,同时通过移动数据迅速找到车辆,司机不必为保护车辆而冒生命危险。(3)可将出租车路线的数据存储作为向上级管理机关提交的证据,避免遭受套牌车的影响。(4)保护乘客的权益,乘客可以直接向公司投诉。

在潜移默化中，移动信息化的应用在中南运输公司还带来了一种新的理念：移动信息化可以辅助管理再上一个台阶。

5.5 人工智能

5.5.1 人工智能的基本概念

人工智能（artificial intelligence，AI），是计算机科学的重要分支，由McCarthy于1955年在Dartmouth的会议上正式提出。1980年，人工智能专家Nilsson（1980）这样定义人工智能："人工智能是关于知识的学科——怎样表示知识以及怎样获得知识并使用知识的学科。"1992年，麻省理工学院的Winston教授认为，"人工智能就是研究如何使计算机去做过去只有人才能做的智能的工作"。

钟义信（2012）认为，要理解人工智能，首先要理解人类智能。人类智能是这样一种能力：为了达到人类不断改善生存与发展条件的目的，在面对具体环境的时候，能根据已有的知识来发现和定义应当解决的问题，并预设问题的求解目标；然后针对问题和目标去获取必要的信息，从中提炼新知识，进而在目标指导下，利用所获得的信息和知识生成求解问题的智能策略，并实施这个策略，以解决问题，达到目标。前者称为隐性智能，后者称为显性智能。

人工智能所模拟的实际上只是人类智能的显性智能。因此，它的定义可表述为：在给定待求问题的先验知识和预设目标的前提下，获得必要的信息，从中提炼新知（相对于先验知识而言的补充知识），进而在目标的指导下利用所获得的信息和知识生成求解问题的智能策略，并实施这个策略，以求解问题，达到目标。

除此之外，还有很多关于人工智能的定义，至今尚未统一。但是，这些定义均反映了人工智能学科的基本思想和基本内容，由此可以将人工智能概括为：研究人类智能活动的规律，构造具有一定智能行为的人工系统。

5.5.2 人工智能的发展

1. 诞生及第一个兴旺期（1955—1965年）

这一时期集中表现为启发式思维的采用和领域知识的运用，技术人员编写了能够证明平面几何定理和与国际象棋大师对弈的程序。1956年，McCarthy决定把Dartmouth的会议用人工智能来命名，这开创了人工智能研究的时代。在Alan Turing所著的《计算机器与智能》一书中，讨论了人类智能机械化的可能性，提出图灵机的理论模型，这为现代计算机的出现奠定了理论基础。与此同时，他还提出了著名的图灵准则，该准则成为人工智能领域最重要的智能机标准。同一时期，Warren McCulloch、Walter Pitts（1943）发表了《神经活动内在概念的逻辑演算》，证明了一定类型的、可严格定义的神经网络，原则上能够计算一定类型的逻辑函数，这开创了当前人工智能研究的两大类别：符号论和联结论。

2. 萧条波折期（20世纪60年代中期至20世纪70年代初）

在进行深入工作之后，人工智能发展中碰到的困难比原来想象的要多得多。Samuel的下棋程序荣获州冠军之后，没能进一步得到全国冠军；1965年，世界冠军Helmann与Samuel的程序对弈了四局且获得全胜，仅有的一个和局是因为世界冠军"匆忙地同时和几个人对弈"。最糟糕的还是机器翻译，最初采用的办法是依靠一部词典的词到词映射方法进行翻译，结果没有成功；从神经生理学角度，AI研究者发现他们遇到了几乎不可逾越的困难，以电子线路模拟神经元及人脑都没有成功。这一切都说明：20世纪50年代科学家的盲目乐观和期望值过高，没有充分估计困难，没有抓到科学本质。因此，20世纪60年代中期至20世纪70年代初期AI受到了各种责难，进入了萧条波折期。

3. 第二个兴旺期（20世纪70年代中期至20世纪80年代末）

1977年，在第五届国际人工智能联合会议上，Feigenbaum在《人工智能的艺术：知识工程课题及实例研究》的特约文章中阐述了专家系统（expert system）的思想，并提出知识工程的概念。由此，人工智能发展出现新的转机，即从基于能力的策略，变成了基于知识的方法研究。知识作为智能的基础受到重视，知识工程的方法渗透到人工智能的各个领域，并涌现出实际应用。

由于理论研究和计算机软硬件的发展，各种专家系统、自然语言处理系统等AI实用系统开始进入市场，并取得了较大的经济和社会效益，展示了人工智能应用的广阔前景。例如，将AI系统组装进VAX计算机，平均每年为DEC公司节约2000万美元；斯坦福大学的研究人员1976年研制的用于地质勘探的Prospector系统，在1982年预测到位于华盛顿州的一个钼矿的位置，其开采价值超过1亿美元。总之，随着智能机器人和第五代计算机研制计划的产生，人工智能研究从萧条期转入第二个兴旺期。

但是，在兴旺发展之外也存在一些问题：一是智能系统的实时性以及与环境的交互性不尽如人意，感知要解决的问题很困难，对声音、图像、文字信息等多媒体信息的处理能力不足，模拟人的直觉、顿悟、灵感等则更难实现；二是智能系统在规模扩大后有可能出现新问题，如专家系统走向一般化时出现了问题，其问题在于专家系统的专用领域有质的变化，目标判断（属于哪个领域的问题）要求具备更高层的知识、常识、通用概念和理论等；三是推理问题，常识的形式化问题没有解决，常用的一阶谓词推理与常识推理有较大差别。

4. 平稳发展期（20世纪90年代至今）

目前，人工智能技术的发展方向包括：大型分布式人工智能及多专家协同系统、并行推理、多种专家系统开发工具，以及大型分布式人工智能开发环境和分布式环境下的多智能体协同系统等。

5.5.3 人工智能的研究内容

1. 问题求解

问题求解即解决管理活动中由于意外引起的非预期效应或与预期效应之间的偏差。能够求解难题的下棋程序,是人工智能发展的成就之一。下棋程序应用的推理技术,如向前看几步,把困难的问题分成一些较容易的子问题,逐渐发展成为搜索和问题归约这类人工智能的基本技术。搜索策略可分为无信息导引的盲目搜索和利用经验知识导引的启发式搜索,它决定了问题求解的推理步骤中,使用知识的优先关系。

另一种问题求解程序,把各种数学公式符号汇编在一起,其程序的性能已达到非常高的水平,并被许多科学家和工程师所应用,甚至有些程序的性能还能够用经验来改善。例如,1993年美国发布的一个名为Macsyma的软件,能够进行较复杂的数学公式符号运算。

尚未解决的问题包括:无法求解人类棋手具有的表达能力,如国际象棋大师洞察棋局的能力;问题的原概念,在人工智能中称为问题表示的选择。人们常常能够找到某种思考问题的方法,从而使求解变得容易并最终解决该问题,但是人工智能却不能。

2. 专家系统

专家系统是人工智能领域的重要分支,它从一般思维方法的探讨转为运用专门知识求解专门问题。专家系统可看作一类具有专门知识的计算机智能程序系统,它运用特定领域专家提供的专门知识和经验,采用人工智能中的推理技术来求解和模拟通常由专家才能解决的复杂问题。它求解的是一种启发式方法,经常需要在不完全、不精确或不确定的信息基础上得出结论,这点与传统计算机程序不同。

近年来,专家系统已出现有效应用人工智能技术的趋势,比如,用户与专家系统进行"咨询对话",对话中,用户向专家系统询问以期得到有关解答,专家系统解释问题并建议进行某些实验,这如同用户与专家面对面对话。另外,当前的实验系统,如化学和地质数据分析、计算机系统结构、建筑工程以及医疗诊断等咨询任务方面,专家系统已达到很高的水平。

发展专家系统的关键在于表达和运用专家知识,即来自人类专家的且已被证明能够解决某领域典型问题的有用的事实和过程。不同领域与不同类型的专家系统,其体系结构和功能也有一定的差异,但它们的组成基本一致。专家系统主要由数据库、知识库、推理机、解释机制、知识获取和用户界面六部分组成,如图5-10所示。

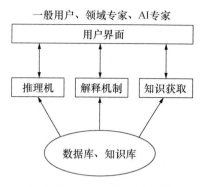

图 5-10 专家系统基本结构

3. 机器学习

机器学习（machine learning）是研究如何使用计算机模拟或实现人类的学习活动。学习是一个有特定目的的知识获取过程，它的内部主要表现为新知识结构的不断建立和修改，外部表现为性能的改善。学习是人类智能的重要特征，而机器学习也是使计算机具有智能的根本途径，如香克所说："一台计算机若不会学习，就不能称为具有智能的。"除此之外，机器学习还有助于发现人类学习的机理并揭示人脑的奥秘。

本质上讲，机器学习过程是学习系统把专家提供的信息转换成能被系统理解并应用的过程。按照系统对专家的依赖程度，学习方法分为：机械式学习（rote learning）、讲授式学习（learning from instruction）、类比学习（learning by analogy）、归纳学习（learning from induction）、观察发现式学习（learning by observation and discovery）等。

此外，近年来，研究人员又发展了基于解释、事例、概念、神经网络的学习和遗传学习等学习方法。

4. 神经网络

人工神经网络（artificial neural network，ANN）是一种由大量节点（或称神经元）相互连接构成的运算模型，是对人脑或自然神经网络一些基本特性的抽象和模拟，其目的在于模拟大脑的某些机理与机制，从而实现某些方面的功能。通俗地讲，人工神经网络是仿真研究生物神经网络的结果。详细地说，人工神经网络是为获得某个特定问题的解，根据所掌握的生物神经网络机理，按照控制工程的思路及数学描述方法，建立相应的数学模型并采用适当的算法，有针对性地确定数学模型参数的技术。

人工神经网络的信息处理是由神经元之间的相互作用实现的，知识与信息的存储主要表现为网络元件互连间分布式的物理联系。神经网络具有很强的自学习能力，它可以不依赖于"专家"的头脑，自动从已有的实验数据中总结规律。由此，人工神经网络擅长处理复杂多维的非线性问题，它不但可以解决定性问题，也可解决定量问题，同时还具有大规模并行处理和分布的信息存储能力，具有良好的自适应、自组织性以及很强的学习、联想、容错能力和较好的可靠性。

5. 模式识别

模式识别是指用计算机代替或帮助人类感知模式,主要研究对象是计算机模式识别系统,也就是让计算机系统能够模拟人类通过感觉器官对外界产生各种感知能力。

较早的模式识别集中在对文字和二维图像的识别。自 20 世纪 60 年代中期,机器视觉方面开始转向解释和描述复杂的三维景物。Robest 于 1965 年发表的论文指明了借助计算机分析由棱柱体组成的景物的方向,迈出了用计算机将三维图像解释成三维景物单眼视图的第一步,即所谓的积木世界。接着,机器识别由积木世界进入识别更复杂的景物和在复杂环境中寻找目标以及室外景物分析等方面的研究。目前,研究的热点是活动目标的识别和分析,它是景物分析走向实用化的一个标志。语音识别技术始于 20 世纪 50 年代初期,到 20 世纪 70 年代,各种语音识别装置相继出现,目前性能良好的能识别单词的声音识别系统已进入实用阶段。

作为一门新兴学科,模式识别在不断发展,其理论基础和研究范围也在不断发展。随着其应用范围的逐渐扩大及计算机科学的发展,模式识别技术将在今后得到更大的发展,并且量子计算技术也将用于模式识别的研究。

6. 人工智能与大数据

人工智能方法包括人工神经网络、机器学习、知识表现、智能搜索、模糊逻辑等。要使这些方法具有优异的表现并非易事,需要足够多的数据样本和强大的计算能力做支撑,这在人工智能出现的早期难以实现,而大数据时代的到来或许能给人工智能的发展提供新助力。

以机器学习为例,其目的是从数据中自动分析并获得规律,同时利用规律对未知数据进行预测。目前广泛应用的互联网搜索、垃圾邮件过滤、机器翻译、在线广告、手写识别等都是机器学习的应用案例,但智能化的机器学习实现难度相对较大。尤其是与人沟通的场景的庞杂性,要求预设的条件较多,机器识别的过程中对于模糊性的问题会有纰漏,对于数据的处理占用较多时间和资源,这个瓶颈制约了人工智能的发展。

目前,国内外各大网站都已积累了大量用户的商品交易、搜索、社交、个人情感等数据。大数据技术能够对一些数量巨大、种类繁多、价值密度极低、本身快速变化的数据有效和低成本存取、检索、分类、统计,甚至可以对大数据进行智能分析,进一步挖掘大数据的经济价值和社会价值。而智能化的一大难题就是对纷杂的场景反应的精准性,人工智能若不依托于大数据,将难有作为。

人工智能多年的研究成果可以促进大数据的发展。比如,自然语言语义分析、信息提取、知识表现、自动化推理、机器学习等,这些技术正在逐步应用于大数据技术的前沿领域,挖掘大数据蕴含的规律和价值,从而为人类决策提供支撑。除了常见的购物、视频推荐和社交图谱等,近年来火热的 Google Glass、无人机技术也都是人工智能在大数据领域的成功应用。

"棱镜计划"是一个大数据应用的大型实验,其工作原理就是人工智能系统通过

"关键词+发生规律"不断对产生的大量电子痕迹、踪迹、轨迹进行搜寻与分析。这里的"关键词"不仅是人们在网上键入的文字,还可以是声音或图像。语音不仅可以被还原成文字,一些带有个人独特色彩的用词规律与音频特征也能被记录。"棱镜计划"的人工智能系统通过对大量实体与虚拟世界的电子痕迹、轨迹、踪迹进行分析,从中找出与一般人日常生活规律不符的可疑点,并对可疑点进一步深入跟踪,以此发现问题或者排除可疑人员。

5.5.4 人工智能的应用案例

应用于物流行业的人工智能技术有机器人、专家系统等形态。多关节机器人、多功能手爪、机器视觉子系统、输送机械、电控系统等机器人构成了智能化物流系统,实现了物品识别、外观尺寸定位、自动换多功能手爪、上下料、拆码垛、输送、托盘补给、分拣、检测、生产信息管理等功能。仓储专家系统对仓储专家的知识和经验进行总结并建成知识库,同时按照合适的控制策略,模仿专家的思维过程,建立类似专家解决问题的推理机制。此外,在自动导向车和智能用车系统中,应用专家系统确定行走路线和运行方案,在物料存取过程中,应用专家系统指挥机器人进行入架和出架操作等。具体而言,在物流行业,人工智能的应用表现在以下方面:

1. 物流货物的可视化、互动化和智能化

AI应用为物流工作提供了诸多方便。AI机器人、计算机可视系统、会话交互界面以及自动运输工具等都是AI在物流运营中的实际体现。

未来,面对数以百万计的货物,工作人员无须再与传送机器、扫描设备、人工处理设备一同进行分拣,而是利用人机协作机器人系统。通过AI引擎,不同的摄像头和传感器抓取实时数据,继而通过品牌标识、标签和3D形态来识别物品。中外运敦豪(DHL)的"小型高效自动分拣装置"就利用部分图像识别技术,对信件、包裹甚至码垛货物进行高速有效分拣,并自动获取数据,对接其相应系统进行数据上传。

AI驱动的可视化监测技术也是物流操作环境下的一支潜力股。在物流行业,货物灭失或磨损是无可避免的问题。IBM Watson通过对货运列车进行追踪拍摄,实现对货物损坏情况的识别和分类,并进行适当修复。具体来说,将照相机沿火车轨道安装,以收集经行火车车厢的图像,然后自动上传到图像存储区,由AI图像分类器识别损坏的货车组件。

2. 作业过程中的AI

AI能够助物流业一臂之力,推动其从根本上转变运作模式,从反应式行动和预报转变为智能预测下的主动式行为。

DHL开发了一种基于机器学习的工具来预测空运延误状况,通过对其内部58个不同参数建立机器学习模型,能够提前一周对特定航线的日平均通行时间进行预测。此外,它还能确定导致运输延误的主要因素,如天气因素、机场因素等。这些有助于空运代理商提前进行科学计划,提高物流业务运营能力。

DHL的Resilience360平台是基于云计算的供应链风险管理解决方案。对于供应链上游企业来说，供应商一旦出现问题，如原材料短缺、采取不当劳动措施、接受法律调查等，都会影响整个供应链。Resilience360 平台的 Supply Watch 模块通过使用机器学习和自然语言处理技术，可监控分析来自 30 多万个网站和社交媒体信息源的 800 万篇内容的态度和观点，以预判风险指标，帮助供应链管理者提前采取措施，以免供应链中断。

"DHL 全球贸易晴雨表"则基于其庞大的运营物流数据、先进的统计模型和 AI 可对全球经济前景进行月度展望。模型采用自下而上的方法，以来自 7 个国家的商品空运和集装箱海运进出口数据作为基础。运用 AI 引擎和其他非认知分析模型，总结出一个单一的指数来表示当前贸易增长和未来两个月全球贸易的加权平均值。历史数据测试显示，DHL 全球贸易晴雨表能够对全球贸易进行周期为 3 个月的有效预测。

3．行政办公中的 AI

在企业生存环境复杂多变的大背景下，大量细致且重复的行政工作会给企业内部运行带来巨大压力。在这一点上，AI 能够帮助企业节省时间、降低成本，从而提高效率。

（1）认知自动化技术

AI 和机器人过程自动化技术（RPA）相结合的自动化智能业务处理技术，将软件机器人整合至现有的商务应用和 IT 系统中，实现对传统人工文书工作的替代。

（2）财务异常情况检测

物流企业的财务会计团队每年要处理上百万张来自运输公司、分包商、包机航空公司等供应商及合作伙伴的发票。自然语言处理技术能够从成堆的发票中提取发票金额、账户信息、日期、地址等关键信息。RPA 机器人对数据进行分类，然后输入现有的财会软件中，自动生成订单、执行付款并向客户发送确认电子邮件，整个过程无须人工干预。

（3）认知型海关申报

使用 AI 对海关申报流程进行优化和自动化也是一个趋势。以往海关申报的主要问题在于过度依赖人工处理，相关工作人员需要熟知法律法规，了解行业及客户信息，对各类内容和条文进行交叉验证和反复确认。

DHL 的全球快递网络采用了部分 AI 技术进行细致的地址管理，从而提高了运送效率，并保证了送达准确性。

在清关可视化方面，DHL 将 AI 融入工作流程中。在流程可视化方面，客户可通过清关关键进程检查点，了解货物清关状态，实时掌握清关进展。在交互可视化方面，系统对现有各类系统信息进行整合分析，根据既有清关信息及清关习惯提出建议，提升清关效率。

本章小结

本章首先介绍了物联网的基本概念和其三层架构模式,并以华润无锡为例,分析物联网在物流领域的应用。其次,介绍了近年来热门的大数据技术,并叙述大数据的定义、特征和流程,从大数据分析方法的角度,介绍了几种常用的大数据分析方法,并通过实际案例介绍大数据技术在物流行业的应用。再次,介绍了云计算和云存储的基本定义和层次架构,以锦程物流网为例,介绍了云计算在物流企业中的应用。最后,对近年来在产业界非常热门的移动互联网以及人工智能进行了介绍,通过具体案例介绍了移动互联网以及人工智能在物流领域的各类应用。移动互联网技术的使用有助于物流企业经济和社会效益的增长,而人工智能可帮助物流企业实现物流环节的可视化、互动化和智能化。

习题

1. 物联网技术给物流行业带来的优势有哪些?请举例说明如何应用这些优势。
2. 大数据技术如何改善物流信息的处理?如何提高物流信息系统的效率和处理速度?
3. 云计算在物流信息处理中有哪些作用?请结合实际案例进行说明。
4. 移动互联网是如何应用在物流行业的?请举例说明。
5. 人工智能在物流信息处理中有哪些作用?请结合实际案例进行说明。

参考文献

[1] 艾沙江·艾则孜卡力:《物联网对传统零售企业绩效影响的实证研究》,集美大学 2013 年硕士学位论文。

[2] 展涛、刘铁军、郝兆兴:《我国物联网发展状况与知识产权专利保护》,载《山东煤炭科技》2011 年第 6 期,第 229—230 页。

[3] 李荣:《物联网技术及其在一般物流问题中的应用》,载《商情》2013 年第 34 期,第 268 页。

[4] 林玲:《物联网技术在物流行业中的应用及构建研究》,北京邮电大学 2011 年硕士学位论文。

[5] 新华通讯社江苏分社:《无锡国家传感网创新示范区 第三届物联网十大应用案例》,https://wenku.baidu.com/view/5f99474eaeaad1f346933fef.html。

[6] Naisbitt J., *Megatrends: Ten New Directions Transforming Our Lives*, Warner Books, 1984.

[7] 李国杰、程学旗:《大数据研究:未来科技及经济社会发展的重大战略领域——大数据的研究现状与科学思考》,载《中国科学院院刊》2012 年第 6 期,第

647—657 页。

[8] 冯登国、张敏、李昊：《大数据安全与隐私保护》，载《计算机学报》2014 年第 1 期，第 246—258 页。

[9] Manyika J., Chui M., Brown B., et al., Big data: The Next Frontier for Innovation, Competition, and Productivity, MGI Technical Report, 2011.

[10] Science, Special Online Collection: Dealing with Data, http://sciencemag.org/site/special/data.

[11] McAfee A., Brynjolfsson E., Big Data: The Management Revolution, *Harvard Business Review*, 2012 (10): 61-68.

[12] Chen H., Chiang R. H., Storey V. C., Business Intelligence and Analytics: From Big Data to Big Impact, *MIS Quarterly*, 2012 (4): 1165-1188.

[13] Abbasi A., Adjeroh D., Social Media Analytics for Smart Health, *IEEE Intelligent Systems*, 2014 (2): 60-64.

[14] Kaushik, A. *Web Analytics 2.0: The Art of Online Accountability and Science of Customer Centricity*, Wiley Publishing, 2011.

[15] Li X., Dong X. L., Lyons K., et al., Truth Finding on the Deep Web: Is the Problem Solved?, *Proceedings of the VLDB Endowment*, 2012 (2): 97-108.

[16] Arasu A, Chaudhuri S, Chen Z, et al. Experiences with using Data Cleaning Technology for Bing Services, *Bulletin of the Technical Committee on Data Engineering*, 2012 (2): 14-23.

[17] 中国计算机学会大数据专家委员会：《中国大数据技术与产业发展白皮书 (2013)》。

[18] Ghemawat S., Gobioff H., Leung S. T., The Google File System, *ACM SIGOPS Operating Systems Review*, 2003 (5): 29-43.

[19] Borthakur D. HDFS Architecture Guide, http://hadoop.apache.org/common/docs/current/hdfs design.pdf.

[20] 吴甘沙：《大数据计算范式的分野与交融》，载《程序员》2013 年第 9 期，第 104—108 页。

[21] Melnik S., Gubarev A., Long J. J., et al., Dremel: Interactive Analysis of Web-scale Datasets, *Proceedings of the VLDB Endowment*, 2010 (1): 330-339.

[22] Neumeyer L., Robbins B., Nair A., et al., S4: Distributed Stream Computing Platform, 2010 IEEE International Conference on IEEE, 2010.

[23] Goodhope K., Koshy J., Kreps J., et al., Building LinkedIn's Real-time Activity Data Pipeline, *IEEE Data Eng. Bull.*, 2012 (2): 33-45.

[24] Zaharia M., Das T., Li H., et al., Discretized Streams: An Efficient and Fault-tolerant Model for Stream Processing on Large Clusters, Proceedings of the 4th USENIX Conference on Hot Topics in Cloud Computing, 2012.

[25] Malewicz G., Austern M. H., Bik A. J. C., *et al.*, Pregel: A System for Large-scale Graph Processing, Proceedings of the 2010 ACM SIGMOD International Conference on Management of Data, 2010.

[26] Shao B., Wang H., Li Y.. Trinity: A Distributed Graph Engine on A Memory Cloud, Proceedings of the 2013 ACM SIGMOD International Conference on Management of Data, 2013.

[27] Xin R. S., Gonzalez J. E., Franklin M. J., *et al.*, Graphx: A Resilient Distributed Graph System on Spark, First International Workshop on Graph Data Management Experiences and Systems, 2013.

[28] Infinite Graph, the Distributed Graph Database, http://www.infinitegraph.com..

[29] Gonzalez J. E., Low Y., Gu H., *et al.*, PowerGraph: Distributed Graph-Parallel Computation on Natural Graphs, *OSDI*, 2012 (1): 2.

[30] Kang U., Chau D. H., Faloutsos C., Pegasus: Mining Billion-scale Graphs in the Cloud, 2012 IEEE International Conference on IEEE, 2012.

[31] Gubanov M., Pyayt A., MEDREADFAST: A Structural Information Retrieval Engine for Big ClInical Text, 2012 IEEE 13th International Conference on IEEE, 2012.

[32] Das S., Sismanis Y., Beyer K. S., *et al.*, Ricardo: Integrating R and Hadoop, Proceedings of the 2010 ACM SIGMOD International Conference on Management of Data. 2010.

[33] 贺全兵:《可视化技术的发展及应用》,载《中国西部科技》2008年第4期,第4—7页。

[34] Hinton G. E., Osindero S., Teh Y. W., A Fast Learning Algorithm for Deep Belief Nets, *Neural computation*, 2006 (7): 1527-1554.

[35] Bengio Y., Lamblin P., Popovici D., *et al.*, Greedy Layer-wise Training of Deep Networks, Advances in Neural Information Processing Systems Conference Paper, 2007.

[36] 史忠植:《知识发现》,清华大学出版社2002年版。

[37] Girvan M., Newman M. E. J., Community Structure in Social and Biological Networks, *Proceedings of the National Academy of Sciences*, 2002 (12): 7821-7826.

[38] Fortunato S., Community Detection in Graphs, *Physics Reports*, 2010 (3): 75-174.

[39] Anderson R. M., May R. M., Anderson B., *Infectious Diseases of Humans: Dynamics and Control*, Oxford University Press, 1992.

[40] Hethcote H. W., Van Den Driessche P., Two SIS Epidemiologic Models

with Delays, *Journal of Mathematical Biology*, 2000 (1): 3-26.

[41] Noh J D., Rieger H., Random Walks on Complex Networks, *Physical Review Letters*, 2004 (11): 118.

[42] Cheng X. Q., Guo J. F., Jin X. L., A Retrospective of Web Information Retrieval and Mining, *Journal of Chinese Information Processing*, 2011 (6): 111-117.

[43] 沈华伟、靳小龙、任福新、程学旗：《面向社会媒体的舆情分析》，载《中国计算机学会通讯》2012年第4期，第32—36页。

[44] Goodrich M. T., Tsay J. J., Vengroff D. E., *et al.*, External-memory Computational Geometry, 34th Annual Symposium on IEEE, 1993.

[45] Matias Y., Segal E., Vitter JS., Efficient Bundle Sorting, Proc. of the 11th Annual ACM-SIAM Symp. on Discrete Algorithms, 2000.

[46] Plaisant C., Carr D., Shneiderman B. Image-browser Taxonomy and Guidelines for Designers, *IEEE Software*, 1995 (2): 21-32.

[47] 梁红波：《大数据技术引领企业市场营销变革》，载《濮阳职业技术学院学报》2014第2期，第145—149页。

[48] 高江虹：《2014"双十一"快递提速：5.86亿件包裹的疏流实验》，http://www.21cbh.com/2014/11-22/0OMDAzOTNfMTM0NjE0OQ.html。

[49] 王须峦：《物流超市的新构想》，载《物流技术与应用》2011年第10期，第59页。

[50] 李兴国、丁晗：《云物流环境下新型终端配送模式：物流超市研究》，载《物流科技》2013年第5期，第52页。

[51] 赵秉正：《加快云物流建设促产业集群发展》，http://news.xd56b.com/shtml/xdwlb/20130813/267267.shtml。

[52] 佚名：《2013年中国电子商务市场交易规模9.9万亿元》，http://www.chinaidr.com/news/2014-03/18976.html。

[53] 童木：《易迅与顺丰达成全面战略合作》，http://tech.qq.com/a/20131128/010508.htm。

[54] 罗军舟、金嘉晖、宋爱波、东方：《云计算：体系架构与关键技术》，载《通信学报》2011年第7期，第3—21页。

[55] 吴朱华编著：《云计算核心技术剖析》，人民邮电出版社2011年版。

[56] 郭宏亮：《移动互联网及其发展趋势》，载《电子技术与软件工程》2013第16期，第25页。

[57] 龙海军：《浅谈移动互联网的特点与应用》，载《城市建设理论研究：电子版》2011年第25期。

[58] 陆筠：《中国电信在移动互联网时代的位置服务商业模式研究》，电子科技大学2012年硕士学位论文。

[59] 李兴华、严文静:《物流企业成功运用移动通信技术案例解读》, https://wenku.baidu.com/view/24d13738af45b307e87197d7.html。

[60] John McCarthy, Marvin L. Minsky, Nathaniel Rochester, Claude E. Shannon, A Proposal for the Dartmouth Summer Research Project on Artificial Intelligence, August 31, 1955.

[61] Nilsson Nils, *Principles of Artificial Intelligence*, Morgan Kaufmann Publishers, Inc., 1980.

[62] P. Winston, *Artificial Intelligence*, Addison-Wesley, 1984.

[63] 钟义信:《人工智能的突破与科学方法的创新》,载《模式识别与人工智能》2012年第3期,第456—461页。

[64] Warren McCulloch, Walter Pitts, *A Logical Calculus of Ideas Immanent in Nervous Activity. Bulletin of Mathematical Biophysics*, Springer, 1943.

[65] Feigenbaum Edward, The Art of Artificial Intelligence: I. Themes and Case Studies of Knowledge Engineering, Stanford University Technical Report, 1977.

[66] 《独家:人工智能到底如何应用于物流? DHL这份报告讲透了》, http://www.sohu.com/a/230105452_343156。

[67] 邹蕾、张先锋:《人工智能及其发展应用》,载《信息网络安全》2012年第2期,第11—13页。

第 3 篇

应 用 篇

第6章

订单管理信息系统

学习目的

1. 理解订单管理的概念;
2. 了解订单管理的流程;
3. 理解订单管理信息系统的功能;
4. 理解电子订货系统的概念;
5. 了解电子订货系统的业务流程。

订单管理信息系统是物流管理信息系统的一部分,通过对客户下达的订单进行管理及跟踪,动态掌握订单的进展和完成情况,提高物流过程中的作业效率,从而节省运作时间和作业成本,提升物流企业的市场竞争力。订单管理信息系统通过统一订单为用户提供整合的一站式供应链服务,订单管理以及订单跟踪管理能够使用户和物流服务要求得到满足。订单管理系统是物流管理链条中不可或缺的部分,通过对订单的管理和分配,使仓储管理和运输管理有机结合,使物流管理中各个环节充分发挥作用,使仓储、运输成为一个有机整体,满足物流系统信息化的需求。

6.1 订 单 管 理

6.1.1 订单管理的概念

订单管理是对订单活动过程进行计划、组织和控制的过程。订单管理可被用来发掘潜在客户和现有客户的潜在商业机会,它能更好地把个性化、差异化的服务有机地融入客户管理,能推动经济效益和客户满意度的提升。由于客户下订单的方式多种多样、订单执行路径千变万化、产品和服务不断变化、发票开具难以协调等情况,使得订单管理变得十分复杂。

6.1.2 订单管理的内容

订单活动包括从接到客户订货到准备拣货作业,其中还包括有关用户和订单的资料确认、存货查询和单据处理等内容。

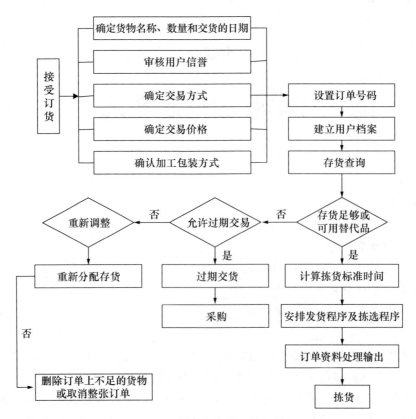

图 6-1 订单业务处理流程图

1. 接受订货

接受订货是订单处理的第一步。接受订货有传统订货和电子订货两种方式。其中，传统订货方式如表 6-1 所示。

表 6-1 传统订货方式

传统订货种类	订货方式描述
厂商补货	供应商直接将商品放在货车上，依次给各订货方按需送货，这种方法适用于周转率快的商品或新上市的商品
厂商巡货，隔天送货	供应商派巡货员前一天先到各客户处巡查需要补充的货物，隔天予以补货，传统的供应商可利用巡货员为店铺整理货架、贴标签或提供经营管理意见等机会推销新产品或将自己的产品放在占优势的货架上
电话订货	客户将商品名称及数量以打电话的方式告知供应商并向供应商订货，由于每天需向许多供应商订货，且需订货的品项较多，故花费时间长，出错率高
传真订货	客户将缺货信息整理成文用传真机传给供应商，用传真机可快速订货，但传送的资料常因不清晰而导致事后确认作业量的增加
邮寄订单	客户将订货单邮寄给供应商，但邮寄的效率及品质不能满足市场需求
客户自行取货	客户自行到供应商处看货、补货
业务员跑单、接单	业务员到各客户处去推销商品，并将产生的订单带回公司

电子订货方式是一种借助计算机信息处理系统，将订货信息转为电子信息并借由通信网络传送订单的一种订货方式，采用这种方式订货的系统称为电子订货系统（electronic ordering system，EOS）。该种方式传送速度快、可靠性及准确性都较高，不仅可以大幅度地提高客户服务水平，而且能有效缩减存货及相关的成本。我们会在本章最后一节对电子订货系统进行详细介绍。

2．订单确认

订单确认是指对客户订单的内容加以确认，主要包括的内容如表6-2所示。

表6-2　订单确认

订单确认内容	订单确认过程
货物数量及日期的确认	确认客户订单的订货数量及订货日期
送货日期及出货日期的确认	确认客户订单的送货日期及出货日期
客户信用的确认	对客户信用进行核查，如发现客户的信用有问题则将订单送至相关部门再核查或将订单退回
订单形态的确认	不同的客户采取不同的交易及处理方式
订单价格的确认	不同的客户（批发商、零售商）、不同的订购量有不同的售价，因而在输入价格时应加以审核，若输入的价格不符（输入错误或业务员降价接受订单等），应加以锁定，以便主管审核
加工包装的确认	确认客户订购的商品是否有特殊的包装、分装或贴标等要求，或是确认有关赠品的包装等

具体的订单形态和订单形态的描述如表6-3所示。

表6-3　订单形态

订单形态	形态描述
一般交易订单	接单后按正常的程序拣货、出货、发送、收款的订单
间接交易订单	客户向配送中心订货，直接由供应商将货物配送给客户的订单
现销式交易订单	与客户当场交易，直接交货的交易订单
合约式交易订单	与客户签订配送合同的交易订单，如某期间内定时配送某数量的商品
寄库式交易订单	客户因促销、降价等市场因素先行订购一定数量的货物，然后再视需求出货的订单

3．生成订单号码

每一份订单都要有单独的订单号码。此号码除了便于企业计算成本外，还有利于制造、配送等一切相关的工作。所有工作的说明单及进度报告等都应附有此号码。

4．建立客户档案

将客户状况详细记录，不但有益于单次交易的顺利进行，还有益于今后的合作。

客户档案应包含的内容如表6-4所示。

表6-4 客户档案内容

客户档案内容	客户姓名、代号、等级形态（产业交易性质）
	客户信用额度
	客户付款方式及折扣率
	开发或负责的业务员
	客户配送区域
	客户联系方式
	配送路径顺序
	适合的车辆形态
	卸货特性
	配送要求

5. 存货查询

存货查询旨在确认是否有足够库存能够满足客户需求，这通常称为"事先拣货"。存货档案的资料一般包括货品名称、代码、产品描述、库存量、已分配存货、有效存货及期望进货时间。

在输入客户订货商品的名称、代码时，系统即开始检查存货的相关资料，检查该商品是否缺货，若缺货，则应显示商品资料或该缺货商品是否已经采购但未入库等信息，便于工作人员与客户协调是否改订其他商品或是否允许延后出货等，以提高工作人员的接单率及接单处理效率。

6. 分配存货

订单资料输入系统且确认无误后，最主要的处理作业在于如何对大量的商品进行有效的汇总分类、调拨库存，以便后续的物流作业能有效进行。存货的分配模式可分为单一订单分配和批次分配两种。

（1）单一订单分配

这种情况多为线上即时分配，即在输入订单资料时，就将存货分配给订单。

（2）批次分配

表6-5 订单批次分配方式

分配方式	分配方式描述
按接单时序划分	将整个接单时段划分为几个合理区段，若一天有多个配送批次，可配合配送批次将订单按先后顺序分为几个批次来处理
按配送区域划分	将同一配送区域的订单汇总后一起处理
按流通加工需求划分	将需要加工处理的订单一起处理
按车辆需求划分	若配送商品需要特殊的配送车辆（如低温车、冷冻车、冷藏车）或由于客户所在地、货物特性等需要安排特殊配送车辆，可一起处理

7. 存货不足的异动处理

若现有存货数量无法满足客户需求,且客户又不愿接受替代品时,则依据客户意愿与公司政策来制定应对方式。

6.2 订单管理信息系统

订单管理信息系统是企业有效处理订单内容的核心,通过订单管理信息系统可以帮助企业有效提升订单管理效率,减少管理成本,提升企业竞争优势。

1. 订单管理信息系统的概念

订单管理信息系统是物流管理系统的一部分,用于接收客户订单信息以及仓储管理系统发来的库存信息,然后按客户和重要程度将订单分类,对不同仓储地点的库存进行配置,并确定交付日期,这样的系统称为订单管理信息系统。

2. 订单管理信息系统的目标

通过采用合理可行的信息化技术手段优化订单流程,提升管理效率,加强各部门的联系,降低管理成本,实现按期交货,提高产品质量以及客户服务水平,从而不断提升企业的市场竞争力。

3. 订单管理信息系统的优点

企业的订单管理是涉及企业生产、企业资金流和企业经营风险的关键环节。订单管理是企业管理中的源头管理。在实施订单管理信息系统后,企业的管理将迈上一个新的台阶。主要益处有:

(1) 降低人力、资源及通信成本;
(2) 具有较强的系统及数据稳定性;
(3) 业务处理方便快捷,可迅速提升企业竞争力。

6.3 订单管理信息系统主要功能

企业应用订单管理信息系统的目的就是通过订单管理的信息化不断提高业务的处理速度和规范化程度,并对有关工作进行集成和重组。

6.3.1 订单业务管理

1. 服务展示

企业将可提供的服务项目、服务情况内容发布到网络平台供客户选择,企业还可对已发布的项目和内容进行实时修改和维护,客户可任意选择企业的一种或几种服务。系统还可对各个服务项目被选择的情况进行统计,供企业管理层决策参考。

2. 订单生成

客户选择需要的服务后即开始下单,每张订单必须包含必要的信息,如客户资料

(姓名、电话、公司、地址等)、产品信息(产品名称、规格、数量、包装等),此外还有订单相关的其他信息(支付信息、送货时间等)。客户填写相关信息后提交订单,等待企业审核。

3. 订单审核

客户填写的订单由销售部门接收,销售部门据此建立客户档案和订单档案;同时客服部门、配货部门、运输部门、流通加工部门、财务部门等相关部门也会收到订单,他们会分别对资料真实性、技术可行性与财务信用度等方面进行审核,如客户身份的合法性和特殊性(如是否为保税区客户)、客户资信情况、特殊的委托要求等。遇到信息不完全、情况不明或委托难以完成的情况,将向相关部门提出疑问并与客户进行协商,客户进入功能模块根据协商结果修正订单,继续接受审核。

4. 订单确认

订单通过审核以后,则意味着订单生效,若订单之前有相关合同则不必生成新的合同,若下订单的客户为新客户则需要签订合同。新的合同由销售部门代表企业与客户签订。得到客户认可的合同通过网络传送至企业,生成的新订单则传送到相关部门,并开始为客户提供物流服务。此后关于合同的变更、中止、完结等问题,由相关合同管理功能模块负责。

5. 订单执行

订单正式生成以后,系统对合同中的服务条款进行识别,经由物流资源计划子系统通盘考虑企业现有资源和服务能力制订资源规划,并在具体作业环节实现具体作业任务的分解,如分解为配送子任务、运输子任务、流通加工子任务、资源采购子任务等。然后,系统为其选配相应的工作流程,生成一系列的服务起始单据,如拣货任务单、客户托运单、加工任务单等,并向相应的业务执行模块传送这些单据。

6. 订单追踪

客户可以根据订单编号、下单日期、服务项目、订单状态、货物名称、交易金额等方式查询已交易订单,浏览订单的明细和相关单据,以掌握订单最新状态,对订单进行分类汇总。

企业可以按下单日期、服务项目、订单状态、货物名称、交易金额、客户名称等方式查询所有客户的订单,浏览订单明细和相关单据,得到各类订单的汇总信息。企业经过查询得到的信息可以反馈给物流资源计划子系统,以实现对资源和物流作业任务的动态调整。

6.3.2 资源管理

资源管理功能用于管理该系统所需的基础数据,包括产品信息、员工信息、客户信息及合同资料。

1. 产品信息管理

产品的基本信息包括产品的名称、代码、属性、规格、包装、批次等,管理员可对产品的信息进行添加、删除、修改、查询等操作，以保证产品动态的实时更新。

2. 客户信息管理

管理客户的基础资料，包括客户的姓名、单位、地址等信息，对客户的基础资料进行添加、删除、修改和查询等操作，并且保存企业与客户的历史交易记录。

3. 合同管理

合同是企业间开展业务的依据，是协议双方经过多次协商后达成的一致，与其相关的订单都应由专门人员进行管理，其中的任何信息都不能随意修改。

4. 员工信息管理

（1）基本信息管理：用于管理员工的基本信息，包括姓名、员工号、所属部门、职务等。

（2）操作权限管理：系统根据不同员工的操作权限对员工进行分级管理，即对不同的员工针对不同业务分配不同的操作权限，拥有最高权限的员工可以对其以下级别的员工进行管理。

6.3.3　统计分析管理

统计分析管理即综合订单管理的各部分信息，方便相关人员对各项数据进行统计，对订单成本进行结算与监控，并根据订单执行情况对各项指标进行分析与预测。

6.4　电子订货系统（EOS）

6.4.1　电子订货系统概述

依据《国家标准：物流术语》的定义，电子订货系统（electronic ordering system，EOS）是指："不同组织间利用通信网络（VAN 或互联网）和终端设备进行订货作业与订货信息交换的系统。"EOS 是零售企业使用计算机将各种订货信息通过网络系统传递给批发商或供应商，使订货、接单、处理、供货、结算等全过程在计算机上进行处理的系统。

6.4.2　电子订货系统的特点

电子订货系统建立了零售商和供应商之间信息交换的通道，使双方能够及时、准确地沟通信息，从而大大缩短订货周期，这不仅使商品的及时供应得到保障，而且加速了资金的周转率，实现了零库存战略，其具体特点表现在以下方面：

1. 零售业使用 EOS 的特点（如表 6-6 所示）

表 6-6　零售业使用 EOS 的效益

效益	具体描述
降低库存量	零售商可以通过 EOS 将商店所陈列的商品数量压缩到最小，使有限的空间能陈列更多种类的商品，即使是销售量较大的商品也无须很大的面积存放，甚至做到零库存
减少交货失误	客户根据通用商品条形码订货，可做到准确无误；批发商将详细的订购资料用计算机处理，可以减少交货差错
改善订货业务	任何人都可正确迅速地完成订货，并且可根据 EOS 获得大量的有用信息，如订购的控制、批发订购的趋势、紧俏商品的趋势和其他信息等
建立综合管理系统	以 EOS 为中心建立商品文件、货架管理系统、货位管理、进货价格管理等，如将所订购的商品资料存入计算机，再依据交货单据、修正订购与实际交货的出入部分，进行进货管理分析等

2. 批发业使用 EOS 的特点（如表 6-7 所示）

表 6-7　批发业使用 EOS 的效益

效益	具体描述
提高服务质量	满足顾客对某种商品少量、多次的需求，缩短交货时间，能迅速、准确和低成本出货、交货
建立高效的物流体系	减少退货、缺货现象，缩短交货时检验的时间，可大幅度提高送货派车的效率，降低物流成本
提高工作效率	减少手工劳动等事务性工作，有效提高工作效率
销售管理系统化	将销售系统与商店的综合管理系统一体化后，销售信息的处理更加快捷，即时补货到位，保证了销售市场的稳定，大大提高了企业的经济效益

6.4.3　电子订货系统的作用

电子订货系统是企业提升综合竞争力的必要手段，为企业管理营销渠道、维护品牌、降低运营成本及提高工作效率建立了完善的信息处理平台，帮助企业完成信息共享、流程控制、业务数据挖掘等信息化建设。具体来讲，电子订货系统对企业经营管理有如下积极作用：

（1）提高企业市场份额。根据企业自身产品特色建立符合客户需求的网页，企业可以及时有效地获得客户的反馈信息，提高企业信息处理的能力，利用信息优势加快企业内部商品、资金循环。

（2）提高企业经济效益。电子订货系统把企业的市场需求与采购、销售、运输、生产、结算等一系列的经营活动结合在一起，大大降低了企业的管理费用与运作成本。电子订货系统快速、准确的信息传达，使得企业随时掌控市场动态与客户需求，降低了业务处理的错误率及企业的管理成本，并且缩短了业务的交易时间，简化了业务流程，改善了服务质量，进而提高了企业的经济效益。

（3）提高企业适应市场变化的能力。网络信息的快速传递和分析，为企业了解市场需求提供帮助，把企业采购和销售活动紧密结合在一起，并帮助企业决策者制定策略，大大加强企业对市场变化的反应和适应能力，提高了企业的营销能力。

（4）优化企业管理组织结构。电子订货系统的信息传递和交流，使得企业的经营和管理方式，由原来垂直管理结构模式转换为开放式的水平管理结构模式，信息传递的结构也由原来的金字塔模式转换成矩阵模式。信息的传递过程不再需要中层管理者作为一个重要的信息传递途径，高层决策者可以直接与基础执行者联系，保证了信息的真实性，并且企业高层管理者也可以及时了解和分析实际经营情况，以便及时作出决策。细化分工的管理组织已经不能适应电子订货的发展，把相互关联的管理组织加以整合已经成为大趋势，这种组织将使企业经营管理效率大大提升。

6.4.4 电子订货系统的结构

电子订货系统采用电子手段完成从零售商到供应商的产品交易过程，是由多个供货商、零售商、增值网络和计算机系统组成的大系统。供应商是商品的制造者或供货商（生产商、批发商）；零售商是商品的销售者或需求者；网络用于传输订货信息（订单、发货单、收货单、发票等）；计算机系统用于产生和处理订货信息，如图6-2所示。

图 6-2 电子订货系统示意图

1. 零售商和批发商

零售商和批发商的采购人员通过信息系统收集并汇总各机构的订货信息（商品名称、要货数量等），并根据供货商的可供商品、供货价格、交货日期、供货商的信誉等资料，向满足条件的供货商下达采购指令。采购指令需按照商业增值网络中心的标准格式进行填写，经商业增值网络中心提供的 EDI 格式转换系统转换成标准的 EDI 单证，经由网络将订货资料发送至商业增值网络中心，然后等待供货商发回有关信息。

2. 商业增值网络中心

商业增值网络中心（VAN）是为用户提供连接而不参与交易活动的情报中心。它通过网络让各种类型的计算机或各种终端相通，使情报的收发更加便捷。每当接收到用户发来的 EDI 单证时，就自动进行交易伙伴关系的核查，只有互为伙伴关系的双方才能进行交易,否则将被视为无效交易;确定有效交易关系后还必须进行 EDI 单证格式检查,只有交易双方均认可的单证格式,才能进行单证传递。商业增值网络中心会对每一笔交易进行保存,供用户查询,当交易双方发生贸易纠纷时,商业增值网络中心所保存的单证内容可以作为证据。

3. 供货商

供货商根据商业增值网络中心传来的 EDI 单证,经商业增值网络中心提供的通信界面和 EDI 格式转换系统转换成一张标准的商品订单,供货商根据订单内容和供货商提供的相关信息,安排出货,并将出货信息通过 EDI 传送给相应的批发、零售商场,以完成一次基本的订货作业。

在利用电子订货系统交易的过程中,交易双方交换的信息不仅仅是订单和交货通知,还包括订单更改、订单回复、变价通知、提单、对账通知、发票、退换货等许多信息。

6.4.5 电子订货系统业务流程

1. 销售订货作业流程

如图 6-3 所示,可以将基本的批发、订货作业过程中的业务往来划分成以下几个步骤:

(1) 各批发、零售商场或社会网点根据各自的销售情况,确定所需的货物,同体系商场将实际补货需求通过增值网络中心或实时网络系统发送给总公司业务部门;不同体系的商场或社会网点通过商业增值网络中心发出电子订货需求。

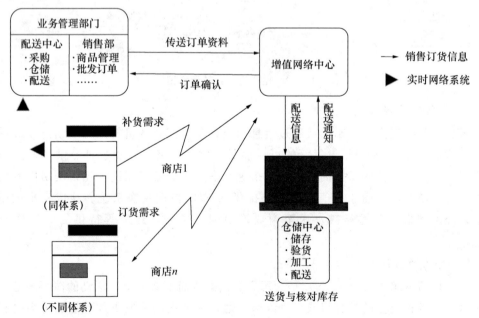

图 6-3 销售订单业务流程

(2) 商业增值网络中心将收到的补货、订货需求发送至总公司业务管理部门。

(3) 业务管理部门对收到的数据进行汇总后，通过商业增值网络中心向不同体系的商场或社会网点发送批发订单确认。

(4) 各批发、零售商场或社会网点从商业增值网络中心接收批发订单确认信息。

(5) 业务管理部门根据库存情况，通过商业增值网络中心或实时网络系统，向仓储中心发出配送通知。

(6) 仓储中心根据接收到的配送通知安排配送，并通过商业增值网络中心将配送通知传送给客户。

(7) 不同体系的社会网点，从商业增值网络中心接收仓储中心的配送通知。

(8) 仓储中心根据实际情况，通过商业增值网络中心或实时网络系统，将每天进出货物的情况，报送业务管理部门，让业务部门及时掌握商品库存；并根据商品流转情况，优化库存结构。

以上八个步骤组成了电子批发与订货的基本流程。通过这个流程，将某店与同体系商场（非独立核算单位）、不同体系商场（独立核算单位）和社会网点之间的商流、信息流结合在了一起。

2. 采购订货作业流程

采购订货作业流程如图 6-4 所示，可以将向供货商采购作业过程中的业务往来，划分成以下几个步骤：

(1) 业务管理部门根据仓储中心的商品库存情况，向指定的供货商发出商品采购订单。

(2) 商业增值网络中心将总公司业务管理部发出的采购单发送给指定的供货商。

(3) 供货商收到采购订单后，根据订单要求通过商业增值网络对采购订单进行

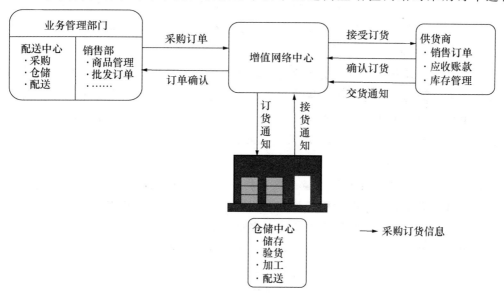

图 6-4 采购订单业务流程

确认。

（4）商业增值网络中心对供货商发来的采购订单进行确认，向仓储中心发送订货信息，以便仓储中心安排检验和合理仓储空间。

（5）供货商根据采购订单的要求，安排发运货物，并在向总公司交运货物之前，通过商业增值网络中心向仓储中心发送交货通知。

（6）仓储中心根据供货商的交货通知安排商品检验和仓库、库位，或根据配送要求进行备货。

上述六个步骤构成了采购订货的基本流程，通过该流程，将供货商之间的商流、信息流结合在一起。

6.5 案例：美团外卖订单系统演进

美团外卖自2013年9月成立以来，业务取得飞速发展。目前，已由当初的日均数单发展为日均上千万单的大型互联网外卖服务平台。平台支持的品类也由最初外卖单品拓展为全品类。随着订单量的增长、业务复杂度的提升，外卖订单系统也在不断演变进化，从早期一个订单业务模块发展到现在的分布式可扩展的高性能、高可用、高稳定订单系统。美团外卖在整个发展过程中，其订单系统经历了几个明显的阶段。

1. 外卖订单业务

外卖订单业务对实时性要求很高。从用户订餐到最终送达用户，必须在1小时内。如果送达用户时间过长，就会影响用户体验。在1小时内，订单会经过多个阶段，直到最终送达用户。因此，各个阶段需要紧密配合，确保订单顺利完成。

总之，外卖业务具有流程较长且实时性要求高、订单量高且集中的特征。

2. 订单系统雏形

外卖业务发展早期，目标是能够快速验证业务的可行性。技术上，技术人员需要保证架构足够灵活、快速迭代，从而满足业务快速试错的需求。在这个阶段，技术人员将订单相关功能组成模块，与其他模块（门店模块等）一起形成公用JAR包，然后各个系统通过引入JAR包来使用订单功能。

3. 独立的订单系统

2014年4月，美团外卖订单量达到日均10万单，而且还在持续增长。这时，业务大框架基本成型，业务在大框架基础上快速迭代。技术人员共用一个大项目进行开发部署，由于相互影响，协调成本变高；多个业务部门属于同一个虚拟机，相互影响的情况也在增多。为解决开发、部署、运行时相互影响的问题，技术人员对订单系统进行独立拆分。

4. 高性能、高可用、高稳定的订单系统

订单系统经独立拆分后，避免了业务间的相互干扰，在保障迭代速度的同时，保证了系统的稳定性。这时，美团外卖的订单量突破日均百万，而且还在持续增长。之前的一些小问题，在订单量增加后被放大，进而影响用户体验。比如，用户支付成功后，在一些极端情况下（如网络、数据库问题）会导致支付成功消息处理失败，用户支付成功后依然显示未支付。因此，需要提高系统的可靠性，保证订单功能的稳定。

另外，随着订单量的增长、订单业务的复杂，对订单系统的性能、稳定性、可用性等提出了更高的要求。为了提供更加稳定、可靠的订单服务，技术人员对拆分后的订单系统进行进一步升级。

5. 可扩展的订单系统

订单系统经过整体升级后，成为一个高性能、高稳定、高可用的分布式系统。但是，系统的可扩展性还存在一定问题，部分服务只能通过垂直扩展（如增加服务器配置）而不能通过水平扩展（如加机器）来进行扩容。但是，服务器配置有上限，导致服务整体容量受到限制。2015年5月，这个问题更加突出。当时，数据库服务器已接近单机上限，但业务预期还在继续快速增加。于是，技术人员对订单系统进行第二次升级，目标是保证系统有足够的扩展性，从而支撑业务的快速发展。

分布式系统的扩展性依赖于分布式系统中各个组件的可扩展性，对订单系统而言，其组件包括三类：存储层、中间件层、服务层。

6. 智能运维的订单系统

早期，系统的运维以人工方式为主，即外部反馈问题，技术人员通过排查日志等来定位问题。随着系统越来越复杂以及业务的增加，问题排查难度不断加大，同时反馈问题的数量也在逐步增多。这时，通过人工方式处理效率偏低，难以满足业务的需求。

为提升运维效率、降低人力成本，技术人员对系统及业务运维实施自动化、智能化改进，包括采取事前、事中、事后措施。事前措施的目的是提前发现隐患并解决，避免问题恶化。事中措施的目的是及时发现问题、快速解决问题。事后措施是指问题发生后，分析问题原因，彻底解决，并将相关经验教训在事前、事中措施中体现，不断加强事先、事中措施，争取提前发现问题，将问题扼杀在萌芽阶段。这种对人工运维操作自动化和智能化的改造，提升了处理效率，降低了运维的人力投入。

本章小结

订单管理信息系统是物流管理信息系统的一部分，通过对客户下达的订单进行管理及跟踪，动态掌握订单的进展和完成情况，提升物流过程中的作业效率，从而节省运作时间和作业成本，提高物流企业的市场竞争力。

订单管理主要包括：（1）接受订货；（2）订单确认；（3）生成订单号码；（4）建立客户档案；（5）存货查询；（6）分配存货；（7）存货不足的异动处理。

电子订货系统（EOS）是指："不同组织间利用通信网络（VAN或互联网）和终

端设备进行订货作业与订货信息交换的系统。"EOS 是零售企业将各种订货信息通过网络系统传送给批发商或供应商,使订货、接单、处理、供货、结算等全过程在计算机上进行处理的系统。

订单管理信息系统涉及企业的生产、资金流和经营风险等关键环节。订单管理是对商户下达的各种指令进行管理、查询、修改、打印等操作,同时将业务部门处理的信息反馈给企业客户。订单管理是企业管理中的源头,实施了订单管理信息系统的企业将迈上一个新的台阶。

习题

1. 订单管理主要包括哪些内容?
2. 什么是订单管理信息系统?订单管理的目标与优点是什么?
3. 电子订货系统有哪些特点?
4. 销售订单业务流程包括哪些内容?
5. 采购订单业务流程包括哪些内容?

参考文献

[1] 傅莉萍、姜斌远主编:《物流管理信息系统》,北京大学出版社 2014 年版。

[2] 马龙:《基于 JavaEE 的订单管理系统》,载《智能城市》2017 年第 2 期,第 337—338 页。

[3] 喻阳:《基于 RFID 数据采集和传输的电子订单管理系统的设计与实现》,西北大学 2012 年硕士学位论文。

[4] 陈世军:《印刷企业协议订单管理系统的设计与实现》,载《印刷工业》2016 年第 11 期,第 30—32 页。

[5] 孙海滨、刘明明:《基于微信公众平台的销售订单管理系统》,载《计算机应用与软件》2017 年第 5 期,第 110—114 页。

[6] 周梦姝、杨杏、王小刚、殷振华:《领域模型在订单管理系统开发中的应用研究》,载《电子技术与软件工程》2016 年第 1 期,第 65—66 页。

[7] Emersonsir:《美团外卖订单系统演进》,https://blog.csdn.net/emersonsir/article/details/7289464。

第 7 章

库存管理信息系统

学习目的

1. 理解库存管理的概念和主要内容；
2. 理解库存管理信息系统的概念和特点；
3. 理解库存管理信息系统的主要功能；
4. 结合实际案例理解现实中的库存管理。

库存管理信息系统是现代企业决策和管理必不可少的部分。库存管理信息系统可广泛适用于批发、零售、生产的企业、商店、仓库等，对商品在库内的变动情况与状态，以及财务收付款进行一体化管理。其主要功能有：入库管理、出库管理、在库管理、收付款管理、用户信息以及客户资料管理和其他功能。

库存管理信息系统以入库、出库、库存查询为主要应用类型，将货物库存数量控制在最佳状态。系统可以根据每种货物设定的最低库存量和最高库存量显示库存变动趋势，即哪些货物需要采购，哪些货物已经超过库存数量。然后，企业可通过库存信息拟订采购或销售计划。通过将货物的库存数量控制在合理范围，既能保证日常生产的顺利进行，也可以提高企业的流动资金占比，进而提高企业的经济效益。

7.1 库 存 管 理

7.1.1 库存管理的概念

库存管理是对制造业或服务业生产、经营全过程涉及的各种物料、产成品以及其他资源进行管理和控制，使其储备保持在经济合理的水平上。库存管理的目的是在满足客户需求的前提下，通过对企业的库存水平进行控制，尽可能降低库存水平，提高企业的效率，以提升企业的竞争力。具体包括以下几方面：

(1) 在存货合理的情况下，保证生产流程所需的材料供给顺利；
(2) 满足各个销售通路对产品的需求；
(3) 降低存货，释放更多的流动资金；
(4) 确定合理的安全存量以免意外事件的发生。

7.1.2 库存管理的内容

库存活动是指以仓库为中心,从仓库接收货物入库开始,到将货物全部完好发出的过程,因此,库存管理的内容主要包括入库、存储保管和出库发运。

1. 入库

(1) 货物接运

仓库工作人员应根据合同或入库单、入库计划及时进行库场准备、提货、收货。

(2) 验收

在货物入库存放前,应对照入库单对货物的种类、数量和质量进行核验,并对与入库单不符的货物信息进行反馈。

(3) 存货量确定

存货量的确定包括货位存货量计算、仓库存储能力计算、散货堆计算等。

(4) 储位分配

在入库作业中,仓库工作人员应根据物流资源计划子系统生成的存货任务单,并结合实时的仓储资源,检查是否有能力接收货物入库,如果可以,即可进行仓位分配。如果仓储能力不足,则通知物流资源计划工作人员,可能需要将货物存储于非本地的仓储中心,甚至涉及采购新的仓储资源协同工作。

(5) 办理入库手续

货物经过清点和验收后,仓库工作人员可以安排卸货、入库,并办理交接手续,内容包括接受货物、接受文件、签署单证、登账、立卡、建档。

2. 存储保管

货物在整个存储期间,为保持货物的原有价值,需要采取一系列保管、保养措施,如货物的堆码、检查、盘点等。货物保管的目的在于保持库存货物的使用价值,最大限度地减少货物自然损耗,杜绝由于保管不善而造成的货物损害,防止货物损失。

仓库货物保管的手段主要有:经常对货物进行检查,及时发现异常情况;合理通风;控制阳光照射;防止雨雪水弄湿货物,及时排水除湿;消除虫鼠害;妥善进行湿度控制;防止货垛倒塌;防霉除霉,剔除变质货物;对特殊货物采取有针对性的保管措施等。

3. 出库发运

(1) 催提

催提指在货物存储到期时直接向提货人发出提货通知,可以通过邮件、传真、电话等方式。如果不知道确切的提货人,则可以向存货人催提。另外,对于在仓储期间发生损害、变质以及保质期即将到期的货物也应进行催提。

(2) 备货

接到提货通知时,仓库工作人员应及时备货,以确保提货人按时完整提取货物。备货工作有:包装整理、标志重刷、零星货物组装,以及根据要求将货物转到备货区等。

(3) 出库交接

在提货时,仓库工作人员根据提货人的提货凭证办理提货手续,并签发出库单,指示保管部门交货。若提货人到库提货,仓库工作人员应会同提货人共同查验货物、逐件清点,或查重验斤、检验货物状态。若由仓库负责装车送货,在装车完毕后还应会同提货人签署出库单证、运输单证,办理货物交接。

(4) 销账、存档

货物全部出库完毕后,仓库工作人员应及时将货物从仓储保管账上核销。将留存的提货凭证、货物单证、记录、文件等归入货物档案。

另外,装卸搬运作业始终贯穿整个仓储管理过程,它是仓储的基本作业环节,在仓储作业中占的劳动作业量最大。从货物进入仓库的查验、接受、检验、堆码,到出库时的整理、备料、清点、发运,以及相关的流通加工过程无不伴随装卸搬运作业。

7.2 库存管理信息系统

7.2.1 库存管理信息系统基本特征

库存管理信息系统是运用物流管理思想和方法,采用电子计算机、软件及网络通信技术,对企业物流库存管理决策过程中的信息进行收集、存储、加工、分析,辅助库存管理,指导决策方案的制定和优选等工作,同时跟踪、控制、调节整个库存管理过程的人机系统。

库存管理信息系统根据企业的实际量身定制,所以具有行业专家特性及实际应用特性。

(1) 系统是从企业的产品管理、仓储管理、系统权限管理、销售管理、采购管理、配送管理等角度,考虑战略的实现性和信息之间的关联性及制约性,具有系统性和整体性征。

(2) 具有历史知识的积累性和共享性。库存管理信息系统将各部门员工日常工作的关键数据存储在数据库中,供管理者查阅和调用。

(3) 具有决策的支持性。各种数据经过计算机的处理,从不同的角度得到各种分析结果,并通过报警提醒的方式,使管理者在第一时间得到相关信息。

(4) 动态特性。由于信息的时效性和关联性,当系统中某一信息要素发生变化时,与之相关联的其他信息均发生变化。同时,由于企业的外部环境和内部要素均会动态变化,保证企业无论从横向的规模扩充,还是纵向的组织延伸都能够持续应用。

7.2.2 库存管理信息系统主要功能

库存管理信息系统是用来跟踪和管理仓库日常业务的信息系统,其功能如图 7-1 所示。

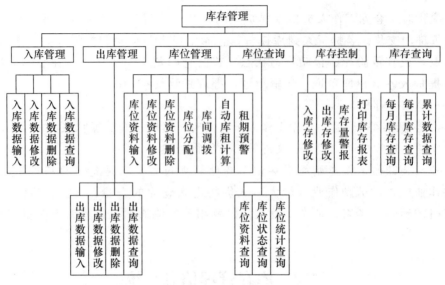

图 7-1 库存管理信息系统功能结构

1. 入库管理

该模块能处理不同形式与要求的入库指令,生成验收通知单,传送至相应岗位。由于客户要求的多样性,系统能提供与一般业务流程不同的入库管理功能,支持特殊业务审批、授权。入库业务管理包括:入库规划、入库验收、入库执行等。该模块根据不同的库存管理策略、货物属性、数量以及现有库存情况,自动设定货物堆码位置以及堆码搬运路径,从而有效利用现有库房,提高作业效率。具体说明如表 7-1 所示。

表 7-1 入库管理基本功能

内容	功能	作业说明与相关信息
入库规划	货位分配	根据到达货物的品种、数量、规格、包装、运输方式、运抵时间等信息,查询库房平面布置图,预先规定货物的存储位置及停车位,并初步建立库房运输的动态信息库
	入库作业计划	根据机械设备使用动态信息库,为仓库工作人员制订每日工作计划和机械设备使用计划,并根据库场运输动态信息库,制订库场运输计划,生成入库单据

(续表)

内容	功能	作业说明与相关信息
入库验收	接收货物	仓库工作人员在指定的时间和地点，按入库单和运单的要求接收货物
	审验货物	仓库工作人员现场审验货物的铅封是否与运单一致，同时审验外包装的完好性
	登记入库	仓库工作人员将实际卸车并入账的货物规格、数量和质量作为已接收的货物登记在入库单上
	事故确认	若审验时发现差错，仓库工作人员应现场要求承运者查看，按责任范围在入库单上填写普通记录或破损记录，双方均无异议后，办理交接手续
	事故处理	仓库工作人员根据认定事故的性质，提出拒付、部分拒付、承付、索赔等意见，供财务部门和有关管理部门参考
入库执行	逐一入库	对自动仓库而言，首先在入库平台处让货物经过条码扫描，并将扫描信息传送给计算机数据库，库内搬运设备将货物运送至存货区，由堆垛机将货物存放至指定货位

2. 出库管理

该模块可以按照特定原则（如先进先出，FIFO）设定多种出库形式，进而对不同的出库指令作出响应。如货主选择直接提货或者委托提货，系统将自动生成通知单据发送给具体岗位，仓库负责人将按时间和数量安排备货，同时记录实际出库数量。出库业务管理的主要内容包括：货物拣选、货物包装、货物运输和配送等。

（1）货物拣选：系统根据不同原则，采用相应的货物拣选方式。其中包括，按照某种固定策略，安排货物拣选工作，如按照地域、编号顺序、批次信息等；基于多种计量单位（如长度、体积、重量等），对货物进行拣选；基于货物优先级，对于急需的货物优先拣选；出于提高在库搬运效率的目的，结合多种拣选方式进行组合拣选，如小批量拣选可以优化组合的货物一次完成。

（2）货物包装：系统可以根据运载工具类型并依据相关包装标准，自动生成相应的包装规格要求说明，基于此记录相关费用。除此之外，用户也可以根据常规包装的尺寸和形状，设定包装策略，基于此确定包装材料的使用方法和加工要求。在应用过程中，货物的包装操作常常与货物的拣选同时完成，也可在拣选工作结束后进行。包装过程中，可进行标签的打印以及粘贴。

（3）货物运输和配送：系统结合企业现有运力资源的使用情况和货物的出库情况，对货物的运输和配送计划进行安排。在确认货物离开库后，系统将及时记录其相关的运输和配送信息，以便后续核对工作的开展。

（4）特殊业务：除了出库管理业务以外，系统还具有一些应对非正常情况的特殊业务。

① 货物冻结、解冻：在库存管理过程中，偶尔会出现因各种原因（担保、单证遗失、盘点等）造成的账实不符现象，此时需要库存管理信息系统操作人员对货物进行冻结或解冻，以保障系统的正常运行。

② 货物退货：由于货物质量、订货方需求变动等原因，某些订单中的部分货物可能发生退货，此时，系统可以对出库后货物的退回部分进行处理。

③ 单据挂失、解挂：系统提供挂失、重新生成和解挂等业务，以应对存货单证或其他与货物存储有关的单证的遗失情况。

④ 退单：由于指令的下达与实际业务的实现之间存在一定的时间间隔，在这段时间内，可能会发生如提货人撤销出库指令、存货人撤销入库指令等情况，因此系统需要支持撤销指令。

3. 在库管理

在库管理是指货物在库期间的日常管理，包括针对货物数量的清查盘点，货物的保管养护及货物质量检查，以及为了便于管理货物并更有效地利用仓库容积而进行的并垛、移垛等操作。

（1）日常盘点：在库存管理信息系统中存在三种盘点类型，即与其他业务共同进行的动态盘点，按照盘点计划实行的定期盘点，以及根据实际需要随时可能进行的不定期盘点。库存管理信息系统能进行自动盘点，并结合一定的人工操作生成盘点报告；也能根据盘点计划的要求，以纸面文件的形式打印盘点计划，以指导人工盘点。无论自动盘点还是人工盘点，该系统都能自动汇总盘点结果并提供盘点报告，根据报告结果自动设置并调整货物的盘点状态，辅助仓库管理人员对库存进行调整。

（2）货物在库移垛、并垛：为了有效利用仓库容积，需要偶尔搬移货物位置或将同类货物合并存放。在对货物进行移垛、并垛操作时，系统会实时记录其位置的变化。随着时间的推移，仓库储位发生变动，系统将给出货物在库中详细的搬移信息，以帮助管理人员作出较优决策，避免仓库利用率下降。

（3）库存控制：企业的进货、生产和装载计划都离不开货物的库存信息，因此在企业调整、制订计划时，货物库存控制可以作为主要依据。针对不同企业调整库存的策略，该系统为相应决策进行支持。常用的调整方式有：设定货物数量下限，当库存量下降到预设的最低库存数量时，系统会自动发出库存不足信息（定量订货）；按预先确定的时间间隔进行库存调整，即经过一个订货期后，系统自动生成库存调整的需求信息（定期订货）；根据企业采购成本和库存成本等，计算货物的最佳订购数量，以此为依据进行库存调整，实现总订货成本最低（经济批量模型）；除此之外，系统也可以在货物价格变化、按订货数量划分多重折扣以及提供延期优惠购买等条件，帮助企业确定最佳订购数量。

4. 库存查询统计

企业一般包括总公司、地区分公司、仓库或物流中心三级管理体系，不同管理体系对库存信息的需求差异较大。为了支持企业整体的正常运作，库存管理信息系统针对不同级别的管理者，按照其管理权限提供相关的信息查询和统计功能。

（1）信息查询

时效性高的数据信息对于管理决策至关重要，库存管理信息系统具备的货物实时查询功能恰好能满足这一需求。主要的查询功能如下：

① 到货验收情况查询：根据到货情况、车号、时间范围、验收状态等多重筛选条件进行查询，得到到货品种、数量、车皮数等信息，并支持根据品名、到货时间等统

计选项进行分类汇总。

② 出库情况查询：根据发货状态、货物属性、时间范围、单据号等多重筛选条件进行查询，得到出库货物的详细情况，并能够根据品名、货位、规格、出库时间等统计选项进行分类汇总形成相应报告。

③ 库存情况查询：根据货物属性、单据号、车船号等多重筛选条件进行查询，得到库存货物的详细情况，并能够根据入库单号、品名、规格、入库时间等选项进行统计，形成有助于管理决策的分类汇总报告。查询功能能让库存管理人员知道正确的库存量，据此判断是否与订单相对应。库存管理人员为了防止库存不平衡等情况，需要库存系统提供正确的库存信息。在库存查询中，应该能够查询单个或者多个货物的信息，包括数量、库存单位、存储位置等。为了提高库存业务的效率，应提高库存查询的速度及优化库存报表的输出形式和内容。

④ 保质期检查：按照到货日期、生产日期等多重筛选条件进行查询，得到库存货物的到期（或临近到期）情况，并能按照货位、数量和批次形成反馈结果。

⑤ 安全库存查询：根据设定好的规则，对货物的库存情况进行查询，并在库存量不在安全库存范围内时发出警报，通知库存管理人员进行库存调整。

⑥ 发货明细查询：根据入库单据，查询相对应的发货情况和具体发货单据的详细信息，用以跟踪货物的出库情况，便于后期进行核对检查，以及问题和责任的追溯。

⑦ 出入库明细查询：根据货位、品名、规格等字段，查询特定时间范围内特定货物、特定货位的货物进出库情况，便于账目核对。

⑧ 各种单据查询：根据单据的主要属性（如单据号），查询其详细信息。

⑨ 远程客户查询功能：该系统向仓库的存货人提供了查询其所属货物的库存情况、出入库情况、到货验收情况的权限，并支持客户通过互联网平台实现远程查询。除此之外，客户还可以从仓库获得对账单，或通过电话了解其货物的详细存储信息。

(2) 统计报表

企业业务范围内的货物吞吐量、库存情况、运输情况等方面的统计信息，对于管理决策具有重要参考价值，库存管理信息系统能够提供这方面的统计功能，并能根据所需统计时段生成相关的日报表、月报表、季报表和年报表。其主要功能如下：

① 吞吐量统计：支持按品种或品名等字段进行统计，以及按时间维度对特定时间范围内的出入库、吞吐量、期初库存量、期末库存量等进行统计。

② 存货综合情况统计：支持按品种对库存物资进行数量统计，以及对该物资的收入情况进行汇总统计。

③ 人员业绩统计：该模块能统计各业务人员的工作进度以及完成工作的情况。

④ 库存货物损坏率统计：结合盘点过程中发现的库存货物损坏情况以及库存货物信息，计算相应库存货物的损坏率。

⑤ 库存利用率统计：根据仓库可利用空间与实际货物存放状况，计算得到库存空间的有效利用率。

（3）业务分析

① 预测：该模块通过对比历史仓库存储情况，有效预测下一阶段的仓库容量需求，并结合客户情况辅助挖掘潜在客户。

② 库存预警：根据货物类别、保质期入库时间和库龄（在库时间）等因素，在特定时间自动给出相应货物的预警信息。

③ 数据分析：对系统统计得到的数据进行分析，如应用 ABC 分析法对大客户进行筛选，进行库存物资分类等。

④ 管理指标统计：根据相应的管理指标，如货物收发正确率、货物缺损率、库存吞吐能力实现率等，提供多种统计分析手段，以统计报表的形式加深管理人员对库存情况的了解。

（4）财务管理功能

① 应收账款的计算功能：每发生一次入库或出库活动，就计算一次费用。入库时，系统根据合同的主要业务信息（如货物代码、规格、计量单位、件数、计费数量、计费单价等）计算入库费用，同时也记录入库过程中发生的其他费用，一般包括代垫费、劳务费、运杂费、装卸费和包装费等；出库时，系统根据合同的详细业务信息计算出库费用，同时计算库存费用。该系统可以显示并生成应收账款的具体信息，以供财务部门查看。

② 应收账款结算功能：该模块接受多种货币支付方式并提供货币金额转换的功能，同时能根据客户信息列出其付款活动，查看其在指定日期内的信用状况作为结算依据。除此之外还能根据客户委托生成每笔业务相应的收款单据。

③ 预收账款管理：对企业预收账款进行管理。

④ 预付账款管理：对企业预付账款进行管理。

⑤ 账目查询：系统可以按特定时间范围或次数查询账目的信息，并通过打印对账单的方式辅助实现催交费，客户则可以通过互联网平台查询自己的费用和支付情况。

7.3 案例：库存管理信息系统的应用

1. 南方水泥的仓储管理系统

（1）南方水泥的信息系统现状

南方水泥有限公司（简称"南方水泥"）是中国建材股份有限公司水泥业务板块的核心企业之一。南方水泥为中央直属企业，但由于其组建时间短，且以联合重组原私人小企业为主，因此物流管理信息系统建设比较落后。其信息系统存在以下几个方面的问题：

① 物流信息系统相对独立。企业内部建立了部分局域网络，但系统之间相互独立，信息不能共享，系统之间的连接依靠纸质材料。因此，在信息传输过程中，难免由于人的原因导致信息不能准确传输到下一个系统；或者由于纸质材料在传输过程中容易遗失造成信息传输的中断；同时由于纸质材料传送的效率远低于信息系统，因此

工作效率低下，事情得不到及时处理，并且增加了财务结算的风险。

② 物流信息系统相对单一。虽然企业内部部分业务有物流系统，但是系统功能不够全面，不能全面覆盖该业务。如仓储系统，仅有货物的出入库，缺乏物资采购的合同信息、质量要求、需要使用时间等相关信息。因此在货物到厂后，仓管人员只能通过手动对比货物明细，确认一致的情况下进行收货，导致工作效率低下，人员需求增加，同时增加了货物与合同不一致的风险；同时，使用单位却不能在第一时间知晓所需货物的到厂情况，从而影响生产经营的安排。

③ 物流信息系统缺失，未建立客户服务系统、货物跟踪系统、车辆调度系统等信息系统。由于建材企业进出物资数量庞大，且物流运输成本占据总成本近40%，因此运输成本的控制成为重中之重。但是，由于信息系统的缺失，没有相关数据支撑，无法优化物流运输线路，更无法为公司决策提供依据。建材行业销售半径相对较小，企业也针对不同市场制定了不同的销售价格，由于没有货物跟踪系统，使得销售价格低的货物串货至销售价格高的区域，降低了销售价格高的区域的销售量，进而降低了企业的经营效益。

（2）改进后的仓储管理系统主要功能

仓储管理系统主要负责货物抵达和到货的时间控制，其效率是影响企业实现资源优化配置的关键，通过仓储数据库的信息更新可以为企业人力资源管理、生产设备管理以及仓储布局的优化等提供足够依据。仓储管理系统的功能包含以下几个：

① 更新和存储最新的库存信息；

② 对货位进行实时查询，并且动态分配和调整货位，实现随机存储，从而最大限度利用仓储空间；

③ 实时监控工作情况，以实现人力、物力资源动态综合分配；

④ 具有仓库系统综合盘点和随机抽查盘点功能；

⑤ 关联客户数据以便查询；

⑥ 实时生成货物统计报表，汇总各类信息。

（3）仓储管理系统主要管理模块

仓储管理系统包含三个模块：入库管理、库存管理和出库管理，通过这三个模块的功能调用，可以对货物的状态进行合理控制，提高仓库空间的使用效率。

① 入库管理

入库管理系统的管理范围包含货物开始进入仓库、确认存储范围以及更新库存等几个关键环节。在入库管理系统中，需要完成以下几项功能：

一是接收入库。当货物到达仓库之前，需要根据货物的数量和仓库管理的要求提前制订相应的接收计划，掌握相应的入库信息。在货物到达时，利用条码对货物进行编号，扫描条码就可以获得该货物的具体信息，之后再进行入库操作。

二是存放指示。在货物管理中，要了解仓库内不同位置的货物摆放信息以及保管状况，在分散处理的情况下需要利用计算机系统进行分配，作出相应的位置指示，提高工作效率。

三是存放确认。当货物按照指示放置在相应位置时，仓库管理人员做好回执卡的摆放，在系统中对货物的存储进行确认。

四是更新库存。对货物进行分散处理时，需要通过中央存放和分散存放两种途径对库存信息进行更新。在分散管理中需要掌握不同货物在仓库中的位置以及相应的存储信息，并在管理系统中更新相应的信息。如果入库的货物不需要马上出库，须对这部分货物进行集中处理。按照正常的存储程序完成更新后，还需要进行一次确认，以保证集中管理与分散管理信息的一致性。

五是入库确认。管理系统更新时需要处理大量的库存信息，这时就需要通过入库确认功能对货物的存储信息进行全面处理，对其中存在的错误信息进行处理。从货物接受到入库存放的过程中，若一个环节发生错误，则需要进行处理之后才能进入下一个环节，以确保数据信息的准确性。

② 库存管理

库存管理的内容除了货物本身的管理以外，还包括库房的布置、货物的运输以及存储自动化等，库存管理的对象是库存项目中所有的物料、零部件、成品和半成品，通过科学的库存管理可以为生产和经营提供良好的保证，确保客户的需求能够得到及时且准确地满足。库存管理包含以下几项工作：

一是盘点。盘点是指为确定仓库内或其他场所内现存货物的实际数量，对货物的现存数量加以清点。盘点的作用一方面是为了保证货物数量的准确性、减少差错发生，另一方面则可以对仓库管理的绩效进行考核，若发现问题可以及时处理和改进。

二是查询库存。库存查询是对现有的货物信息进行了解，包括货物的进出库时间、货物类别、货物名称、客户名称、作业员名称等数据，通过货物查询都可以获得相应的信息。

三是库存报表。库存查询以后，就要对查询的结果生成报表。库存报表可以作为了解客户需求的依据，库存报表的信息可以为企业的生产和经营环节策略的制定提供参考。

③ 出库管理

出库是仓储管理的最后一环，管理人员需要根据提货人提供的单据，根据货物信息对应的名称、编号、数量等进行核对，再组织货物出库。主要流程包含以下几个：

一是出仓单审核。仓库管理员接到出库通知后，对出仓单的真实性与合法性进行审核。

二是信息审核。出仓单审核之后，需要对出仓单中显示的货物名称、型号、数量等信息进行核对，核对无误之后再进行备货处理。

三是复核查对。为了保证出库货物的准确性，在安排好备货之后，需要对货物的名称、型号、数量等信息进行再次核对，同时核对货物的出货手续，做好必要的交接工作，避免出货之后发现错误而无法进行核对。

四是更新库存。出货之后要对系统中的库存信息及时进行更新，避免由于库存信息不准确而造成资源的重复购置或者浪费。

(4) 仓储管理系统设计结果

借助仓储管理系统，南方水泥的仓库管理水平得到了提升。信息技术在仓库管理中的运用，可以实现库存管理的科学化和标准化，改善仓库作业效率低下的问题，而且可以及时了解库存商品的存储状况，根据仓库存储量的变化以及客户需求量的变化及时调整库存，极大降低了仓库的管理成本。仓储管理系统的应用，也提高了南方水泥对仓位的查询和处理能力，无形中提高了南方水泥的仓储服务能力，及时了解仓储情况可以为采购部门、业务部门提供相应的信息反馈，提高各个部门之间工作的衔接效率。

2. 杭州联邦速运的仓储管理系统

(1) 公司原有业务流程

杭州联邦速运有限公司的仓储信息管理系统，主要业务包括：入库管理、出库管理和库存盘点管理。

① 入库管理

入库管理业务流程是运输员、复核员在仓储管理过程中的入库登记管理的业务流程。首先，运输员在有关物资准备入库之前先要进行货物清点工作，逐一检查入库货物的品类和数量，确保没有错误，当货物全部入库后，要制作最新的入库报表。运输员在登记好所有的入库物品后，由复核员进行审核。

② 出库管理

仓储管理员在有关物资准备出库之前先要进行货物清点工作，逐一检查出库货物的品类和数量，确保没有错误，并填写相应的出库单，当货物全部出库后，要制作最新的出库报表。

③ 库存盘点管理

库存盘点是对库存的信息进行定期的盘点。

(2) 业务流程优化

① 入库管理流程优化

对比原有业务流程，新流程增加了货物入库审核的过程。实施入库审核可以提高入库货物的准确率，比原有入库管理更加节约时间。入库审核过程增加了许多数据约束，例如，选择运输批次信息参数业务步骤的数据约束，当运输员把货物运到后，根据所需批次进行登记；入库货物登记信息参数业务步骤的数据约束，运输员对入库的物品进行登记处理；审核物品质量参数业务步骤的数据约束，对入库物品质量进行审核，如果审核通过即可进行登记，如果不通过就退出系统；入库完成业务步骤的数据约束，在入库登记、复核、审核等处理完成后即可退出系统。

② 出库管理流程优化

对比原有的业务流程，新流程增加了出库审核管理。出库审核管理可以提高出库物品的准确率，比原有出库管理更加节约时间。出库审核过程也增加了数据约束，例如，物品出库管理信息参数业务步骤的数据约束，首先由仓储管理员对出库的物品进行处理，然后再准备出库的物品；导出待出库物品清单业务步骤的数据约束，仓储管理员选择出库物品后进行导出，导出后提交物品清单至系统，如果导出不成功需要修改出库物品清单；审核出库物品清单业务步骤的数据约束，由复核员对出库的物品进行审核，如果复核员不同意出库需要说明不同意的理由，如果同意出库就做好相关的出库物品登记工作；物品出库完成参数业务步骤的数据约束，物品出库完成后，普通用户可以对出库物品进行查询。

③ 库存盘点流程优化

对比原有的业务流程，新流程增加了库存损坏盘点的管理过程。实施库存损坏盘点管理可以提高库存盘点的工作效率，比原有出库管理更加节约时间。库存损坏盘点管理过程也新增了数据约束，例如，填写入库盘点原因业务步骤的数据约束，仓储管理员对入库的物品进行盘点，然后填写盘点原因；入库物品盘点信息参数业务步骤的数据约束，仓储管理员对入库物品的盘点完成后，先由复核员进行入库清点，清点完成后，确定没有问题再由上级管理人员进行审核；填写损坏数量业务步骤的数据约束，当盘点完成后要详细填写损坏的数量；货物盘存登记业务步骤的数据约束，填写好损坏数量后，仓库管理人员对盘点结果进行登记；库存盘点完成业务步骤的数据约束，当库存信息盘点完成后，仓库管理人员即完成库存盘点登记工作。

本章小结

本章首先介绍了库存管理的基本概念，介绍了常见的库存活动，包括入库管理、库内保管、出库管理作业，伴随这些作业产生的信息，以及进行库存管理的目的和对企业的重要作用。随后引入库存管理信息系统的相关知识，从概念，基本特征以及主要功能三方面介绍了库存管理信息系统。通过对库存管理信息系统中入库管理、出库管理、在库管理和库存查询统计四个功能的详细介绍，说明在现实库存管理中库存管理信息系统如何通过对各个环节作业产生的信息进行记录、汇总、传递、控制，从而实现高效、准确的库存管理。最后，结合南方水泥公司和杭州联邦速运公司的实际案例，了解现实中的库存管理信息系统可能存在的问题、待改进的方向以及需要优化的细节，加深对现实中的库存管理的理解。

习题

1. 什么是库存？库存的分类有哪些？
2. 请简述库存信息及其作用。
3. 请简述库存管理的过程。
4. 什么是库存管理信息系统？它有什么特征？
5. 库存管理信息系统的作用是什么？
6. 请分析库存管理信息系统与物流供应链中其他子系统的信息流及其作用。
7. 请分析入库作业、出库作业中产生的信息。

8. 请简述库存管理信息系统的功能。

参考文献

［1］邵举平、董绍华主编：《物流管理信息系统（第2版）》，清华大学出版社、北京交通大学出版社2009年版。

［2］戴俊：《南方水泥物流管理系统的开发研究》，江西财经大学2017年硕士学位论文。

［3］胡芬薇：《杭州联邦速运有限公司仓储信息管理系统的研究与分析》，云南大学2016年硕士学位论文。

第 8 章

运输管理信息系统

> **学习目的**
>
> 1. 理解运输管理的概念、内容和意义；
> 2. 理解运输管理信息系统的概念和特点；
> 3. 理解运输管理信息系统的功能结构。

运输是物流运作的重要环节，在物流的各个环节中，运输时间及成本占相当比重。现代运输管理是对运输方式、运输工具、运输网络、运输任务、运输过程的控制与优化，在运输网络中传递着不同区域的运输任务、运输资源、运输状态等信息。运输管理信息系统又是物流信息系统的重要组成部分，物流服务质量的提升、时效性的增强，都需要借助运输管理信息系统来实现。

8.1 运 输 管 理

8.1.1 运输管理的概念

运输管理是经营者对企业运输活动的规划、决策、组织、控制的全过程，包括：运输组织管理、行车安全管理、财务核算管理、运输调度与组货管理、市场调查与预测管理，以及其他综合管理工作（如行政管理和人事管理等）。

8.1.2 运输管理的意义

物流企业或运输企业的管理，就是对运输过程的各个环节（运输计划、发运、接运、中转等活动）的人力、运力、财力和运输设备，进行合理组织、统一使用、调节平衡，以求用同样的劳动消耗（活劳动和物化劳动），运输较多的货物，提高劳动效率，取得最好的经济效益。

在物流业务活动过程中，由于直接耗费的劳动和物化劳动，所支付的直接费用有：运输费、保管费、包装费、装卸搬运费、运输损耗费等。其中，运输费用的占比最大，是影响物流费用的主要因素。日本曾对一部分企业进行调查，在成品从供货者到消费者手中的物流费用中：保管费占16%、包装费占26%、装卸搬运费占8%、运输费占44%、其他占6%。我国企业用于运输的费用也占物流费用的40%左右。因此,在物流各环节中,如何做好运输工作,积极开展合理运输,不仅关系物流时间问题,也影响物流费用成本。物流企业只有千方百计节约运输成本,才能降低物流成本,以及整个商品流通成本,提高企业经济效益,增加利润。

8.1.3 运输管理的内容

运输活动是指从发货方受理发货开始到将货物交付给收货方为止的过程。具体来说,运输业务的流程包括订单受理、调度配载、提货发运、在途跟踪、验收货物、单证处理和财务结算,如图8-1所示。

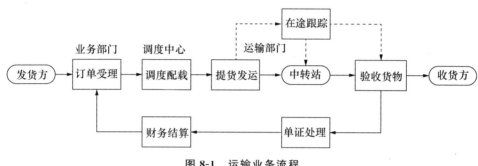

图 8-1 运输业务流程

1. 订单受理

订单受理是运输业务流程的第一步,是对客户运输业务的办理,登记客户需要运输的货物信息并进行信息审核,接受符合要求的托运申请。在对用户订单进行审核和分析时,不仅要考虑运输货物的性质和运输限制,还要根据企业自身的资源状况和运输能力来判断是否能够接受用户的订单,完成运输任务。

2. 调度配载

调度配载是指物流运输企业的调度中心在接到业务部门的运输单后,根据客户提出的运输计划,调派人员和车辆,确定货物运输线路、运输工具和运输方案,为具体的车辆配载合适的货物,并生成派工单、派车单、装货清单等单据。

3. 提货发运

提货发运是指调度处理完毕后,司机及相关人员凭装货清单等单据到仓库或客户处提货,并办理提货手续和发运手续。

发运货物过程中应注意以下事项:(1)若发现超重、货物洒漏等情况,应及时整理货物、为货物换装、调换车辆、登记备案。(2)若货物需要中转,应选择合理方式保管、装卸货物,并做好交接工作

4. 在途跟踪

货物发运后,利用人工沟通或者GPS,对货物运输情况进行实时跟踪和调控,并向客户汇报货物的在途状态,同时提供查询服务。在途跟踪的内容包括以下方面:

(1)实时跟踪在途运输情况,准确记录运输进展、货物流向、运输工具位置、货

物实时状态、途中问题处理等信息。

（2）及时发现不合规运输进程，分析原因并干预。

（3）及时向客户汇报货物运输的情况。

5．验收货物

验收货物是指当货物被运送到指定地点后，收货人或仓库管理人员检查货物和单据情况，并在确认无误后办理交接手续。验收货物时，应注意以下事项：

（1）若货物存在短缺、损坏、受潮、污染、腐烂等情况，则由双方填写事故清单，并共同签字确认。

（2）若有单无货，则双方在交接单或收货清单上注明情况，并将原单返回，及时补齐所缺货物。

（3）若有货无单，则应将货物暂存在指定区域，待单据到达后，再按照正常程序验收。

（4）若送达的货物有误，则安排货物原车返回。

6．单证处理

单证处理是指调度员收到回单后，由相关人员对回单和其他业务单据进行核对、整理、统计等。

7．财务结算

财务结算业务主要是办理公司与承运人或托运人之间资金的往来。结算中心应对应收账款、应付账款、实收账款、实付账款、运输成本、预计利润等项目进行明细汇总，并根据一定要求按日、月、季进行结算统计。对于托运人而言，有以下几种结算方式：（1）在办理运输业务的同时结算费用；（2）在办理业务前先结算一部分，货物准确送达后再结算剩余费用；（3）对于固定客户可以选择月结方式结算。对于承运人来说，结算的方式是在货物送达后，凭回单与托运人进行结算。

8.2 运输管理信息系统

8.2.1 运输管理信息系统的概念

运输管理依赖于优良、健全的运输管理信息系统。运输管理信息系统是指为提高企业的运输能力、降低物流成本、提高服务质量而采取现代信息技术手段建立的管理信息系统，它可以实现路径的设计与优化、运输方式（或承运人）的选择以及时间与运输车辆路线的选择等。

运输管理信息系统的管理对象主要是运输工具（车、船、飞机）、运输环境（运输路线、站点和地图）、人员（驾驶员、装载人员以及管理人员）、运输成本核算（人员成本、运输资源成本、能源消耗核算控制）、运单（运单、运输计划）、客户管理（客户订单服务、查询）、优化管理（路径优化、运输能力优化以及服务优化）、跟踪管理等。

8.2.2 运输管理信息系统的特点

（1）实用性：从运输管理的实际出发，在考虑先进性的同时，强调实用。

（2）可扩充性：该系统是一个逐步实施且不断完善的系统。从应用的角度讲，要适应各项制度的变化，就需要进行功能的改变和扩充；从技术的角度讲，数据要不断增加，技术要不断进步，就要保证整个系统从各方面都要不断进行扩充、升级和发展。

（3）易于维护：该系统是一个广域网系统，覆盖面广。应用系统要有易于维护管理的机制，网络管理要便于维护管理。

（4）功能强大的跟踪服务平台：实现网上实时信息的查询、委托，客户可以凭有效身份查询货物状态，了解整个运输过程、时间进度，方便客户在货物流转的过程中更合理地制订生产销售计划。

（5）GPS、GIS、GSM 车辆定位系统：利用 GSM 网络，通过车载终端实现对车辆的实时监控与跟踪，提高车辆的利用率，保证车辆及货物的安全，加强对车辆和驾驶员的控制。

（6）安全性高：根据不同的用户提供不同的使用权限及安全级别，具有极高的安全性和准确性。

（7）智能化特性：在接收大量的前台数据和外部数据时，具有对错误的数据和结构不合理的数据进行识别的能力，拒绝接收错误的数据和结构不合理的数据。

8.2.3 运输管理信息系统的功能

运输管理信息系统是基于现代物流信息技术的、集多个专门信息系统于一体的管理信息系统。根据运输业务运营的需求，运输管理信息系统应具有以下功能，如图 8-2 所示。

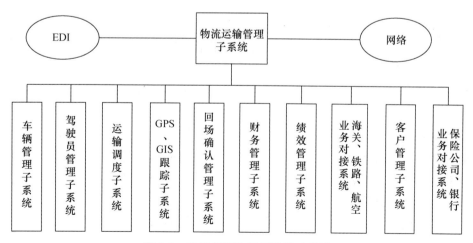

图 8-2 运输管理信息系统的功能图

1. 客户管理子系统

客户管理子系统主要实现对客户信息、客户信用、运输合同与报价、客户查询和投诉理赔等信息的管理，具体内容如下：

(1) 客户信息管理

系统对客户基本信息、客户所属类型、客户所在地等信息进行管理。

(2) 客户信用管理

系统对客户的信用情况，如未结清账款、付款时间等进行管理。

(3) 运输合同与报价管理

客户要签订运输协议，协议对运输双方的责任权利、运费以及其他费用结算方式进行明确界定；由于要依据客户的运输价格来确定公司收取的运费，因此对每个客户都要根据运输线路、距离、港口等制定价格。

(4) 客户查询管理

客户在与系统相连接的网络中输入货物代码或者运输单号，就可以得知货物的运输进度、在途状况、在库情况和预计到达时间等信息。

(5) 投诉理赔管理

系统能够对客户反馈信息进行分析和记录，可以处理客户投诉，并对理赔进行分析、统计和处理，同时进行相关记录，还可将处理结果向上级汇报。

2. 车辆管理子系统

运输信息系统对运输车辆信息进行管理维护，随时了解车辆的运行状况、属性（如载重量、随车人员）和状态（如油量、维修状况），以便对车辆进行及时有效的调度。系统根据订单的要求、货物的性质、运输环境和成本等多方面因素，选择最合适的运输车辆。车辆管理子系统对运输车辆（包括企业自用车辆和外包车辆）的信息进行日常管理和维护，功能如下：

(1) 对每天的出车情况进行记录和管理。

(2) 对车辆维修和保养信息进行记录和管理。

(3) 对处于各种状态的车辆信息进行记录和管理。

3. 驾驶员管理子系统

驾驶员管理子系统实现对驾驶员档案、驾驶员业务和驾驶员考勤信息的管理，具体内容如下：

(1) 驾驶员档案管理

系统对驾驶员的档案资料信息进行管理，以便随时掌握驾驶员的情况。它包括驾驶员的基本信息（如姓名、年龄、住址、手机号等）、车辆信息、违章记录等。

(2) 驾驶员业务管理

系统对不同驾驶员的业绩、运输经费等信息按照日常和月度进行统计，并提供信息查询功能。

(3) 驾驶员考勤管理

系统支持驾驶员刷卡考勤，并对驾驶员的工作绩效进行记录和管理。

4. 运输调度子系统

运输调度子系统可以实现运输计划安排、运输路线规划和运输方式选择等方面的信息管理，具体内容如下：

(1) 运输计划安排

系统根据订单类型和订单信息自动生成相应的运输任务计划；业务系统再根据实时变动的车辆动态信息、司机信息以及运输任务自动生成运输作业计划，即派车计划。

① 路线选择

系统能够自动规划符合要求的最佳行驶路线，还能够根据当前车辆信息（如车辆所在地、载重量等）、运输要求（如目的地、运输时间要求等）和交通状况（如过路费、道路是否畅通等）自动选择最佳运输线路。所选线路应该能够满足成本低、速度快等要求。

② 配载规划

配载规划是指根据运力资源的实际情况，对运输作业任务进行规划，生成相应的运输作业指令和任务。具体而言，根据货物的重量、体积、到达地、车辆情况、驾驶员及线路情况，得出最优车辆、货物和路径组合，实现完美配载。

5. GPS、GIS 跟踪子系统

为了掌握运输车辆当前的信息状况，确保运输的安全性与准确性，运用 GPS 与网络通信技术，实时追踪运输车辆动态，以确保货物迅速、及时到达目的地。

(1) 车辆状态实时监控

调度中心通过运输管理信息系统执行调度任务，制订运输作业计划，指定车辆到指定的仓库装载货物，车辆装载货物完成后，通过车载设备向调度中心发出发车信息。调度中心根据车辆传递的信息自动判定车辆编号是否符合运输调配单的要求，若不符合，立即禁止车辆出发，同时与车辆所属车队联系，查明原因，根据执行情况进行修改。

当车辆出发后，调度中心定时向车辆发送信息，车载系统收到信息后自动向物流中心发送 GPS 信息，其信息包括车辆编号、车辆位置、运行速度。同时可通过 GIS，将车辆所处地域的地理环境显示出来。调度中心、车队或目的地货物接收员可通过浏览器上网浏览，查询车辆所执行任务的信息，如车辆目前的载货情况、车辆行进的速度、当前车辆的位置、当前的任务（包括出发地、目的地）等。利用 GIS 功能，可计算出车辆目前距出发地和目的地的距离，预测车辆到达目的地的时间。

(2) 运货车辆的动态二次调度

在车辆运输过程中，由于调度中心可以随时跟踪各个车辆当前的位置，因而，调度员可根据订单的最新变化信息，将行进中的运输车辆动态调配到更加紧急的地方去，以此提高货物运送的及时率，提高库存的合理程度，保证货物的供应，减少货物紧俏区域由于供应不足、市场脱销所造成的损失。

（3）车辆防盗报警

车载 GPS 接收机可主动向服务器发送短信息，也可以自动应答服务器发出的问询信息，回应车辆方位和速度信息；当车辆遭劫时，司机能通过车载 GPS 接收机向服务器发出报警短信息，报告车辆遇劫方位，服务器接收到报警信号之后，迅速向调度中心发出警报，调度部门可根据警报信息进行进一步处理；同时，服务器启动自动问询程序，跟踪车辆行进方位，为破案提供依据。

（4）返回车辆配货

物流中心可以在网上发布回程配货申请单，用户可以通过物流中心主页与货主进行业务洽谈，一旦成交，即可以短信指令形式发给返回车辆，使其前往配货，这可以大大降低回程空载率，提高车辆运输效率。

6．回场确认管理子系统

驾驶员将货物送到目的地且车辆回场后，将客户收货确认单上的信息输入回场确认管理子系统，系统将对这些信息进行存储，作为数据统计分析的信息基础。

7．财务管理子系统

财务管理子系统可实现以下功能：

（1）制作发票；

（2）生成企业统计分析报表；

（3）支持多种结算方式及利率统计；

（4）提供全国各地的运输价格和运输所需时日的查询；

（5）登记并确认每一笔运输业务所发生的费用，生成费用结算报表和费用明细报表；

（6）设置联盟运输商的价格信息数据库，根据运输合同为不同客户制定运输价格表。

8．绩效管理子系统

该系统可实现绩效管理的功能，用于对运输人员和组织（包括自有和外部车辆）进行指标考核，包括车辆出车信息、客户满意度、商品损坏赔偿率、人员出勤、配送准点率、客户投诉反馈信息等，以提高客户满意度。

9．海关、铁路、航空业务对接系统

海关、铁路、航空业务对接系统的功能是实现不同运输方式的衔接互补，并实现运输企业与海关部门的连接，为外贸交易提供报关服务。

10．保险公司、银行业务对接系统

保险公司、银行业务对接系统的功能包括：

（1）与保险公司业务接口对接，为物流运输企业承接运输的货物提供保险服务，并为物流运输企业的车辆和员工提供业务服务，以降低企业风险；

（2）与银行业务接口对接，可以实现网上支付和结算业务，以缩短支付时间、节省结算费用，并为客户提供方便。

8.3 案例：南航的货运信息系统

南航自主研发的唐翼系统是国内首个完全由航空公司自主设计开发、拥有完全知识产权的计算机系统。它的研发成功，标志着南航在航空公司运营中两大系统（旅客订座系统和货运计算机系统）之一的货运系统已处于国内领先地位。系统正式投产后，为南航开展物流配送提供了强大的信息技术支持，促进南航货运实现客货"两翼齐飞"的战略目标。

在技术应用方面，唐翼系统使用微软公司的 SQL 2000 数据库开发平台进行设计和开发，它拥有订舱、收运、仓库管理、出港、进港、集装设备管理、统计分析、动态航班数据、静态数据、语音查询、电子数据交换、公告栏管理和网上货运 13 个功能模块。与国内其他同类产品相比较，唐翼系统具有全天候网上货运、全球网络覆盖、可视化货运监控等功能。

该系统具有便捷的操作界面、多端口信息传递等特点。其中，唐翼系统的网上货运功能为国内首创，它采用互联网将系统与南航各分支机构、代理、客户连接，系统终端可直达用户电脑。用户通过互联网可 24 小时访问唐翼系统，随时随地在网上进行制单、订舱、查询等业务。同时，南航通过技术手段，整合货运市场营销网络和服务网络，推出快件产品、特种货物产品、量身定造产品和普货产品这四种产品，将货运中转资源充分整合，可以为货主提供上门收货、联程中转、送货上门等一条龙服务。货主安坐家中，轻点鼠标，货物就可通过南航发达的运输网络发往世界各地。

南航启用唐翼系统后，利用其全球通行的网络技术优势，以网络信息技术为纽带，进一步整合南航集团在世界各地的货运资源，实现新的货运市场定位——"网络运输、物流配送、承诺服务"，并最终实现"以货机航班为龙头，客机腹舱为支持，建设覆盖国内、辐射全世界的国内最大的货运网络"的战略目标。

据业内专家分析，南航在国内航空公司中率先推出"网上货运"功能，将会使南航货运在竞争日益激烈的航空货运业务发展中一路领跑，抢得先机。据悉，三大航空集团重组后，都不约而同地加大了货运业务的投入，将航空货运作为新的经济增长点。南航近年的营销思路也在悄悄地发生转变——从"以客为主，兼顾货运"转为"客货齐飞"。战略调整后，南航货运猛然发力：整合营销机构、确立发展战略、引进超大货机、建立大型货站、构建货运中枢，一系列大手笔使南航货运的发展大大提速。如今，唐翼系统的研发成功，更是为南航货运的腾飞安装了一个马力强大的"助推器"。

请思考以下问题：

（1）请分析南航货运信息系统的特点。

（2）南航的经验给我们带来什么启示？

本章小结

运输是物流运作的重要环节，在物流的各个环节中，运输时间及成本占据相当的比重，因此，运输管理信息系统是物流信息系统的重要组成部分。建立运输管理信息系统的作用在于，实现运输管理的意义，对运输方式、运输工具、运输网络、运输任务、运输过程进行控制与优化，以获得最大的效率和效益。

本章介绍了运输管理的内容、意义，详细介绍了运输的主要业务流程，包括：订单受理、调度处理、提货发运、在途跟踪、货物验收、单证处理、财务结算。此外，还介绍了运输管理信息系统的概念和完整功能子系统，主要包括：客户管理子系统，车辆管理子系统，驾驶员管理子系统，运输调度子系统，GPS、GIS，回场确认管理子系统，财务管理子系统，绩效管理子系统，海关、铁路、航空业务对接系统，保险公司、银行业务对接系统。但运输管理信息系统涉及货物跟踪管理、货运车辆运行管理和跟踪管理过程中要了解的货运信息，且由于不同货运方式的业务流程有一定的差异，其货运信息的类别和数量也有一定的差异，要根据企业业务需要开发适合企业的运输管理信息系统。本章对运输管理信息系统作了完整清晰的介绍，期望对物流工作者以及管理者在理论上起到一定的指导作用。

习题

1. 什么是运输管理信息系统？
2. 运输管理信息系统的业务如何处理？
3. 运输管理信息系统的主要功能有哪些？
4. 运输管理信息系统各个模块之间的关系如何？
5. 客户管理子系统有哪些功能？
6. 海关、铁路、航空对接系统如何工作？
7. 请简述运输订单管理的过程。

参考文献

[1] 邵举平、董绍华主编：《物流管理信息系统（第2版）》，清华大学出版社、北京交通大学出版社2009年版。

[2] 徐川、薛斌：《运输配送业务的发展管理与控制》，载《中国储运》2002年第3期，第22—23页。

[3] 郭云峰：《第三方物流运输管理信息系统分析与设计》，华中科技大学2005年硕士学位论文。

[4] 吴砚峰、汤洪宇主编：《物流管理信息系统》，航空工业出版社2011年版。

第 9 章

配送中心管理信息系统

学习目的

1. 理解配送中心的定义；
2. 掌握配送中心的基本作业流程；
3. 理解配送中心管理信息系统的概述；
4. 理解配送中心管理信息系统的主要功能。

随着信息技术以及现代物流理念和供应链理念的发展，先进的物流信息系统成为供应链发展至关重要的组成部分。作为供应链中的重要环节，配送中心必然要采用合适的信息系统进行业务管理，以此保证物流服务的高效、低成本和高水平。本章将介绍配送中心、配送中心管理信息系统的基本概念，及配送中心管理信息系统的主要功能。

9.1 配送中心管理

9.1.1 配送中心的定义

配送中心是指接受并处理终端用户的订货信息，对上游的多种货物进行分拣，并根据用户订货要求进行挑选、加工、组配等作业后送货的设施机构。

配送中心应具备以下几个要点：

（1）货物配备。货物配备是指配送中心根据客户的不同要求，基于其内部的现代化设施对货物的数量、质量、规格、品种、型号、送达时间和地点进行配备。这是配送中心区别于传统仓储企业最独特、最核心的功能之一。

（2）组织送货。组织送货是指配送中心根据客户的不同要求，按照约定把配备好的货物定量、定时、定点送达。配送中心的角色往往是送货的组织者而不是承担者。

（3）与经营活动相结合。配送中心重视经营活动（销售或供应）与配送活动相结合，它是一种经营手段，而不仅是进行物流活动。

（4）现代流通设施。配送中心的硬件配备为现代流通设施，该流通设施基于现代工艺和装备，区别于传统流通设施，如贸易中心、仓库、商场等。

9.1.2 配送中心的基本作业流程

配送中心的作业流程如图 9-1 所示。

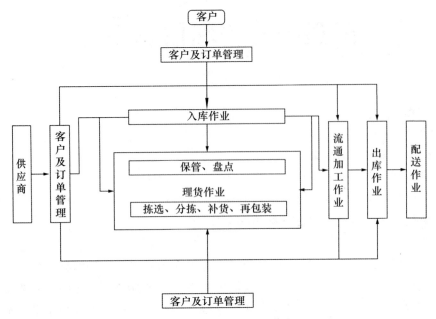

图 9-1 配送中心的作业流程

1. 客户及订单管理

从企业发展的角度看，优质的客户服务能提高配送中心的信誉和客户亲和力，从而留住客户；同时通过为客户服务获得第一手的客户需求信息和市场信息。配送中心的前台负责配送业务的受理和记录，记录货物的具体信息、售货人信息、发货人信息、货物的派送时限等，并确定费用和付款方式。

2. 入库作业

入库作业是指货物到仓储区后，经接运、验收后码放至相应货位，同时完成交接手续的过程。入库作业的过程大致为卸下货物，并对该货物的数量及状态进行核查（质量检查、数量检查、开箱等），然后进行验收和分类，搬运至具体存储地点，再将必要的信息进行书面登记。

3. 理货作业

理货是配送中心的基本作业活动，主要完成货物的存储保管、盘点、拣选、分拣、补货、再包装等工作。

（1）存储保管作业即根据货物的属性、货物对存储环境的要求等妥善保管货物，对货物进行不定期检查、保养，合理利用仓储空间，确保货物质量和数量完整。

（2）盘点作业即在配送中心工作过程中，随着货物的进出库以及时间的推移，有的货物品质下降，不能满足客户的要求，导致理论库存数和实际库存数出现一定程度的偏差，为掌握实际的货物质量和数量情况，定期对存储场所进行的清点作业。

（3）拣选是按照出库单或订单的要求，从存储场所取出货物后放置在指定地点的作业。在配送中心内部的所有作业中，拣选是相当重要的一环，其目的是快速、准确地把客户需要的货物集中起来。

（4）分拣是把货物按照进出库顺序、种类等分门别类地堆放于指定位置的作业。

（5）补货是把货物从仓库保管区运送至指定分拣区的作业，目的在于确保按时将货物保质、保量送至分拣区。

（6）再包装在配送中心的工作过程中发挥着相当重要的作用，它能保护货物、促进销售、方便物流、方便消费。

4．装卸搬运作业

装卸搬运作业即通过装货、卸货、搬运，实现货物在配送中心的状态改变、空间位置移动的工作。装卸、搬运把物流各环节连接成一体，保证配送运输、保管、包装等物流作业的顺利实现。装卸搬运作业的质量及效率决定着整个物流过程的质量和效率。

5．流通加工作业

流通加工作业即按照发货单或者客户订单的要求将货物加工成指定的形状的作业过程，这是一种初加工活动，发生在货物从生产到消费的过程中，它是社会化分工、专业化生产的产物，主要使货物发生物理性（如数量、形状等）变化。流通加工不仅可以节约材料、提高成品率、保证供货质量和更好地为客户服务，同时它也是重要的物流利润来源。所以，流通加工使货物发生"质"的升华，使货物流通向更深层次发展，其作用不可低估。

6．出库作业

出库是指货物离开货位，经过备货、包装和复核，装载至发货准备区，并办理交接手续的过程。商品出库要遵循"先进先出""推陈储新"的原则，具体来说，就是先进的先出、保管条件差的先出、容易变质的先出、包装简易的先出、有保质期的要在保质期内出库。

货物发运的质量对流通速度和运输安全有着很大影响，应按照及时准确、安全经济的发运原则，做到出库的货物包装、标志清晰，单据齐全，责任分明，符合运输要求，确保货物配送的顺利进行。

7．配送作业

配送作业即按照客户订单，通过统筹规划合理选择配送路线和配送车辆，在指定时间内把指定的货物送到指定地点的工作。

（1）配载调度作业。当单个用户配送数量不能达到车辆的有效运载负荷时，就存在如何集中不同用户的配送货物进行搭配装载以充分利用运能、运力的问题。其与一般送货的不同之处在于，通过配装送货可以大大提高送货水平及降低送货成本。配装是配送系统中有现代特点的功能要素，也是现代配送不同于以往送货的重要区别。

（2）在进行配送运输时，由于用户多、城市交通路线复杂等因素，如何选择最佳路径使配装和路线合理搭配是配送运输的主要工作。如何集中车辆组合最佳路线、采取巡回送货方式是配送运输活动中送货组织需要解决的问题。

交货是配送作业的最后一步，配送员将货物按照客户要求，运送至指定地点，并办理交接手续等。

9.2 配送中心管理信息系统

配送中心管理信息系统采用集中式管理模式，提高各个节点的信息透明度，不仅能为企业节省决策的时间成本、提高效率，还促进其进行数字化管理；既满足长途货运和区域配送两类业务，又能实现铁路、水运、航空运输方式的联运。配送中心旨在提高顾客服务水平和降低物流成本，但提高服务水平和降低总成本之间存在"效率背反"关系。这时物流配送管理信息系统就起到控制物流各种机能并加以协调的作用。

9.2.1 配送中心信息管理系统发展阶段

根据配送中心的作业方式，配送中心管理信息系统的发展可以分为四个阶段：人工阶段、计算机管理阶段、自动化信息集成阶段，以及智能化信息集成阶段。

（1）人工阶段。该阶段的配送作业均采用人工作业，各项事务管理没有固定格式的管理单证，均由经营者据情况而定。

（2）计算机管理阶段。随着仓储搬运机械化，物流配送中心人工作业逐渐显示出混乱与无序的状态。精确信息是经营管理的有效依据，故物流配送中心开始着手推动作业流程的规范化、标准化，并借助计算机来解决人工作业带来的数据失真、进度缓慢等问题。

该阶段有以下特征：作业合理化；报表等格式标准化、规范化；采用电脑统计数据；电脑制表；各计算机系统拥有独立的数据库，相互独立。

（3）自动化信息集成阶段。当仓储设备由机械化进入自动化时，自动仓储系统、自动搬运系统、自动拣货设备相继投入使用，而作业相关的数据处理量和处理速度拖慢了整个系统的运行。因此，如何处理数据输入、输出直接关系自动化设备的有效应用和控制。

该阶段有以下特征：计算机软件、硬件整合；建立数据库管理系统；物流配送管理信息系统能与外部网络连接；接受、存储外部信息及数据在各种格式间的转换。

（4）智能化信息集成阶段。各项事务及经营实现计算机化、网络化管理后，管理者需要更符合决策自动化的信息系统，以便其对各项作业数据进行查询、排序、分类等操作，以加快信息的传递和处理；另外，该阶段还引入了人工智能与机器学习、专家系统等技术，简化数据分析程序，减少人工失误的风险，提高效率。

该阶段有以下特征：引入人工智能、专家系统技术；建立企业知识库；计算机辅助决策制定。

9.2.2 配送中心信息管理系统的作用

物流配送中心旨在提高服务水平、降低成本和创造效益。一个现代化的物流配送中心除了配备自动化设备外，还需要相匹配的物流信息系统。

为了发挥配送中心的功能，物流配送中心管理信息系统应具备以下功能：缩短订单处理周期；合理监控库存；提高仓储作业、运输配送效率；订单的处理方式更便捷、更精准；优化需求与供给。

9.2.3 配送中心信息管理系统的原则

（1）可行性。信息系统应在第一时间内向供应商和客户提供最新的信息数据，并为信息需求方提供快捷、可行的获取信息的方式，不受时空条件的制约。

（2）精确性。精确性是指信息系统存储的信息是否真实反映了配送中心实际业务状况。精准的信息能帮助管理者衡量配送中心业务水平，并制定下一步的规划。

（3）及时性。及时性是指活动发生与该活动在信息系统中呈现的时间差。信息系统应随时更新信息，为管理者提供及时、快速的反馈信息。

（4）能动性。当发生异常现象时，信息系统应该协助配送中心的管理者识别问题，提供制定应对策略的机会。

（5）灵活性。市场变化莫测、客户需求多样化，信息系统必须有能力提供满足客户要求的数据；当客户需求改变时，信息系统必须能够灵活地反映，制定最合理的修改策略。

9.3 配送中心管理信息系统的功能

根据配送中心各项活动间的相关性，将作业内容或所需资料相关性较大的事务划分为一个群组，并将这些群组视为配送中心管理信息系统下的大架构，建构一个典型的配送中心框架，并根据配送中心的各项作业将配送中心的系统架构划分为4个模块：采购入库管理系统、销售出库管理系统、财务会计系统、经营效果评估系统。每个系统下又包括各自的子系统，其结构如图9-2所示。

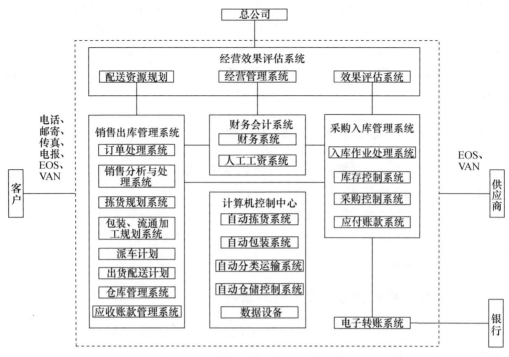

图 9-2　配送中心管理信息系统结构图

9.3.1　采购入库管理系统

该系统主要是面向供货商的作业，包括向生产厂商发出订购信息或接收生产厂商的出货信息、入库验收、供货商管理、采购决策、存货控制、采购价格管理、应付账款管理等信息管理子系统。

1. 入库作业处理系统

采购单上预定入库的日期及供应商提前通告的进度日期、商品和入库数量是入库数据的主要来源，该入库数据报表又成为仓库月台调度、仓库人力资源及机器设备资源分配的参考依据。

首先，将采购单号、厂商名称、商品名称、商品编号、商品数量、商品规格等信息输入系统，再利用采购单号查询商品名称、内容及数量是否与采购内容一致，并以此确定仓库月台。

接着，由仓管人员在指定的卸货地点以特定的摆放方式将商品叠放在托盘上，验货后修正入库数据。入库商品所需货位大小由产品明细数据库计算，最佳货位通过商品特性及货位存储情况指定。当入库数据输入时即启动货位指定系统，货位的判断可根据最短搬运距离、最佳存储分类等法则来进行。同时，货位指定系统应具备人工操作介入功能，以方便管理人员调整货位；货位管理系统负责商品货位登记、商品跟踪，并制作现行使用货位报表、空货位报表作为货位分配的参考依据。

商品入库后有两种处理方式：直接出库和入库存储。直接出库需要入库系统进行数据查询后连接派车计划和出货配送系统，当入库数据输入后即可访问待出库数据取得待出货数据，再将该数据传入出货配送系统。对于入库存储的操作，入库系统需进行货位指定和货位管理。

2．库存控制系统

库存控制系统包括存储管理、进出货管理、机械设备管理等子系统。该系统可以对不同地域、不同属性、不同规格、不同成本的仓库资源实现集中管理；可以采用条码、射频等先进的物流技术设备对出入仓库货物实现联机登录、存量检索、容积计算、仓位分配、损毁登记、状态报告等的自动处理，并向系统提交图形化的仓储状态。

3．采购控制系统

采购控制系统包括采购单管理、采购预警、供应商管理、采购单打印、采购过程跟踪等子系统。该系统可以对采购的详细信息进行管理；及时列出需要采购的备选商品；对供货商的资料进行维护与分析；记录对商品采购入库跟踪的信息。

4．应付账款系统

该系统的功能是核算和管理各往来款项，通过发票、其他应付单、付款单等单据的录入，对企业往来款项进行管理，及时提供往来账款余额资料，提供各种分析报表。

9.3.2 销货出库管理系统

该系统的主要功能是收集客户需求信息、记录客户购买信息、进行销售分析和预测、管理销售价格、处理应收货款及退款等，通过对客户资料的全方位、多层次的管理，配送中心与客户之间实现信息分享和收益及风险共享，从而在供应链管理模式下实现跨企业的资源整合，主要包括以下模块：

1．订单处理系统

销售订单是经购销双方确认的、反映客户所需货物的单据。作为合同或协议载体而存在的订单也是确定销售发货的日期、货物明细等事项的依据。配送中心根据销售订单提出要货申请以组织货源，并对订单的执行情况进行管理、控制和追踪。

订单处理系统主要包括：订单自动接收与转换、客户信息调查、报价系统、库存数量查询、拣货产能查询、包装产能查询、配送设备产能查询、配送人力查询、订单数据输入与维护、退货数据处理。

2．销售分析与预测系统

销售分析与预测系统包括：销售分析、销售预测、商品管理3个核心模块。

（1）销售分析

该模块的功能是为销售主管及高层领导提供及时、全面的销售信息。使用者可以通过查询销售明细、分指标对销售数据进行统计分析的方式来了解销售状况。销售明细包括：订单数据、出货配送控制数据、商品明细、预测工具模型、客户对商品的响应信息、入库数据等。统计分析则主要是对商品销售量、年度商品进出数量、年度及月份商品进出数量比较,以及商品成本利润百分比、各仓库经营业绩等指标进行统计对比。统计结果可以通过多种形式展示,如饼图、直方图、柱状图、折线图等。

(2)销售预测

销售预测模块的功能是协助高层管理者预测物流配送中心销售动态趋势,其基本的设计原理是根据历史销售数据结合作业模式或者使用统计方法完成预测分析。典型的统计模型有最小二乘法、移动平均法、指数平滑法、回归分析等。近年来,数据仓库与数据挖掘技术在销售预测中也逐渐得到应用。基于统计方法的销售预测系统较为常见,但物流配送中心特别是大型物流配送中心的数据量较大,当变量过多及数据集合不断变化且存在数据残缺现象时,统计分析往往无法有效地发现潜在的顾客消费模式,此时应考虑使用数据仓库、数据挖掘技术,但建设数据仓库及采用数据挖掘技术的难度较大,实施也比较困难。

(3)商品管理

该模块的功能是协助高层管理者了解物流配送中心各种商品的基本信息及销售状况,包括商品基本信息的维护与查询、商品销售排行、畅销品与滞销品分析、商品周转率分析、商品获利率分析等。

3. 拣货规划系统

拣货规划系统通常由仓库管理员或生产规划员使用,根据客户订购内容进行货前准备工作。主要工作包括:拣货订单批次规划、打印件货总表及拣货单、批次拣货排程、拣货计划及补货排程、与自动拣货机间的数据转移和传输。

4. 包装、流通加工规划系统

经过拣货规划系统处理后,由仓库管理者调用该系统,输入商品的配送日期、包装、流通加工等信息后,通过计算机检索数据,分析执行该工作所需各项投入。在实际操作中,由包装流通加工人员领取工作单并按需完成作业。完成相关作业之后,将进度录入各个相关的数据库并减去包装流通加工数据库和订单数据库中需要包装流通加工的数据,然后生成报表。

该系统的相关工作有:包装、流通加工订单批次规划,打印包装、流通加工安排及工作表,补货计划及补货排程,数据录入与自动包装机间的数据转换和传输。

5. 派车计划系统

该模块的工作是对商品进行集散、分类制订车辆运输计划及监管实际执行情况、对配送及途中进行追踪管理等。该计划包括制订车辆的装车计划、单车装车排序、批次装车排序、装车数据输入及维护等工作。目标在于实现货物的"装载规划",即把需要配送的货物合理地分配给车辆。按出货单分类,派车计划可分为一单多车、一单多货、一车多单、一单多点等方式。按分配功能分类,派车计划又可分为人工分配和自动分配两种。

6. 出货配送计划系统

因配送中心往外配送的商品数量和服务的客户数量巨大,而每个收货主体接受的商品数量少、种类广泛,且终端客户分布范围广、不集中,故出货配送计划系统要具备商品运输路线优化、运输商品跟踪、对意外事件及时反应和对相关数据进行维护等功能。

(1) 线路选择

为了确保合理的配送、最小的车辆使用率和最低的运输成本,对配送区域的路线作相应的划分和组合,并设定参数,以规划满足各种状况的最佳配送路径。

(2) 货物跟踪

工作人员在进行物流作业时,通过扫描货物包装或者发票上的条形码自动读取相关的货物信息,并将这些货物信息及时上传到总部的计算机终端进行汇总处理。被配送货物的所有物流信息都被保存在总部计算机中,方便随时查询货物状态。

7. 应收账款系统

应收账款账单在商品发货后被传送至财务会计模块,再由经营绩效管理模块获得相应的经营批示。该系统的主要功能有:账单开立、发票开立、收支登记维护、收款统计、报表生成及打印。

9.3.3 财务会计管理模块

财务管理子模块和人事工资管理模块共同构成了财务会计管理模块。

在获取采购入库管理模块和销售出库管理模块的各项数据后,财务管理子模块会将这些数据制作成会计总账、分类账、各种财务报表等,并进行现金、支票的管理以及银行联网转账。人事工资管理模块主要用来考核某时间段内员工的业绩并核算工资金额,包括人事数据的建库维护、工资统计报表打印、工资单打印及银行计算机联网进行工资数据转账等事项。另外,该系统还具有向客户提供账单、收取账款的功能。配送中心信息系统的其他模块也与财务会计管理模块间有紧密、频繁的数据沟通。

9.3.4 经营效果评估系统

经营效果评估系统从各个系统和流通业获取信息,根据信息制定相应的经营策略,然后将政策下达给各个部门、将数据传送给配送中心。该系统包括配送资源计划、经营管理系统、绩效管理系统。

1. 配送资源计划

若配送中心拥有多个运营主体,资源配送计划可用来解决各个单位的资源规划、经营方针等问题。设置仓储据点、选择仓库位置、仓库的使用对象、仓库规模等都属于配送资源计划的内容。借助市场调研数据分配各仓库需配备的机器设备、人力资源及所需库存,并加强仓库间的协调和调控,即多库库存控制系统、多库机器设备规划控制系统及多库商品配送调派计划系统。

2. 经营管理系统

配送中心的高层管理者是经营管理系统的使用者,他们借助该系统制定管理策略，如车辆设备租用计划、采购计划、销售策略计划、配送成本分析、运费制定系统、车辆管理系统等。这些管理策略多偏向于投资研究和预算系统。

3. 绩效管理系统

配送中心除了制定正确的经营策略外，想要获得更多的利润还需要顺畅的信息反馈以便及时对实施方法进行管理和修正。作业人员管理系统、客户管理系统、订单处理绩效系统、库存周转率评估系统、缺货金额损失管理系统、仓库内部作业管理考核系统、仓库内部机具设备及人力资源系统等都是绩效管理系统重要的组成部分。

9.4 案例：周大福物料配送中心的规划与实施

1. 背景介绍

近几年，随着珠宝零售企业连锁分店越来越多，扩张区域越来越广，物流问题成为珠宝行业发展的关键。珠宝行业物料管理模式大都为总部集中采购、统一库存、统一配送。周大福珠宝金行（深圳）有限公司是一家以珠宝零售服务为主的经营性企业，其全国物料仓储配送中心主要存放消耗性包装盒，物品种类多达1200种，是周大福全国近千家门店的物料配送中心。但由于全国各店的需求时间、空间及物品不一，因此要求配送中心具备更高的管理水平和更高的工作效率。2007年，周大福公司委托深圳某机构对其全国物料仓储配送中心进行升级改造。该机构对其配送中心进行了评估、诊断，为了对仓库实施规划、设计，合理配置设备，提出了库存管理优化方法，在此基础上制定了《周大福全国物料配送中心规划实施方案》。

周大福全国物料配送中心设有两个约1200平方米的库房。该中心由于配合销售开发的物料品类繁多、属性复杂，再加上仓库管理网混乱，问题一直层出不穷。其主要问题为：（1）收发货区商品处理缓慢；（2）仓库利用率低，存取不方便；（3）设备利用率低；（4）周转率低；（5）高峰期订单量大，无法及时处理；（6）岗位职责不明；（7）货物存储规划凌乱，退货与正常品混存。

通过实地调研，该机构找到了问题的症结：（1）业务流程混乱；（2）信息处理手段落后；（3）仓储规划不足；（4）管理方法单一，制度不完善。

2. 改造方案

该机构为周大福物料配送中心制定了以仓储配送中心为平台，引入供应链管理的思想，通过对物流信息流的控制，从采购原材料开始，制成中间产品以及最终产品，最后由销售网络把产品送到消费者手中，将供应商、制造商、分销商、零售商直到最终用户连成一个供应链物流管理模式的整体改造方案。

（1）企业流程再造（BPR）。针对出入库管理混乱的问题，该机构对采购接单、入库管理、出库管理、库内运作管理、配送管理、在途跟踪管理等方面实施流程重组，以业务流程为改造中心，以关心客户的需求和满意度为目标，对现有的业务流程进行根本的再思考和彻底的再设计，利用先进的制造技术、信息技术以及现代的管理手段，最大限度地实现技术上的功能集成和管理上的职能集成，以打破传统的职能型组织结构，建立过程型组织结构，从而实现企业经营在成本、质量、服务和速度等方面的巨大改善，如图9-3所示。

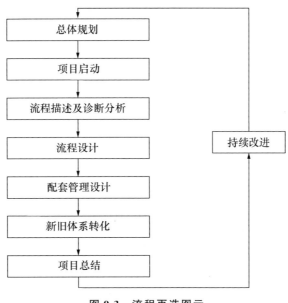

图9-3 流程再造图示

（2）信息系统优化与提升。采用信息化处理手段，如电子标签分拣货架、手持无线终端、供应链仓储管理信息系统。供应链仓储管理信息系统包括客户订单管理、采购管理、物流中心管理、仓储管理、配送管理、财务结算管理，实现了总部库存与各门店之间的信息集成与管理，有效解决了一级中心仓与二级配送中心、各个销售门店库存信息不一致的问题，实现库存商品信息的可视化管理。电子标签分拣货架降低了拣货差错率，使得仓管人员作业效率提高了80%，差错率降低到0.3%，同时也方便开展盘点以及货位管理。

针对实际业务的需求，公司对应用软件进行了二次开发，借助现代化信息技术、网络技术建立了从供应商采购、仓储与存货跟踪、订单录入与管理、配送运输到为客户收货整个供应链，成功实施了分布式物流系统的供应链行列，实现了QR、ECR、CM管理。

（3）合理规划、管理仓库。为了提高仓储作业效率，公司采用供应链仓储管理信息系统，增加了仓库辅助设备，对仓库进行相应的规划。① 合理分区。根据以往的销售数据以及现有的库存数据，将仓库规划为四个区域：入库作业区、出库作业区、退货区、理货区，以方便仓储人员操作。② 建立编号和货位。对每一个货架都建立相应的编号，对每一个货位都进行相应的规划，对每一个货位可以存储的货量都进行了系统录入。③ 合理存储。针对不同产品出入库频率，制定相应的存储策略，同时分析了大部分的产品，为大部分的产品制定了存储方案。

（4）采用先进管理方法，建立库存管理制度。① 建立岗位责任制度。② 制定绩效考核标准。③ 实施货物分类管理，重点管理（如 ABC 分类管理等）。

3. 分析与评价

经过三年多的运营，通过对业务流程的优化设计、实施信息集成化管理、采用必要的先进装备、运用先进的管理方法，使仓库的库容及作业效率都有了大幅度的提升。同时，通过科学的管理制度，促进了公司人力资源成本、库存货物资金占用成本的降低。更新改造后的仓储配送中心的面积利用率比原来提高了 140%，拣货出库效率提高了近 30%，货物压仓情况得到有效控制，货物周转率提高了近 30%。

本章小结

现代化的物流配送中心除了具备自动化的物流设备和物流技术之外，还应具备现代化的物流管理信息系统，这样才能取得最高的效率和最大的收益。建立物流配送中心管理信息系统的作用在于缩短订单处理周期，保证库存储运量，提高仓储作业效率、运输配送效率，调整需求和供给，进而提高服务水平、降低成本和增加效益。

不同类型的物流配送中心，工作流程和业务处理环节有所不同，业务规则也千差万别，但其基本功能模块是相同的。综合来看，配送中心的管理信息系统应该包含下列基本功能：对物品、设备、人员等系统要素的标准化管理，业务承接，合同管理，入库管理，理货管理，出库管理，车辆调度，货物装车，货物在途监控，到货交接，费用结算，与电子订货系统（EOS）、条码系统、GPS 系统、EDI 系统的数据接口等。

另外，本章比较全面地介绍了配送中心管理信息系统的典型模块，包括订单管理模块、入库管理模块、库存控制模块、销售出库管理模块、销售分析与预测模块、财务会计管理模块等，期望对物流工作者及管理者在理论上起到指导作用。

习题

1. 配送中心的作业活动主要包括哪些内容？
2. 请说明物流管理信息系统对物流运营的重要性。
3. 请说明配送中心管理信息系统的主要功能。
4. 请列举配送中心管理信息系统的典型模块。
5. 请说明入库管理模块的功能和主要作业。
6. 配送中心信息系统在实施中可能存在哪些问题？有何解决方案？
7. 请结合配送中心有关知识，分析周大福原物料配送中心存在的问题。
8. 请结合配送中心管理信息系统功能，分析周大福物料配送中心的优化方案。其中是否有不妥之处？如果有，请简述。

参考文献

[1] 傅莉萍、姜斌远主编：《配送管理》，北京大学出版社 2014 年版。

[2] 郑志军：《周大福全国物料配送中心规划实施案例分析》，载《物流科技》2013 年第 8 期，第 30—32 页。

[3] 邵举平、董绍华主编：《物流管理信息系统（第 2 版）》，清华大学出版社、北京交通大学出版社 2009 年版。

[4] 刘健主编：《物流管理信息系统（第 2 版）》，清华大学出版社 2012 年版。

[5] 陈虎主编：《物流配送中心运作管理》，北京大学出版社 2011 年版。

第 10 章

电子商务环境下的物流管理信息系统

学习目的

1. 理解现代物流的基本概念；
2. 理解电子商务对现代物流的影响；
3. 理解电子商务环境下物流信息系统的基本概念和功能。

电子商务的高速发展，得益于日新月异的信息技术和不断创新的物流体系。互联网时代的到来，促进了物流行业的快速发展，也让更多的企业意识到电子商务物流信息系统的重要性。电子商务物流信息系统以更易实现信息化、快速化、智能化的物流服务为目标，使物流商务活动能更规范、快捷地进行，最终实现货畅其流、物尽其用的目的。本章重点介绍了电子商务环境下现代物流的相关概念、特征及其发展趋势，阐述了电子商务物流信息系统的功能和体系结构等基本内容。

10.1 电子商务环境下的现代物流

10.1.1 现代物流的基本概念

1. 现代物流的定义

现代物流是指将信息、采购、运输、仓储、保管、装卸搬运以及包装等各方面有机结合的一种新型集成式管理，其任务是尽可能降低物流的总成本，为用户提供多功能、一体化的综合性服务。

（1）现代物流的客体是物资资料。其内容既包括有形物资资料，也包括依从物质载体的无形资料。

（2）现代物流的主体是供应者和需求者。供应者包括生产者和经营者，需求者包括一般消费者、中间商和产业用户。

（3）现代物流是物质资料时间、空间、数量、质量的物理性运动。

（4）现代物流是实现价值的经济活动。使用价值是价值的物质承担者，生产过程创造的价值必须经过物流才能最终实现。

（5）现代物流又是创造价值的经济活动。物流具有生产性，物流劳动是社会必要劳动，物流通过时间、空间、数量、质量效应来创造价值。

2. 现代物流的特点

现代物流的发展呈现全球化、多功能化、系统化、信息化和标准化的特征。由于信息在提高营运效率、降低成本和提升客户服务质量等方面都发挥了不可小觑的作用，因此现代物流的核心是信息化。现代物流的显著特点包括：

（1）物流系统趋于一体化，但每个业务单元又相互独立。以社会化为核心的物流体系不断扩张，继而实现可扩展、分布式的物流一体化。在物流一体化的同时，各种物流业务在功能上仍是独立存在的，并且不断实现更高质量的递送服务。为了参与到这种联盟性质的社会化物流体系中，企业也将更关注自身核心能力的建设。

（2）信息流与物流的重要性突显。随着信息技术的快速发展，组织结构渐趋于扁平化以提升快速反应的能力。对于物流来说，组织结构的扁平化也拉近了客户与制造企业间的距离，批量定制也渐渐取代批量制造成为企业生产的主流。为了提高效率和降低生产成本，企业和政府都越来越意识到信息流与物流的重要性。

10.1.2 电子商务对现代物流的影响

电子商务与物流有着密切关系，电子商务是通过互联网进行商务活动的新模式，它集商流、信息流、资金流、物流于一体。物流是电子商务发展的支点和基础，是电子商务的重要组成部分。物流虽然包含在电子商务之中，但是人们对电子商务的认识却大多局限于信息流、资金流的电子化、网络化，往往忽略了物流的电子化过程。在电子商务中，物流系统的运作效率已成为电子商务成功与否的关键。由于电子商务与物流的密切关系，电子商务必然对物流活动产生极大的影响。这种影响是全方位的，体现在以下几个方面：

1. 电子商务给传统物流理念带来改变

第一，传统的物流企业需要配备大面积仓库，而电子商务可以利用网络来创建"虚拟仓库"。通过电子商务系统网络化，物流的各种职能以虚拟方式展现，管理者可以进行统一管理和调配，并通过虚拟化运算来寻求物流的合理化，使商品实体在实际的流动过程中，达到效率最高、费用最省、距离最短、时间最少的目的。

第二，电子商务的出现加速了物流一体化的推进，物流企业的竞争状态也将随之改变。

企业将以其产品或服务的专业化优势，参与到以核心企业（或有品牌优势，或有知识管理优势）为龙头的分工协作的物流体系中，以促成一体化供应链的实现。

第三，电子商务条件下，物流企业面临的核心问题将变成"如何在供应链成员间有效分配信息资源，使得系统整体的客户服务水平达到最优"。也就是说，物流企业在追求物流总成本最低的同时还要力求为客户提供定制服务。

2. 电子商务给物流运作方式带来改变

一方面，电子商务可实现整体物流的实时监控。由于传统物流活动的实质是以商流为中心，所以传统物流的运作方式往往紧随商流。然而，电子商务条件下，信息流才是物流运作的核心，物流系统通过网络对接收到的需求信息进行快速反应，这不仅能有效地对物流进行实时监控，也能实现物流的合理化。

另一方面，网络对物流的实时控制是以整体物流来进行的。在传统的物流活动中，虽然也依靠计算机对物流进行实时控制，但这种控制都是以相互独立的运作方式来进行的。比如，在实施计算机管理的物流中心或仓储企业中，大多数管理信息系统是以企业自身为中心来管理物流的，这些企业基本都配有 EDI 系统。而在电子商务时代，这些企业的 EDI 系统必须升级为网络版，通过网络之间的对接，并与政府 EDI 系统无缝对接，才能真正缩短全球供应链的流程，进而使物流在全球范围内实现整体的实时控制。

3. 电子商务给物流企业经营带来革新

一方面，物流企业对物流的组织和管理会受到电子商务的冲击。传统经济条件下，物流的组织和管理通常落脚到某一个企业，而电子商务条件下，物流的组织和管理被要求从社会的角度系统化地开展，以打破传统物流的分散状态。这就要求企业在组织物流的过程中，不仅要考虑本企业的物流组织和管理，而且要考虑全社会的整体系统。

另一方面，物流企业的竞争状态也会受电子商务影响而改变。传统经济条件下，物流企业间的竞争要求企业在提升优质服务、降低物流成本等业务领域下功夫。而在电子商务条件下，这些竞争内容依然存在，但其有效性在很大程度上降低了。在物流一体化的进程中，商品的合理流动需要一个全球性的物流系统来支撑，单个的物流企业难以达到这一要求。所以，物流企业应相互联合起来，在竞争中形成一种协同竞争的状态，在相互协同实现物流高效化、合理化、系统化的前提下，相互竞争。

4. 电子商务促进物流改善和管理提升

第一，物流基础设施将在电子商务推动下得到改善。高效率和全球性是电子商务的基本特征，现代物流也必须达到这一目标。为了能在电子商务环境中升级，良好的交通运输网络、通信网络等基础设施是基本保证。

第二，物流技术将在电子商务推动中有所提升。物流技术包括运输、保管、装卸、包装等环节所需要的技术，物流技术水平的高低直接影响物流效率的高低。为了建立一个能适应电子商务环境的高效率物流系统，物流技术水平势必需要快速提升。

第三，物流管理水平将得到提高。物流管理水平的高低直接决定和影响着物流效率的高低，也影响着电子商务高效率优势的实现问题。只有提高物流的管理水平，建立科学合理的管理制度，将科学的管理手段和方法应用于物流管理当中，才能确保物流的畅通进行，实现物流的合理化和高效化，促进电子商务的发展。

10.1.3 电子商务环境下物流业的发展趋势

1. 物流众包

物流众包是物流发展的趋势,它体现了电子商务环境下现代物流与共享经济的结合。当今,共享商业模式已成为全球最热商业模式之一。它改变着各个行业。共享商业模式是指民众公平、有偿共享一切社会资源,彼此以不同的方式付出和受益,共同享受经济红利,此种模式在发展中会更多地使用移动互联网作为媒介。

(1) 物流众包的内容

物流众包指的是,将原来由企业员工承担的配送工作以自由自愿的形式转交给企业外的大众群体来完成。众包的任务通常是由个人承担,但如果涉及需要多人协作完成的任务,也可能以依靠开源的个体生产的形式出现。作为基于移动互联网和大数据系统对终端配送的一种尝试,众包物流已经使快递业从一个标准的劳动密集型行业,逐渐转变为技术与资本密集型行业。众包物流模式能够迅速推广,不仅得益于其能整合社会资源、降低物流配送成本,也得益于其能提高物流配送效率,提升最终消费者的物流体验。

(2) 物流众包的特点

众包物流模式的背后需要具备强大的大数据运算能力和风险控制能力。大数据运算为众包物流实时提供了准确的定位信息、最合理的配送路线信息及路况信息等,脱离了大数据的支撑,众包物流便发挥不了配送效率高的优势。但众包物流快递员的资质不齐,存在很大的风险隐患。这是因为,众包物流对兼职快递人员的要求很低,只要一部智能手机、年满 18 周岁就可报名,稍经培训后即可上岗。因此,众包物流面临着很大的风险管理难题,然而目前并没有完善的风险控制手段,风险控制能力不强。

2. 快递服务

在电子商务环境下,快递业得到快速发展。快递(express)的概念起源于 20 世纪 60 年代末,是指小件物品的快速运输和投递活动。承运方通过铁路、公路和空运等运输方式,将托运方指定的物品在特定时间内送达指定目的地或配送到目标客户手中。

快递与物流之间既有联系又有区别,快递属于物流的一个分支,是一种特殊的物流方式。快递与物流都依赖于交通工具,通过运输来实现经营目的。除此之外,两者也存在区别,具体体现在:

(1) 许可与监管的区别

经营快递业务必须持国家邮政局颁发的"快递业务经营许可证",接受邮政管理部门的监督管理;物流则由运输管理部门许可与监管。

(2) 运输对象的区别

快递以文件、包裹等小件物品为递送对象,每票重量在 20 公斤以内;物流则以大中型物品为运输对象,每票重量在 100 公斤以上。

(3)"最后一公里"的区别

快递是"门到门""手到手"的服务方式,提供上门取货、送货上门的服务;物流是"点到点"的服务,提供送货到物流公司,从物流公司提货的服务。

(4)时效性的区别

快递承诺在规定的时间内完成投递任务,对时效性的要求比较高,因此相比一般物流,快递在运输价格方面较贵,但速度也相对较快。

10.2 电子商务环境下的物流管理信息系统

10.2.1 电子商务物流管理信息系统

1. 电子商务物流信息

物流信息系统涉及社会经济生活的各个方面,是一个错综复杂的大系统,关系原材料供应商、生产制造商、批发商、零售商、最终消费者及市场流通的全过程,因此,物流信息量大,类型繁多。

电子商务物流信息不仅包括与电子商务物流相关的信息,还包括其他流通活动过程中的信息。例如,商品的交易信息、商品的市场信息等。商品的交易信息包括商品的销售和购买信息等;商品的市场信息包括市场的结构信息、消费者的需求信息、竞争者的商品信息。此外,电子商务信息还包括政策信息、通信交通等基础设施信息等外部环境信息。

2. 电子商务物流管理信息系统概念

电子商务物流管理信息系统是一个由人、计算机网络等组成的系统,它能够进行电子商务环境中物流信息的收集、传送、存储、加工、维护和使用。该系统利用电子化的手段,尤其是互联网技术,完成对物流全过程的协调、控制和管理,实现从网络前端到最终客户端的全过程监管。

总体来说,电子商务物流管理信息系统包括4类资源:人、硬件、软件和物流数据。首先,电子商务物流管理信息系统是一项系统工程,不是单单依靠技术开发人员就可以完成的,必须有企业管理者尤其是物流企业管理人员的参与。其次,信息技术(包括硬件和软件)是该系统得以实施的基础,只有依靠计算机,电子商务物流管理信息系统才能发挥其功能。最后,物流数据是电子商务物流管理信息系统中不可忽略的因素,如果数据不及时、不准确,计算机的处理速度再快,也不能形成及时的物流管理和实施方案。

10.2.2 电子商务物流管理信息系统的功能

对物流企业而言,电子商务物流管理信息系统相当于"神经中枢",可以满足物流企业日常运营活动的需要,并能优化物流活动,进而提升企业管理水平。通常,电子商务物流管理信息系统应提供运输管理、仓储管理、配送管理、客户关系管理、资源管理、货代管理、决策支持、数据交换、统计管理、结算管理、报关管理、财务管理、合同管理等功能。当然,在实际的物流管理中,可根据具体需求来明确具体的系统功能,对上述功能适当选取或增加。

1. 运输管理

运输管理实现对所有可以调度的运输工具,包括对自有的、协作的以及临时的车辆进行调度管理,提供对货物的分析、配载计算以及最佳运输路线的选择,并支持 GPS 和 GIS,实现运输的最佳路线选择和动态调配,并实时跟踪。

2. 仓储管理

仓储管理对所有不同地域、不同属性、不同规格、不同成本的仓库资源运行集中管理,采用条码、射频等先进的物流技术设备对出入仓库的货物进行联机、存量检索、容积计算、仓位分配、损毁登记、状态报告、出入库与库存查询、盘点调整。此外,还可以对库存报表等进行自动处理。

3. 配送管理

电子商务物流管理信息系统以最大限度地降低物流成本、提高运作效率为目的。按照实时配送原则,在多购买商并存的环境中,通过在购买商和供应商之间建立实时的双向链接,构筑一条顺畅、高效的物流通道,为购买、供应双方提供高度集中、功能完善、不同模式的配送信息服务。

4. 客户关系管理

客户关系管理通过对客户资料的全方位、多层次管理,使物流企业之间实现整合,物流企业与客户之间实现信息分享和收益及风险共享,从而在供应链管理模式下实现整合。

5. 资源管理

通过建立员工和设备档案,对人力和设备资源进行综合管理,充分发挥人力和设备资源的潜力,提高劳动生产率。

6. 货代管理

电子商务物流管理信息系统按照资源最大化和服务最优化的原则,满足货物托运、接取送达、订舱配载、联运服务等多项业务需求,完成物流的全程化管理,包括代理航空运输和代理船务运输,实现门到门、一票到底的最佳物流方式,成为托运人和承运人之间电子化的桥梁和纽带。

7. 决策支持

决策支持可使企业及时掌握商流、物流、资金流和信息流所产生的信息并加以科学利用,在数据仓库技术、运筹学模型的基础上,通过数据挖掘工具对历史数据进行多角度、立体的分析,实现对企业中的人力、物力、财力、客户、市场、信息等的综合管理,为企业管理、客户管理、市场管理、资金管理等提供科学决策的依据,从而提高管理层决策的准确性和合理性。

8. 数据交换

数据交换提供 EDI 数据交换服务，通过电子商务网站，提供 EDI 交换表单，可以为自身的商务数据交换及客户或合作伙伴提供 Web 形式的数据交换功能。

9. 统计管理

统计管理以统计工作作为企业管理的基础，按照物流行业的标准，针对企业的经营管理活动进行统计调查、统计分析，提供统计资料，实行统计监督，从而对企业的经营活动及经营状况进行量化管理。

10. 结算管理

结算管理为客户提供各类业务费用信息，利用计算机的处理能力大幅减少结算业务工作量，提高结算业务的准确性和及时性。

11. 报关管理

报关管理系统集报关、商检、卫检、动植物检疫等功能于一体，满足用户进出口报关的需求，同时增加联机报关功能，为客户提供全方位的报关服务。

12. 财务管理

财务管理结合成熟的财务管理理论，针对物流财务管理的特点，根据财务活动的历史资料进行财务预测，并通过专门的方法进行财务决策；运用科学的技术手段、利用有关信息、采取特定的方法进行财务预算、财务控制，并进行财务分析，最终实现企业价值最大化。

13. 合同管理

合同是业务开展的依据。合同管理系统通过对合同的解析，充分理解客户的需求，拟定物流服务的实施方案，在此基础上，分配相应的资源，监控实施的效果，核算物流活动产生的费用，并对双方执行合同的情况进行评估，以获取客户、信用、资金等信息，交由企业决策部门作为参考。

10.3 案例："菜鸟网络"让物流变得更智能

1. "菜鸟网络"的产生背景

传统物流对信息平台的资源整合有限，不仅商品流转至买家的过程复杂，而且卖家对于物流公司的选择有较大自主权，因此，物流公司则略显被动。传统的物流运作方式不仅造成了资源上的浪费，而且不能发挥物流公司的主动权，最终导致物流行业表面看似繁华，实则盈利甚少的局面。数据显示，2001 年至 2011 年，中国的物流成本占将近 18% 的 GDP，而这一比例在大多数发达国家仅为 8%—10%。这项数据反映出我国物流行业发展活跃，但是水平仍处于粗放简单的原始阶段。

物流讲求高效快速，当消费者对物流的速度要求越来越高时，电商物流平台为此投入的成本也会越来越大，而这些物流成本最终还是转移到消费者身上。目前，我国物流行业效率低下、成本过高，原因之一就是缺乏集约化的物流企业。所以，未来的物流企业不能仅仅依靠运输货物，而必须能够综合运输、仓储信息化、销售渠道甚至包括综合供应链，才能实现可持续发展。因此，"菜鸟网络"应运而生。

2."菜鸟网络"的定位

"菜鸟网络"的建立及其旗下"中国智能物流骨干网"项目的启动，通过以下两个方面的投资来整合布局物流业：一方面，"中国智能物流骨干网"要在物流的基础上搭建一套开放、共享、社会化的基础设施平台。平台搭建后，通过自建、共建、合作、改造等多种模式，在全国范围内建成一套开放的社会化仓储设施网络。另一方面，应用大数据、云计算、物联网等新技术，建立开放、透明、共享的数据应用平台，为电子商务企业、物流公司、仓储企业、第三方物流服务商等各类企业提供服务，实现信息共享。

总的来看，"菜鸟网络"的市场定位是：成为电商、仓储和快递配送的集成平台，在价值链的上游盈利。从资源整合的角度看，"菜鸟网络"将是中国最大的快递联合体，阿里巴巴可通过"菜鸟网络"掌控智能仓储和快递资源，实现上下游产业的整合，成为电商、智能仓储、快递和消费者供应链的集成商。

举例来说：假设卖家要从杭州发货到北京，可直接在"菜鸟网络"平台上下单，根据平台信息，申通客服马上给快递员发指令，通知其去取件，而后必须按照"菜鸟网络"规定的时间将货物送达其中转中心，此时中转中心数据显示，圆通公司正有干线车辆要发车到北京，则菜鸟网通知圆通公司将此货物装上车送到北京中转中心，货物到达北京中转中心后，信息平台显示顺丰快递员即将去买家小区派件，便通知顺风快递员送货上门，最终实现、降低成本、提高效率的目的。同时，"菜鸟网络"也将会根据卖家和买家的分布，选择最好的地方建中转中心。因此，"菜鸟网络"通过中转中心构建一个全方位、高效率的网络平台，从而实现成为最大快递联合体的目标。

3."菜鸟网络"对中国电商行业的影响

"菜鸟网络"的成立，意味着中国电商行业急需的物流后台有了系统性规划，更意味着电商行业、物流行业的洗牌。平台建成后，不仅可以帮助电商减少库存，降低物流成本，同时也能降低消费者的快递费并解决物流拖延的问题，最终有利于电子商务的蓬勃发展。

另外，"菜鸟网络"不会对现有的电商、快递格局产生颠覆性影响，但会催生新的商业模式，即更加健康的电商生态产业链。就物流领域来说，其主要特征就是低成本、便捷、高效。综合来看，"菜鸟网络"的真正目的在于建设更加健康的电商生态产业链，使参与方能够获得合理的利益，为社会创造更多的财富和更高的价值。

思考题

1."菜鸟网络"在未来应该如何发展？
2."菜鸟网络"的发展对我国电商行业有什么影响？

本章小结

随着信息技术和知识经济的发展，电子商务得到了极大发展与普及。在其影响下，物流的地位、组织模式，以及各个作业、功能环节都发生了巨大的变化，电子商务物流管理信息系统由此而生。

电子商务物流管理信息系统就是信息化、网络化、现代化、社会化的物流系统，它运用计算机网络技术进行物流运作与管理，是实现企业间物流资源共享和优化配置的物流方式。电子商务物流管理信息系统具有人、硬件、软件和物流数据这四种基本资源，能对物流相关信息进行收集、传递、存储、加工和使用。一般而言，电子商务物流管理信息系统的功能包括：运输管理、仓储管理、配送管理、客户关系管理、资源管理、货代管理、决策支持、数据交换、统计管理、结算管理、报关管理、财务管理、合同管理。

实践证明，物流企业的成功运作离不开物流管理信息系统的建设，物流管理信息系统已成为物流企业的核心与灵魂。如今，电子商务物流已经成为现代物流发展的必然趋势，对于国民经济的发展起着重要的推动作用。总而言之，电子商务物流管理信息系统的建立已渐渐成为电子商务物流发展过程中极其重要的一环。

习题

1. 现代物流的定义是什么？有什么特点？
2. 请结合实例谈谈电子商务对现代物流的影响。
3. 除了物流众包和快递服务，现代物流还有哪些新趋势？
4. 为什么人、硬件、软件和物流数据是电子商务物流管理信息系统的四种基本资源？
5. 请简述电子商务物流管理信息系统应具备的功能。

参考文献

[1] 何杰主编：《物流信息技术》，东南大学出版社 2009 年版。

[2] 张华、李一辉、喻立主编：《电子商务与物流管理》，华中科技大学出版社 2015 年版。

[3] 宋华编著：《电子商务物流与电子供应链管理》，中国人民大学出版社 2004 年版。

[4] 申金升、卫振林、纪寿文、徐杨编著：《现代物流信息化及其实施》，电子工业出版社 2006 年版。

[5] 牛东来编著：《现代物流信息系统（第 2 版）》，清华大学出版社 2011 年版。

[6] 王建伟、王小建编著：《电子商务物流信息系统分析与设计》，首都经济贸易

大学出版社2008年版。

［7］双莎莎、何建佳、李亚茹：《基于互联网技术的最后一公里综合配送模式分析》，载《技术与创新管理》2016年第5期，第572—576页。

［8］吕姝婷、张炳际：《电子商务对现代物流的影响》，载《市场论坛》2006年第4期，第122—124页。

［9］张国卫：《浅析物流管理信息系统及其开发》，载《企业技术开发》2014年第20期，第55—56页。

［10］吴洋、张应青：《基于电子商务的物流信息系统研究》，载《中国电子商务》2013年第4期，第35—36页。

第 4 篇

开 发 篇

第 11 章

物流管理信息系统规划

学习目的

1. 理解物流战略与企业战略之间的关系;
2. 掌握物流信息系统规划的战略意义;
3. 明确物流战略规划各个阶段的任务和内容;
4. 掌握管理信息系统的常用规划方法;
5. 了解基于流程的信息系统规划方法;
6. 掌握初步调查的方法以及可行性研究方法。

信息技术可谓无孔不入,已经延伸到物流企业价值链中的每个环节,在运输、配送、仓储、包装、搬运、装卸、流通加工等活动中都有信息技术应用的案例。物流信息技术曾经被视为构筑物流企业竞争优势的利器,现如今却演变为维持经营的最基本保障,物流企业对信息系统的依赖越来越强。然而近年来,所谓的"信息化悖论""IT 黑洞"严重打击了企业信息化的热情,企业的巨额投入并没有带来预期的回报。面对如此高的信息化风险,资本再雄厚的公司也会心存疑虑、谨小慎微,中小物流企业更是避之不及。如何进行科学的信息系统规划(information system planning,ISP),已经成为物流企业管理者密切关注的问题。

物流信息系统建设有其特殊性,不同于实物资产投资,也不同于资本运作。它投资大,历时久,具有典型的工程项目性质。规划不合理,不仅会给自身造成损失,由此导致的企业运行不佳的间接损失更为严重。有这样一种认识,假如一个操作失误可能损失几万元,那么一个设计错误就可能损失几十万元,一个计划错误就可能损失几百万元,而一个规划错误就可能损失几千万元,甚至上亿元。另外,物流信息系统不同于普通的管理信息系统,往往需要大量的硬件设备作为支撑。因此,在物流信息化过程中,决策者往往把精力放在硬件的设计和选择上,忽视了软件系统的规划,这是不可取的。所以,决策者应克服"重硬轻软"的片面性,把物流信息系统的规划摆到重要的战略位置上。

11.1 物流管理信息系统规划概述

11.1.1 先导案例

CW 集团是以钢铁制造为主业，集矿业开发、金属制品加工、物流、国际贸易等产业为一体的大型股份制企业。但其物流管理基础较薄弱，员工素质参差不齐，管理制度不够完善、手段落后；物流系统缺乏统一规划，管理分散；生产物料管理混乱，物流信息协同滞后。这些问题导致管理人员无法及时了解物流信息。

鉴于此，CW 集团管理层决定进行信息化建设，为尽可能降低信息化风险，必须做好信息系统的规划工作。首先根据该集团物流信息化的现状和存在的问题，并依据企业的目标和战略确定信息化需求，建立包括面向供应链的现代物流信息门户和电子商务平台，并加强网络化建设，加强物流信息基础数据管理，解决异构系统的集成应用等。在此基础上，遵循目标导向、需求导向、立足现实、适度超前等原则，采用面向供应链一体化的系统规划方法并建立模型。该模型从供应链一体化管理角度出发，集成与物流相关的供应链各节点、物流基础设施要素等一系列相关信息系统和通信网络，与现有应用系统、物流信息门户、决策支持、物流业务操作系统、基础系统、支撑平台等构成信息系统的规划内容。最后制订信息系统实施进度计划，该计划根据企业现状遵循三个阶段，包括基础数据规范化及信息整合阶段、物流系统信息化规划实施阶段以及物流系统信息化持续完善阶段。该集团的信息化建设已进行到第二阶段，通过前期的实施，说明了该模型对 CW 集团的信息化建设起了有效的指导作用，为该企业的信息化建设指明了方向。

11.1.2 物流战略和物流信息系统战略

1. 企业战略和物流战略

企业战略是对企业长远发展的全局性谋划，它是由企业的远景和使命、政策环境、长短期目标及确定实现目标的策略组成的总体概念。

企业战略具有层次性，不同层次又包括不同类型的战略。通常认为，企业战略分三个层次：(1) 公司层战略：包括加强型战略、一体化战略、多元化战略、防御型战略；(2) 业务层战略：包括成本领先战略、差异化战略、成本集聚战略、目标集聚战略、最优成本供应商战略；(3) 职能层战略：包括生产战略、研发战略、物流战略、营销战略、财务战略、人力资源战略、信息管理战略等。

由此可见，物流战略从属于企业整体战略，与生产、研发、营销、财务、信息等战略同处于职能层，并为企业整体战略的实现服务，如图 11-1 所示。物流战略是为寻求物流的可持续发展，就物流发展目标的途径和手段而制定的长远性和全局性的规划。

物流战略的主要内容有：物流系统的宗旨、物流系统的目标、物流战略导向、物

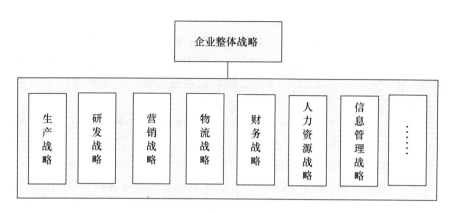

图 11-1　企业战略与各个职能战略的关系

流战略优势、物流战略类型和物流战略态势，以及物流战略措施和物流战略步骤。

（1）物流系统的宗旨

物流系统的宗旨是指物流系统在社会经济发展中所承担的责任和其主要目的。物流系统宗旨的确立，将直接影响物流企业参与物流系统设计以及运营的任务和目标。

（2）物流系统的目标

物流系统的目标由物流系统宗旨引领，表现为物流系统尽可能在一定时期内实现的量化成果或期望值，物流系统的目标对物流战略基本要点的设计与选择有重要的指导作用，是制定物流战略规划中各项策略的基本依据。

物流系统的目标有三个：① 成本最低。在寻求成本最低时，服务水平应该得到保证，最低成本的目的是使利润最高。② 资本规模最小。资本规模最小就意味着系统的硬件规模最小，就要尽可能地加强软件措施和利用外部资源。③ 提高服务水平。服务水平的改善通常是用顾客需求的满足率来评价的，最终评价则取决于企业的收入。

（3）物流战略的要点

物流战略要点是物流战略系统基本的设计与选择。对物流企业（部门）而言，重点内容是要将传统概念上的两端点之间的货物位移与两端点上的延伸服务（如订货、取货、分拣、保装、仓储、装卸、配送、咨询及信息服务等）结合为一体，使货物从最初供应到最终用户间的各个物流环节成为完整的供应链。

（4）物流战略的革新与发展

物流环境的变化、新型营销体系的确立以及追求竞争优势的压力和动力，都迫使物流企业（部门）在战略上不断求新和求变。① 从物流需求方面来看：货主的物流需求不断向高度精益化方向发展，这表现为在适当时间配送必要量、必要商品的多次少量运输、即时制运输等高水准的物流服务，将逐渐普及并成为物流经营的标准。② 从物流供给方面来看，经营环境和新型营销体制对战略的影响除了需求方面的因素外，供给方面也有相当大的作用，主要表现在从事物流经营的企业之间竞争日益激烈。在这一背景下，企业该如何根据自身的经营特点，适时、有效地实行物流战略就成为企业谋求长远发展的重大课题。

2．物流信息系统战略

物流战略和信息系统战略是两个重要的职能战略，两者相互融合就形成了物流信息系统战略。物流信息系统战略是物流信息系统的目标、功能、总体结构以及实现的方法、策略、措施的总称。物流信息系统战略是通过物流信息系统规划来完成的，它是物流信息系统规划的结果。

确定物流信息系统的目标是物流信息系统规划的首要任务。物流信息系统要解决的问题包括：（1）缩短从接受订货到发货的时间；（2）库存适量化；（3）提高搬运作业效率；（4）提高运输效率；（5）使订货和发货更为省力；（6）提高订单处理的精度；（7）避免发货、配送出现差错；（8）调整需求和供给；（9）回答信息咨询。

物流信息系统的目标就是提高客户服务水平和降低物流成本。具体来说，就是在运输、保管、搬运、包装、流通加工等作业环节运用先进技术，并使生产据点、物流据点、运输路线、运输手段等网络化，从而提高各物流活动的效率，并在此基础上，使通信据点、通信线路、通信手段网络化，提高物流作业系统效率。

11.1.3　物流管理信息系统规划的内容

信息系统规划的内容就是制定信息系统战略。它包括 3—5 年的长期规划，也包括 1—2 年的短期计划。长期规划部分指出了总的发展方向，而短期计划部分则为作业和资金工作的具体责任提供依据。物流信息系统规划的内容包括：

（1）物流信息系统的目标、约束及总体结构。系统规划应根据组织的战略目标、组织的业务流程改革与创新需求以及组织的内外约束条件确定系统的总目标、发展战略规划，以及系统的总体结构类型及子系统的构成。

（2）单位（企业、部门）的现状。对目前的业务流程、信息系统的功能、应用环境、应用现状、当前人员状况、经费情况、满足现实要求的情况等多方面进行评价。

（3）对影响规划的信息技术发展的预测。信息技术包括计算机硬件、网络技术及数据处理技术等。这些技术的推陈出新将给信息系统的开发带来影响（如处理效率、响应时间），并决定未来信息系统性能的优劣。因此，及时吸取相关新技术，有可能使开发出的信息系统更具生命力。

（4）发展规划阶段性安排。主要包括硬件设备的采购时间表、应用项目的开发进度表、软件维护与转换工作时间表、人力资源的需求计划及人员培训时间安排、资金需求及预算等。

11.1.4　物流管理信息系统规划的原则

1．与企业的物流战略相匹配

物流战略是物流信息系统规划的出发点。物流信息系统战略为企业物流战略服务，从企业物流战略的目标出发，逐步推导出物流信息系统的战略目标和总体结构。

2．整体上着眼于高层管理，兼顾各管理层的要求

物流信息系统面向企业的各个层面，即战略层、管理层和作业层。在规划阶段，考虑问题不宜过细，应主要考虑战略层和管理层的信息需求，但同时也要兼顾作业层

的信息需求，提炼低层的操作问题，将其升华为高层管理问题。

3. 摆脱信息系统对组织的依从性

物流企业的组织机构可以随情况而变动，但最基本的物流活动、物流管理的核心职能和物流运作中的各类决策，可以独立于管理层和管理职责。对物流企业的了解往往从现行组织机构入手，但只有摆脱对它的依从性，做到"对事不对人"，才能提高系统的应变能力。

4. 具有整体性的系统结构

物流信息系统的规划和实现是一个"自顶向下规划，自底向上实现"的过程。采用自上而下的规划方法，可以保证系统结构的完整性和信息的一致性。

5. 便于实施

物流信息系统的规划为后续工作提供指导，管理者应选择经济、简单、实用、易于实现的方案。

11.1.5 物流管理信息系统规划的步骤

物流信息系统规划的任务是通过对物流企业或物流部门目标和现状的分析，制定指导物流信息系统建设的总体规划和物流信息系统长期发展蓝图。图 11-2 给出了系统规划的具体步骤。

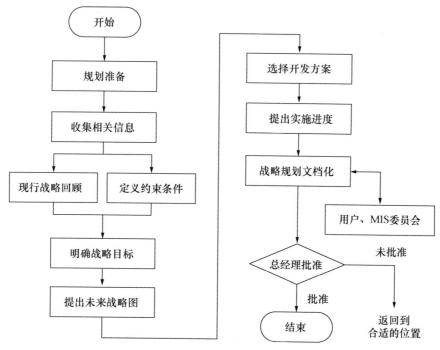

图 11-2 物流信息系统规划的步骤

1. 规划准备

规划准备包括确定规划的年限、拟采用的规划方法，确定集中式还是分散式，以及是进取还是保守,邀请规划专家,组织规划小组,规划工作环境,启动规划等工作。

2. 收集相关信息

规划物流管理信息系统过程中应进行必要的初步调查,调查内容包括:企业发展战略、企业产品、市场定位、企业技术、设备和生产能力、组织机构和管理水平、企业员工素质、面临的机遇和挑战、存在的优势与劣势、企业现行信息系统建设水平和管理水平、业务伙伴和竞争者信息系统建设水平、信息技术现状和未来发展趋势。

3. 现行物流信息系统战略回顾

对现行物流信息系统战略的目标、开发方法、功能结构、财务情况、风险度和政策等进行回顾,从而发现不足,明确改进方向。

4. 定义约束条件

根据单位(企业、部门)的财务资源、人力和物力等方面的限制,定义物流信息系统的约束条件。

5. 明确战略目标

战略目标由总经理和规划小组来设置。根据以上第(3)(4)步的结果,确定企业的物流系统目标、物流信息系统的开发目标,明确物流信息系统应具有的功能、服务范围和质量等。

6. 提出未来战略图

未来战略图包括物流信息系统总体框架、物流信息系统总体技术路线、物流信息系统建设路线、各子系统的划分,以及与已有的其他管理信息系统的衔接等。

7. 选择开发方案

由于资源所限,不可能所有项目同时进行,只有选择一些收益最大、最为紧迫、风险适中的项目先进行。在确定优先开发的项目之后,还要确定总体开发顺序、开发策略和开发方法。

8. 提出实施进度

预估项目成本和人员需求,并依次编制项目的实施进度计划表。

9. 战略规划文档化

将物流信息系统战略编写成文,在此过程中,还要不断与用户、信息系统操作人员以及信息系统委员会的领导交换意见。

10. 总经理批准

物流信息系统规划只有经过总经理批准后才可生效。

11.2 物流管理信息系统规划方法

11.2.1 先导案例

在上海浦东汽车运输总公司(简称"浦运")的现代物流系统变革中,KBYJ公司全程参与了该变革。双方的合作集中在三方面：（1）企业战略规划，包括市场战略、内部运作体系战略；（2）开发一套可适应多种业务模式和多种调度模式的一体化运输管理系统；（3）物流系统变革的实施。

第一阶段，KBYJ 公司对浦运业务流程进行了分析，并提出企业变革计划。在变革计划实施过程中，KBYJ 公司的物流顾问团队直接参与了浦运营销中心的建立，完成了 SOP（标准运作流程）和 KPI（关键性能指标）体系的设计。第二阶段，KBYJ 为浦运设计了未来业务模式的核心目标：开发一套支持浦运业务快速发展、适应多种业务类型和运作方式的一体化运输管理系统。在系统开发过程中，KBYJ 公司融合了国际先进的物流管理理念和本土行业经验，以及跨系统、跨平台的集成方案，协助浦运建立起基于客户业务模式的、跨部门的、动态实时配置的流程管理平台。

该方案凭借强大的技术平台，对企业的物流信息进行高效管理，重组企业业务流程，实现了：（1）建立在全国范围内提供多种增值服务、处于领导者地位的资产型专业运输公司；（2）通过运输管理系统，将托运单调度作业流程统一化、规范化和高效化，实现最优的客户服务和最大的资源利用；（3）使所有运作成本透明化，帮助浦运进行成本控制的集中管理。系统面向管理、调度、作业、车辆技术、人事和市场营销等各个部门，实现了贯穿托运单处理及调度、作业全过程的信息化处理，能向企业内部的周边系统及客户提供有关托运单处理的相关信息。在统一的流程驱动基础上，规范了托运单的处理和优化调度，实现了资源的最大化利用，确保托运单相关方全程获得透明、准确、一致的信息。

经过一段时间的运行，浦运做到了从收到订单开始到货物准时、安全抵达客户手中的运作过程的全程可视化管理。目前，通过一体化物流信息平台的接入，再加上良好的管理制度，浦运轻松实现了企业间物流的电子化连接、集成和整合。

11.2.2 信息系统规划方法分类

企业战略规划的方法有很多，如面向市场及竞争环境分析的波特五力模型、面向组织内部竞争力的 SWOT 分析法、面向产品市场分析的波士顿矩阵、面向多元化行业定位的 GE 矩阵。这些方法在企业战略管理方面的教科书中都有详细介绍，这些方法同样适用于物流信息系统战略的制定。同时也应看到，物流信息系统有其特殊性，因此本节重点介绍物流信息系统战略特有的规划方法。

物流信息系统规划方法大致可归为四类：面向低层数据的规划方法、面向决策信息的规划方法、面向内部流程管理的规划方法、面向供应链管理的规划方法。

1. 面向低层数据的规划方法

该方法就是传统的以数据为中心的规划方法（信息工程方法），关注数据的准确性和一致性，偏重于技术分析方面。数据是分析的核心点，涉及数据实体或数据类的定义、识别、抽取以及数据库逻辑分析甚至设计。这种方法在企业过程建模以及企业数据库逻辑分析和设计方面有独到之处，但在企业战略分析方面的功能相对薄弱。典型的方法有：企业系统规划法和战略系统规划法。

2. 面向决策信息的规划方法

该方法以支持企业战略决策信息为核心，考虑企业的信息系统战略规划。这类方法在处理企业战略与信息系统战略相互关系方面的功能比较强，但在企业过程建模等方面的功能较弱。典型的方法有：战略目标集转换法和关键成功因素法。

3. 面向内部流程管理的规划方法

该方法通过分析业务流程链及其价值创造的情况，对流程进行优化，增强流程链上活动间的匹配，创造业务流程最大价值，达到增强企业竞争力目的。典型的方法有：业务流程再造和价值链分析法。

4. 面向供应链管理的规划方法

该方法是企业内部流程管理规划方法进一步向企业的上下游方向的拓展，借助与合作伙伴的联盟，依托供应链的整体优势提升企业竞争力。这类规划方法以价值链成分或项目为研究对象，通过分析成分或项目的风险和收益，制定相应的对策，以帮助企业获得竞争优势。典型的方法有：战略网格模型法。

本节将介绍其中五种常用的方法：关键成功因素法、战略目标集转换法、企业系统规划法、价值链分析法和业务流程再造法。

11.2.3 关键成功因素法

1970 年，哈佛大学教授 William Zani 在信息系统模型中使用了关键成功变量，这些变量是确定信息系统成败的关键因素。1980 年，麻省理工学院教授 John Rockart 把关键成功因素提升为信息系统战略规划的方法。成功因素（success factors）概念是在 1961 年由 D. Ronald Daniel 提出，这个定义过程被 John Rockart 在 1979 年和 1981 年精炼为关键成功因素法。就本质而言，关键成功因素法是一种以数据为中心的方法，只要识别出企业的核心数据，那么对核心数据进行管理的系统才是最为迫切开发的信息系统。因此，如何识别企业的核心数据是关键成功因素法的重要内容。

所谓关键成功因素（critical successful factors，CSF），是指在规划期内影响企业战略成功实现的关键性任务。CSF 是由行业、企业、管理者以及周围环境形成的，其特点是：(1) CSF 是少量的、易于识别的、可操作的目标；(2) CSF 可确保企业的成功；(3) CSF 可用于决定组织的信息需求。

CSF 主要通过与高层管理者的面谈得到，因为高层管理者日常总在考虑什么是关键因素。通过若干次面谈，辨明其目标及由此产生的关键性成功因素；将这些个人的关键性成功因素进行汇总，从而导出企业整体的关键性成功因素；然后据此建立能够提供与这些关键性成功因素相关信息的系统。

关键性能指标（key performance indicators，KPI）是对 CSF 的状态进行衡量。通常，一个 CSF 对应若干个 KPI。KPI 应尽可能量化，同时保证可操作性。表 11-1 是某超市的 CSF 和 KPI 的示例。

表 11-1 某超市的 CSF 和 KPI

CSF	KPI
定价 季节性商品返销 广告效力	各种产品的库存更新率 产品在今年与去年同期的库存分析 各种产品占有的市场份额

图 11-3 描述了 CSF、KPI 与组织目标以及信息系统之间的关系。当企业目标确定后，管理者将围绕企业目标，关注 KPI 指标，从而把握 CSF 的状况。当目标得以实现，管理者会制定更高一级的目标，如果没能实现，管理者将及时进行调控。传统方式下，KPI 指标要靠下属层层统计汇报，显然存在滞后性。如果规划合理，信息系统将覆盖核心业务，KPI 指标和对应的 CSF 状况将通过信息系统实时传送至管理者，有利于管理者在第一时间作出反应。

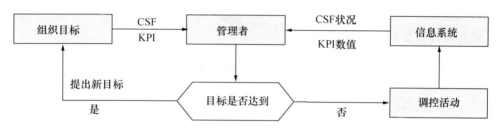

图 11-3 CSF 方法中组织目标、管理者和信息系统的关系

关键成功因素法认为：企业对信息系统的需求就是由少数关键成功因素决定的。关键成功因素法通过对关键成功因素的识别，找出实现目标所需的关键信息，从而确定系统开发的优先次序。具体步骤如图 11-4 所示，即：（1）了解目标；（2）识别 CSF；（3）识别 KPI；（4）数据定义。

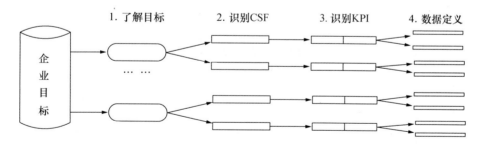

图 11-4 关键成功因素法的基本步骤

识别 CSF 是关键成功因素法的一个重要环节。首先要了解企业的目标，从这个目标出发，可以识别出哪些因素与之相关，哪些无关。在与之相关的因素中，又可以进一步识别出哪些是直接相关，是实现目标的主要影响因素，哪些只是间接相关。通常采用树枝因果图作为识别的工具，如图 11-5 所示。

不同的企业对 CSF 的评价不同。习惯于高层管理者个人决策的企业，主要由高层

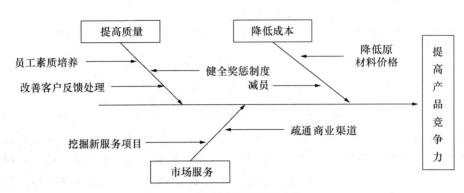

图 11-5 采用树枝因果图识别 CSF

个人在此图中选择 CSF；对于习惯于群体决策的企业，可以采用德尔菲法或其他方法将不同人设想的 CSF 综合起来。CSF 在高层的应用效果较好，因为高层管理者时常考虑什么是 CSF，他们能非常容易地找到企业的 CSF。图 11-6 是某公司采用关键成功因素法进行的信息系统规划示例。

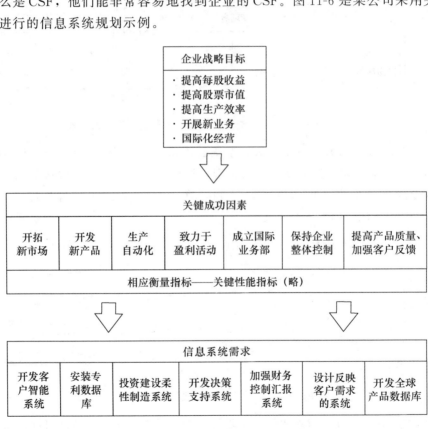

图 11-6 基于 CSF 方法的信息系统规划示例

11.2.4 企业系统规划法

1. 企业系统规划法的基本思想

20世纪60年代中期，IBM公司吸取信息系统开发失败的教训，认为有必要根据某些经过实践的原则和理论建立起规范的方法以指导企业信息系统的开发。1966年，IBM数据处理总部成立了专门负责企业信息系统控制和计划的部门，对信息系统的开发方法进行探索，企业系统规划法（business system planning，BSP）就是其中的研究成果。此后，许多客户对此方法感兴趣，希望学习，以便更好地分配自己的信息资源。为此，IBM公司在1970年建立了BSP项目来帮助客户开展工作。20世纪70年代以后，该方法趋于稳定，并作为商品出售，受到了广泛欢迎。

BSP方法的基本思路是：首先自上而下识别企业目标、业务流程与数据，再自下而上设计系统目标，最后把企业目标转化为信息系统规划，如图11-7所示。

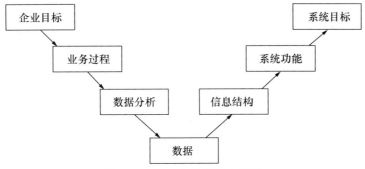

图11-7　BSP方法的基本思想

2. 企业系统规划法的基本步骤

企业系统规划法的基本步骤如图11-8所示，下面对其中的主要活动进行描述。

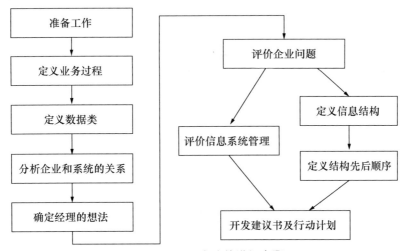

图11-8　BSP方法的详细步骤

(1) 准备工作

准备工作包括成立信息系统规划小组。组长由企业高层领导担任，组员除专职系统分析员之外，还要有经验丰富的管理人员，也可聘请咨询业内资深专家作为顾问。规划小组要确定信息系统规划的范围，一般要延伸到高层管理。每位组员在思想上要明确"为什么做""做什么""如何做"，以及希望达到的目标是什么。

规划小组成立后，还要进行动员。动员会上要说清工作的期望和期望的输出，简要介绍企业的现状、决策过程、组织功能、关键人物、用户的期望、用户对现有系统的看法，还要介绍信息系统负责人对企业的看法以及现有系统存在的问题。通过动员，让大家全面了解企业。

(2) 定义业务过程

业务过程（又称企业过程或管理功能组）是指逻辑上相关的一组决策和活动的集合，这些决策和活动是管理企业资源所需要的。定义业务过程是 BSP 方法的核心，规划小组应全力以赴去识别和描述业务过程。

企业的管理活动是由许多业务过程构成的。识别业务过程可对企业如何完成其目标有更深刻的了解。按照业务过程所构建的信息系统，在组织结构变化时可以不改变，或者说，信息系统相对独立于组织，具有一定的柔性。识别业务过程的步骤如图 11-9 所示。

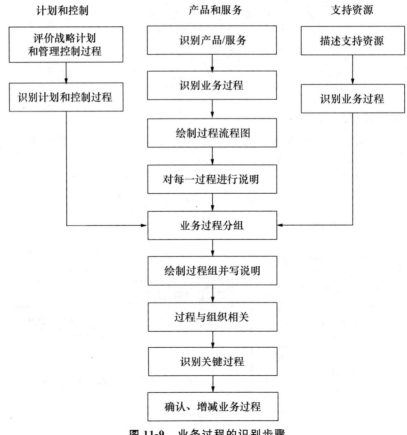

图 11-9 业务过程的识别步骤

企业的任何活动均由三方面组成：① 计划和控制；② 产品和服务；③ 支持资源。任何活动都由此三方面导出。

从第一方面"计划和控制"出发，例如，一家空调器生产厂商进行业务过程识别，经过讨论，将该企业战略规划和管理控制方面的过程列于表 11-2 中。

表 11-2　计划和控制

战略规划	管理控制
① 优化物料管理；② 优化生产过程；③ 优化生产系统运作机制	① 规范物料管理；② 规范生产过程；③ 规范库存管理；④ 规范生产计划制度

第二方面"产品和服务"，任何产品都具有一定的生命周期，包括需求、获取、服务、退出四个阶段，每一阶段都对应一些管理过程，如表 11-3 所示。表中列出的管理过程不一定合逻辑，过程的大小也未必一致，但这些均没关系，重要的是解放思想，大胆列出。

表 11-3　产品和服务

需求	获取	服务	退出
市场计划	工程设计、产品开发	库存控制	销售
质量预测	质量检查记录	质量控制	质量报告
作业计划	生产调度	包装、存储	发送

从第三方面"支持资源"出发，识别企业的过程，其方法类似于"产品和服务"。

对于已经确定的过程，应写出简单的过程说明，描述它们的职能。如采购过程，以合适的价格及时得到满足质量要求的材料。对这一过程，应描述如何选择和评价供应商，如何安排和实现订货，如何接受和检验等细节。

识别业务过程是企业系统规划法成功的关键，应予以高度重视，识别的结果包括：① 一个过程组及过程表；② 每一过程的简要说明；③ 一个关键过程的表，即识别满足目标的关键过程；④ 产品和服务过程流程图。

识别业务流程之后，可以把组织与功能之间的关系画在一张表上，这就是组织功能矩阵，如表 11-4 所示，这张表显示了组织与功能之间的关系。

表 11-4　组织功能矩阵

功能\组织	市场			销售			财务			材料管理		……
	计划	预测	研究	地区管理	销售	订货服务	财务计划	成本核算	采购	库存控制	发送	
财务科	X		X		/		O	O	X		/	
技术科		/										
销售科	O	O	O	O	O	O						
规划科	X		X									
……												

（注：O 表示主要负责，X 表示主要参加，/ 表示一般参加）

（3）定义数据类

识别企业数据的方法有两种：企业实体法和企业过程法。

① 企业实体法。首先找到企业实体，根据实体发现数据。企业实体有顾客、产品、材料及人员等企业中客观存在的事物，找到每个实体的生命周期阶段就有各种数据。企业实体法首先列出企业实体，然后再列出一个矩阵，实体位于水平方向，数据位于垂直方向，如表11-5所示。

表 11-5 实体数据矩阵

数据类	实体						
	产品	顾客	设备	材料	卖主	现金	人员
计划	产品计划	销售领域、市场计划	能力计划、设备计划	材料需求、生产调度	卖主计划	预算	人员计划
统计	产品需求	销售历史	运行、设备利用	开列需求	卖主行为	财务统计	生产率、盈利历史
库存	产品、成品、零件	顾客	设备、机器负荷	原材料、成本、材料单	卖主	财务、会计总账	雇用工资、技术
业务	订货	运输	/	采购、订货	材料、接受	接受、付款	/

② 企业过程法。利用之前识别的企业过程，分析每一个过程需要利用什么数据，产生什么数据，或者每一过程输入、输出的数据是什么。它可以用"输入—处理—输出"图来形象地表达，如图11-10所示。

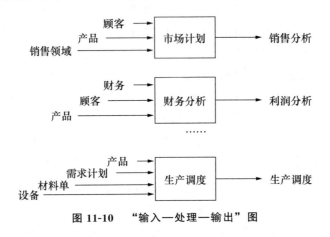

图 11-10 "输入—处理—输出"图

上面介绍的这些业务过程只是理论过程。事实上，每个企业情况不同，不一定都拥有上面所提到的多种过程，但是，这种方法是可以通用的，每个企业都可以沿着这三条线索去识别本企业存在的各个过程。

（4）分析企业和系统的关系

采用"组织过程矩阵"，它在水平方向列出各种过程，垂直方向列出各种组织。如果该组织是该过程的主要负责者，则在对应的矩阵元素中画"＊"；若为主要参与者，就画"?"；若为部分参与者，就画"/"。如果企业已有现行系统，可以采用"组织系统矩阵"。在矩阵元素中填"C"，表示该组织使用该系统；如果在矩阵元素中填"P"，表示该组织计划使用该系统。同理，可以绘制"系统过程矩阵"，用来表示某系统支持某过程，还可以用"C"和"P"表示现行和计划。用同样方法还可以绘制系统和数据类关系的矩阵。

（5）确定经理的想法

确定经理的想法就是确定企业领导对企业长期发展战略的看法。在与领导沟通前，规划小组应当事前拟定沟通提纲，在沟通结束后，还应当认真地分析总结。一般来说，规划小组所提的问题应该是无限制问题（open-ended questions），而不仅仅是有限制问题（close-ended questions）。有限制问题是指要求进行简单且明确回答的问题，如"是"或"否"。无限制问题要求对问题进行讨论，不必对问题作出简短的回答。

（6）评价企业问题

在进行 BSP 采访以后，应当根据这些材料评价企业的问题。评价过程如下：

① 总结采访数据。将结果汇集到一张表上，如表 11-6 所示。

表 11-6 采访数据总结表

主要问题	问题解	价值说明	信息系统要求	过程影响	过程起因
由于生产计划影响利润	计划机械化	提高利润；改善客户关系；改善服务和供应	生产计划	生产	生产

② 对采访数据进行分类。采访数据可分为三类：系统已经存在的问题和解决方案、新系统需求和解决方案、非信息系统问题。第三类问题虽不是信息系统所能解决的，但也应充分重视，整理后递交总经理。

③ 把数据和过程关联起来。可以采用问题/过程矩阵表示，表 11-7 中的数字表示问题出现的次数。

表 11-7 问题/过程矩阵

问题	过程组						
	市场	销售	工程	生产	材料	财务	人事	经营
市场/客户选择	2	2						2
预测质量	4					4		
产品开发			4		2			1

（7）定义信息结构

企业系统规划法根据信息的产生和使用来划分子系统，它尽量把产生信息的业务过程和使用信息的业务过程划分在一个子系统中，减少了子系统之间的信息交换。

根据信息的产生和使用建立矩阵，表 11-8 展示的就是过程数据分类矩阵，它描述了要支持某一过程都需要哪些信息、由哪个过程建立这些数据、数据的使用者是谁。表 11-8 的每个阴影框都表示一个子系统。在这个案例中，计划数据由企业计划和财务计划建立，并由组织分析、评价控制、预测和预算会计来使用。

表 11-8 U/C 矩阵

过程	计划	财务	产品	零件主文件	材料单	卖主	原材料库存	成品库存	设备	过程工作	机器负荷	开列需求	日常工作	顾客	销售领域	订货	成本	雇员
企业计划	C	U	U						U					U			U	U
组织分析	U																	
评价与控制	U	U																U
财务计划	C	U								U								U
资本寻求		C																
研究			U												U			
预测	U		U											U	U			
成品说明维护				U	C	C	U											
采购						C										U		
接收						U	U											
库存控制							C	C		U								
工作流图			U							C		U						
调度			U			U			U	C								
能力计划						U			U		C	U	U					
材料需求			U		U	U						C						
运行									U	U	U	C						
领域管理			U												C	U		
销售			U												U	C	U	
销售管理															U	U		
订货服务			U												U	C		
运输			U				U									U		
会计总账		U					U							U				U
成本计划							U									U	C	
预算会计	U	U								U							U	U
人员计划	U																	C
招聘发展																		U
赔偿		U																U

沿对角线方向将 C 和 U 最密集的地方框起来，便可形成一个子系统，如表 11-9 所示。

表 11-9 衍生出的子系统

过程	计划	财务	产品	零件主文件	材料单	卖主	原材料库存	成品库存	设备	过程工作	机器负荷	开列需求	日常工作	顾客	销售领域	订货	成本	雇员
企业计划	经营计划子系统		U						U					U			U	U
组织分析	经营计划子系统																	
评价与控制	经营计划子系统																	
财务计划	经营计划子系统									U								U
资本寻求	经营计划子系统																	
研究			产品工艺子系统											U				
预测	U		产品工艺子系统											U	U			
成品说明维护			产品工艺子系统			U												
采购						生产制造计划子系统										U		
接收						生产制造计划子系统												
库存控制						生产制造计划子系统												
工作流图			U			生产制造计划子系统												
调度			U			生产制造计划子系统												
能力计划						生产制造计划子系统												
材料需求			U	U		生产制造计划子系统												
运行						生产制造计划子系统												
领域管理			U												销售子系统			
销售			U												销售子系统			
销售管理															销售子系统			
订货服务			U												销售子系统			
运输			U				U								销售子系统			
会计总账		U				U								U				U
成本计划						U										U	1	
预算会计	U	U					U											U
人员计划			U															
招聘发展																		2
赔偿			U															

（注：1 为财会子系统，2 为人事档案子系统）

企业系统规划法的做法是在管理者中大量取样，询问他们利用信息的方法、获取信息的地点、工作环境、工作目标、如何作决策以及对数据的要求。而后对调查的结果进行汇总，形成子功能、子过程或是数据表格以便于分析。

（8）定义结构优先序

由于资源的限制，系统的开发应有先后次序。确定子系统的实施顺序原则是：

① 系统需求程度与潜在效益评估。通过对管理人员、决策者的调查访问，进行定性评估。根据评估准则（如潜在效益、对企业的影响、迫切性等），管理人员和决策人员对每个子系统进行评估，每个子系统的得分作为顺序优先的参考。

② 技术约束分析。对子系统之间的关联进行分析，评价每个子系统产生的数据有多少被其他子系统共享，被较多系统共享的数据应较早实现。当然也要考虑数据的重要性及关联的紧密程度。

11.2.5 战略目标转移法

1. 战略目标转移法的基本思想

战略目标转移法（strategy set transition，SST）是由 William King 提出的一种确定信息系统战略目标的方法。他认为组织的经营战略目标是一个"信息集合"，是由组织中的使命、目标、战略和其他影响战略的相关因素组成的。其中，影响战略的因素包括：发展趋势、组织面临的机遇和挑战、管理的复杂性、改革面临的阻力、环境对组织目标的制约等。SST 法的基本思想是：识别组织的战略目标，并将组织的战略目标转化为信息系统的战略目标，其过程如图 11-11 所示。

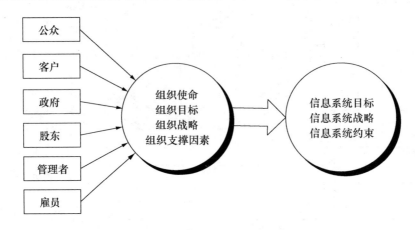

图 11-11　战略目标转移法实施过程

2. 战略目标转移法的实施步骤

（1）识别组织战略目标

组织战略目标是组织发展的宏观框架，它分四个层次：组织使命、目标、战略、支撑因素。

① 组织使命是对组织存在价值的长远设想，是组织最本质、最宏观的"内核"。

② 目标是组织在确定时限内应该达到的境地和标准。目标是根据使命制定的，通常表现为层次结构，包括总目标、分目标和子目标。

③ 战略是为了实现既定目标所确定的对策和举措。

④ 支撑因素包括发展趋势、机遇和挑战、管理复杂性、环境对组织的制约等。

通常，首先描绘出企业的所有相关者，如公众、客户、政府、股东、管理者、雇员，然后分别识别每一类相关者对企业报有何种期望，并加以汇总，最后整理出整个企业的使命、目标以及战略。

（2）组织战略目标转化为信息系统战略目标

信息系统是为组织战略目标服务的，所以制定信息系统战略目标必须以组织战略目标为依据。信息系统有其目标、战略和约束条件。在确定信息系统目标、战略和约束条件的过程中，要逐一检查它是否对实现组织目标有利，并且要找出对组织战略目标有重大影响的因素重点予以考虑。

RMO公司是一家体育运动服装商店，从最初采用商品目录直接对客户销售运动服装，逐步发展成兼有店面销售和电话销售的综合业务模式。RMO计划借助信息化建设完成未来五年公司的增长和利润。图11-12给出了该公司使用SST法进行信息系统规划的过程。

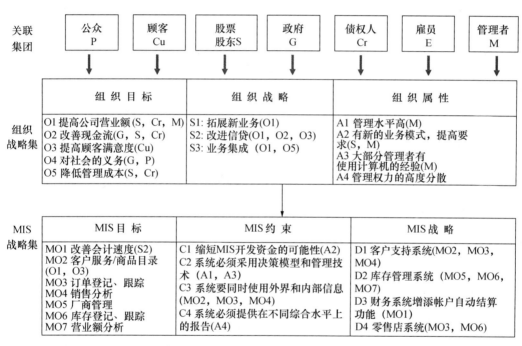

图 11-12　RMO 公司信息系统规划过程

11.2.6　价值链分析法

价值链由哈佛商学院迈克尔·波特（Michael Porter）教授提出，并在《竞争优势》一书中详细描述。该方法认为：（1）价值是企业一切活动的核心，企业不仅谋求总收入最大化和总成本最低，更要讲究盈利最大化。价值管理就是全力追求包含利润在内的价值成就。（2）企业的价值活动包括4个基本活动和4个辅助活动。4个基本活动包括内部后勤生产作业、外部后勤、市场销售和服务；4个辅助活动有采购、技术开发、人力资源管理和企业基础设施管理。（3）价值活动不是孤立的活动，它们相互依存，形成一个系统和一条价值链。（4）企业的效率或者竞争优势来自于价值活动的有效组合，来自于"价值链"的优化，这也是企业不同于或者优于其他厂商的特质，企业的竞争成功也是由于具有合理的价值链设计。

信息技术是通过改变价值活动的进行方式来影响价值链的。价值链的每一个环节都具有物理上的实际部分和信息处理部分。实际部分包括执行活动所需要的实际任务，而信息处理部分包括信息的获得、处理和传输。每个价值链环节的信息处理部分都可以被信息技术所支持，如表 11-10 所示。

表 11-10 信息技术在各环节的应用和支持

活动	定义	可用的信息技术	信息技术的作用
内部物流	物料的入库和存储，并分配给制造部门	库存自动管理	加速物料调拨、联机订货、保证安全库存、减小持有成本
生产作业	将物料投入转换成最终产品	过程控制、制造控制	自动化生产线、改善产品质量、缩短订货响应时间、服务创新
外部物流	配送产品	在线订货系统	迅速可靠地将产品或服务运送到订购处，互联网成为重要的零售渠道
市场和销售	促销和销售队伍	市场分析、销售人员配备笔记本电脑	收集处理客户资料和市场资料，辅助产品与营销策略设计，连接订货系统
服务	关系维护或增加产品价值的有关服务性活动	技术支持的电子化、潜在隐患诊断	提前修理，降低维修费用，提高客户满意度
企业基础设施	支持整个价值链，如高层管理、计划、财务、会计、法律服务、政府事务和质量管理	电子邮件、办公自动化	组织结构分散化、管理控制、协调公司战略与激励机制、协调工序间联系和企业内人际关系
人力资源管理	招聘、雇用、培训和开发人力资源	人事资料在线数据库	方便查看公司成员资料与业绩，利于人事决策
技术开发	改善产品和制造过程	计算机辅助设计与制造	大量数据处理能力，从根本上改进生产质量与速度
采购	购买需要投入的物资	在线查看供应商存货	提供大范围即时最优价格，具有与供应商系统连接的库存管理

关键价值链分析法的核心就是对关键环节的辨识。所谓"关键环节"，就是最重要的增值环节。显然，这些环节是信息系统战略所要关注的重点。需要注意的是，价值链的环节有些是增加价值的，有些是减少价值的。这两种环节都是信息系统可以派上用场的。区别仅仅在于：当信息技术用于增值环节时，会直接使价值增加；而将信息技术用于减值环节时，流程将变得更有效率，或者能够更好地满足顾客需求，从而减少价值的损失。

(1) 确定价值增加环节

首先，研究企业流程，在顾客的帮助下，确定哪些环节是价值增加最多的。然后，将顾客的反应在价值链上标出。也就是说，确定各个环节在价值增加中所起作用的比例，这个比例是由顾客反应得出的，比例大的就是价值链的关键环节。一个简单的顾客信息收集做法是让顾客评定各个环节对他们接受的产品或服务价值的贡献，如

图 11-13 所示。

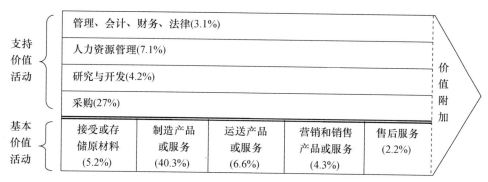

图 11-13 价值链增值环节分析

（2）确定价值减少环节

在确定价值增加环节之外，减少价值环节的确定也是很重要的。收集顾客信息的过程与上面增值环节的情况类似。价值减少最多的关键环节，通常也是最需要信息系统支持的环节。价值减少环节是怎样产生的呢？例如，顾客可能认为销售是减少价值的，因为销售人员不能及时得知库存状况，因此可能出现缺货状况，影响公司在客户心目中的形象。这时，建立销售环节的信息系统就是十分必要而有效的。

11.2.7 业务流程再造法

1. 业务流程再造的概念

现代制造业正由传统的"大规模生产"向"大批次定制"转化。从过去强调"规模"到如今强调"灵活"，已成为社会需求和信息技术发展的必然趋势。这种发展反过来也要求企业经营策略的改变：由追求"大鱼吃小鱼"转变为"快鱼吃慢鱼"，组织形态也由传统"基于功能的组织"体系转向"基于流程的组织"体质。在这种趋势下，信息系统规划的着眼点也应当由"面向功能"转向"面向流程"。

业务流程再造（business process reengineering，BPR）是指以企业流程为改造对象，从顾客的需求出发，对企业流程进行基础性的再思考和根本性的再设计，以达到成本、质量、服务和速度等现代关键业绩指标的巨大提升。

业务流程再造强调打破职能部门的分界线，考虑流程的连续性和有效性，以流程而不是以职能为企业生产经营的管理对象，它包含三个关键词：彻底的、根本的和巨大的。"根本的"是指再造时必须抛弃传统的框架、约束和规则，对企业现有的流程提出最根本的质疑；"彻底的"就是从零开始，创造性地使用一种全新的方法来满足顾客的需求；"巨大的"是指经营业绩的提高不是一点点，而是十倍、百倍的飞跃。

业务流程再造的理念体现了一种着眼于长远和全局、突出发展与合作的变革思想，它强调以企业流程为改造对象和中心，以关心客户的需求和满意度为目标，对现有的企业流程进行根本的再思考和彻底的再设计，利用先进的制造技术、信息技术以及现代化的管理手段，最大限度地实现技术上的功能集成和管理上的职能集成，打破传统的职能型组织结构，建立全新的流程型组织，从而实现企业经营在成本、质量、服务和速度等方面的显著性改善。

2．业务流程再造与信息化的关系

信息化建设最忌讳的就是"采用先进的计算机技术来模拟手工操作的流程"。貌似先进的计算机"外壳"，却拥有低效的业务流程"内核"。不可否认，原有的手工流程可能是最优的或令人满意的，但这种最优是基于手工环境的，一旦置身于计算机环境，原来的流程就可能不是最优，甚至是低效的。所以说，在信息系统规划期间，有必要对原有的流程进行梳理和诊断，并根据新的流程对其优化，必要时甚至再造（即推倒重来）。再造之后的流程，再通过计算机技术来实现，这样开发出来的信息系统才具有生命力。

前面介绍的 CSF 法、SST 法都是基于功能的。但 BSP 法表面上看是从企业流程的角度出发来看待企业，并根据企业过程模型去建立信息系统。然而，BSP 法更多地承认企业的现有流程，虽然也涉及一些流程的改进，但力度不大。用业务流程的观点来看待企业，BPR 法和 BSP 法是一样的，所不同的是 BPR 法主张彻底变革，而且在改造流程方面研究出许多行之有效的方法，因而把 BSP 法向前推进了一步。

3．业务流程再造与信息系统应用层次

信息系统采纳过程通常是一个演进的过程，也是一个企业变革的过程，很难一次成型，需要循序渐进，并历经不同的阶段（如图 11-14 所示）。每个层次所要求的企业转变程度以及带来的潜在收益也不尽相同。很难讲清，哪个层次对企业是最好的，因为每个企业的内部因素和外部因素都不同，而不同的层次适合于不同类型的企业。

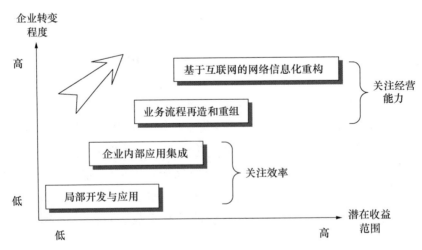

图 11-14 信息系统应用的四个层次

表 11-11 信息系统应用的四个层次比较（1）

IS 应用层次	基本要点	企业价值	变革影响
局部开发	运用信息技术优化重点增值的企业运作	提高效率	在一个职能部门内
内部集成	运用信息技术能力创造无缝业务流程；反映技术集成性和组织相关性	提高效率和效益	仅在几个职能部门之间
流程重组	将关键流程重组以实现企业的竞争力，而不是只对现有流程进行修补；将信息技术能力作为将来组织能力的充能器	提高效率和效益，实现内部经营管理模式和组织的变革	在企业范围内
信息网络化	和合作伙伴联系，通过企业网络提供产品和服务；开发信息技术的学习能力以及合作和控制能力	初步形成网络化组织	跨组织变革

表 11-12 信息系统应用的四个层次比较（2）

IS 应用层次	主要优点	潜在弱点	挑战
局部开发	相对简单的信息技术开发；组织变化的阻力最小	类似组织复制的可能性；缺乏组织学习	如何确定与企业成功最密切相关的领域；如何从局部数据管理上升到信息管理，再到知识管理
内部集成	支持全面质量管理；优化组织流程以提高效率和改善提供客户服务的能力	相对于舍弃旧规则采用新规则的组织，采用传统运作规则进行的改善只能发挥有限的作用	关注流程上的集成和技术上的集成
流程重组	传统流程阻碍组织为客户提供高价值服务；从过时的方式转变到新的商业模式；有获得先行者优势的机会	如果只被看作对历史或目前流程的修改，可获得的收益是有限的；流程重组可能受到内部和外部的阻力	明确流程重组的原则；处理好流程重组的管理与组织变革设计中的变化管理；处理好跨部门信息技术基础设施建设
信息网络化	提高组织在更大范围和领域内的竞争能力；优化组织关系，保持灵活快速的反应能力，满足用户的个性化需求	不同组织间缺乏良好的合作方式可能造成不能提供差异化的竞争力；如果内部的系统不完善将影响从外部学习的能力	明确网络信息化重构的原则；将企业网络信息化重构的重要性提高到战略地位；合理调整绩效衡量标准

由表 11-11 和表 11-12 可以看出，处于不同应用层次上的信息系统对管理的挑战是不同的，层次越高，尽管潜在收益越大，但所引发的组织变革的程度也越深，带来的风险也越大。这种变革可能与企业的经营战略相悖，从而进一步加大企业经营风险。因此，在信息系统开发前，必须结合企业的总体战略，切实做好信息系统规划。

4．业务流程的识别

流程识别分为两个步骤：先识别流程，再识别流程中的活动。前者采用四阶段的生命周期识别法，后者采用基于时间维的识别法。

（1）四阶段生命周期识别法

现实社会中的企业类型不外乎是产品制造型、服务型或资源型。产品制造型企业主要为社会提供有价值的、社会需要的有形产品，如汽车制造企业、食品生产企业；服务型企业主要为社会提供服务，即无形产品，如旅游公司、咨询公司、政府机关；资源型企业主要为社会提供资源，如石油公司、矿产公司等。

产品制造型、服务型或资源型企业的运作周期可以分为计划、获得、保管和处理四个阶段。不同类别的企业在不同阶段有着一定的共性和特征，因此通过对其共性的提炼和总结，可抽象出四阶段模型，如图11-15所示。每一个阶段都有一些典型的流程。例如，在计划阶段，有需求调查、市场研究、设计、生产能力计划、核算等流程；在获得阶段，有采购原材料、补充人员、生产调度、加工制造、检测等流程；在保管阶段，有成品入库、库存管理、质量管理、包装等流程；在处理阶段，有交货、销售、订货服务、发运、付款、废品处理等流程。对于服务型和资源型企业或组织，也都有类似的四阶段生命周期。

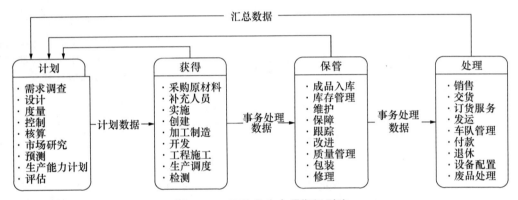

图11-15 四阶段生命周期识别法

这一方法还可以用到资金、人力、原材料、零件、产品、固定资产、建筑物、机械等具体流程的识别中。

(2) 基于时间维的识别法

企业的许多工作从时间上可分为三个阶段：事前、事中、事后。事前要做计划，事中要实施计划，事后要统计与分析。因此，可以根据工作完成的时间来识别企业流程，如图11-16所示。

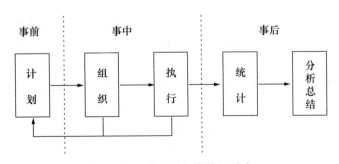

图11-16 基于时间维的识别法

例如，按基于时间维的识别法，识别物料管理的流程，事前阶段包括物料计划（需求计划、采购计划）、签订采购合同；事中阶段包括物料采购、物料存储、物料使用等活动；事后阶段包括物料结账、物料统计、物料分析等活动。

5. 业务流程再造的目标

许多企业都曾尝试流程再造，但大多数企业没能成功，原因在于它们目标不明确，没有量力而行。按照激进程度，业务流程再造目标可分为三个层次：（1）最基本的目标是使企业的作业合理化；（2）稍高一些的目标是实现工作的集成化和任务功能的一体化；（3）最激进的目标是实现全公司的转型。

（1）合理化（streamline）

合理化就是观察现行的工作流程，发现其中不合理的部分，对其进行改造，使得作业的效率更高。

例如，东芝公司推行了一个新的全球基础设备，销售员可以在世界各地使用这个设备获取所需的数据。在项目建设过程中，东芝公司十分重视网络接口的合理性，统一了公司的网络接口，不管销售员在哪里，使用何种计算机，接入网络都十分迅速。技术人员还设计了操作手册，以及数据项的命名法和格式等。这些措施使得其全球销售的效率大幅提高，现在东芝已成为世界最大的笔记本电脑生产商之一。

（2）集成化（integration）

集成化的思想就是试图打破垂直分割的组织结构，用一种更合理的组织机构来代替金字塔型的组织结构。

福特公司的业务流程再造就是面向集成化的。过去，该公司的销售、订货、财务、库存管理部门都是独立的，相互之间主要依靠单据来传递信息。在实施业务流程再造之后，公司打破了这种人为的部门之间的分割，通过信息系统将有关部门集成：采购部门发出订单，同时将订单内容输入联机数据库；供货商发货，库存管理部门核查货物是否与数据库中的内容相吻合，如果吻合，库存管理部门就收货，并在终端上按键通知数据库，财会部门在得到数据库系统通知后按时付款。

（3）范型变迁（paradigm shift）

范型变迁是最为激进的组织变革，这意味着要重新认识企业的现行业务和企业的本质，考虑是否采用根本的改革手段。

例如，一家银行因为工作效率低下而考虑进行企业流程再造。银行的经营顾问建议撤销缺乏效率的分理处，采用互联网技术来建立一个虚拟银行借贷系统。

6. 业务流程再造的实施方法

业务流程再造的实施体系可设计成一种多层次的形式，包括观念重建、流程重建、组织重建三个层次，其中以流程重建为主导，而每个层次内部又有各自相应的步骤，各层次也交织着彼此作用的关联关系。

（1）业务流程再造的观念重建

观念重建是指在企业内部树立实施业务流程再造的正确观念，使每位员工理解业务流程再造对于企业管理的重要性。它涉及三个方面的工作：

① 组建业务流程再造小组。由于业务流程再造要求彻底变革原有观念、转变经营机制、重建组织文化、重塑行为方式和重构组织形式，因此，需要成立专门的领导小组，作为组织保证。

② 前期的宣传工作。帮助员工从客观的和企业发展的角度，看待并理解业务流程再造及其对企业带来的意义，避免员工由于不理解造成企业内部恐慌和对业务流程再造的抵触情绪。

③ 设置合理目标。这是为了给业务流程再造设置一个明确的目标，以便做到"心中有数"。常见的目标有：降低成本、缩短时间、增加产量、提高质量、提高顾客满意度等。

（2）业务流程再造的流程重建

流程重建是指对企业的现有流程进行调研、诊断、再设计，然后重新构建新的流程的过程。主要包括三个环节：

① 业务流程的分析与诊断。根据企业现行的业务流程，绘制细致、明晰的业务流程图，从以下方面分析现行业务流程的问题，并进行诊断：

一是寻找现有流程中管理成本增加的主要原因，组织结构设计不合理的环节，分析现存业务流程的功能、制约因素以及表现的关键问题。

二是根据市场、技术变化的特点及企业的现实情况，分清问题的轻重缓急，找出业务流程再造的切入点。

三是根据市场的发展趋势以及客户对产品、服务需求的变化，对业务流程中的关键环节以及各环节的重要性重新定位和排序。

美国联邦快递公司在流程重新设计的时候，确定了两个重点流程：旅行服务交付（旅行预定和票务）和客户关系管理。通过公司的服务绩效检测（每月跟踪客户满意度）和利润，发现旅行服务交付流程达不到客户和股东的要求，而这种不足限制了企业的成长前景。根据公司每年的客户合作关键点调查，发现支持客户关系管理的流程非常复杂，以致影响了员工满足客户需求的过程。

② 业务流程的再设计。针对前面分析诊断的结果，重新设计现有流程，使其趋于合理化。流程的设计原则如下：

一是强调顾客满意，而不是上司满意。

二是以过程管理代替职能管理，取消不增值的管理环节。

三是组合现在的多项业务或工作组合，化零为整。

四是将完成多道工序的人员组合成团队或小组共同工作。

五是业务流程的各个步骤按其自然顺序进行。

六是为同一种流程设置若干种进行方式。

七是权力下放，压缩管理层级，给予员工参与决策的权力。

八是将事中审批变为事后考核。

九是工作应当超越组织的界限，在最适当的场所进行。

十是将事后管理变为事前管理，尽量减少检查、控制、调整等管理工作。

十一是尽量将串行工程改为并行工程。

十二是单点接触顾客。

③ 业务流程重组的实施。将重新设计的流程真正落实到企业的经营管理中。

很多信息化项目立足于使原有的流程、原先的工作方法保持不变，这是不足取的。以一个从订单到交货的流程来说，根据提高绩效的目标对其基本假设进行分析，从而对该过程进行根本性的再设计，从而提高运作效率。例如，一些基本的假设，如销售人员接受订单，财务人员进行信用检查，或者在接到发票后付款，都成为设计流程的依据。为什么客户不能通过电话、传真或电子邮件直接向工厂订货？在什么地方应用专家系统来确认订单，检查客户信用，确定库存和安排发货？订单也可以采用电子邮件的方式发给供应商。戴尔公司和思科公司就是按照上述做法来做的。

（3）企业流程再造的组织重建

业务流程的实施是以相应组织结构、人力资源配置、业务规范、沟通渠道甚至企业文化作为保证的，而组织重建的目的就是为企业流程再造提供制度上的保证，并不断改进。

① 评估企业流程再造实施的效果。与事先确定的目标进行对照，评价是否达到既定目标，如在时间、成本、品质等方面改进了多少，流程信息管理的效率如何等。

② 建立长期有效的组织保障。为保证流程得以长期运行，要注意以下几点：建立流程管理机构，明确权责范围；制定各流程内部的运转规则与各流程之间的关系规则，逐步用流程管理图取代传统的组织机构图。

③ 文化与人才建设。建立与流程管理相适应的企业文化，弘扬团队精神，培养员工的主人翁意识，完善与业绩挂钩的薪资制度。同时，新的业务流程也对员工提出了更高的要求，这也要求企业注重内部的人才建设，培养适应流程管理的复合型人才。

在实施组织重建过程中，应注意以下几个问题：一是组织变革和战略规划一致；二是重组团队必须尽力降低变革对员工造成的负面影响；三是避免重组过程中由于权力和利益的转移所引起的矛盾冲突。

7. 基于企业流程再造的信息系统规划的方法

基于企业流程再造的信息系统规划突破以现行职能部门为基础的分工式流程的局限，从供应商、组织、客户的价值链出发，确定企业信息化的长远目标，选择核心业务流程为再造的突破口，在业务流程创新及规范化的基础上，进行系统规划与功能规划。具体而言，基于企业流程再造的信息系统规划主要步骤如下：

（1）系统战略规划阶段

该阶段主要任务是明确企业的战略目标，认清企业的发展方向，了解企业运营模式，进行业务流程调查，确定企业战略的关键成功因素，在此基础上定义业务流程远景和信息系统规划，保证流程再造、信息系统目标与企业目标相一致。

（2）系统流程规划阶段

面向流程进行信息系统规划，是数据规划与功能规划的基础。主要任务是选择核心业务流程，进行流程分析，识别关键流程以及需要再造的流程，绘制重构后的业务流程图，直至流程再造完毕，并形成系统性的流程规划方案。

（3）系统数据规划阶段

在流程重构的基础上，对流程所产生、控制和使用的数据进行识别和分类。首先定义数据类，所谓数据类是指支持业务流程所必需的逻辑上的相关数据。然后进行数据规划，按时间长短可以将数据分为历史数据、年报数据、季报数据、月报数据、日报数据等，按是否共享可以将数据分为共享数据和部门内部使用数据，按数据的用途可分为系统数据、基础数据和综合数据等。

（4）系统功能规划阶段

在充分理解数据类和业务流程的基础上，建立数据类与过程的关系矩阵（U/C矩阵），对两者的关系进行分析。通过U/C矩阵识别子系统，并进行系统总体逻辑结构规划，识别功能模块。

（5）实施阶段

进行系统的总体布局，针对应用项目的优先顺序分配资源，并根据项目优先顺序具体实施。

11.3　初步调查和系统方案设想

初步调查与系统方案设想是信息系统规划的两项重要工作，它们决定了新系统能否立项，以及立项后大致按什么规模、什么模式进行开发。这两项工作主要根据系统开发可行性的要求，从企业内部对新系统的需求度、企业基础数据管理工作对新系统的支持度、企业管理现状和现有资源（人、财、物）对新系统的承受度、现有技术条件对新系统的技术可行度、管理人员对新系统功能的期望度、管理人员对新系统运行模式的适应度着手分析。

11.3.1　先导案例

天津劝业场（集团）股份有限公司配送中心是天津劝业场（集团）股份有限公司下属的全资子公司，主要面向集团内部的各个商家、超市、集团外的商业批发零售企业提供配送服务。

在实施信息化之前，公司进行了初步调查，找出业务流程中存在的主要问题：（1）工作人员负担过重。配送中心处理的商品种类多达2300余种；劝业配送中心的供应商数目众多，仅集团内部的客户就有30余家。（2）无法及时、全面地了解销售和库存情况。配送中心领导无法及时了解商品的销售和库存情况等数据，导致盲目制订采购计划，这不仅造成部分商品积压，占用资金和库房以及不必要的浪费，而且在销售旺季时，供不应求的情况也时有发生。（3）明细难以汇总。劝业配送中心的各项费用明细很难汇总，无法进行经营效果分析，增加了企业经营的不确定性。

因此，及时、准确地了解配送中心的各种货品销售、库存信息和经营成本信息已经成为管理者的迫切需要，信息系统的目标因此也就确定了下来。

11.3.2 初步调查

在用户提出新系统开发需求后,系统开发部门负责组织专业人员,进行初步调查。参加的人员不一定要很多,但要有实际工作经验。初步调查的目的是:一方面通过与管理人员和企业领导人讨论,明确系统的目标;另一方面对现行系统的各个方面进行初步调查,检查用户是否具备开发新系统的基本条件。初步调查的范围要广,但不一定很细,调查的内容主要有以下几个方面:

1. 用户需求分析

系统开发的起点是提出任务,即企业发现现行的人工流程或现有的信息系统已无法满足需要,进而提出开发新系统的请求。初步调查的第一步就是从用户提出开发新系统的缘由和对新系统的要求入手,考察用户对新系统的需求,预期其要达到的目标。

例如,某制造型企业由于业务的扩大,发现原来人工编制的生产计划和人工库存管理方式已不能保证生产的顺利进行,因而提出用计算机来代替人工进行计划编制和库存管理等各方面的数据处理工作。

提出开发请求的通常是管理人员,因为他们对管理中的问题感受最深刻,也最敏感。然而,管理人员所提出的问题往往是定性的,有一定的模糊度。这就要求系统分析人员与管理人员密切合作,一起定义问题,在系统开发过程中逐步使问题明朗化和量化。

2. 组织的概况

这方面包括企业性质、组织结构、规模、历史、生产过程、厂区布局、系统目标、人力、物力、设备和技术条件、管理体制、经营状况、各项经济指标的完成情况等。

3. 组织的对外关系

组织的对外关系包括与哪些外部实体(如供应商、客户、竞争对手、政府部门等)有业务联系或从属关系,与哪些物资或信息有来往关系,哪些环境条件(包括自然环境和社会经济环境)对该组织的活动有明显的影响。

4. 现行系统的概况及存在的问题

这方面包括功能、人员、管理方式、基础数据、工作效率、规章制度等的概况及存在的问题。

5. 各类人员对新系统的态度

各类人员包括领导、管理部门、各基层单位、有业务联系的外单位及现行信息系统操作员。需要了解他们对现行系统是否满意,什么地方需要改进,希望如何改进,以及上述看法的理由。

6. 信息系统开发所需的资源情况

应了解研发新系统需要投入多少人力,需要何种技术水平及管理水平的人员,需要多少物力和设备,需要花费多长时间。同时,还要了解现有设备中有哪些是可以利用的。

7．各方面对系统目标的看法

对于领导或管理部门初步提出的要求,找出定量标准,如系统的吞吐量、响应时间、容错能力、审核能力和使用方法等。

11.3.3 新系统方案设想

在初步调查的基础上,开发人员应当与用户一起反复讨论,并就以下问题作出选择:现有系统是否具有完全推倒重来的必要性;如果推倒重来,那么新系统的总体方案该如何,以及这些方案的可行性又如何等。新系统方案设想应包括以下几个方面:

1．确定系统目标

系统目标的确定主要依据管理人员提出的系统请求。只有经过初步调查并明确管理人员提出的问题之后,系统分析员才能够确定系统的目标。如果在弄清问题之前就急于设计,往往会导致整个开发过程的失败和返工,造成人力和物力的浪费。

系统目标是新系统建立之后所要达到的运行指标。正如新产品的设计初期需要确定设计性能指标一样,系统规划阶段也要提出目标,它是可行性分析、系统分析与设计、系统评价的主要依据。

在设定新系统的目标时,要注意以下几个特征:

(1) 整体性:系统目标是整个系统各个组成部分共同努力的方向,并且需要各个组成部分协调合作才能实现。

(2) 多重性:系统目标是一组目标体系,不是单一的,目标体系中的各个目标具有差异性和主次性。

(3) 依附性:系统目标不是凭空制定的,而要依附于企业的战略目标。

(4) 长期性:系统目标的实现是一个过程,需要长期的努力,并根据资源、人力、环境等分期、分批、分阶段实现。

(5) 适应性:环境变化时,系统的功能和信息也将发生变化。为了使系统具有良好的适应性,首先要求其目标具有良好的适应性。

新系统的目标一般含有以下几个方面的内容:

① 节省成本和日常费用开支。

② 提高工作效率和降低劳动强度。

③ 提高信息处理速度和准确性。

④ 增加各种新的处理功能和提高决策的科学性。

⑤ 为服务对象提供更多的信息服务。

⑥ 其他方面的改进。

但是,新系统的目标不可能在规划阶段就非常具体和确切。随着系统分析和设计工作的深入,新系统的目标也将逐步具体化和定量化。

2. 确定新系统的功能框架

总体目标确定后,就要确定新系统的总体结构,包括对各管理层次的信息支持,辅助管理与决策的范围,初步设想子系统及其功能,确定新系统的规模和功能范围。

3. 决定总体开发方法,制订开发计划

根据系统目标和功能,决定系统开发策略,如自上而下、自底向上或两者综合;选择系统开发方法,如结构化方法、原型法或其他软件工程方法;确定新系统各部分的优先级,并制订开发计划。

4. 制订资源计划

这里制订的资源计划是初步的,包括初步的硬件计划、软件计划、网络计划和人员计划。制订初步的资源计划是为了估算新系统开发的经费预算。

11.4 可行性分析

在初步调查和总体方案的基础上,系统开发人员根据系统环境、资源等条件,判断所提出的项目在管理上、技术上和经济上是否具有可行性。

11.4.1 先导案例

在信息化项目的可行性分析中,南宁市 SR 茶叶公司根据自身实力,按"中档性能、合理投资"的原则,配置系统的硬件平台,预算为 35 万元,在公司可承受的范围内。同时,对系统实施后产生的效益进行估算。2007 年年底,公司由于没有掌握原料茶的库存,导致多采购了原料茶。若新的信息系统运行,可以实现原料采购、原料库存管理,且会减少决策失误。由于现行的管理几乎是手工作业方式的,极不规范,因此通过管理信息系统的运行,可以实现企业管理的规范化。过去,公司领导对市场的定位,主要依据个人对销售状况的定性分析及对茶叶市场的单一分析,缺乏科学的决策基础。因此,公司领导对新开发的信息系统提出了要求,这些要求主要反映在对产品市场、原料茶、鲜花市场的各种分析上。初步调查表明,这些要求是完全可以实现的。因此,该公司管理信息系统的开发是可行的。

11.4.2 经济可行性

经济可行性分析也称为投资—效益分析或成本—效益分析,它分析信息系统项目所需要的总成本和项目开发成功所带来的总收益,然后对总成本和总收益进行比较,当总收益大于总成本时,这个项目才值得开发。经济可行性分析要解决两个问题:费用估计和收益估计。

1. 新系统的费用

估计费用时,主要考虑以下几部分:

(1) 设备：包括计算机硬件、软件、网络连接设备、机房辅助设施（如空调、不间断电源）等。

(2) 人力：包括系统开发人员和操作人员。人力费用不仅包含所有人员的工资，还应包含人员的培训费等。

(3) 材料及其他易耗品的费用：如电费、打印纸、硒鼓、软盘等。

(4) 管理费用：由于使用了新系统，工作方式会发生变化，管理人员的任务也有所改变，这种更换带来了一些额外费用，有的是一次性的，有的是经常性的。这些费用有时并不是直接用于信息系统，然而也是由于开发及使用新系统而产生的。

(5) 维护费用：在新系统运行过程中，需要不断对软硬件和辅助设施进行定期和不定期的检修、保养、修改和更新，同时还要对有关人员经常培训，这些费用就构成了维护费用。

2. 新系统的收益

系统收益的估算并不像系统费用那样容易给出定量的数字，因为有些收益是难以用金钱直接衡量的。例如，加强库存管理后减少了资金积压；加强客户管理后提高了客户的满意度和忠诚度。这类收益的大小，只能由管理人员根据经验进行估计。通常，可以从以下几个方面计算新系统所带来的价值：

(1) 提供了哪些以前提供不了的信息？

(2) 提供信息的速度提高了多少？

(3) 信息质量（如准确度、输出方式）有哪些提高？

(4) 完成了哪些以前不能或不易做的工作？

(5) 使用者查询信息的便利程度提高了多少？

(6) 节省了多少人力？

(7) 对组织的领导或管理者的正确决策提供了哪些帮助？

(8) 对本组织与外部单位的关系有什么改善？

11.4.3 技术可行性

技术可行性是指根据现有的技术条件能否达到所提出的要求，项目所涉及的关键技术是否已经成熟，是否还存在重大的技术风险，所需要的资源是否具备或能否得到。进行技术可行性分析时，要注意以下几方面的问题：

1. 全面考虑信息系统开发过程所涉及的技术问题

信息系统开发涉及软硬件平台、网络结构、系统布局、输入输出等技术，应该客观地分析这些技术在满足新系统功能和性能方面的成熟度和现实性。

2. 尽可能采用成熟技术

成熟技术是被多人采用并被反复证明行之有效的技术，因此采用成熟技术一般具有较高的成功率。同时，成熟技术经过长时间、大范围使用，其精细程度、优化程度、可操作性、经济性要比新技术好。鉴于以上原因，在开发信息系统过程中，在可以满足系统开发需要、适应系统发展、保证开发成本的条件下,应尽量采用成熟技术。

3. 慎重引入先进技术

在信息系统开发过程中,有时为了解决系统的一些特定问题,为了使所开发的信息系统具有更好的适应性,也需要采用某些先进或前沿技术。在选用先进技术时,需全面分析所选技术的成熟度。

4. 考虑具体的开发环境和开发人员能力

许多技术可能是成熟和可行的,但信息系统开发成员如果没有掌握这种技术,那么这种技术对本系统的开发仍然是不可行的。

11.4.4 社会可行性

信息系统在社会环境中工作,因此,除了经济和技术因素外,还有许多社会因素对项目的发展起着制约的作用。社会可行性涉及的内容比较宽泛,需要从政策、法律、道德、制度、管理、人员等社会因素论证系统开发的可能性和现实性。我们可以从组织内和组织外两个层面来分析组织是否具备接受和使用新系统的条件。

1. 从组织内部看

首先,调查中高层领导对新系统的态度,如果有误解甚至有抵触,说明条件暂不成熟,最好先等一等,并做好宣传和解释工作,或者在组织中寻找阻力最小的部门先突破。

其次,查看组织各项规章制度是否完善,各种原始数据和记录是否齐全,如果组织的业务流程仍未定型,管理制度还在变动,甚至连最基本的原始数据也不齐全,那么再先进的系统也会面临"巧妇难为无米之炊"的局面。

最后,从操作层面上来分析,在特定环境下新系统能否有效支持工作并被用户方便使用。操作可行性需要考虑以下方面:手工业务流程与新系统的流程相近程度和差距;系统业务的专业化程度;系统对用户的要求;系统界面操作的方便程度;用户的实际能力。

2. 从组织外部看

首先,分析新系统的开发是否会带来负面影响,是否存在与道德、法律、制度相抵触的地方,是否会引发信息败德行为。

其次,考虑业务伙伴(供应商、用户)的信息化现状。特别是供应链上的企业信息系统建设有时也"身不由己",需要按照供应链上强势企业的标准来调整本企业的信息化战略。

最后,要考虑信息系统运行后,报表、票证格式的改变是否被有关部门认可和接受,这将直接影响企业的利益。

11.5 系统规划方案书

11.5.1 系统规划方案的组成

系统规划工作结束后,应将该阶段的工作整理成系统总体规划方案书,该文档是用文字、图表表示的开发指南。系统规划方案报告的简要提纲如表 11-13 所示。

表 11-13 系统规划方案报告的简要提纲

提纲	说明
引言	说明系统的名称、系统目标和系统功能、项目的由来
现行组织系统概况	组织目标和战略、业务概况和主要存在的问题
新系统的总体方案	对拟建系统作出简要说明,分析其对组织的意义和影响,提出一个主要方案及几个辅助方案,包括: • 新系统的目标 • 新系统的概念框架(信息系统建模) • 新系统的功能规划(功能图)、流程规划(流程图) • 新系统的数据规划(确立主题数据库) • 新系统的平台规划(软件、硬件、网络) • 新系统开发方式(自行开发或外购商品软件) • 新系统开发计划(进度和项目组织) • 新系统开发预算(总经费=平台投资+系统集成费+人工费+不可预见费) • 系统开发组织设计(企业领导、业务骨干、企业信息中心人员、开发方技术人员)
可行性分析	• 经济可行性分析:从支出、收益以及两者之间的关系来分析 • 技术可行性分析:对提出的主要技术路线进行分析 • 社会可行性分析:对组织内外部的社会环境进行分析
方案的比较	在比较多个方案的基础上,制订系统开发计划
结论	对可行性结果作出结论,并予以解释。结论可以是以下五种之一: • 立即开始进行 • 需要增加资源才能开始进行 • 需要推迟到某些条件具备之后才能进行 • 需要对目标进行某些修改才能进行 • 不能或没有必要进行

11.5.2 规划方案报告的审核

规划方案报告完成后,下步工作就是审核。规划方案反映了系统开发人员对系统开发的看法,这个看法还要提到正式会议上讨论。这种会议除了公司领导、部门管理者、系统开发人员之外,还应邀请有经验的社会专业人士参加。系统开发的费用和效益很难精确估算,很大程度上依靠经验,而系统开发人员的经验有限,因此要邀请局外专家,共同探讨,作出尽可能符合实际的判断。

经过审核,可能会出现两种结果:一种是各方面都同意所提出的报告,按照报告的建议,或立即开始执行,或追加资源,或等待时机成熟,或修改目标,或取消开发。另一种是对报告内容存有异议,对某些问题的判断仍不统一。如果不同点不影响整个问题的结论,则求同存异,把问题留到详细调查时再解决;如果影响到整个问题的结论,那就只好重新进行调查分析,不过这时的调查应当侧重于有争议的问题。

如果规划方案报告通过了审核,这份报告就不再只是系统开发人员的看法,而是整个公司领导、管理者和系统开发人员的共识。这份报告不但规定了系统开发的目标及功能范围,还规定了所需的资源和条件。这份文件将作为下一阶段工作的依据,因此,必须出具一份正式的报告文本。

11.6 案例:物流管理信息系统规划

1. 某钢铁公司管理信息系统的规划

某钢铁集团公司杨总经理上任后发现,公司在信息管理手段上较为落后,所有信息管理方面的工作是手工进行。即便有些单项业务使用了计算机,如生产经营日报的汇总打印,也极具形式化的特征。杨总与高层领导们商量以后,决定拨出相应经费:建立企业管理信息系统。

杨总指派有很强协调能力的宣传部傅部长组织协调这项工作的开展。傅部长接受任务后的第一项工作就是组建公司信息中心,并亲自担任信息中心主任。信息中心除傅部长外,还有一位懂技术且原则性很强,能全身心投入工作的马副主任、熟悉计算机硬件及系统软件的小范及其他同事,整个中心共 10 人左右。

傅部长及马副主任接手这项工作以后,咨询了东方大学管理学院的王教授,他们决定:为了使企业中上层领导对企业管理自动化有一个知识性的了解,并配合管理信息系统的开发工作,邀请王教授及其他东方大学相关专家,在公司举办针对处级以上领导的企业信息化培训班。

此后,王教授组织东方大学管理学院及信息工程学院管理信息系统方面的专家来到公司,搜集相关资料,了解目前的业务情况,并分别与各部门的主要管理人员面谈,以了解公司的需求。

几周后,王教授及各位专家根据收集的资料及对其他企业系统的了解,列出了钢铁公司管理信息系统的主要功能需求及信息需求,并对各项功能进行了整理分析,得出了管理信息系统的总体功能结构,并据此与计算机及网络公司进行了经费估算,制订了开发进度计划。最后,经杨总同意,决定将整个系统的建设分为三期来完成。第一期计划开发物资管理、销售管理、技术管理、生产计划管理、生产调度、财务管理和总经理综合信息服务 7 个子系统。王教授的课题组经过几周的工作写出了《某钢铁公司管理信息系统可行性研究报告》。随后组织了一次研讨会,由王教授等专家向公司的各级主管领导和外聘专家针对该公司管理信息系统的规划工作做了详细的报告。外聘专家及钢铁公司各级领导认可了报告的内容并对一些问题提出了修改意见与建议。

公司信息中心与东方大学课题组就经费与完成时间进行了谈判,最后双方同意以 350 万元的经费及一年半的时间完成这个系统的第一期工程,并签署了合作协议。

2. 基于关键成功因素法的信息系统规划

某电子产品制造企业专门为中小企业提供产品和备件服务。该公司生产进口的电子产品所需的元器件,并经常承接按客户要求定制的特殊订单。公司尽可能利用其元件库存来满足各种需求。然而这意味着较高的库存成本,如元器件和制成品的库存成本,从接到订单到交货的时间完全依赖于所需元件是否有库存。为此,公司决定尽快启动信息系统建设,并委托咨询公司进行信息系统规划。

将关键成功因素法与平衡记分卡法相结合,对信息系统需求的识别会更加全面。平衡记分卡建立与业务目标考核间的关系,而关键成功因素法识别那些对获得结果至关重要的因素。将两者结合,根据当前的业务战略,可以得到对信息系统开发优先顺序的严密结论。咨询公司应用平衡记分卡,从财务、客户、内部流程、创新 4 个视角,为该公司制定了面向目标的记分卡。

表 11-14 面向目标的平衡记分卡

目标 度量	财务
(1) 降低库存成本 (2) 提高利润率	(1) 库存流转 (2) 折旧 (3) 库存成本 (4) 产品利润 (5) 毛利
(1) 加快响应 (2) 提高利润	(1) 订货至交货的时间 (2) 询价响应时间 (3) 竞争者价格对比 (4) 客户对性价比的感觉

目标 度量	内部流程
(1) 为最佳客户提供快速服务 (2) 降低与代理商的接口成本与延误	(1) 针对重要客户的交货时间 (2) 客户满意度 (3) 返工成本 (4) 相关人员数量

目标 度量	创新
(1) 缩短 30% 的新产品交货时间 (2) 找到新的中小企业客户渠道	(1) 营业时间设计 (2) 流程无间隙时间 (3) 新渠道存在的可能 (4) 可供选择的数量

应用关键成功因素法分析，则转为关注识别支持各个目标的行为，再根据关键成功因素法，可以确定这些关键成功因素法的信息和系统的需求。例如，降低库存成本这个目标，将平衡记分卡与关键成功因素法分析的结果进行结合，如表 11-15 所示。

表 11-15　降低库存成本

目标	度量	行动	IS 需求
降低库存成本	(1) 库存流转 (2) 折旧 (3) 库存成本	(1) 尽早识别不再使用的库存项目 (2) 提高预测准确率以降低安全库存额	(1) 进一步分析库存流转，将常用品和非常用品区分开 (2) 提高库存预测准确率，此预测基于销售状况和销售预测 (3) 对不同种类的库存使用新算法

根据业务的优先顺序，决定哪个系统先实施。该案例阐明了如何通过两者结合达到提高分析活动准确率的成效，以及如何识别根据这些分析活动而产生的内外部信息需求和与业务目标相关的绩效评估方法。

本章小结

本章首先阐述了企业物流战略与企业物流信息系统战略的关系，介绍了物流信息系统规划的概念、目标、特点，并对信息系统规划的内容、原则和步骤进行详细说明。从面向管理应用的角度，将物流信息系统规划方法分为四大类，即面向低层数据的规划方法、面向决策信息的规划方法、面向内部流程管理的规划方法、面向供应链协作的规划方法。其次，着重介绍四种常用的信息系统规划方法：关键成功因素法（CSF）、战略目标集转换法（SST），企业系统规划法（BSP），价值链分析法（VCA），并对这四种方法的优缺点进行了详尽分析，并结合知识点给出相应的案例。最后，介绍了业务流程再造的目标及实施方法，并详细说明基于业务流程再造的信息系统规划的特点及其实施步骤。在信息系统规划过程中，要对企业进行初步调研，在此基础上形成信息系统的整体规划方案，并进行可行性分析。因此，本章最后对系统规划阶段的两项重要工作：初步调查与可行性分析进行阐述，并列出规划方案报告的简要格式。

习题

1. 物流信息系统的目标和规划的主要内容是什么？
2. 面向功能的系统规划与面向流程的系统规划各有哪些特点？主要区别是什么？在信息系统规划过程中，企业对这两种方法的选择依据是什么？
3. 物流信息系统规划有哪些常用的方法？请比较它们的优缺点。
4. 业务流程再造与传统的信息系统规划的区别有哪些？在系统实施阶段应注意哪

些方面?

5. 信息系统可行性分析应从哪几个方面考虑?

6. 利用关键成功因素法和战略目标集转换法分别对图 11-6 和图 11-12 的案例进一步细化。

7. 有人认为"信息化"就是借助计算机技术来完全模仿手工操作的流程,以实现"自动化",你同意"信息化＝自动化"这种观点吗?请说明你的理由。

参考文献

[1] Daniel D. R., Management Information Crisis, *Harvard Business Review*, 1961 (5), 111—116.

[2] Rockart J. F., Chief Executives Define Their Own Data Needs, *Harvard Business Review*, 1979 (2), 81—93.

[3] Bullen C. V., Rockart J. F., A Primer on Critical Success Factors, CISR Working Papers, 1981.

[4] Antonia Albani, Joseph Barjis, Dietz J. G., *Advances in Enterprise Engineering III* Springer, 2009.

[5] King, W. R., Cleland D. I., *Strategic Planning and Policy*, Van Nostrand Reinhold, 1978.

[6] 〔美〕迈克尔·E. 波特:《竞争优势》,夏忠华译,中国财政经济出版社 1988 年版。

第 12 章

物流管理信息系统分析

学习目的

1. 掌握系统分析的任务;
2. 熟悉结构化系统分析方法和逻辑模型设计过程;
3. 掌握物流管理信息系统功能建模方法;
4. 掌握物流管理信息系统数据逻辑建模方法;
5. 掌握物流管理信息系统流程建模的 DFD 方法;
6. 实践一个进销存系统的逻辑模型设计;
7. 掌握编制系统分析文档的方法。

物流管理信息系统分析是从系统化的角度进行实际系统的调查和科学分析,真实反映系统的特征、功能结构和性能结构,并依据系统规划的功能要求进一步细化。在信息系统生命周期中,信息系统分析是工作任务最繁重、最重要的阶段之一。不论采用何种开发信息系统的方法,系统分析都是必要环节,系统分析是使用系统的观点和方法,把复杂系统分解为简单组成部分并确定这些组成部分的基本属性和关系的过程。根据系统规模的不同,系统分析的复杂度也不同。系统分析阶段主要确定新系统应该具备哪些功能,并最终生成系统分析报告。实践表明,系统分析工作的好坏,很大程度上决定了系统的成败。

12.1 系 统 分 析

系统分析的任务是对企业组织进行详细调查,分析用户要求,设计出将要建立的信息系统(简称"新系统")的逻辑模型。逻辑模型描述了新系统应该具备的功能,而不涉及具体的物理细节。换句话说,系统分析只解决新系统"做什么"的问题,而不解决"如何做"的问题。系统分析员在这个阶段的工作包括以下三个方面:

1. 详细调查

在确定新系统应该做什么之前,必须弄清楚现行系统在做些什么。详细调查就是对企业的各项业务活动进行详细了解,为设计新系统的逻辑模型作准备。

2. 现行系统逻辑模型分析（即功能、数据与流程分析）

根据调查资料，识别现行系统的逻辑模型。对结构化系统分析方法来说，信息系统的逻辑模型包括功能模型、数据模型、流程模型。通过详细调查，对现行系统进行研究和分析，找出其中的薄弱环节，进行数据整理，为提出新系统逻辑模型作准备。

3. 新系统逻辑模型设计

在功能和数据分析的基础上，提出新系统最佳的逻辑模型。具体工作包括：(1) 信息系统目标设计；(2) 信息系统功能模型设计；(3) 代码结构设计；(4) 信息系统数据模型设计；(5) 输入、输出逻辑设计；(6) 信息系统流程模型设计；(7) 处理逻辑说明；(8) 编制数据字典。

12.2 详细调查

12.2.1 先导案例

2005 年，NRC 公司选择 STG 计算机研究所（以下简称"STG"）作为新的信息系统开发方，新的信息系统涵盖 NRC 公司的所有业务。2005 年 9 月，详细调查工作在 NRC 公司内开始进行。由 NRC 公司信息中心的一名技术人员与 STG 的小组组成几个调研小组，分别召集与各模块相关的事业部的业务人员与管理人员，采用座谈、介绍、讲解、反馈的方式进行调研。在调查中遇到的最大问题是，管理职能部门对许多业务的要求与事业部的标准不同，而具体使用的业务员又提出不同的想法，因此出现了大量的意见分歧。

在分歧没有消除的情况下，详细调查工作最终还是在 2005 年年底草草收场。导致在开发过程中又发生了返工现象，往往是一个模块开发到了一定阶段，不得不再请有关人员坐下来对一些模块的实现方式进行讨论，这样的情况贯穿整个开发过程，而且最终也无法达成一致，有的模块在相互妥协后成为蹩脚的形式，最终导致系统开发的失败。

12.2.2 详细调查的主要内容

新系统产生的基础是现行系统，因此对现行系统的调查是系统分析的一项重要工作。现行系统的工作流程、信息需求都将成为新系统设计的依据；现行系统存在的不足正是新系统改进和提高的依据，因此对现行系统了解的程度直接影响新系统的质量。

在新系统规划阶段，也曾作过调查，但只是初步调查，目的是确定新系统的大致方案和分析系统的可行性。可是一旦立项，只靠初步调查收集的材料是远远不够的，必须再进行一次更深入彻底的调查，即详细调查。详细调查就是研究现行的业务系统，弄清用户对新系统的功能及信息需求。

详细调查与初步调查不同，详细调查是在初步调查的基础上进行深入细致的调查。它涉及企业各部门业务信息处理工作的功能及各功能之间信息流动的关系。详细调查的目的是设计新系统的功能及逻辑模型。显然，详细调查的工作量要比初步调查大得多。

详细调查也称为系统的功能与数据调查，它涉及两方面的调查：一是现行系统管理业务的功能调查，二是现行系统的信息及信息流程调查，这两方面是紧密联系的。详细调查的内容有：(1) 组织机构及业务范围；(2) 各部门的工作目标和发展战略；(3) 业务信息处理流程；(4) 数据调查；(5) 代码化调查；(6) 处理逻辑调查；(7) 查询与决策要求调查；(8) 存在问题调查。

现行系统的详细调查是一项烦琐的工作，要求系统分析员用最短的时间、最少的返工获得全面而准确的资料。这就需要系统分析员和企业管理人员的合作，以加速调查进程。调查的方法有：(1) 面谈；(2) 收集各种工作流程和有关资料；(3) 观察并参加业务实践。

12.3 功能、数据与流程分析

结构化系统分析中，功能模型、数据模型、流程模型构成了信息系统的逻辑模型。数据、功能与流程分析是对详细调查阶段的资料进行整理、分析和反思的过程，其目的是为系统分析员提出信息系统逻辑设计方案作准备。它是详细调查阶段到逻辑设计阶段之间的过渡，因此本阶段的工作与详细调查和逻辑设计之间没有明确的界线。具体内容如下：

1. 企业目标和环境分析

(1) 目标分析

企业经营战略是指企业长远发展的全局性谋划。在初步调查阶段，系统分析员已经了解企业发展的总体目标，在详细调查阶段又得到企业下属部门的目标，系统分析员将这些信息综合起来统一考虑，具体内容有：

① 分析企业经营目标的方向与环境变化的趋势是否一致，找出差距，提出对策，建立适应环境变化的合理目标。例如，在物流行业竞争日益激烈的情况下，金属材料公司作为社会流通企业，目标之一是建立和扩大经销网络，提高市场占有率。子目标是提高物流服务水平，加强客户关系管理，具体措施是在本地或周边地区建立更多的销售网点，同时，为了提高服务水平，还要建立配送中心。

② 分析长期目标和短期目标、总目标与子目标之间是否一致，目标是否充分发挥企业的长处、充分挖掘企业的潜力。

③ 分析为了达到企业的目标，信息系统应该如何支持企业目标的实现。

经过目标分析，系统分析员对于信息系统设计的目标、系统功能的重点和系统范围，会产生一个初步的思路。例如，是否在新的信息系统中设计一个客户服务子系统，是否为客户订货提供电子商务功能，等等。

（2）环境分析

企业内部、外部环境的变化会引起信息系统需求的变化。环境分析的目的就是预测信息系统功能在一段时间内面临的变化，充分考虑信息系统设计方案的适应性，使之具有生命力。

2. 现行系统存在问题分析

从三个方面分析企业存在的问题：经营问题、管理问题和操作问题。企业存在的问题反映了实际情况与目标之间的差距，找出问题则便于在新系统设计时考虑如何解决它。

3. 完善新系统总体目标

在系统规划阶段，企业曾提出一个初步的新系统总体目标。随着系统分析工作的深入，新系统目标也将逐步具体和量化。尤其是经过以上分析，系统分析员可根据现行系统的目标，考虑用户意见和环境要求，提出一个比较完善的新系统的总体目标。

4. 功能分析

这一步是为正式提出新系统的功能而进行的思考和初步设计。新的基于信息技术的管理信息系统并不是包罗万象的，应根据目标的要求确定新系统的功能范围。在系统规划阶段，虽然已初步确定新系统的功能范围，但未曾确定每个子系统的模块，功能分析的任务是设想一个完整的新系统功能模型，功能分析考虑的问题如下：

（1）归纳和抽象现行系统的功能模型

现行系统的功能模型是建立新系统功能模型的依据，系统分析员要从资料中归纳和抽象出现行系统的子系统及下属功能模块。

（2）设想新系统的功能模型

系统分析员参考系统规划方案，根据目标分析和环境分析以及问题分析的结果，设想新系统的功能。

5. 数据分析

数据分析的主要任务如下：

（1）把收集到的数据从不同的角度进行分类

可以按输入、输出和存储进行分类；也可以按业务主题进行分类，如库存类数据、销售类数据、客户类数据等。

（2）设计新的数据来源

根据新系统功能的要求，考虑还缺少什么数据？如何收集？例如，总经理希望了解行业信息，它是一种外部数据，从现行系统中无法获取，那么系统分析员要与业务人员商量设计获取数据的途径。

（3）充分利用信息资源

系统分析员应当帮助业务人员，充分考虑信息的加工和利用，使一些基本信息变得更有利用价值。例如，利用本书第2章介绍的数据挖掘技术，从海量的业务数据中提取关联规则。

6. 流程分析

原有系统的流程可能存在缺陷，需要进行诊断和优化。这一步是为设计新系统的信息流程模型作准备，主要工作有：

（1）识别流程

详细调查阶段已收集业务流程及其流程信息处理方面的资料，此时，系统分析员需要运用本书第 4 章介绍的方法合理地识别现行系统的流程。

（2）描述流程

系统分析员选用适当的工具（如业务流程图、DFD 图）描述流程。建立现行系统的流程模型是构建新系统流程模型的依据。

（3）审视现行系统流程

现行系统的流程模型是企业长期使用的模型，一般说来，企业长期在科层制金字塔模式下运行，缺乏流程管理的意识，许多流程不够合理。系统分析员运用流程管理的思想与业务主管一起找出现行系统不合理的地方，构思流程规范、优化或再造的方案，为建立新系统流程模型作准备。

12.4 新系统功能模型设计

12.4.1 新系统功能模型设计的任务

功能模型设计是新系统逻辑模型设计的第一步。主要任务是根据现行系统的功能模型和新系统目标，正式确定新系统所处理的功能范围和功能结构，把功能、数据和流程分析阶段的设想变为正式方案。

1. 新系统总体目标

系统规划阶段曾提出一个初步的新系统总体目标，随着系统分析工作的深入，新系统目标也将逐步具体化和量化。尤其是经过目标分析后，系统分析员根据企业目标，考虑用户意见和环境要求，提出一个比较完善的信息系统目标。

2. 建立新系统功能模型

目标确定后，便可以着手建立信息系统的功能模型，并采用功能图表示。功能图从逻辑上将企业的业务功能自上向下地划分成若干层次，并将一个大功能分解成若干易于理解的小功能。把最高层称为系统，把第二层的每个子功能称为子系统，下面各层称为功能模块。

12.4.2 划分子系统

功能建模的过程就是进行功能分解和组合的过程。根据系统工程的思想，子系统划分应遵循"子系统间的数据联系最弱、子系统内部独立度最高"原则。这样，无论是设计还是调试，每个子系统基本上都可以互不干扰地独立进行。子系统和功能模块的划分有以下方法：

1. 参照法

参考同类信息系统的子系统划分方法来确定本企业的信息系统。这要求被参考的企业与本企业具有较高的相似性，包括组织结构、产品特点、市场规模、管理模式等。既要分析相互间的共性也要分析差异，取共性为其所用。例如，某物流企业准备自行开发物流信息系统，可以借鉴同行标杆企业的信息系统的子系统划分方法。

2. 职能结构法

企业现行的机构设置本身就是按系统的理论组织起来的，每个部门由工作相似的员工组成，各岗位之间的业务（信息）活动联系紧密，部门之间的业务（信息）活动联系相对要弱些。尤其对于一个比较成熟的公司，机构设置经多年的实践已合理稳定，部门及职能的设置基本符合子系统划分的原则，因此，可以参考企业现行的机构设置和职能分工划分子系统。例如，某物流企业下设运输部、仓库管理部、财务部等部门，相应的信息系统就应该设有运输配送子系统、仓库管理子系统、财务子系统等。

3. U/C 矩阵法

U/C 矩阵法是 IBM 公司提出的一种系统化的聚类分析方法，用于划分子系统。具体步骤如下：

(1) 确定业务过程

功能分解与业务过程密切相关。功能是静态的，流程是动态的，功能通过流程的执行而实现，功能回答"做什么"，流程回答"怎么做"。一个大的功能称为系统或子系统，逐步分解成越来越小的功能模块；一个流程可以分解成子流程或活动。因此，功能可以包含若干流程或活动，流程可以穿越子系统或功能模块，甚至跨越组织边界。反之，流程或活动的聚合形成功能模块。例如，仓库管理功能包含入库登记、出库登记、期末盘点、货位控制等过程。

(2) 定义数据类

系统中密切相关的信息可以归成一类数据，如客户、物资、合同、人员、库存等数据都称为数据类。归纳数据类的方法是：根据现行系统数据流图，把输入和输出的数据按主题归类，然后不断地调整和修正，得到全系统的数据类。

(3) 划分子系统

① 制作过程数据类表。在步骤 (1) 的基础上，删除不合理的过程，合并重复过程，添加新的过程，获得不同于现行系统实际职能范围的新组合。按企业产品或服务的生命周期，在表上将业务过程按从上到下的顺序排列，将数据类从左到右进行排列，判断每个过程产生还是使用某类数据，并在相应位置作上标记（C 为产生、U 为使用），获得初始的 U/C 矩阵，如表 12-1 所示。

② 进行表上作业，得到子系统。表 12-1 已将过程组按规定的顺序进行排列，这一步的工作是排列数据类。数据类排列的过程是：调整数据类的顺序，使得 C 元素靠

近左上方到右下方的对角线，同时使得 U 元素尽可能绕在对角线的周围。调整后的结果如表 12-2 所示。

③ 用方框把过程组和数据类组成的 C、U 密集区域框起来，并给方框命名（如"合同管理"），这样便形成一个子系统。框内对应的过程是该子系统的下属模块，如合同管理子系统可分解成合同登记、合同执行、合同统计三个模块。框内的 U/C 是子系统的内部数据，方框之外的 U/C 就是出入各子系统的数据流。

表 12-1 初始 U/C 矩阵

业务过程	物资需求	合同	进货	销售	配送	库存	财务	进销存费用	价格	客户	供应商	物资	车辆	司机	路线
市场预测	C			U						U					
需求分析	C									U					
采购计划	C					U					U				
合同登记		C								U	U				
合同执行		U	U								U				
合同统计		U		U								U	U		
开入库单			C						C	U	U				
核价		U	U						U						
进货验收		U	U												
开发货单				C	C					U	C				
车辆调度					U								C	C	C
在途监控					U								U	U	U
路线优化					U										U
客户服务				U						U					
销售分析				U					U	U					
可供资源						U						C			
库存管理						C	C				U	U			
库存控制						U						U			
会计记账				U	U		C	U		U	U				
账务结算				U	U		C	C		U	U				

表 12-2 调整后的 U/C 矩阵

业务过程	数据类														
	物资需求	合同	供应商	进货	价格	销售	配送	车辆	司机	路线	客户	物资	库存	财务	进销存费用
市场预测	C				U						U				
需求分析	C				U										
采购计划	C		U									U			
合同登记		C	U								U				
合同执行		U	U	U											
合同统计	U	U		U							U				
开入库单			U	C	U										C
核价		U		U	U										
进货验收			U	U											
开发货单					U	C	C				C				
车辆调度							U	C	C	C					
在途监控							U	U	U						
路线优化							U			U					
客户服务						U					U				
销售分析						U	U				U				
可供资源												C	U		
库存管理		U										U	C	C	
库存控制												U	U		
会计记账		U	U		U									C	U
账务结算		U	U		U						U			C	C

采购管理 ← (需求分析)
合同管理 ← (合同执行)
进货管理 ← (核价)
配送管理 ← (车辆调度)
销售管理 ← (客户服务)
库存管理 ← (库存管理)
财务管理 → (会计记账)

12.4.3 子系统功能结构设计

1. 确定子系统的工作目标

子系统功能结构设计的第一步是确定子系统的工作目标，子系统目标应服从系统的总体目标。下面给出的是合同管理子系统的工作目标：

（1）存储合同原始凭证，使全系统共享合同信息；

（2）随时提供各种合同信息的查询；

（3）迅速、准确并且按时编制合同报表；

（4）建立重点供应商和用户档案，为总经理提供合同资源的分析，并进行供需预测；

（5）提供合同执行情况和未执行原因的分析；

（6）提高合同管理的工作质量，为及时组织资源、提高服务质量提供资料。

2. 确定子系统下属功能模块

子系统划分的原则仍适用下属模块的划分。系统分析员根据新系统的总体目标和子系统的目标，根据功能与数据分析阶段的分析结果，确定下属模块的具体功能和应该增加的新功能。功能的层次不宜过多，每个子系统大约 2—3 层，每层子功能包含 6—7 个功能模块，其纵向划分的深度和宽度取决于业务功能的复杂程度，也取决于系统分析员的工作经验，同时还要考虑降低用户界面的复杂程度，最底层的功能模块应该是一项具体的、独立的、基本的业务活动。

3. 定义信息系统的功能结构

系统分析员采用功能图描述信息系统的功能模型。根据表 12-2 的结果，再利用关键成功因素法等进行调整。由于销售是面向客户的，因此可将销售管理中的客户关系管理提取出来，成为独立的子系统，便可得到新系统功能模型。

12.5 新系统流程模型设计

12.5.1 先导案例

以前，福特汽车公司（以下简称福特）如果要采购 10000 吨钢材，在这些钢材真正到达装配线之前，需要经过一系列复杂的流程，包括确定规格、招标、下订单、验货、支付等 170 多个步骤，需要经过一个运转缓慢的公文流程。

通过对福特原有流程的分析和流程模式的重新设计，软件厂商 e-Steel 为福特开发了新的系统，现在只需要在 e-Steel 开发的新系统中跟踪钢材的物流状况，这大大提高了钢材采购效率。

12.5.2 流程模型设计的原理

第 11 章强调：信息化建设最忌讳采用先进的计算机技术完全模拟手工操作的流程，应当提倡对原有的手工流程进行梳理和优化，考虑计算机运行环境的要求，对流程进行诊断和优化甚至再造，最后采用计算机固化。

现行系统的业务流程是从现实的手工处理流程中识别和抽取的，而新系统将在计算机环境下运行。现行系统的业务流程或许是高效率的，但这种高效率是有条件的，即只有在手工操作环境下才能表现出它原有的高效。一旦运行环境发生改变，即进入计算机环境，现行业务流程很多地方是不可取的，流程的整体效率变得低下。比如，计算机技术的引入，通过数据的共享，很多工作无需顺序执行，因此业务流程会发生极大改变。关于流程识别、诊断与优化，请参见本书第 6 章。

详细调查阶段的业务信息处理流程调查，有助于系统分析员了解企业的业务过程。但到了系统分析阶段，应当抛开原来流程的束缚，考虑计算机环境的特点，对流程重新思考，并采用数据流图来描述。

设计新系统的流程模型时，需要参考新系统的功能模型，即考虑新系统的功能是如何实现的。由于新系统的功能是分层的，新系统的流程模型也应该分层次，即：高层级的流程对应高层级的功能。随着功能的细化，流程也将相应分解。

在考虑新系统的流程时，系统分析员应时刻考虑以下问题：

(1) 某个业务流程怎样开始，怎样终止？期间要经过哪些步骤？

(2) 每个步骤进行什么处理？输入什么信息？输出什么信息？这些信息的名称是什么？

(3) 需要输入的信息由谁传送？什么时间处理？输出的信息传送给谁或什么部门？

(4) 完成该流程需要多少时间？

(5) 该流程运作的频繁程度如何？流程活动的高峰是什么时间？数量是多少？

(6) 该流程会出现哪些例外情况？

(7) 该流程是否是企业的核心流程？它的运作是否合理、规范？需要优化或再造吗？

12.5.3 新系统流程模型的设计步骤

1. 设计新系统的信息流程模型，画出新数据流图

新系统的流程模型采用分层的数据流图表示，具体如下：

(1) 新数据流图的层次与新系统功能图的层次一致；

(2) 为每一个基层功能模块设计一张基层数据流图；

(3) 按功能图的分解模式向上归纳得到各上层新数据流图，上层数据流图的处理逻辑与功能一致。

2. 处理逻辑设计

这一步的任务是为数据流图中的每一个基本处理逻辑设计计算机加工处理过程，处理逻辑用结构式语言、决策树、决策表表达。

新系统的流程模型采用数据流图来描述，图中存在大量的数据存储和数据流。但是数据存储和数据流的具体内容和格式是什么样的？这部分工作将留到新系统数据模型的逻辑设计来完成。关于新系统流程模型的设计，可详见本章的案例分析。

12.6 新系统数据模型逻辑设计

12.6.1 数据模型逻辑设计的任务

数据模型的逻辑设计是把现行系统中大量的数据以最优的方式组织起来，以高度统一的形式集中向企业的经营与决策者提供各种综合信息。自从数据库技术出现以来，信息系统开始采用数据库存储和管理企业信息，数据库成为信息系统的核心，数据库设计成了系统分析的关键，直接影响系统运行的性能和效率。

由于信息结构的复杂性和应用环境的多样性，传统的数据库设计主要采用手工试凑。随着十余年来的探索，数据库设计逐渐从一种技能向工程技术方向转变。由于其需要运用软件工程思想，遵循各种设计准则和规范，使得所设计的数据库在日常运行

中愈加稳定，这样就降低了信息系统的维护成本。如今，设计数据库的方法都属于规范设计法。

规范设计法中比较著名的有新奥尔良（New Orleans）的四个阶段方法，它将数据库设计分为：需求分析（分析用户要求）、概念设计（信息分析和定义）、逻辑设计（设计实现）和物理设计（物理数据库设计）。后来，S. B. Yao 等人又将数据库设计分为五个步骤，L. R. Palmer 等人认为数据库设计应该为一步接一步的过程，并采用一些辅助手段实现每一过程。我们所知的基于 E-R、3NF（第三范式）、抽象语法规范等的数据库设计方法都是在设计的不同阶段支持实现的具体技术和方法。但规范设计法本质上仍然是手工设计方法，其基本思想是过程迭代和逐步求精。

12.6.2 数据模型逻辑设计方法

系统分析阶段强调的是数据存储逻辑结构的设计。在数据库技术环境下，数据模型逻辑设计的方法也就是构造数据库概念结构的方法。本书第 2 章曾介绍用 E-R 方法构造概念模型，它的基本工具是 E-R 图。这里着重介绍一种采用 3NF 关系群表示概念模型的方法，称为基于 3NF 的数据库设计方法。

基于 3NF 的数据库设计方法由刘仲英教授于 1993 年提出。这种方法一开始就采用关系模型表示现实世界的实体集合和实体集合之间的联系，用函数依赖表示属性间的相关性，然后逐步规范化，直到满足用户需求和系统性能需求为止。在此基础上，再将关系数据库模式转换为各类逻辑数据模式。这种做法直观地利用了规范化理论，不需要 E-R 图的支持。尤其是近年来比较流行的数据库管理系统，多半是关系模型数据库管理系统，因此基于 3NF 的数据库设计方法成了一种应用广泛的实用方法。

在系统分析的逻辑模型设计阶段，基于 3NF 的数据模型设计方法工作步骤如下：
（1）收集企业中所使用的各种单据，确定规范化对象；
（2）确定每一种单据需要存储的数据元素；
（3）确定数据元素之间的关系；
（4）对每一组数据元素推导 3NF 关系；
（5）对所有的 3NF 关系进行综合，得到概念模型。
以上步骤可以用图 12-1 表示。

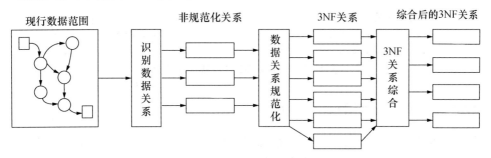

图 12-1 基于 3NF 的数据库设计方法

采用基于3NF的设计方法所得到的概念模型，是以综合的3NF关系集合表示的，因此本阶段工作的结果是确定企业概念模型由哪些3NF关系组成，每个3NF的关系由哪些属性组成，哪些属性组成了关键字。

12.7 新系统逻辑模型整合

12.7.1 逻辑模型设计的任务

功能设计确定了新系统的"加工"任务，数据模型的逻辑设计确定了加工对象——数据的逻辑结构。如果把上述设计比作零部件，那么信息系统逻辑模型设计可以称为总体设计。

所谓新系统逻辑模型，就是描述加工与数据之间逻辑关系的模型。逻辑模型设计的任务是系统分析员运用管理知识、计算机知识以及系统分析与设计的理论和方法在"零部件设计"的基础上构思（设计）新信息系统流程的过程。

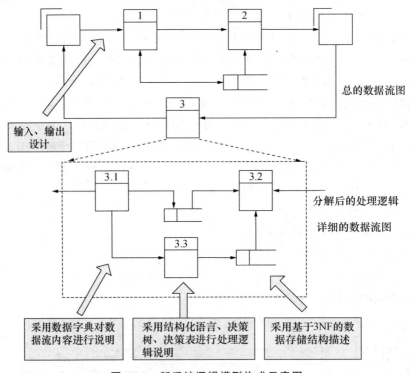

图 12-2　新系统逻辑模型构成示意图

12.7.2 逻辑模型的表达工具

运用结构化系统分析方法时，新系统逻辑模型主要采用以下图表工具来描述：
（1）新系统功能模型：新系统功能图及功能说明；

(2) 新系统信息流程模型：一套分层的新数据流图；
(3) 新系统数据模型：数据字典；
(4) 新系统处理逻辑设计：处理逻辑说明。

图 12-2 是以上图表工具的构成示意图。这组图表不仅在逻辑上表示为达到新系统目标所具备的各种功能，同时还表示输入、输出、数据存储、信息流程、处理加工及系统界限。用户可通过逻辑模型了解未来新系统的工作过程，系统设计员可以通过逻辑模型进行物理设计。

12.7.3 逻辑模型设计过程

从形式上看，新系统逻辑模型与现行系统逻辑模型相似，但其中的内容发生了很大变化。现行系统往往是基于人工操作的环境，而新系统是在计算机环境下运行。因此，现行系统数据流图的执行者是人，而新数据流图的执行者绝大部分是计算机程序，现行系统数据流图中存储的数据是人工组织的各种账册和单据，而新数据流图中存储的数据是经过综合的 3NF 关系。同理，新数据流图的输入、输出数据流也会发生变化。到此为止，系统分析员已完成了功能模型设计、流程模型设计和数据存储的逻辑设计，下一步需要进行输入、输出的逻辑设计。

1. 输入、输出逻辑设计

输入、输出逻辑设计也就是新数据流图数据流设计，其任务是设计数据流的逻辑结构，即确定组成数据流的数据元素和数据结构（组合项），设计原则如下：

(1) 满足新系统的流程处理要求；
(2) 满足业务人员的使用习惯及有关部门的使用要求。

例如，现行系统中，企业人力资源部每月报送三张单据给财务处编制工资单，它们是起薪单、停薪单和复薪单。考虑到这三种单据的作用都是表示职工工资的变动，在设计新系统时，可将它们合为一种单据，取名为"工资发放状态变动单"，其中增设代码分别表示起薪、停薪和复薪。显然，数据流的重新设计会改变业务人员的工作习惯。

输出逻辑设计往往涉及上级有关部门，如统计、财务部门的要求，由于这些部门的统计报表均有统一的数据要求，一般不能随便改动，即使需要变动，也要征得有关部门的同意。

2. 编制新系统的数据字典及处理逻辑说明

新数据流图绘制完成后，便可开始编制新系统数据字典，数据字典是指对数据流图中出现的数据存储、数据流、数据结构、数据元素及处理逻辑进行定义。既然是字典，定义必须是唯一的，即每个相同的成分在字典中只能出现一次。对于一些处理过程比较复杂的基本处理逻辑，可将其汇编成处理逻辑小说明。

12.8 系统分析报告

12.8.1 系统分析报告的作用

系统分析工作结束，系统分析员应编写系统分析报告。报告的作用：一是表明这是系统分析员的工作成果；二是形成信息系统总体设计说明书；三是作为系统设计阶段工作的依据；四是作为与用户交流的工具。

编写系统分析报告应遵循结构化分析方法的原则，尽量用图表工具表达，并加上一定的文字报告，且文字报告应尽量简洁，起到联系各种图表的作用。

12.8.2 系统分析报告的内容

报告由两部分组成：文字报告和附录。内容如下：

1. 现行系统调查与分析报告

（1）现行系统组织概况；
（2）现行系统工作目标；
（3）现行系统职能调查情况；
（4）现行系统功能需求；
（5）现行系统信息需求；
（6）现行系统查询与决策需求；
（7）现行系统分析：包括目标分析、存在问题分析、环境分析、新系统功能、数据与流程需求分析。

附录：（1）现行系统组织机构图；（2）现行系统功能图；（3）现行系统分层数据流图及基本处理逻辑简述；（4）现行系统全部数据载体（单据、账册、报表、计划、文件）及数据调查分析表。

2. 新系统逻辑模型设计报告

（1）新系统目标；
（2）新系统功能模型和功能说明；
（3）新系统数据模型逻辑设计说明；
（4）新系统信息流程模型设计说明；
（5）新系统代码结构设计说明；
（6）新系统经济管理模型设计说明。

附录：① 新系统功能图；② 新系统分层数据流图；③ 新系统数据字典；④ 新系统处理逻辑说明。

系统分析资料反映了系统分析员的工作质量，如果系统分析工作做得不好，那么系统分析资料也许是一堆无用的废纸，经不起系统设计和系统实施阶段的考验，甚至导致系统开发的失败，而对于一个好的设计，系统分析资料是一份珍贵且有价值的东西。

12.9 案例：某金属材料批发公司物流信息系统的分析

1. 详细调查

某金属材料批发有限公司是原 W 市物资局下属的金属公司于 2004 年年底转制成立的。公司注册资金为 3000 万元人民币，其中 90% 为国有资产，10% 为经营者群体持股。该公司继承原公司的大部分经营业务，主营业务是对 W 市及周边地区的所需钢材、有色金属等原材料进行采购、存储管理及批发销售，还负责把客户定购的货运送到目的地。公司的业务范围主要是进、销、存金属原材料。改制后，该公司实行一体化管理和独立核算，有效降低了经营成本，业务量稳步扩大。成立 6 年多来，随着营销网络的不断扩大，业务不断拓展，公司一跃成为业内的领头羊，批发品种已达 250 多个大类、数千种规格，现有职工 260 余人，进货及销货客户总共达到 2000 多家。

2005 年年初，公司购买了"金碟"财务软件，在财务部配备了一名财务软件系统管理员，实现了公司财务管理的信息化，但进销存业务管理仍然是手工作业，这已不能满足业务的需求，公司迫切希望应用信息系统进行辅助管理，以提高经营管理水平、客户服务水平和市场占有率。

2006 年年初，在总经理的领导下，公司上下群策群力，成功上线了一套简单实用的进销存管理系统，系统上线后起到立竿见影的效果，业务量有了显著增长。然而，财务审计报表表明在公司营业收入不断增加的同时，公司的 EVA（economic value added，经济增加值）自 2006 年以来却多半低于零，利润目标迟迟不能实现。面对这一问题，财务经理作出了专业的分析：自从公司上线新系统以来，虽然业务量有了很大增长，营业收入不断增加，可是公司却一直没能很好地重视居高不下的物流成本，物流信息化程度还停留在比较原始的阶段，公司迫切需要运用信息系统进行全面的物流管理，以降低成本，提高客户服务水平。

2009 年 1 月，公司委托 T 软件公司着手该公司信息系统的开发。公司成立了领导小组和项目开发小组，领导小组的成员是：公司总经理任举、副总经理胡非及各部室的业务主管。公司还筹建了信息中心，信息中心的主任陈华也是领导小组的成员。在信息中心成立之前，陈华是原有进销存管理系统的系统管理员。项目开发小组由 T 软件公司的项目经理杨林率领的 6 名系统开发人员和公司信息中心的 2 名工程师、各部室业务主管和业务骨干组成。2009 年 3 月，开发小组完成初步调查和可行性分析，进入数据、功能与流程分析阶段。以下为用结构化分析方法整理的资料：

第一，现行系统的组织机构。

该公司设有办公室、业务部、市场部、物流部、财务部和信息中心等部门。每个部门还设有若干职能部门或职能岗位。公司的组织机构如图 12-3 所示。

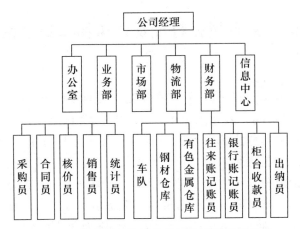

图 12-3 某金属材料批发有限公司组织机构图

各部室的业务范围如下：

（1）办公室

办公室负责处理公司日常办公事务、行政考核、后勤管理等。

（2）业务部

业务部是该公司经营金属材料的核心部门，负责进销存业务，具体岗位有：

① 采购员，根据市场需求和库存情况，负责金属材料的现货和期货的采购，包括提出采购申请、与供应商签订进货合同、与供应商保持业务联系、进行合同督催等。

② 合同员，负责登记采购员送来的进货合同，并完成每月的合同统计与分析。

③ 核价员，负责金属材料到货后的核价及入库单处理。

④ 销售员，负责金属材料的销售管理，如销售开票，保持与客户的业务联系等。

⑤ 统计员，负责全公司的物资进销存统计报表的制作与上报工作。

（3）市场部

市场部负责各地区的市场开发工作。

（4）物流部

物流部负责金属材料的运输、配送和仓储工作，如钢材仓库负责钢材的验收、入库、存放、保管、保养及物资出库工作，车队负责送货和取货。

（5）财务部

财务部负责全公司经营活动中的收款、付款、开票和各种账务及资金管理，进行财务分析，编制财务报表等。

（6）信息中心

该部门是以财务部的机房管理人员为基础新成立的部门，负责公司的信息化规划和信息系统的建设。

第二,现行系统的工作目标。

该公司属于流通企业,业务范围主要是进销存管理。现行系统的主要目标有:

(1) 对各种单据、合同进行管理;
(2) 对库存、进销货情况进行管理;
(3) 对合同和各种单据进行统计和查询;
(4) 进一步提高人员的工作效率,提高业务量;
(5) 提高物流服务水平,提高客户满意度和忠诚度;
(6) 建立和扩大经销网络,提高市场占有率。

第三,现行系统职能调查情况。

各个部门的工作目标大致如下:

(1) 进货:① 采购员根据市场需求和供应信息签订采购合同;② 合同员登记合同并完成合同的统计与分析,其分析的信息为决策提供支持;③ 核价员核对合同价与发票价,并生成相应的单据;④ 通过电话及票据传递进行各个部门之间的信息传递;⑤ 对业务台账及时进行修改。

(2) 销货:① 对金属材料的销售进行管理,保持与客户的业务联系;② 进行可供资源表的维护;③ 与库存部门保持良好的联系。

(3) 仓储:① 对出库及入库的货物进行核对与清点;② 对库存进行统计与查询;③ 保持与进货和销货部门的良好联系。

第四,现行系统的业务功能。

现行系统的业务功能可以采用功能图进行描述,建立现行系统的功能模型。以业务部为例,如图 12-4 所示。

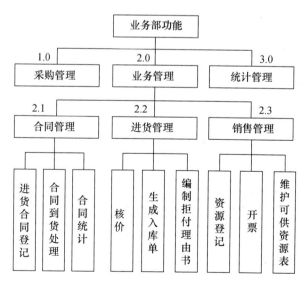

图 12-4 某金属材料公司业务部功能图

第五,现行系统的业务信息处理流程。

根据组织机构图(图12-3)和业务部功能图(图12-4),系统分析员对公司的业务流程进行详细调查,识别业务信息处理流程,得到现行系统信息流程模型(图12-5至图12-9)。该模型采用分层的现行系统数据流图描述,数据流图的层次及编号与图12-4现行系统业务部功能图是对应的,其中第一层的处理逻辑被分解为第二层的"2.1合同管理""2.2进货管理""2.3销售管理"三个处理逻辑,这三个处理逻辑又分解成三张第三层数据流程图。

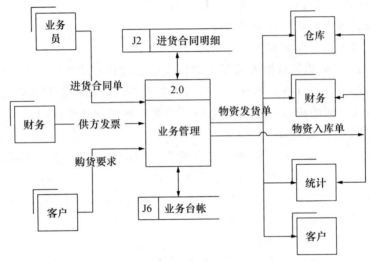

图 12-5 业务管理第一层数据流程

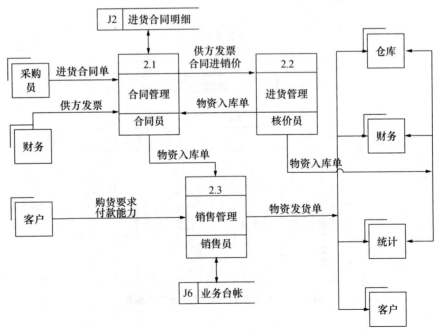

图 12-6 业务管理第二层数据流程

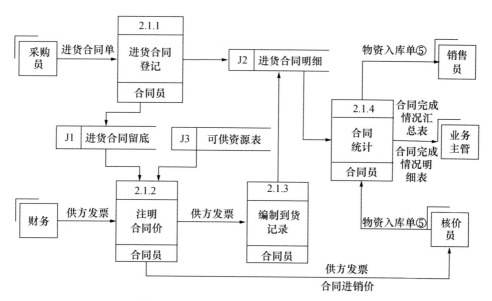

图 12-7　2.1 "合同管理"细化数据流程

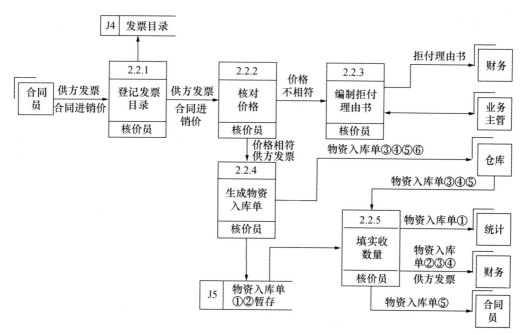

图 12-8　2.2 "进货管理"细化数据流程

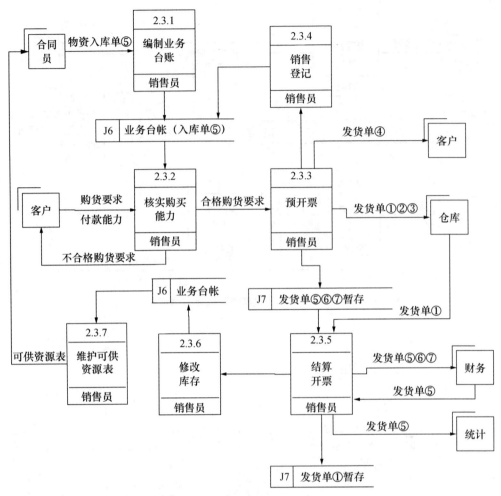

图 12-9　2.3 "销售管理"细化数据流程

第六，现行系统的数据模型

表 12-3 到表 12-13 是系统分析员根据业务部业务数据流图收集的凭证、单据和报表。在一个以人工操作为主的系统中，所有的信息载体样式和信息汇总表组成了现行系统的数据模型。

第12章 物流管理信息系统分析

表 12-3 进货合同样式

XX钢铁厂钢材订货合同							
2005年12月11日签订于X市　　合同编号 06上003346							
供方：XX钢铁厂 地址：XX市中山区大连路750号 邮政编码：400381 电话：8223768 传真：8223780 开户银行：工商银行中山分理处 账号：02300142	订货单位	某金属公司	电话	8361484	传真	8361480	代表人	吴小强
^	收货单位	同上	电话		传真		代表人	
^	收货地址	W市六号桥仓库	整车		专线	零到站	水运	月亮湾
^	结算单位	某金属公司		结算地址	XX省W市民主路15号			
^	开户银行	W市XX分理处		结算账号	0077011072			
^	品名	规格	钢号	项次	技术标准号	交货期	数量	
^	线材	O6.5	AY2-4F		YB189-651	2006年6月	50吨	
^	合同条款	1. 按市场价结算。						

表 12-4 供方发票样式

W市增值税专用发票　　No.10090539
3100053140
发票联
开票日期：2006年6月15日

购货单位	名称：某金属公司					密码区			
^	纳税人识别号：					^			
^	地址、电话：XX省W市民主路15号　8361484					^			
^	开户行及帐号：W市XX分理处　0077011072					^			
	货物或应税劳务名称	规格型号	单位	数量	单价	金额	税率	税额
	线材	O6.5 AY2-4F	吨	50	2980	149000	17%	25330
	运杂费					150	17%	25.5
	合计					￥149150		￥25355.5
	价税合计（大写）	拾柒万肆仟伍佰零伍元伍角					（小写）￥174505.5	
销货单位	名称：XX钢铁厂					备注	1.合同号：06上003346		
^	纳税人识别号：					^			
^	地址、电话：XX市中山区大连路750号　8223768					^			
^	开户行及帐号：工商银行中山分理处　02300142					^			

国税函[2006]635号 XX印钞厂

第二联：发票联　购货方记帐凭证

收款人：　　　　复核：　　　　开票人：丁瑞阳　　　　销货单位：（章）

表 12-5　进货合同明细之一（2006 年合同案引）

案引号	单位	案引号	单位
01	宝山钢铁厂	02	鞍山钢铁厂
03	邯郸钢铁厂	04	首都钢铁厂
05	武汉钢铁厂	06	石家庄钢铁厂
07	……	08	……
……	……	……	……

表 12-6　进货合同明细之二（合同执行情况）

2005年 金属合同执行情况

供货单位：邯郸钢铁厂　　地址：河北省邯郸市　　电话：6072141　　传真：6071970

邮政编码：056015　　开户银行：工行邯郸市支行三阳路办　　账号：389170123

合同号	物资名称	规格型号	合同数（吨）	交货日期	收货记录			备注
					进货日期	进货价格（元）	进货数量（吨）	
05上0023	段材	AY2-4F O6.5	204	2005年5月	2005年8月23日	2980	124	
05上0015	中板	Q235A 10mm	50	2005年3月	2005年2月28日	3200	50	
05上0013	圆钢	Q235 O10	100	2005年7月	2005年7月4日	3000	70	已交O12
05下007	……							
05下009	……							

表 12-7　可供资源表

品名	型号［钢号］	规格	数量（吨）	单价（元）
轻轨		12	50	3080
重轨		100	42	4800
圆钢	Q235	12	108	3160
	Q235	16	15	3000
	Q235	18	97	3000
	Q235	20	46	2820
	Q235	22	75	3000
	Q235	24	12	3000
	Q235	25	88	3050
碳结钢	45	35	12	3600
	45	36	46	3600
	45	50	398	3600
	45	55	155	3600
	45	60	110	3600
	45	65	110	3600
	45	70	150	3600
	45	75	150	3600

(续表)

品名	型号［钢号］	规格	数量（吨）	单价（元）
不锈带	1Cr18N19	2×80	18	20000
	1Cr18N19T1	2×95	4	20000
线材		4	50	2980
	AY2-4F	6.5	600	2980
	AY2f 四	6	10	2980
中板	Q235A	10mm	20	3000
	Q235A	12mm	31	3070
	Q235A	6mm 横切	28	3360
	Q235A	6mm 卷平	152	3360
……	……	……	……	……

表 12-8　合同统计表样式（2006 年第二季度合同完成情况明细表）

供货单位	2006 年资源情况	季度累计合同数	季度累计完成数	季度合同完成率
宝山钢铁厂	10050 吨	6630 吨	5075 吨	77％
鞍山钢铁厂	9875 吨	5820 吨	3900 吨	67％
邯郸钢铁厂	4200 吨	2568 吨	1895 吨	74％
……	……	……	……	……

表 12-9　合同统计表样式（2006 年第二季度合同完成情况汇总表）

大类	2006 年资源情况	季度累计合同数	季度累计完成数	季度合同完成率
钢铁	25000 吨	980 吨	800 吨	81％
生铁	15140 吨	6020 吨	4000 吨	66％
有色金属	8900 吨	3000 吨	2500 吨	83％
……	……	……	……	……

表 12-10　物资入库单

某金属公司
物资入库单　　　　　No.006900

供货单位：XX钢铁厂　　　　　　　　结算方式：发票

承付日期：＿＿年＿＿月＿＿日　制单日期：2006 年 6 月 15 日　制单日期：2006 年 6 月 7 日

合同号码	05下0054	质保书		规格型号	AY2-4F O6.5	品名	线材
单位	应收数量	进价	进货金额	运杂费	结算金额	实收数量	库位	件数
Kg	50000	2.98	149000	150	149150	50010	739	10

第三联：财务入库联

一式六联：统计联、在途联、财务入库联、物资明细账、业务台账、仓库明细账　　　仓库盖章：

表 12-11　业务台账（物资入库单⑤）

某金属公司

物资入库单　　　　　　　　No.006900

供货单位：XX钢铁厂　　　　　　　　　　结算方式：发票

承付日期：＿＿年＿＿月＿＿日　　制单日期：2006年6月15日　　制单日期：2006年6月7日

合同号码	05下0054	质保书		规格型号	AY2-4F O6.5	品名	线材		
单位	应收数量	进价	进货金额	运杂费	结算金额	实收数量	库位	件数	
Kg	50000	2.98	149000	150	149150	50010	739	10	

一式六联：统计联、在途联、财务入库联、物资明细账、业务台账、仓库明细账　　　仓库盖章：

第五联：业务台账

月	日	供应单位	通知过磅数	实发数	结存数
6	20	新兴机床厂	900	950	49060
6	20	青山焊接机械厂	600	720	48340
6	25	宇光镇流器厂	500	515	47825

表 12-12　发货单

某金属公司

发货单　　　　　　　　No.0067752

制单日期：2006年6月20日　结算日期：2006年6月25日　提货地点：W市六号桥仓库

购买单位		青山焊接机械厂						
库位	规格及品名	数量（公斤）		块、支、扎、张	含税单价	含税金额	结算方式	
801		通知过磅数	实发数		元/公斤			
编号 4818	6 mm 卷平板	600	720		3.9312	2830.46		
公司地址：X市民主路15号 开户银行：X市XX分理处 账　　号：0077011072 物资限十日内提清		运杂费（含税）				175.5		
							购买方开户银行及账号	
合计人民币（大写）／ 叁仟零伍元玖角陆分						3005.96		

第七联：物资记账

客户经手人：　　　　　收款：　　　　　复核：　　　　　制单：

一式七联：结算联、随货同行、出门证、提货联、存根、财务结算、物资记账

表 12-13 发票目录

日期	发票号	供货商	入库单号
2006年1月11日	173398	宝山钢铁厂	006900
2006年7月21日	173399	鞍山钢铁厂	006901
……	……	……	……

除上述凭证与单据，数据流图还有两个数据流：购货要求、付款能力，它们的取值和含义为：(1)"购货要求"组成：品名、规格、型号、数量；(2)"付款能力"组成：付款方式、金额。"付款方式"的取值：汇票、现金、支票等。

表 12-14 是系统分析员根据收集的数据和信息制作的现行系统信息调查表。此外，详细调查过程中，系统分析员还会将有关数据的特征：数据项取值类型、长度、取值范围等，记录在相应栏目上。

表 12-14 现行系统信息调查分析表

序号	名称	类别	制表单位	联数	处理周期	平均份数	高峰份数	用途
1	进货合同	凭证	供货单位		随机	200份/月	500份/月	物资供需双方的供货协议
2	供方发票	凭证	标准		日	20份/天	40份/天	供方发货后的收款凭证
3	入库单	凭证	公司	6	日	20份/天	40份/天	记录一笔物资的入库明细
4	业务台账	台账	业务部		日			针对每张入库单的销售记录
5	合同完成情况明细表	报表	业务部		月度、季度、年度			按供货单位统计合同兑现率
……	……	……	……	……	……	……	……	……

第七，现行系统的处理逻辑建模。

详细调查还需要将现行数据流图的处理逻辑用说明的形式表达出来，说明采用第 7 章介绍的结构化语言、决策树等进行混合描述。下面给出了图 12-7 到图 12-9 数据流图的说明。该金属材料公司业务部进销存业务数据流图基本处理逻辑说明如表 12-15 所示。

表 12-15 现行数据流图处理逻辑说明

编号	处理逻辑	说明
2.2.1	进货合同登记	合同员根据采购员送来的进货合同，按供货单位分类登记，形成"进货合同明细"，并将原始合同整理留底 其中，"进货合同明细"由"合同索引"和"××年金属合同执行情况"两部分组成，"合同执行情况"中收货记录暂不填
2.1.2	注明合同价	根据财务处送来的"供方发票"，查询"进货合同单留底"，在供货发票角上空白处注明合同价
2.1.3	编制到货记录	根据"供方发票"，在"进货合同明细"的"XX年金属合同执行情况"中填收货记录

(续表)

编号	处理逻辑	说明
2.1.4	合同统计	合同员每月、季、年末、都要进行合同统计 根据"进货合同明细表"以及物资入库单⑤联（进货合同明细上的到货记录来自供方发票，此时还无法断定是否正式入库，要等到入库单返回才能说明这批货正式入库），按大类即钢材、生铁、有色金属和供货单位进行统计。制作"月/季/年合同完成情况明细表"或"月/季/年合同完成情况汇总表"
2.2.1	登记发票目录	根据"供方发票"在"发票目录"上进行登记
2.2.2	核对价格	将供方发票价与合同价进行核对。若不相符转入2.2.3，若相符则转入2.2.4
2.2.3	编制拒付理由书	因发票价与合同价不相符，根据"发票"、托收（实际进货单据中还包括托收凭证等，此处进行了简化），并征求业务主管的建议编制拒付理由书（全称为：托收承付结算全部或部分拒绝承付理由书）送交财务
2.2.4	生成物资入库单	若供方发票价与合同价相符，核价员填入库单⑥联。过程如下： 根据"供方发票"数据填"入库单"的供货单位、结算方式、合同号码、品名、规格、型号、单位，其中的应收数量、进价、进货金额和运杂费等于发票中的数量、单价、金额和运杂费（不考虑税）。承付日期由财务填写。根据制单时间填制单日期。根据制单人姓名填制单人
2.2.5	填实收数量	核价员根据仓库返回的填有实收数量、库位及件数的入库单③④⑤联，在入库单①②联填上相应数据，仓库留下入库单⑥
2.3.1	编制业务台账	销售员将合同员送来的入库单⑤联（即"业务台账"）按物资的品名、规格型号归类，编制"业务台账"
2.3.2	核实购买能力	将顾客购货所持的款额与购货应付金额比较，如果顾客所持款额数足够（付款数＝物资单价×购货数量），则编制转入2.3.3；否则，拒绝开票
2.3.3	预开票	预开票的过程为：根据开票时间填发货单的开单日期；根据"购货要求"填购买单位、规格品名；根据"业务台账"填库位、编号（即入库单号）；根据客户要求填通知过磅数，实发数暂不填，待结算开票时再填 　　销售员预开票时还需填"含税单价"，确定单价的过程如下：销售员根据顾客所购物资的品名、规格、型号，在"可供资源表"中查询物资市场价；根据客户的等级，所购物资的类别及单次购买的数量确定此次交易给予客户的销售折扣率，以螺纹钢为例，销售折扣率的决策树如图12-10所示；最后根据折扣率确定销售单价：含税销售单价＝物资市场价×（1－销售折扣率）×（1＋税率）。税率设定为17%，发货单上其他栏目暂时不填 注：客户类别根据客户与公司业务往来的年限及信誉评定：A类客户为高级客户，是与公司有长期业务往来且信誉良好的优质客户；B类客户为中级客户，是与公司业务往来较多且信誉良好的客户；C类客户为普通客户，通常为新客户或与公司业务往来较少的客户
2.3.4	销售登记	预开票以后，销售员必须在"业务台账"上登记销售记录，填写月、日、供应单位、通知过磅数。其中，实发数和结存数暂不填写

(续表)

编号	处理逻辑	说明
2.3.5	结算开票	仓库返回的发货单①有仓库填写的实发数,销售员进行结算开票时,在发货单⑤⑥⑦上填写以下栏目: (1) 实发数(等于发货单①的实发数) (2) 含税金额=含税单价×实发数 (3) 运杂费(含税)按实际发生值填写 (4) 合计人民币(大写)及合计金额=含税金额+运杂费(含税)(结算方式及购买方开户银行和账号由财务填写) 发货单⑥⑦送财务,发货单⑤经财务盖章送回销售员。销售员将发货单⑤留存,每月25日进行统计
2.3.6	修改库存	结算开票后,在业务台账同一销售记录上填写实发数。结存数=上一记录的结存数-实发数。其中,第一条销售记录的结存数=入库单验收数量-实发数
2.3.7	维护可供资源表	根据"业务台账"每周维护一次"可供资源表"。其中,单价为该物资当时的市场价,由销售员根据市场行情决定。数量为业务台账中该类物资的当前结存数总和

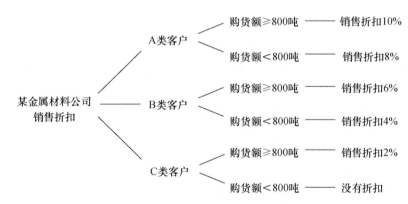

图 12-10 某金属材料批发有限公司销售折扣

第八,现行系统的查询与决策要求。

现行系统查询与决策要求包括:

(1) 销售员查询库存总账,了解可供资源以满足客户购货需要;

(2) 采购员要了解各种物资的库存量以便及时向有关部门提出采购申请;

(3) 核价员要查询并核对合同价与发票价是否一致,以便决定开具哪一种票据;

(4) 合同员需要查询合同明细;

(5) 有关人员需要查询各种票据的明细;

(6) 有关人员要查询合同的完成情况,以便确定往来单位的信誉度,并制订优惠计划;

(7) 部门经理需要预计未来季度某种物资的要货数量,以便预计下一季度的进销额；

（8）部门经理需要了解公司各种经济指标的完成情况，以便制订战略计划。

2. 现行系统的逻辑模型分析

第一，目标分析。

2005年年初，公司购买"金碟"财务软件，实现了财务管理信息化，但仅仅在财务管理方面实现信息化，已不能满足公司业务不断扩大的需求，须尽快改变进销存业务管理仍然是手工的作业状态。

第二，存在问题分析。

（1）销售的结算方式很多，手续繁杂，容易出错；

（2）销售、财务和仓库各有一本库存明细账，数据不一致问题严重，月底对账工作量大；

（3）人工编制销售凭证，容易出差错，事后处理困难；

（4）由于销售人员不能准确掌握库存，导致开出的废票很多；

（5）市场开拓能力差，没有设立设外省市经销网点；

（6）缺乏合理的库存管理，库存数字不准，造成大量物资积压或脱销；

（7）没有供应商资料，无法控制进货质量；

（8）由于业务人员忙于日常事务处理，无精力进行经营活动的分析；

（9）部门经理得到的信息滞后，不能及时了解市场行情及企业运行情况，影响正确决策；

（10）没有客户资料，无法进行市场分析和客户分析，缺乏客户服务意识，有些客户已经流失；

（11）没有建立业务信息系统，致使业务数据不能直接、实时地进入财务系统，造成数据冗余；

（12）单据烦多；

（13）"可供资源表"每周维护一次，不能实时反映物资的可供数量和市场价格；

（14）历史数据缺失，无法进行销售预测和分析。

第三，新系统的数据需求分析。

在详细调查中，系统分析员还注意到公司经理为制定长、短期公司经营计划和决策而经常需要进行查询。

（1）本年度公司的各项计划经济指标值

主要指标有：① 金属各大类进货额、销售额及进销差价；② 流转费用及费率；③ 上缴税金；④ 销售利润；⑤ 定额流动资金平均占用额；⑥ 流动资金周转天数。

（2）月度各项指标执行情况

主要指标有：① 本月完成数；② 累计完成数；③ 完成全年计划的百分比；④ 与去年同期完成情况的比较。

(3) 季度经营指标执行情况分析查询

主要指标有：① 进、销额增减原因；② 利润增减原因；③ 费用增减原因；④ 定额流动资金平均占用结构及增减原因；⑤ 流动资金周转快慢及原因。

(4) 未来经营指标预测

主要指标有：① 下月、季、年各大类物资进、销额预测；② 下年度其他各项经营指标预测；③ 市场价格走势及预测。

(5) 外部信息

主要指标有：① 金属材料消费情况；② 金属材料库存情况；③ 工业总产值；④ 金属材料销售网点设置情况；⑤ 行业信息。

第四，环境分析。

从内部环境分析，该公司继承原公司的大部分经营业务，主要任务是对 W 市及周边地区的钢材、有色金属等原材料进行采购、销售及存储管理，还负责把客户订购的货运送到目的地。该公司属于流通企业，经营品种达 250 多个大类、数千种规格，现有进货客户及销货客户总共达 2000 多家。规模如此大的一家物流企业仅靠财务软件来运营，定会造成商机的贻误，若想进一步经营，降低成本，其空间将会越来越小。

从外部环境分析，钢材物流市场的利润空间较大，还会有相当多的公司进入市场。物流行业信息化建设已成为主流趋势，谁掌握的信息更多更迅捷，就意味着能获取更多的利润，赢得更多的客户。因此，实施信息系统化势在必行。

3. 新系统功能模型设计

第一，新系统总体目标。

该公司准备在 5 年内实现信息系统目标：促进物资流通的社会化、合理化，建立一个能高效、全面提供物资进销存管理和决策信息的物流信息系统。具体表现为：

(1) 实现进销存、统计及财务工作的计算机处理，提高工作效率和工作质量。

(2) 提高物资流通的社会效益，降低物流成本，建立物资配送信息子系统。

(3) 及时提供物资经营、管理和辅助决策的信息，提高经营管理水平。

(4) 进行各项经营指标的动态分析及市场预测、财务预测。

(5) 提供与经营环境有关的供货厂商和客户单位供需价格、资源需求等方面的市场信息。

(6) 实现信息共享，满足公司对各类物资信息处理的准确性、一致性、时效性和灵敏度的要求。

第二，建立新系统功能模型。

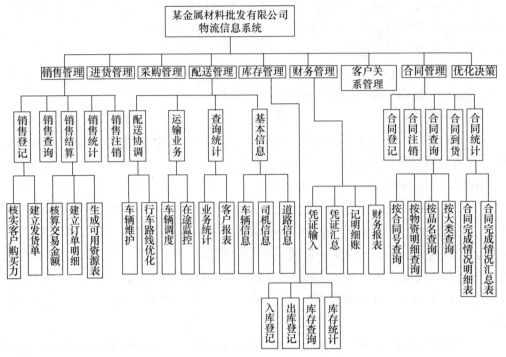

图 12-11　某金属材料批发有限公司物流信息系统功能模型

某金属材料批发有限公司新系统功能图（图 12-11）列出了部分子系统的下属功能模型。功能模型确定了新系统的功能范围。新系统将面向合同员、核价员、仓管员及业务主管，实现信息的实时性，便于查询和统计，实现进销存的真正信息化。

4．新系统数据模型逻辑设计

新系统数据模型采用基于 3NF 的设计方法，建立业务部合同管理业务的局部概念模型，给出设计过程示范。具体做法如下：

第一，阅读每种单据，确定应规范化的对象。

规范化的目的是提高数据存储及访问的效率、去除数据冗余、提高数据存取的可靠性。规范化的第一步是阅读现行系统的数据流图，并考虑需要加入的新信息源，确定哪些单据需要规范化。一般来说，凡是原始凭证则必须规范化，不能从其他单据派生的单据也需要规范化，而二次派生的单据则不需要规范化。以图 12-7 合同管理业务的数据流图为例，过程如下：

（1）进货合同（见表 12-3）

进货合同是生产企业向业务部提供原材料的协定，是重要的基础数据和原始凭证，是规范化的对象。由于各企业使用的合同格式不统一，在设计数据存储时，需要统一合同数据的存储内容。

(2) 进货合同单留底（数据存储编号 J1）

进货合同单留底是合同员将进货合同原始凭证按照合同索引的编目顺序装订而成，内容同进货合同，不需要规范化处理。

(3) 供方发票（见表 12-4）

供方发票是供方单位向金属材料公司提供一批物资后开出的收款凭证，需要规范化处理。

(4) 进货合同明细（存储编号 J2，见表 12-5 和表 12-6）

进货合同明细由两部分组成：① 合同索引是目录，不需要规范化处理；② 合同执行情况记录各供应商的合同执行情况，是合同员为方便统计而设计的表单，表上的数据来自供方合同和供方发票，不需要规范化处理。

(5) 可供资源表（存储编号 J3，见表 12-7）

可供资源表用来向客户公布本单位可以供给的金属材料名称、数量及市场价格（市场价格是原始数据），需要规范化处理。

(6) 合同完成情况明细表（数据流，见表 12-8）

合同完成情况明细表是一份统计表，每月、季、年由合同员统计，由于其中数据均属派生，都可以从现有数据中得到，不需要规范化处理。

(7) 合同完成情况汇总表（见表 12-9）

同合同完成情况明细表，需要规范化处理。

(8) 物资入库单（存储编号 J5，见表 12-10 和表 12-11）

物资入库单是记录一批物资进货入库信息并办理入库手续的凭证。单据上的信息大部分摘抄于其他单据，少量由自身业务产生，需要规范化处理。

由上分析，只需对（1）（3）（5）（8）进行规范化处理。有人也许担心，判断失误怎么办？不需要规范化处理的单据若被判断为需要规范化，不会影响最后结果，但应该规范化的单据不能漏掉。

第二，确定每一种单据需要存储的数据元素。

(1) 这一步要去掉规范对象中的非基本的或多余的元素，加入检索、分类、处理所需的以及满足新功能要求的新元素。

例如，供方发票中有货物的数量、单价、金额。由于金额＝单价×数量，所以金额是非基本的，不必在数据库中存储。

又如，为了便于合同完成情况的统计，在人工系统中，由人识别金属材料的大类，而用信息系统处理时，必须设置新元素物资代码。

(2) 为基本数据元素统一存储标识。

人工系统中使用的数据常存在以下情况：① 同一数据元素在系统中具有不同的标识。例如，入库单中的"入库单号"，在金属材料发货单中被称为"编号"，这种情况下，系统分析员必须分配给它们统一的存储标识。② 不同的数据元素却有相同的标识，如"价格"，有的指进货价格，有的指合同价格。这种情况应分别命名，予以区分。

第三，决定数据元素之间的关系，导出每一组数据元素的3NF关系。

实际使用的单据常常存在组合项或重复项，多半是非规范化关系。因此，要首先消除组合项或重复项，将其转换成1NF关系，然后分析1NF关系中各数据元素的函数依赖，将它们分解成3NF关系。关于规范化理论请参阅第2章。下面是合同管理规范化过程的示范：

（1）进货合同的1NF数据元素如下：

＊合同号＋签订日期＋订货单位码＋订货单位名＋电话＋传真＋收货单位码＋收货单位名＋电话（收）＋传真（收）＋收货地址＋结算单位码＋结算单位名＋结算地址＋开户银行（结）＋账号（结）＋供货单位码＋供货单位名＋供方地址＋邮编（供）＋电话（供）＋传真（供）＋开户银行（供）＋账号（供）＋运输方式＋物资码＋品名＋规格＋型号＋技术标准＋交货期＋合同数＋合同价＋备注

其中，标上＊的属性是关键字，一张合同只对应一种物资。分析属性间的依赖关系（如函数依赖、传递依赖），规范后得到以下6个3NF关系：

① ＊订货单位码＋订货单位名＋电话＋传真
② ＊收货单位码＋收货单位名＋电话＋传真＋地址
③ ＊结算单位码＋结算单位名＋地址＋开户银行＋账号
④ ＊供货单位码＋供货单位名＋地址＋邮编＋电话＋传真＋开户银行＋账号
⑤ ＊物资码＋品名＋规格＋型号
⑥ ＊合同号＋签订日期＋订货单位码＋收货单位码＋结算单位码＋供货单位码＋物资码＋运输方式＋技术标准＋交货期＋合同数＋合同价＋备注

（2）供方发票的1NF数据元素如下：

＊发票号＋发票代码＋发票日期＋供货单位码＋供货单位名＋纳税人识别号（供）＋地址（供）＋电话（供）＋开户行（供）＋账号（供）＋结算单位码＋结算单位名＋纳税人识别号（购）＋地址（购）＋电话（购）＋开户行（购）＋账号（购）＋物资码＋品名＋规格＋型号＋计量单位＋单价＋数量＋运杂费＋税率＋合同号

需要说明的是一张发票只对应一种物资。考虑实际情况中合同与发票上的物资、单价、数量等不一定相同，因此合同只能决定供货单位和收货单位，发票决定了所订购物资的物资码、单价、数量等。规范成3NF关系如下：

① ＊供货单位码＋供货单位名＋纳税人识别号＋地址＋电话＋开户行＋账号
② ＊购买单位码＋购买单位名＋纳税人识别号＋地址＋电话＋开户行＋账号
③ ＊物资码＋品名＋规格＋型号
④ ＊发票号＋发票代码＋发票日期＋合同号＋物资码＋计量单位＋单价＋数量＋运杂费＋税率
⑤ ＊合同号＋供货单位码＋结算单位码

(3) 可供资源表的 1NF 数据元素如下：

＊日期＋＊物资码＋品名＋规格＋型号＋可供数量＋市场价

其中，"市场价"指可供资源表上的"单价"。规范成 3NF 关系如下：
① ＊物资码＋品名＋规格＋型号
② ＊日期＋＊物资码＋可供数量＋市场价
(4) 物资入库单的 1NF 数据元素如下：

＊入库单号＋供货单位码＋供货单位名＋承付日期＋制单日期＋验收日期＋结算方式＋合同号＋质保书＋物资码＋品名＋规格＋型号＋应收数量＋进价＋发票号＋运杂费＋实收数量＋库位＋件数

需要说明的是，填写入库单的依据是供方发票，数据主要来自发票，因此在入库单 1NF 里需要增加发票号，应收数量指发票上的数量。规范成 3NF 关系如下：
① ＊入库单号＋发票号＋承付日期＋制单日期＋验收日期＋结算方式＋质保书＋实收数量＋库位＋件数
② ＊发票号＋合同号＋物资码＋数量（应收数量）＋单价（进价）＋运杂费
③ ＊供货单位码＋供货单位名
④ ＊物资码＋品名＋规格＋型号
⑤ ＊合同号＋供货单位码

第四，3NF 关系的归纳和综合。

将上述四张单据规范成 18 个 3NF 关系，按照相同的关键字进行合并和综合。
(1) 供货单位＝＊供货单位码＋供货单位名＋邮编＋电话＋传真＋纳税人识别号＋地址＋开户行＋账号
(2) 收货单位＝＊收货单位码＋收货单位名＋电话＋传真＋纳税人识别号＋地址＋开户行＋账号
(3) 结算单位＝＊结算单位码＋结算单位名＋地址＋开户银行＋账号
(4) 订货单位＝＊订货单位码＋订货单位名＋电话＋传真

在实际业务中，同一单位在某个场合是供货单位，在另一个场合也许是订货单位；某些情况下，收货单位和结算单位是同一单位。由于以上四个关系内容相似，我们把供货单位、收货单位、结算单位、订货单位一般化，合并成一个"往来单位"关系，以上四个关系通过各自的单位码与"往来单位"发生联系。

继续其余 3NF 关系的合并过程，最终形成以下 6 个 3NF 关系，其中，等号左边为关系名，等号右边为组成该关系的属性。
(5) 往来单位＝＊单位码＋单位名＋电话＋传真＋纳税人识别号＋地址＋开户行＋账号
(6) 物资＝＊物资码＋品名＋规格＋型号

(7) 进货合同＝＊合同号＋签订日期＋订货单位码＋收货单位码＋结算单位码＋供货单位码＋物资码＋运输方式＋技术标准＋交货期＋合同数＋合同价＋备注

(8) 发票明细＝＊发票号＋发票代码＋发票日期＋合同号＋物资码＋计量单位＋单价＋数量＋运杂费＋税率

(9) 可供资源＝＊日期＋＊物资码＋可供数量＋市场价

(10) 入库单＝＊入库单号＋发票号＋承付日期＋制单日期＋验收日期＋结算方式＋质保书＋实收数量＋库位＋件数

(5)—(10) 是由合同管理的业务数据综合，它是企业全局概念模型的一部分，这种在一个业务范围内的概念模型称为局部概念模型，对企业整体来说，局部概念模型中的综合 3NF 还不是最终形式，还需和其他业务领域的局部概念模型再次综合。例如，合同管理局部概念模型与进货业务、销售业务的局部概念模型综合，最终得到企业全局的概念模型。

在系统分析阶段，数据模型的逻辑设计应尽量按 3NF 原则进行，以可能简单的形式表达数据元素之间的关系。

5. 新系统逻辑模型设计

受篇幅所限，下面仅介绍"合同管理"子系统的逻辑模型，它包括以下内容：

(1) 合同管理子系统功能图；

(2) 合同管理子系统分层新数据流图；

(3) 合同管理子系统数据字典；

(4) 合同管理子系统处理逻辑说明。

第一，合同管理子系统功能模型。

合同管理子系统功能模型如图 12-12 所示，模块功能说明如下：

(1) 合同登记

合同登记模块负责输入并编辑进货合同单，建立进货合同关系数据库文件。

(2) 合同到货

该模块负责输入并编辑供方发票，建立反映合同到货数据的发票明细数据库文件。

(3) 合同查询

该模块提供合同资源数和合同完成情况的查询。

(4) 合同统计

该模块每月、季、年完成"合同完成情况明细"和"合同完成情况汇总表"的制作和打印。

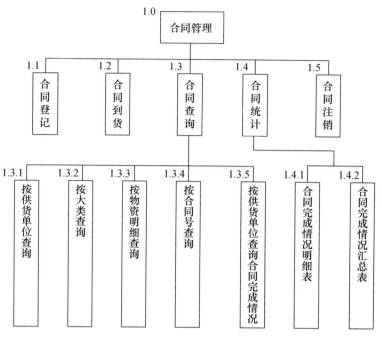

图 12-12 合同管理子系统功能模型

（5）合同注销

将已完成的合同在"进货合同"中注销，并从"进货合同"文件中转存到"注销合同档案"历史文件中。

第二，合同管理子系统信息流程模型。

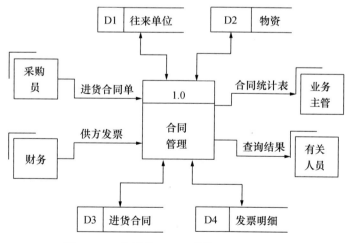

图 12-13 合同管理子系统第一层数据流程

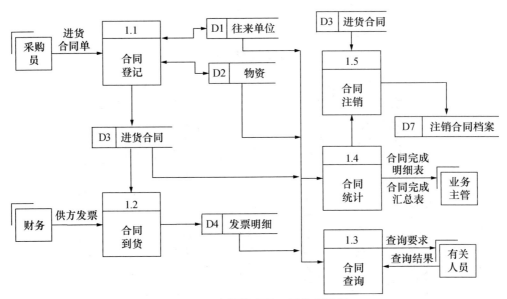

图 12-14 合同管理第二层数据流程

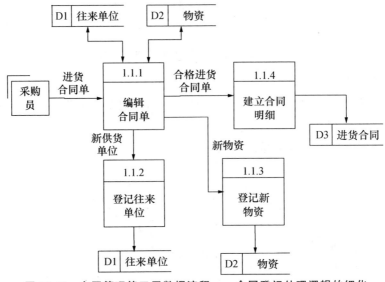

图 12-15 合同管理第三层数据流程——合同登记处理逻辑的细化

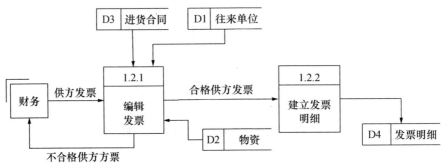

图 12-16 合同管理第三层新数据流程——合同到货处理逻辑的细化

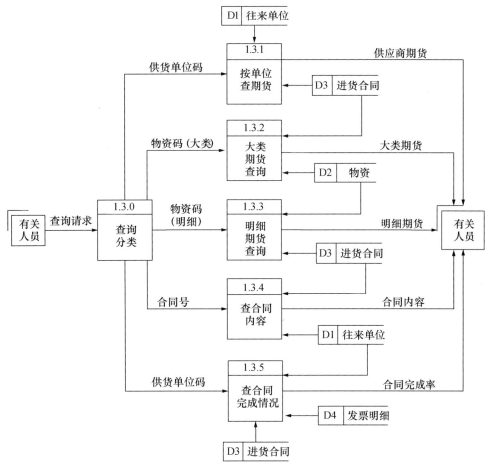

图 12-17 合同管理第三层新数据流程——合同查询处理逻辑的细化

第三，合同管理子系统数据模型。

数据模型的设计结果可用数据字典表示，下面是合同管理子系统部分数据字典的内容：

（1）数据存储定义

数据存储定义卡

名称：进货合同

编号：D2

简述：存储"进货合同"规范化信息

组成：合同号＋签订日期＋订货单位码＋收货单位码＋结算单位码＋供货单位码＋物资码＋运输方式＋技术标准＋交货期＋合同数＋合同价＋备注

关键字：合同号

注：新数据流图中数据存储的内容见新系统数据模型的逻辑设计。

（2）数据流定义

数据流定义卡
名称：进货合同单
简述：供应商与公司签订的原始供货合同凭证
组成：合同号＋签订日期＋订货单位码＋订货单位名＋电话＋传真＋收货单位名＋收货单位码＋电话（收）＋传真（收）＋收货地址＋结算单位码＋结算单位名＋结算地址＋开户银行（结）＋账号（结）＋供货单位码＋供货单位名＋供方地址＋邮编（供）＋电话（供）＋传真（供）＋开户银行（供）＋账号（供）＋运输方式＋物资码＋品名＋规格＋型号＋技术标准＋交货期＋合同数＋合同价＋备注

流通量：150 份/月
高峰期：每年 5 月和 11 月
高峰期流通量：300 份/月

（3）数据元素定义

数据元素定义卡
名称：运输方式
简述：供应商向公司发货采用的运输方式
别名：无
长度：10 个字符
取值/含义：例如，"D 上海港"表示运输方式为水运，到达港为上海港。
注：第一位为运输方式编码，其中：
A 表示整到站；
B 表示零到站；
C 表示专用线；
D 表示水运。

（4）处理逻辑定义

名称：编辑发票
编号：1.2.1
简述：确定供方发来的发票是否正确并符合要求
处理逻辑说明：

对于每一张发票

① 输入发票号、发票日期、计量单位、进货单价、进货数量、运杂费、税率；
② 根据提示，输入供货单位码、收货单位码、物资码；
③ 根据合同号检索"进货合同"文件，与发票输入的供货单位码、收货单、物资码比较。

如果不合格，则出错。否则会显示供货单位名、收货单位名、开户行（结）、结算账号、物资品名、规格、型号等。

④ 计算并显示金额＝进货单价×进货数量

税额＝（金额＋运杂费）×税率

总金额＝金额＋运杂费＋税额

用户核对发票金额与总金额。

注：供方发票数据流的内容如表 12-4 所示。

读者可将新、老合同管理的系统功能以及数据流图和数据存储、数据流的内容和处理逻辑进行对比，找出它们的差异。

本章小结

物流信息系统分析是系统开发生命周期中的重要阶段，是解决新系统"做什么"的问题。物流信息系统分析的任务是对物流企业进行详细调查，识别和分析用户要求，设计出新系统的逻辑模型。新系统的逻辑模型主要体现在功能模型、数据模型和流程模型上。本章以结构化分析方法为主要手段，详细阐述了物流信息系统目标设计，物流信息系统功能建模过程，物流信息系统数据建模过程，输入、输出逻辑设计，物流信息系统流程建模过程，处理逻辑说明，编制数据字典等内容。最后以物流企业的进销存业务管理为例，进行设计示范，构建进销存管理系统的逻辑模型。

习题

1. 为什么系统分析是 MIS 开发过程中最重要的阶段？
2. 试述系统分析的详细调查阶段、功能、数据与流程分析阶段和新系统逻辑模型设计阶段的工作内容、步骤和方法。
3. 为什么要把逻辑设计和物理设计分开？它们各在系统开发的什么阶段完成？
4. 分析图 12-14 到图 12-18 及相应资料，举例说明人工系统的不足之处。
5. 系统分析阶段数据模型逻辑设计的任务是什么？在数据库应用环境下，如何用 E-R 方法和基于 3NF 的方法进行概念模型的设计。试用 E-R 方法设计合同管理局部概念模型。
6. 请说明代码设计的意义和作用，它应该在系统开发的什么阶段完成。
7. 管理信息系统中，用数据库方法重新组织数据存储，实现数据共享，会对企业管理和业务流程产生什么影响？试用本章的进销存实例进行说明。
8. 试述用 U/C 矩阵聚合法划分子系统的原理和步骤。
9. 以 SA 方法为主的新系统逻辑模型由哪些图表组成？为什么说新数据流图是逻辑模型的主要组成部分？如何设计新的分层的数据流图。
10. 试对本章某金属材料批发有限公司的进销存信息系统的流程作进一步优化，请提出你的方案。

参考文献

[1] 修桂华、姜颖主编:《物流信息系统》,北京大学出版社 2011 年版。

[2] 周仲宁:《一种系统分析方法——U/C 矩阵》,载《计算机应用研究》1995 年第 4 期,第 41—42 页。

[3] S. B. Yao,SB. Navathe,J-L Weldon:《数据库设计的综合研究方法》,载《计算机工程与应用》1985 年第 7 期,第 5—17 页。

[4] 刘仲英主编:《管理信息系统分析》,高等教育出版社 2006 年版。

第 13 章

物流管理信息系统设计

> **学习目的**
>
> 1. 了解物流信息系统设计的主要任务和基本步骤；
> 2. 理解结构化设计方法的主要内容；
> 3. 掌握数据库逻辑设计和物理设计；
> 4. 理解输入、输出和用户界面设计的基本原理；
> 5. 掌握软件结构设计基本原理；
> 6. 学会编制系统设计文档。

在前一阶段的系统分析报告获得批准后，我们将进入下一个重要阶段——物流信息系统设计。这一阶段是解决"如何干"的问题，其目标就是为下一个阶段的物流信息系统的实现绘制蓝图，其主要工作有：系统平台设计，数据模型的详细设计，输入、输出与用户界面设计，软件结构设计，信息系统安全设计，编写系统设计报告。

本章先介绍系统设计的内容、目标、方法，随后对系统设计的工作进行详细描述。其中，着重介绍结构化系统设计方法，结构图是结构化方法的重要工具，可以由数据流图导出，结构图中的每个模块都可以采用 IPO 图来描述。

13.1 系统设计概述

13.1.1 系统设计的内容

系统设计是解决"如何干"的问题。在这一阶段，我们将在已经获得批准的系统分析报告的基础上，根据系统分析产生的逻辑模型，选择一个具体的计算机系统，设计出能在该计算机系统上运行的物理模型。

物流信息系统设计阶段的主要工作有：(1) 物流信息系统平台设计，确定计算机系统的硬件和软件配置方案；(2) 数据存储的详细设计，包括数据库逻辑结构设计和数据库物理结构设计；(3) 输入、输出设计；(4) 用户界面设计；(5) 软件结构设计；(6) 其他细节设计，如代码实体赋值、系统安全设计、数据处理方式设计等。

13.1.2 系统设计的目标

一般来说，物流活动要求及时、准确、适用、经济，因此可以采用以下设计目标来评价一个物流信息系统设计方案的优劣：

1. 系统的运行效率

不同的处理方式采用不同的指标来衡量系统的运行效率：(1) 批处理系统：采用处理速度（即单个业务的平均处理时间）衡量运行效率；(2) 联机实时处理系统：采用响应时间来衡量运行效率，即从终端上发出一项请求到计算机，计算机给出回答所用的时间；(3) 实时录入、成批处理的系统：采用处理能力（即标准时间周期内处理的作业个数）衡量运行效率。

影响运行效率的因素有：计算机硬件及其组织结构、计算机处理过程的设计质量和中间文件的数量、文件的存取方式、程序的编写质量等。

2. 系统的可靠性

可靠性是指系统受到外界干扰时的抵御能力和恢复能力。可靠性衡量指标有：平均故障间隔时间和平均维护时间。前者指前后两次发生故障的平均时间，反映了系统安全运行时间；后者指故障发生后平均每次所用的修复时间，反映系统可维护性的好坏。

提高可靠性的途径主要有：(1) 选取可靠性较高的主机和外部设备；(2) 对硬件结构采用冗余设计，如在高可靠性的应用场合，对关键性的服务器可采取双机热备技术；(3) 在故障的检测处理和系统安全方面采取措施，如对输入数据进行校检，建立运行记录并监督跟踪，规定用户的文件使用级别，对重要文件进行拷贝等。

3. 系统的灵活性

为保持系统的长久生命力，要求系统具有很强的环境适应性，为此，系统应具有较好的开放性和结构可变性。在系统设计中，应尽量采用模块化结构，提高各模块的独立性，尽可能减少模块间的数据耦合，使各子系统间的数据依赖降至最低。这样，既便于模块的修改，又便于增加新的内容，提高系统适应环境变化的能力。

4. 系统的经济性

经济性是指在满足系统需求的前提下，尽可能降低系统的开销。一方面，在硬件投资上不能盲目追求技术上的先进，而应以满足应用需要为前提；另一方面，系统设计中应尽量避免不必要的程序，各模块应尽量简洁，以便缩短处理流程、减少处理费用。

5. 系统的安全性

安全性指系统的硬件和软件免遭故意或偶然损害的能力；保护数据不丢失、不泄露、不改动和不被销毁的能力；限制数据传播（即保密）的能力。系统的安全保密措施有：采用防治火灾、水灾和其他物理损害的手段；设置口令；软件加密；设置用户存取权限等。

13.1.3 结构化系统设计方法

结构化设计（structured design，SD）是一种常用的信息系统设计方法。下面对该方法的特点及相关的设计工具进行介绍。

1. 结构化设计的思想及特点

SD 的基本思路是：用一组标准的准则和工具帮助系统设计人员确定系统应该具有哪些模块，采用什么方法联结在一起才能构成一个最好的系统。SD 是结构化分析（structured analysis，SA）和结构化程序设计（structured programming，SP）之间的接口。SD 具有以下特点：

(1) 相对独立、功能单一的模块结构

SD 的思想是将系统设计成由多个相对独立、功能单一的模块组成的结构。每一个模块可以单独地被理解、编写、测试、排错和修改，从而防止错误在模块之间扩散和蔓延，提高了系统的质量。

(2) "高内聚、低耦合"的模块性能标准

"块内联系大，块间联系小"是 SD 衡量模块独立性的标准。满足这种标准的模块功能简单、程序短、接口简单、容易测试和维护，修改时工作量较小，错误传播范围较小，容易扩充功能。

(3) 采用模块结构图的描述方式

SA、SD、SP 三者具有一个共同点，即都使用图形化工具建模。如 SA 中有数据流图、判断树等，SP 采用程序流程图，而 SD 采用的是结构图。

2. 结构图

结构图（structure chart，SC）又称层次模块结构图，是描述系统模块结构的图形化工具，模块及模块之间的联系采用规定的图形符号来表示。

(1) 模块的概念

模块是组成目标系统逻辑模型和物理模型的基本单位，它可以被组合、分解和更换。根据功能具体化程度的不同，模块可以分为逻辑模块和物理模块。在系统逻辑模型中定义的处理功能可视为逻辑模块。物理模块是逻辑模块的具体化，可以是一个计算机程序、子程序或若干条程序语句，也可以是人工过程的某项具体工作。一个模块具备以下四个要素：

① 输入和输出。即模块从调用者那里取得输入，进行加工后再把输出返回调用者。

② 处理。即模块把输入转换成输出所做的工作。

③ 内部数据。即仅供模块本身引用的数据。

④ 程序代码。即用来实现模块功能的程序。

前两个要素是模块的外部特性，反映了模块的外貌。后两个要素是模块的内部特性。在结构化设计中，主要考虑模块的外部特性，对内部特性只作必要了解即可，具体的实现将在系统实施阶段完成。

（2）结构图的基本符号

结构图由以下 6 种基本符号组成，如图 13-1 所示。

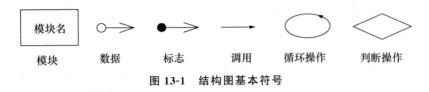

图 13-1　结构图基本符号

① 模块。用矩形表示，矩形内部标上能反映模块处理功能的模块名字。模块名通常由动宾词组构成。

② 调用。用连接两个模块的箭头表示调用，箭头总是由调用模块指向被调用模块。一个模块是否调用一个从属模块，决定于调用模块内部的判断条件，则称为模块间的判断调用，用菱形表示。如果一个模块通过其内部的循环功能来循环调用一个或多个从属模块，则称为循环调用，用弧形箭头表示。各种调用关系如图 13-2 表示。

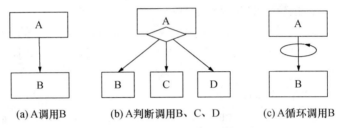

图 13-2　调用、判断调用和循环调用

③ 数据。当一个模块调用另一个模块时，可以把数据传送给被调用模块处理，而被调用模块又可以将处理的结果数据传送回调用模块。在模块间传送的数据，使用带空心圆的箭头表示，并在旁边标上数据名。例如，图 13-3（a）表示模块 A 调用模块 B 时，A 将数据 X、Y 传送给 B，B 将数据 Z 返回给 A。

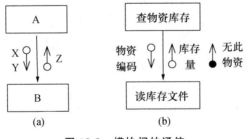

图 13-3　模块间的通信

④ 控制信息。控制信息用带实心圆点的箭头表示。为了指导程序下一步的执行，模块间有时还必须传送某些控制信息，例如，文件末尾的结束标志等。控制信息与数据的主要区别是前者只反映数据的某种状态，不必进行处理，如图 13-3（b）所示。

3. 从数据流程图导出结构图

SD 阶段产生的结构图来源于 SA 阶段所生成的数据流图。结构图与数据流图的区别在于：前者表现的是上下级模块之间层次化的调用和控制关系；后者表现的是逻辑处理功能的顺序和数据在系统内的流向。从数据流图导出结构图的策略有两种：以变换为中心的策略、以事务为中心的策略。

（1）以变换为中心的策略

以变换为中心的策略是指从 SA 阶段产生的数据流图入手，利用适当的设计原则和策略，转换成结构图。

以变换为中心的策略首先在数据流图中找出它的主要功能（即中心变换部分），还要找出实现这项功能所需要的主要输入数据流和经变换后产生的主要输出数据流，然后以其中心变换部分为上层模块，以数据传送部分为下层模块，逐层扩展后产生一个完善的系统结构。

以变换为中心的策略的实施步骤为：① 确定数据流图的中心变换的位置；② 绘制结构图（包括建立结构图的最高层模块、画出初始的结构图、对初始图进行优化）。

由于篇幅有限，不再详细介绍上述步骤，感兴趣的读者可参考软件工程方面的书籍。下面仅给出实例，图 13-4 在给定的数据流图上分别确定转换中心、输入部分、输出部分所在区域，转换后得到的结构图如图 13-5 所示。

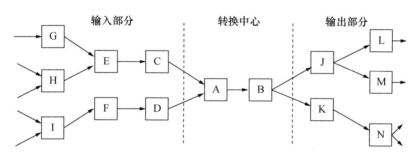

图 13-4 中心变换确定后的数据流图

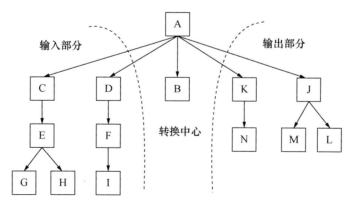

图 13-5 由图 13-4 的数据流图转换得到的结构图

（2）以事务为中心的策略

以事务为中心的策略首先是把一个复杂的数据流图分割成若干个较小的数据流图，每一个小的数据流图只反映同一种类型事务处理模块的功能，这些小的数据流图比较简单，可采用以变换为中心的策略生成若干个较小的结构图。此外，以事务为中心的策略可以再把这些小的结构图合并起来，形成一幅大的结构图来描述整个系统。

以事务为中心的策略的实施步骤为：① 分析数据流图，确定它的事务中心；② 绘制事务中心所对应的结构图。

数据流图的事务中心应具有以下功能：① 获得原始的事务记录；② 分析每一个事务，从而确定事务类型；③ 为每个事务选择相应的逻辑处理路径；④ 确保每个事务得到完全处理。

事务中心具有分析事务类型和调度的功能，它对每个事务起着分派和控制的作用，如果在系统中存在多种类型的事务处理，就必须找出系统的事务处理中心和事务。如果某处理逻辑能够根据输入的数据流确定事务类型，且产生不同的操作路径，那么这个处理逻辑就可被确定为这些事务的事务中心。在结构图中，事务中心表现为结构图的最高层模块。

由于篇幅有限，不再详细介绍上述步骤，感兴趣的读者可参考软件工程方面的书籍。下面仅给出实例，图 13-6 中"确定事务类型"处理逻辑就是系统的事务中心，可以据此产生较高层的结构图。由事务中心进行转换得到的结构图在给定的数据流图上分别确定转换中心、输入部分、输出部分所在区域，转换后得到的结构图如图 13-7 所示。

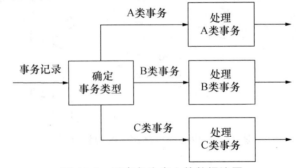

图 13-6　以事务为中心的数据流图

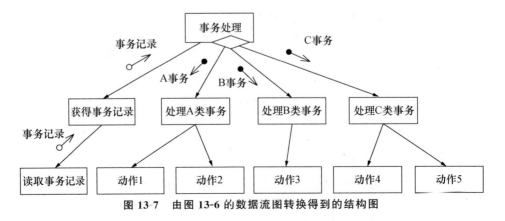

图 13-7　由图 13-6 的数据流图转换得到的结构图

4. IPO 图

IPO 图主要是配合结构图详细说明每个模块内部功能的一种工具，它是"输入—处理—输出"（input-process-output）图的简称。IPO 图为每个模块的输入、输出数据和数据加工进行说明，其常用的结构如表 13-1 所示。在 IPO 图中，输入、输出数据来源于数据词典。局部数据项是指个别模块内部使用的数据，与系统的其他部分无关，仅由本模块定义、存储和使用。注释是对本模块有关问题进行的必要说明。

表 13-1　IPO 图结构举例

系统名：仓库管理系统	设计人：刘波
模块名称：输入出入库信息并检验	日期：2009-12-11
模块编号：C.5.3.2.2	
上层调用模块：出库模块	下层调用模块：无
文件名：物料信息文件	全局和局部变量：
输入数据：物料号 N、入库数量 I、出库数量 O	输出数据：
处理描述： 　If N 不存在 then（提示并退出出库处理） 　　Else If O＞I（提示并退出出库处理） 　　　　Else（继续执行出库处理） 　　　Endif 　Endif	
注释：	

IPO 图处理过程的描述较为复杂。因为对于一些处理过程较为复杂的模块，用自然语言描述其功能十分困难，并且对同一段文字描述不同的人还可能产生不同的理解。用于描述模块内部处理过程的方法有：（1）结构化英语；（2）决策树；（3）决策表；（4）算法描述语言。这几种方法各有长处和不同的适用范围，在实际工作中究竟用哪一种方法，须视具体的情况和设计者的工作习惯而定。

对于 SD 方法，结构图已详细表示了模块间的信息传递与控制，模块说明书可以由"模块名称＋处理逻辑说明（结构化英语、决策树、决策表）"表示。

13.2　系统平台设计

物流信息系统设计的首要任务是根据新系统功能与性能要求，构建能够支持新系统运行的软硬件环境，也就是进行系统平台的设计。系统平台设计包括计算机处理方式的选择、软硬件的选择、网络系统的设计、数据库管理系统的选择。

13.2.1 先导案例

DL 钢铁集团为了保障新的企业网络管理系统运行性能，建立了以信息中心为企业网络交换中心，财务、销售、物资供应等各部门为节点的二级交换结构网络，各部门到信息中心的传输速率为 1000Mbps，部门内部的传输速率为 100Mbps。

出于全盘考虑，DL 钢铁集团的网络系统建设优先选择高性能、规模扩展性强的产品。整个系统的设计以实现技术的标准化、可靠性和技术的先进性为原则，采用当时比较新的技术，如快速以太网、千兆网等。为了防止非法用户盗用和破坏，该系统采用多种安全防范措施，以确保系统运行万无一失。

13.2.2 系统处理方式的选择

客户机和服务器（client/server，C/S）成为物流信息系统首选的系统结构。目前，C/S 具体的应用模式有以下几类：

1. B/S 模式

B/S 模式称为瘦客户机。客户机安装浏览器，只负责提供信息表达功能，应用逻辑与数据管理完全在后端服务器完成，因此也称为浏览器和服务器（B/S）结构。B/S 模式适用于简单的数据处理和数据查询，是维护成本较低的模式。

2. 早期客户机模式（C/S）

早期客户机负责信息表达与应用逻辑，服务器只完成数据管理。这种模式是两层结构，速度快，开发工具简单，能处理复杂的应用逻辑。

3. 三层客户机模式

数据服务、应用逻辑和信息表示分布于不同的计算机中，后端服务器有数据服务器和应用逻辑服务器。对更复杂的应用，可单独设计一层应用逻辑层。三层客户机模式适用于大型系统的开发，技术复杂。

4. 混合模式

在实际应用中，多采用混合模式。简单数据处理和数据查询用 B/S 模式，因为该模式设计维护简单，客户端不用安装软件，用户只用浏览器就能完成业务的处理和数据的查询。处理复杂的应用逻辑可用 C/S 模式，以发挥其速度快的优点，如图 13-8 所示。

使用应用程序服务器多层结构混合式的系统（如图 13-9 所示），后端有应用程序服务器、Web 服务器、数据库服务器；前端则有浏览器或客户端软件，大型系统的开发经常用到该方式。

第 13 章 物流管理信息系统设计

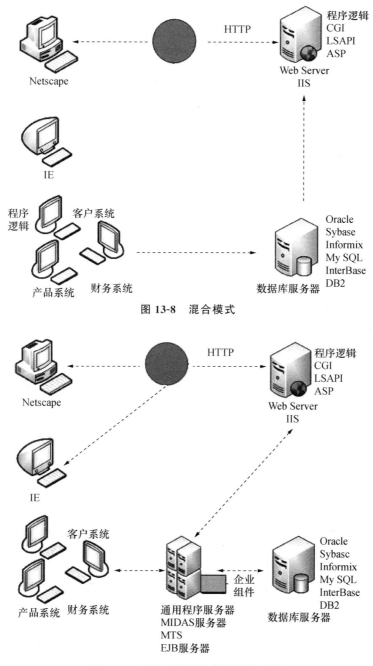

图 13-8 混合模式

图 13-9 使用应用程序服务器的系统

13.2.3 系统硬件平台的配置

硬件包括计算机、必要的通信设施和安全设施等，如计算机主机、外存、打印机、服务器、通信电缆、通信设施，图 13-10 给出了物流信息系统的物理平台配置示意图。

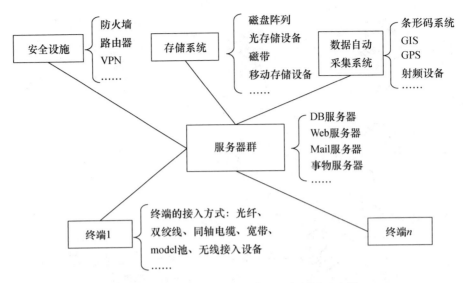

图 13-10 物流信息系统的物理平台配置示意图

在确定数据的处理方式以后，计算机机型的选择则主要考虑应用软件对计算机处理能力的需求，包括：（1）计算机内存；（2）处理器速度和性能；（3）输入、输出和通信的通道数目；（4）显示方式；（5）外接存储设备及其类型。

由于不同计算机的设计目标不同，因而可能在某一方面具有显著的优点而在其他应用场合却令人无法接受，因此在设计系统时，应根据需要认真选择。

13.2.4 系统网络平台的配置

系统的网络设计是先根据具体环境选择网络拓扑结构；然后选择网卡和传输介质；再考虑是否还需选用其他相关联网设备，如集线器、中继器、接头等；然后制作连线和安装；最后装入网络操作系统软件、应用软件。

1. 网络拓扑结构

网络拓扑结构一般有总线式、星型、环型及混合型等。对物流信息系统来说，网络拓扑结构的选择应根据应用系统的地域分布、系统的处理方式等进行考虑。以下列举了几种系统常用的网络拓扑结构。

（1）分布式处理

在分布式处理方案中，总公司及各物流分公司组建各自的局域网，分公司的所有业务数据存储和处理过程全部在本地进行，总公司只负责数据信息的收集和统计、财务数据调拨等工作，主要的信息处理过程都在分公司进行。分布式方案的网络拓扑结构如图 13-11 所示。

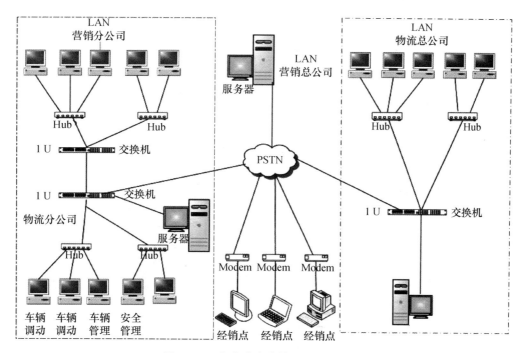

图 13-11 分布式方案的网络拓扑结构

采用分布式方案的优点是，数据的存储和处理集中在分公司，在网络建设尚不完善的初期避免了大量的数据传输，网络的建设可以分步骤、分阶段实施。缺陷是分公司的信息系统升级时工作量会比较大，而且信息集中在分公司处理，总公司对信息的掌握缺乏及时性和全面性。比如，总公司不能实时掌握运输信息，从而无法对运力作出调控。

（2）完全集中式处理

在完全集中式处理中，所有的物流业务数据统一集中到物流总公司的信息系统，由物流总公司分配并下传给各个分公司，因此对网络的速度和传输质量要求较高，因此最好采用专线进行网络数据传输，网络拓扑结构如图 13-12 所示。

完全集中式处理的拓扑结构的优点是物流分公司的信息系统处理任务大大简化，只需进行数据的录入及任务的查询接收工作，对使用者的培训则变得简单，分公司信息系统的升级换代也较容易；由于信息全部集中到物流总公司进行，因而能够做到整个物流系统的合理优化，如能够实现对运输任务和运力的合理配置，但是这种方案对网络的要求极高，一旦网络传输出现问题，信息系统便无法正常运行。另外，这种方案对以前工作方式的改变很大，可能会引起员工的抵触情绪。

2．网络的逻辑设计

根据系统分析阶段所设定的子系统，并考虑数据流图中数据流的流量，按需要选择经济适用的设备，如主服务器、主交换机、分系统交换机、子系统集线器、通信服务器、路由器和调制解调器等，并考虑各设备之间的连接结构。

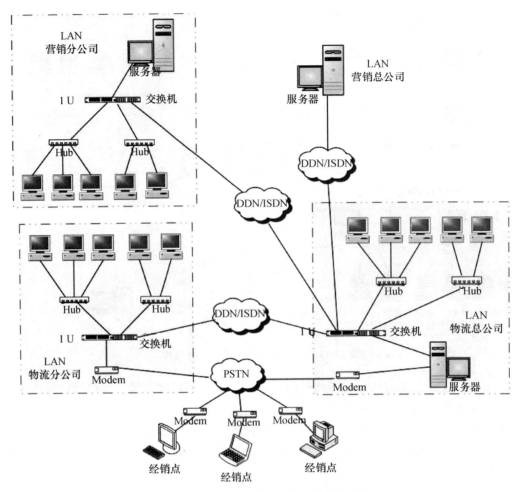

图 13-12　完全集中式处理的网络拓扑结构

3. 网络操作系统

目前，流行的网络操作系统有 UNIX、Netware、Windows NT 等。UNIX 历史最长，并且能够适用于所有的应用平台；Netware 适用于文件服务器、工作站模式，具有较高的市场占有率；Windows NT 由于其 Windows 软件平台的集成能力，随着 Windows 操作系统的发展及 C/S 模式向 B/S 模式的延伸，Windows NT 无疑是最有前景的网络操作系统。

13.2.5　系统软件平台的配置

计算机软件总体上划分成两类：系统软件和应用软件。前者是用于管理与支持计算机系统资源及操作的程序；后者是处理特定应用的程序。图 13-13 给出了计算机软件的分类。

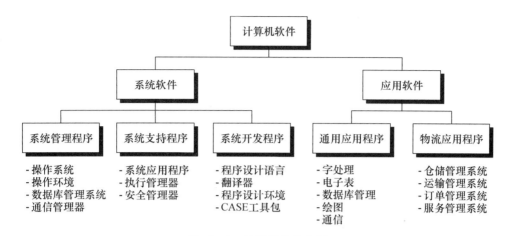

图 13-13 计算机软件分类

系统开发过程中,软件工具的选择对系统开发是否顺利至关重要,软件指标主要从以下几方面考虑:

(1) 操作系统目前有很多,如 UNIX 及其变种、Windows、Windows NT、Linux、Netware 等,其中代表主流发展方向的有 Windows NT、UNIX 系统。

(2) 数据库管理系统是物流信息系统的基础,物流信息系统后端是以数据库系统为核心的。市场上数据库管理系统较多,流行的桌面数据库产品有 Access、Visual FoxPro、Paradox 等,大型数据库产品有 Oracle Server、Sybase、SQL Server、DB2、MySQL 等。

(3) 常用的编程设计语言有 C 语言、Pascal、BASIC、FORTRAN、COBOL 等。若系统采用 OO 方法进行分析与设计,最好选用 OOPL 来编程,如 C++、JAVA。如果系统采用 B/S 架构,可以考虑 ASP、JSP、C♯。若开发的是 DSS,则可以选择 PROLOG、LISP 等。

(4) 选择合适的辅助工具。集成开发环境(IDE)提供了多种工具帮助程序员进行编程,如灵巧的编辑器、上下文相关帮助和调试工具。Visual Studio、JBuilder、PowerBuilder 都是良好的 IDE。

(5) 在商品化软件选型过程中,应考虑以下几个因素:① 软件是否能够满足用户的需求;② 软件的流程与企业业务流程是否相近;③ 软件是否具有足够的灵活性;④ 软件是否能够获得长期、稳定的技术支持。

13.3 数据模型的详细设计

系统分析员在系统分析阶段完成了数据模型的逻辑设计,建立了面向企业整体的全局概念模型,它独立于任何物理设备。系统设计人员根据所选择的计算机硬件和软件,在一个特定的 DBMS 支持下,进一步完成数据模型的详细设计,为最后在存储介质上建立数据库作准备。用数据库术语来说,数据模型详细设计的任务是完成数据库的逻辑结构设计和物理结构设计。

13.3.1 数据库逻辑结构设计

数据库逻辑结构设计的任务如下：

1. 将概念模型转换为所选用的 DBMS 所支持的模型

若选用的 DBMS 支持关系模型或对象模型，那么这一步的工作就是利用 E-R 图构造的概念模型向关系模型或对象模型转换，具体请参见本书第 2 章；如果没有 E-R 模型，直接用基于 3NF 的方法进行数据库设计，其数据库概念模型和逻辑结构设计是一致的，该 3NF 关系群既是概念模型也是逻辑模型，可以直接进入下一步。

2. 利用 DBMS 提供的数据描述语言（DDL）定义数据模型，从而把模型转变为模式

到目前为止，各种数据模型还无法被 DBMS 直接接受，还需用形式化语言描述出来。用数据描述语言精确定义数据模型的程序称为模式。以关系模型为例，模式 DDL 定义的内容有：关系名、每个关系包含的属性名、各属性域的类型、长度和关键字。以最常用的 SQL Server 为例，该系统就具有相关的 DDL 语句，如 CREATE 命令就是用来定义逻辑数据结构。

13.3.2 数据库物理结构设计

数据库物理结构设计是数据库设计的最后一步。目前，由于绝大多数的信息系统都采用关系模型的数据库系统，一些物理设计的内容，如存取路径的选择等，不再需要系统设计员自行设计，而是由 DBMS 自动完成，从而大大减轻了这一阶段的工作负担。下面以实例为基础，说明数据库物理结构设计的主要工作。

1. 确定数据库文件的组织

概念结构设计的结果产生了组成概念模型的关系、每个关系的属性及关键字。逻辑结构设计的结果是采用 DDL 对上述模型进行定义。而这一步工作则是确定数据库文件的组织。

考虑到不同用户的需要，DBMS 向用户提供了可供选择的多种文件组织（见本书第 2 章）。目前，绝大多数 DBMS（如 Oracle、SQL Server 等）都提供顺序和索引两种文件组织。系统设计员应综合考虑用户的各种需求，如数据要求、处理要求、存取效率要求、节省空间要求以及维护代价等，在此基础上选择合适的文件组织。以上因素往往会相互冲突，例如，要节省空间，顺序文件比较合适，但检索代价大；要提高检索效率，就要建立索引，但这会多占空间。因此，系统设计员必须在现有的设备条件下，充分满足用户的使用要求，进行综合考虑。

以进货合同为例，由于经常发生查询某供货单位的合同情况，可以考虑建立以"供货单位"为辅关键字的索引文件。SQL 语句如下：

CREATE UNIQUE INDEX [IX_JHHT] ON JHHT ([供货单位码]) WITH IGNORE_DUP_KEY

显然，执行以上 SQL 语句后，DBMS 自动建立了一个以供货单位为辅关键字的倒排文件，加快了查询速度。

2．查询优化处理

数据库物理设计期间，还要考虑查询优化的细节。例如，要在进货合同文件中查找：

"物资码＝生铁"而且"供货单位码＝宝钢"

则先在文件中找出"物资码＝生铁"的所有记录，保存在数据缓冲区中，然后从中选符合"供货单位码＝宝钢"的记录，并输出。

如果公司关于生铁的合同很多，而与宝钢签订的合同很少，那么可以将查询改为：

"供货单位码＝宝钢"而且"物资码＝生铁"

显然，查询被优化了。

3．确定数据的存放位置

如果信息系统工作在网络环境或分布式环境下，则必须合理安排数据库的存放位置。例如，将所有的共享数据、代码、报表数据以及公共程序存放在网络服务器上，各子系统的应用程序、中间数据、子系统内部使用的数据库文件存放在各个工作站上。

13.3.3 案例：仓库物资管理数据库设计

数据库设计是信息系统的核心。良好的数据库设计可以使信息系统具有处理速度快、占用存储空间小、操作处理过程简单、系统开销和维护费用低等特点。数据库设计一般要经过需求分析与数据分析、概念设计、逻辑设计、物理设计四个阶段。下面以仓库物资管理信息系统为例，介绍数据库设计的整个过程。

1．需求分析

数据库的需求分析在系统分析阶段就已完成。在这里，只要针对库存管理需要的数据进行分析。需求分析包括需要处理的数据分析和对数据的操作分析。

库存管理中需要处理的数据分析有：入库记录、出库记录、库存记录和库存位置记录等数据。需要的操作有添加、更改、删除、查询和统计汇总五大功能。数据结构如表 13-2 至表 13-4 所示。

表 13-2 入库记录数据结构

名称	入库单
简述	物资到库后入库凭证
组成	入库单号＋发票号＋合同号＋运单号＋制单日期＋停车位号＋仓库号＋货区号＋货位号＋物资存储号＋供货单位号＋运输方式＋物资码＋品名＋规格＋型号＋质量技术标准＋计量单位＋数量＋设备信息号＋卸货时间＋验收数量＋验收规格＋验收质量＋验收日期＋入库日期＋……
备注	处理意见栏和物资延迟入库说明

表 13-3 库存记录数据结构

名称	库存平面布置
编号	D3
简述	存储"物资在仓库中存储状况"规范化信息
组成	物资存储号＋仓库号＋货区号＋货位号＋货位空间利用率＋货架寿命期限＋合同号＋入库单元＋入库日期＋物资号＋物资数量＋物资重量＋物资体积＋物资安全等级＋存储有效期＋供货单位码＋……
备注	(1) 合同号为"0"时说明该物资为其他无业务关系单位寄存 (2) 存储号在货位为空时注明"0" (3) 备注中说明物资在库的存储要求
关键字	物资存储号

表 13-4 出库记录数据结构

名称	出库单
简述	物资出库凭证
组成	领货单号＋运单号＋制单日期＋停车位号＋仓库号＋货区号＋货位号＋物资存储号＋领货单位号＋运输方式＋物资码＋品名＋规格＋型号＋质量技术标准＋计量单位＋数量＋设备信息号＋库场运输号＋装货时间＋验收数量＋验收规格＋验收质量＋验收日期＋出库日期＋……
备注	处理意见栏和物资延迟出库说明

2. 概念设计

概念设计是指在数据分析的基础上，自下而上地建立整个数据库的概念结构，即先从用户的角度进行视图设计，然后将视图集成，最后对集成后的结构分析优化得到最终结果。E-R 模型是概念设计的有力工具，如图 13-14 所示。

(1) 本系统的实体类型有供应商、物资、领用单位等，实体间的相互联系是：① 供应商和物资之间存在联系"供应"，是"多对多"的关系；② 物资和领用单位之间存在联系"出库"，是"多对多"的关系。

(2) 各实体和联系的属性为：① 供应商：编码、名称、地址、电话、传真、联系人；② 物资：物资类别、名称、规格、计划单价、单位、库存数量、库存金额、存放位置、用途；③ 领用单位：单位编码、单位名称、电话、联系人；④ 供应：物资名、商品代码、供应数量、供应时间、经手人等；⑤ 出库：物资名、代码、数量、时间、经手人等。

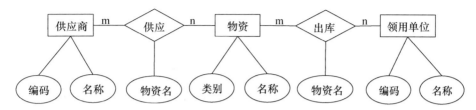

图 13-14　物资库存管理 E-R 图

3．逻辑设计

逻辑设计的任务是根据 DBMS 的特征，把概念结构转换为相应的逻辑结构。概念设计所得的 E-R 模型，是独立于 DBMS 的，这里的转换就是把表示概念结构的 E-R 图转换为某种逻辑结构（层次模型、网状模型或关系模型）。

由于本系统的 DBMS 采用 SQL Server 关系数据库管理系统，所以逻辑设计就只需将 E-R 模型对应转换为关系模型即可，即把 E-R 图中的每个实体和联系都转换为一个关系表并对其进行规范化处理。

本例中数据简单，实体和联系的属性与关系表的属性一一对应，只要把物资编号和单位编号作为主码即可。

4．物理设计

物理设计就是在具体的 DBMS 上进行逻辑设计。具体任务包括：（1）确定所有数据库文件的名称和所含字段的名称、类型、宽度等；（2）确定各数据库文件需要建立的索引及建立索引的位置等。

本系统包括入库数据库、库存数据库和出库数据库三个库文件，每个库又包含若干个表，一个表反映数据结构分析结果中的一个名录。如入库数据库中包括入库凭证表、物资记录表、供货单位信息表等，下面仅给出以上三个表的结构，如表 13-5 至表 13-7 所示，其他库中的表则留给读者自己设计。

表 13-5　供货单位信息表

字段名	字段类型	字段宽度	说明
WNUM	numeric	16	物资码
WNAM	character	10	品名
WSIZE	character	10	规格
WTYPE	character	10	型号
WSTAN	character	8	质量技术标准
WUNIT	character	8	计量单位
WAMOU	numeric	29	数量

表 13-6 物资记录表

字段名	字段类型	字段宽度	说明
DWN	character	20	单位名
DWMBH	numeric	20	单位编号
DWDZ	character	20	地址
DWDH	numeric	10	电话
DWZZ	numeric	10	传真
DWLXR	character	8	联系人

表 13-7 入库凭证表

字段名	字段类型	字段宽度	说明
LHDH	numeric	20	入库单号
FPH	numeric	20	发票号
HTH	numeric	20	合同号
YDH	numeric	20	运单号
ZDRQ	date	8	制单日期

13.4 输入、输出与用户界面设计

输入与输出是用户与计算机的界面。手工编制的凭证通过系统输入，经过计算机加工处理，将有关信息以报表、图形等形式提供给管理人员。因此，做好输入、输出设计，一个友好的用户界面是新系统受用户欢迎、具有生命力的主要因素。

13.4.1 先导案例

香港空运货站有限公司（以下简称"HACTL"）为了更加高效地运作管理信息系统，决定采用摩卡软件有限公司的摩卡业务服务管理产品（Mocha BSM）来解决企业存在的难题。

但是，HACTL 同时拥有多家第三方监控的厂家，包括 EMC Smarts 和 BMC。为了保持系统界面的统一性，项目组把 EMC Smarts 的事件 Applet 和 EMC Smarts 的 IT 服务列表中的 Applet 一并整合为 Mocha BSM，客户不需要登入 EMC Smarts 客户端，只需要操作 Mocha BSM 就能获得所需要的信息。

13.4.2 输入设计

输入设计在系统设计阶段的工作内容是：（1）选择数据输入设备，如条形码等识别技术在物流信息系统数据输入工作中有突出应用；（2）输入数据格式设计；（3）输入数据正确性校验；（4）联机系统输入设计。

1. 输入设计的原则

物流信息系统输入设计所要遵循的原则：

（1）控制输入量

在输入设计中，应尽量控制输入数据总量。在输入时，只需输入基本的信息，而其他可通过计算、统计、检索得到的信息则由系统自动生成。

（2）减少输入延迟

输入数据的速度往往成为提高信息系统运行效率的瓶颈，为减少延迟，可采用周转文件、批量输入等方式。

（3）减少输入错误

输入设计中应采用多种输入校验方法和有效性验证技术，减少输入错误。

（4）避免额外步骤

在输入设计时，应尽量避免不必要的输入步骤。

（5）输入过程应尽量简化

输入设计在为用户提供纠错和输入校验的同时，必须保证输入过程的简化。

2. 数据输入设备的选择

常用的输入设备有键盘、磁盘、磁带机、扫描仪、读卡机、光电阅读器、终端输入。在物流信息系统中，自动识别和采集技术在数据输入中应用极其广泛，包括条码技术、RFID 技术、磁识别技术、声音识别技术、图形识别技术、光字符识别技术、生物识别技术等。随着信息技术的发展，输入方式和设备也在不断更新。下面介绍其中几种输入设备。

（1）键盘输入

键盘输入包括联机键盘输入和脱机键盘输入。前者是由操作员直接用键盘键入数据，终端可以通过在线方式与主机联系，并及时获得处理结果。后者是一种通过键到盘、键到带等设备，将数据输入磁盘、磁带文件中，然后再读入系统的设备。键盘输入主要适用于少量常规的数据。

（2）磁性数据输入设备

应用磁性墨水字符识别（magnetic ink character recognition，MICR）技术是一种常用的磁性数据输入技术，可以阅读磁化的支票和单据。MICR 技术用专门的磁性墨水书写单据，阅读时需采用专门的阅读器，磁化字符，将其转换为电信号送入计算机处理。

另一种常用的磁性数据输入技术是磁条技术。这种黑色磁条一般都在卡的背面，是一条铁氧化的深色磁带，磁条阅读器能够自动识别该磁条。

（3）光扫描设备

条形码阅读机是一种常用的光扫描设备，它利用光电扫描设备识读条码符号，从而实现机器的自动识别，并快速准确地将信息录入计算机进行处理。条形码技术为人们提供了一种对物品进行标识和描述的方法，借助自动识别技术、POS 系统、EDI 等现代技术手段，企业可以随时了解有关产品在供应链上的位置，并及时作出反应。条形码是实现POS系统、EDI、电子商务和供应链管理的技术基础。

另一种常用的光扫描设备是光学字符识别装置（optical character recognition，OCR），它利用光学技术对文字和字符进行扫描识别，将其转换成计算机内码，输入计算机进行处理。

（4）射频识别

射频识别系统由读写器和射频标签构成。读写器在一个区域发射能量形成电磁场，射频标签经过该区域时检测到读写器的信号，读写器收到射频标签发送的信号，解码并校验数据的准确性以达到识别的目的。射频系统的优点是不局限于视线，识别距离比光学系统远。射频标签可携带大量数据，且难以伪造。目前，该技术已在物流领域得到应用。

3. 输入格式设计

输入格式设计包括原始凭证格式设计和输入介质的记录格式设计。

（1）原始凭证的格式设计

原始凭证格式的好坏直接影响数据的质量。如果现行系统使用的凭证格式不能满足计算机系统的使用要求，则必须进行改变或重新设计。原来没有的凭证，则要重新进行格式设计。凭证设计的原则是容易填写，方便阅读：

① 数据排列的顺序应与阅读的顺序一致，一般是从上到下，由左到右；

② 为了填写方便，多采用"表格式"或"选择式"，如果数据值的类别较少且范围固定，可采用"选择式"；

③ 类型相同的数据应尽量排在一起，如数字排在一起，文字排在一起；

④ 不输入计算机的数据应集中排列在原始凭证的最上端或最下端。

（2）输入介质的记录格式设计

输入介质的记录格式指数据录入员在终端屏幕上看到的凭证格式，设计的原则是使录入员能方便地输入数据，尽量避免操作失误：

① 数据在终端屏幕上存放的顺序与阅读原始凭证的顺序一致，使录入员不用跳跃式地在凭证上寻找数据、产生疲劳，降低输入效率；

② 数据记录的长度不应超过终端允许的最大长度。例如，一个屏幕最好能放下一张凭证的全部输入内容，若放不下可采取移屏功能，但必须避免多次移动，降低输入效率；

③ 正确设计数据项目的长度，使之能容纳项目可能出现的最长数据，包括整数和小数。

4. 输入格式的正确性校验

引起输入差错的原因有两类：一是数据采集过程中发生的错误，如原始凭证丢失、填写不准确、凭证传递延误等，这些主要依靠建立严格的凭证管理制度来解决。二是录入数据阶段产生的，由于录入员的错读、漏读、误操作等原因引起的数据错误。对这类错误，可以采用校验方法来解决。

数据的校验方法有：由人工直接检查、由计算机用程序校验以及人与计算机两者分别处理后再相互查对校验等多种方法。常用的方法有以下几种，既可单独使用，也可组合使用。

(1) 重复校验

这种方法将同一数据先后输入两次，然后由计算机程序自动对比校验，若两次输入内容不一致，计算机会显示出错信息。例如，设置或修改密码的操作，一般要求用户输入两次。

(2) 视觉校验

输入的同时，由计算机打印或显示输入数据，然后与原始单据进行比对，找出差错。但视觉校验不可能查出所有的差错，查错率为75%—85%。

(3) 检验位校验

校验位的计算方法如下：

① 将各位编码乘以权因子，求出各位之积，再将各位积相加求和。权因子的取法有几种：

一是取一个等比级数20，21，22，……；

二是取一个等差级数7，6，5，4，3，……；

三是都取1；

四是取1，2，1，2，……；

五是取一串质数17，13，7，5，3。

② 各位乘积之和取模 M 的余数，即 S/M＝商……余数 R，R 即可作为校验位的值，模一般可用11，也可用13、10等。

例如，某金属物流公司的钢板分类代码的校验位采用算术级数法。原编码为1080103，各位乘权为1234567，得出乘积之和：$1\times1+2\times0+3\times8+4\times0+5\times1+6\times0+7\times3=51$。除以模11，即51除以11的余数是7，则余数7即为校验位，原编码加上两位校验位，最终设计的代码便是108010307。

(4) 控制总数校验

工作人员先手工求出数据的总值，然后在数据的输入过程中由计算机累计总值，将两者对比校验。

(5) 数据类型校验

数据类型校验即校验是数字型还是字母型。

(6) 格式校验

格式校验即校验各数据项的位数和位置是否符合预先规定的格式。例如，姓名栏规定为18位，而姓名的最大位数是17位，则该栏的最后一位一定是空白。该位若不是空白，该数据项就为错位。

(7) 逻辑校验

根据业务上各种数据的逻辑性，检查有无矛盾。例如，月份数值最大不会超过12，否则出错。

(8) 界限校验

界限校验即检查某项输入数据的内容是否位于规定范围之内。例如，商品的单价范围规定在 50 元至 1000 元，若检查出存在超出此范围的数据，则出错。

(9) 顺序校验

顺序校验即检查记录的顺序。例如，通过顺序校验，可以发现被遗漏的记录。又如，要求记录的序号不得重复时，即可查出有无重复的记录。

(10) 记录计数校验

记录计数校验即通过计算记录个数来检查记录有否遗漏和重复。这不仅对输入数据，而且对处理数据、输出数据及出错数据的个数等均可进行计数校验。

(11) 平衡校验

平衡校验即校验相互有关的相反数据项之间是否平衡。例如，在会计系统中，对凭证的借、贷科目分别求和，若相等，则账目平衡，否则账目必然有错。

(12) 对照校验

核对输入的数据与基本文件的数据，检查两者是否一致。

13.4.3 输出设计

输出设计主要是利用已有的输出设备，给出用户所需要的结果。物流信息系统只有通过输出才能为用户服务，其最终目的是为管理者提供简捷、明了、实用、有效的管理和控制信息。输出的质量是衡量新系统设计质量的主要标志之一。

1. 输出设计的内容

(1) 有关输出信息使用方面的内容

这方面的内容包括信息的使用者、使用目的、报告量、使用周期、有效期、保管方法和复写份数等。

(2) 输出方式

最终输出方式有两种：一种是报表输出，另一种是图形输出。应根据系统分析和管理业务的要求决定使用哪种形式。

(3) 输出设备

常见的设备有：显示器（包括阴极射线管显示器、液晶显示器和等离子显示器）、打印机（包括点阵式打印机、激光打印机、喷墨打印机）、绘图仪、影像输出系统、语音输出系统、磁记录设备等。

(4) 输出介质

如输出到磁盘还是磁带，输出用纸是专用纸还是普通白纸等。

2. 输出设计的方法

在系统设计阶段，设计人员应给出系统输出的说明，这个说明既是将来编程人员在物流软件开发中进行实际输出设计的依据，也是用户评价系统实用性的依据。输出形式主要有以下几种：

（1）报表信息

报表分为四种类型：详细报表、汇总报表、异常报表和决策报表。

① 详细报表：包含详细交易记录的报表。

② 汇总报表：对一段时间内或某种种类的信息细节进行摘要或汇总的报表。

③ 异常报表：仅包含非标准或异常信息的报表。

④ 决策报表：从通常用于战略决策的各种信息源得到的汇总报表。

在报表设计中，经常使用两种技术：

一是下钻：将报表中的汇总字段与它所支持的详细资料连接，并使用户可以实时查看细节的功能。

二是链接：以电子的方式连接两个或多个报表，以便将其中一个报表中的信息链接到另一个报表中。

在实际操作中，可采用 CASE 工具的报表生成器来完成。另外，一些功能比较完善的信息系统，如 SAP BO 系统，还允许用户自定义报表的格式，如图 13-15 所示。

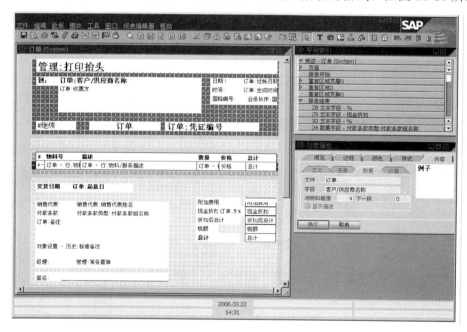

图 13-15　SAP BO 用户自定义报表窗口

（2）图形及多媒体信息

① 图形信息。常用的图形信息有直方图、圆饼图、曲线图、地图等。图形信息在表示事物的趋势、多视角的比较等方面有较大优势，可以充分利用大量历史数据的综合信息，表示方式直观，常为决策用户所喜爱。一些功能比较完善的信息系统，还允许用户按照自己的习惯来设置输出图形的形式。图 13-16 是 SAP BO 系统提供的图形选择窗口。

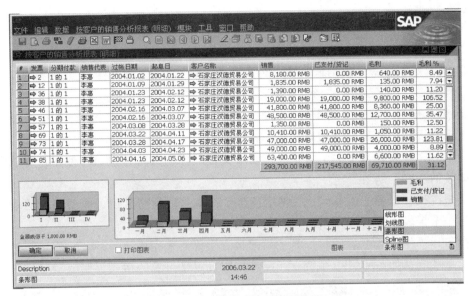

图 13-16 SAP BO 图形选择窗口

② 多媒体信息。随着多媒体工具的发展，多媒体输出在近几年成为可能。如今，用声音描述图形和动画表示的信息已成为可能。将视觉和声音输出结合是表示信息的一种强大的方法。如视频游戏正将虚拟现实技术推向视觉、声音、触觉和嗅觉输出的前沿。同时，采用多媒体输出对生理上有残疾的用户将是极大的福音。图 13-17 给出的是某高校网上远程教学系统课程点播界面。

图 13-17 某高校网上远程教学系统课程点播界面

为了提高系统的规范化程度和编程效率，在输出设计上应尽量保持输出内容和格式的统一性，也就是说，同一内容的输出，对于显示器、打印机、文本文件和数据库文件应具有一致的形式。显示器输出用于查询或预览，打印机输出提供报表服务，文本文件格式用于为办公自动化系统提供剪辑素材，而数据库文件可满足数据交换的需要。

在打印输出时，报告纸有专用纸和通用白纸两种。专用纸上事先已印有表头和文字说明等格式，使用时可直接套打，通用白纸则需打印表头、格式及说明信息。

13.4.4 用户界面设计

用户界面（user interface，UI）是用户和计算机联系的重要途径。物流软件的用户可以通过屏幕与计算机对话、向计算机输入有关数据、控制计算机的处理过程并将计算机的处理结果反映给用户。

界面设计之所以重要，原因在于：首先，用户界面越直观就越易用，越易用就越便宜。因为界面越好，用户培训就越容易，这就降低了培训成本；界面越出色，用户就越少求助，这就降低了客户支持成本。其次，界面越出色，用户就喜欢使用，这就提高了用户对开发者工作的满意度。可以说，用户界面设计的优劣直接关系软件产品的竞争力。

1. 用户界面的设计原则

（1）尽量保持一致性

一致性的外观和功能界面是最重要的设计目标之一。信息在窗体上的组织方式、菜单项的名称及其排列、图表的大小和形状、字体的大小和字形、按钮在窗口的位置、提示用词、界面色调以及任务的执行次序，应该都是统一的，并贯穿系统的始终。

（2）为熟练用户提供快捷键

整天使用某个应用系统的用户愿意花时间学习使用快捷操作方式。当老用户明确知道自己要做什么时，他们很快就对冗长的菜单选择次序和大量的对话框操作失去耐心。因此，快捷键的使用可以针对某一给定任务减少交互步骤。同时，设计者应该为用户提供实用功能（如宏），允许用户创建自定义快捷键。

（3）提供有效反馈

对用户所做的每一个动作，计算机都要提供某些类型的反馈信息，借此使用户知道相应动作是否已被确认。比如，用户单击一个按钮，按钮就应该改变外观并且发出声音。但过多的信息反馈会降低用户的工作效率，因此在设计时要进行权衡。

（4）设计完整的对话过程

系统的每一次对话都应该有明确的次序：开始、中间处理过程、结束。任何定义完好的任务都具有开始、中间处理过程和结束三部分，因此计算机上的用户任务也应有相同的操作。如果任务的开始和结束不明确，那么用户使用时可能会感到迷惑。

（5）提供简单的错误处理机制

用户在出错时，既要花费时间改错，又要承担错误结果所造成的损失。因此，系统设计者必须尽可能防止用户出错。主要方法是限制可用选项和允许用户在对话框的任意位置都能选择有效选项。

（6）允许撤销动作

应该让用户产生这样的感觉，他们可以检查选项，并且可以毫不费力地撤销相应的动作。试验是用户学习使用新系统的一种方法，这也是防止出错的一种方法，如果用户发现自己出错就可以撤销该动作。

（7）提供控制的内部轨迹

有经验的用户希望有控制系统的感觉，系统应该响应用户命令，而不该让用户被迫做某事或者感觉到正在被系统控制。设计者可以通过提示字符和提示消息的方式使用户产生这种感觉。

（8）减少短期记忆负担

人有很多生理上的限制，短期记忆则是其中最大限制之一。人在同一时间只能记忆有限的信息。界面设计者不能假定用户能够记忆在人机交互过程中一个接一个的窗体或者从一个对话框到另一个对话框的所有内容。

牢记以上 8 条设计原则，界面开发人员就能够保证用户界面的高效和有用。

2．用户界面的分类

总的来说，用户界面分为 4 大类：（1）非图形用户界面；（2）图形用户界面；（3）网页用户界面；（4）手持设备用户界面。非图形用户界面主要用于系统软件，因此，下面将主要介绍后 3 种用户界面。

（1）图形用户界面（graphics user interface，GUI）

图形用户界面是一种采用了 4 种基本组件（窗口、图标、菜单和鼠标指针）的人机交互形式，有时也称 WIMP 界面，即 window（窗口）、icon（图标）、menu（菜单）、pointing device（指点设备）的缩写。GUI 主要应用于基于 C/S 构架的软件界面设计。下面对 GUI 的基本组件进行说明：

① 窗口。窗口是显示设备中的一个矩形区域，用于查看对象信息，并与对象进行交互。窗口包含标题栏、移动和改变大小的操作、菜单和提供对象信息的区域。

② 图标。图标和窗口在很多地方相似，其定义为：图标是一个显示设备中的一个区域，通过图形化方式来表示对象。与图标相关的特性包括用于表示一个对象的图形标志、一个标题名和直观操作，如 Windows 桌面上的"我的电脑"。

③ 菜单。菜单用于显示一组选项供用户选择。通常，基于图形用户界面的菜单选项包含供用户选择的、用于对对象执行动作的命令。所有用户命令集合都包含在菜单中。一般说来，菜单是通过窗口来显示的。菜单有多种类型：工具栏、下拉式、弹出式、级联式和快捷菜单。

④ 指针。图形系统一般都有通过鼠标或轨迹来实现的指点设备。与指点设备相关的是屏幕上的某个位置，用户可以在那里通过指点设备进行输入。指针是一个图形，

用以对指点设备输入系统的位置进行可视化描述。图形用户界面的指针包括系统箭头、十字型交叉图形和文本"I"形标。指针在很多地方都与显示设备上描述接收键盘输入位置的文本输入光标相似。

⑤ 应用程序客户区。客户区是窗口上的一块子区域，用于显示应用程序的信息，并与应用程序的信息发生交互。典型例子的应用程序客户区如视图、输入域、选择列表、图形、文本、用户帮助和表格。

⑥ 直观操作。它允许用户使用指针与对象交互。例如，通过移动鼠标、使指针指向窗口的标题栏、按下并压住鼠标按钮和移动鼠标（有时也称拖放）就能移动窗口。使用菜单选项进行的很多动作都可通过直观操作来实现。例如，大多数系统都可将一个文档的图标拖到桌面的"打印机"图标开始打印。

图 13-18 和图 13-19 分别为国内外两款常用的 ERP 系统的 GUI，即 SAP BO 系统和用友 U8 系统的界面。

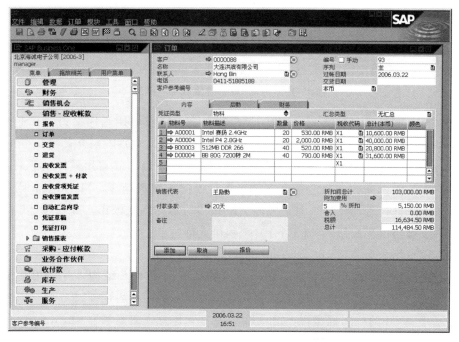

图 13-18 SAP BO 系统图形用户界面

每种操作系统都有其独特的用户界面风格。它们既有相同之处，也有不同之处：

① 相似性。不同操作系统下开发的图形用户界面都支持窗口、图标、菜单和指针。窗口用于显示对象信息，图标用于描述对象，菜单用于为对象选取命令，指点设备支持一些操作，如选取、直观操作、缩放窗口以及移动窗口和图标。每个系统都只有一个指针和光标。

② 差异性。不同操作系统下开发的图形用户界面也有较大的区别：OSF/Motif 的窗口和图标使用了三维特性。Microsoft Windows 在其主要应用程序中使用多文档

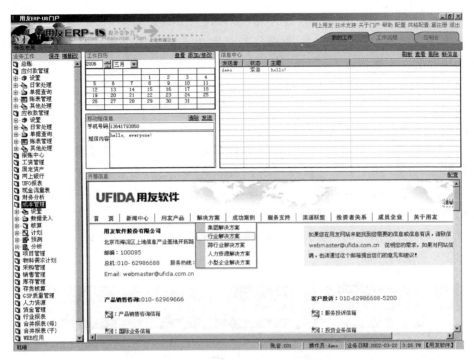

图 13-19 用友 U8 系统图形用户界面

窗口风格。Macintosh 则用一个单独的菜单栏，支持所有应用程序窗口，其他系统则是每个窗口都有菜单栏。为了把命令映射到菜单，OSF/Motif、Macintosh 和 Windows 都遵循了"文件—编辑—视图"的模式。OSF/Motif 可用鼠标左键来进行直观操作，Windows 可用鼠标左键和右键来进行不同的直观操作，Macintosh 则用单独的鼠标按钮来进行直观操作。对于鼠标点击和移动不支持的操作，可以通过鼠标—键盘扩展（按键与鼠标按钮点击的结合）来获得支持。

(2) 网页用户界面（web user interface，WUI）

随着互联网及内联网的发展，越来越多的系统采用 B/S 结构，并使用基于 Web 的用户界面。图 13-20 给出 DELL 公司送货信息录入的用户界面。

在基于 WUI 的应用程序中，信息通常在一个名为"浏览器"（browser）的图形用户界面窗口中显示，浏览器由标题栏、菜单栏、标准工具栏、地址栏、链接栏、浏览区、状态栏组成。WUI 常用组件有横幅、导航栏和超链接。横幅是显示在网页顶部的可视化标题，导航栏是选择信息的超链接选项列表，超链接是显示下一个信息页或把显示焦点移到同一页中其他区域的另一个选项上使用。WUI 还采用各种各样的图形、动画和颜色来描述信息。

此外，WUI 还具有以下特点：

① 窗口，通常位于浏览器窗口内，拥有个性化的浏览及操作方式。

② 菜单，比较不容易操作，也需要依靠额外的编程工作来实现，不如链接直接明了。如果菜单中的功能不便于用户访问，动作选项就会受到限制。

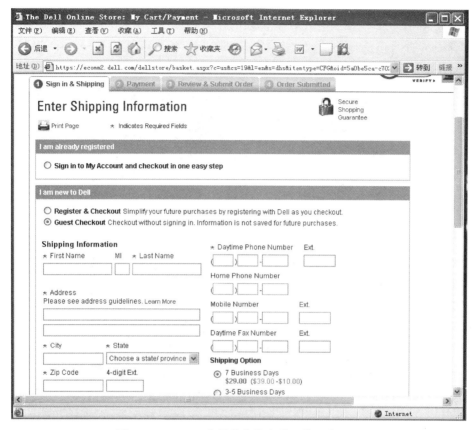

图 13-20 DELL 公司送货信息录入的用户界面

③ 图标。除用"房子"表示首页外，几乎没有约定俗成的图标。很多应用程序为了美观和导航的方便而使用图片和动画。这样会带来负面影响，因为下载和打开图形文件的时间太长，会导致用户的不满或延长回应时间。

④ 指针。手形的指针出现于可点击的链接，鼠标双击的使用被忽略，同时，右键的行为通常是受限制的，且一般不支持拖放操作，除非在某个特殊环境中通过特殊的编程实现。

(3) 手持设备用户界面（handset user interface，HUI）

手持设备是指个人数字助理（PDA）、手机等设备。同台式机及便携机相比，手持设备的屏幕较小。HUI 就是指专门为这类设备开发的用户界面，其整体风格被称为 SIMP（屏幕、图标、菜单、指针）风格，它能提供 GUI 的一些特性，即图标、菜单和指针行为。

HUI 分为两大类：一类是真正的图形界面风格的外观和行为（比较通用，且可使多个应用程序并存）；另一类是图形界面子集（在没有窗口的情况下，只能显示一个对象，类似手机操作）。

尽管手持设备可以连接键盘，但 HUI 通常还是采用手写输入风格，即用户通过手写笔和触摸屏实现输入。有的命令可以使用与 GUI 中的快捷键相同的手写快捷方式来执行。对话框显示为与访问对象交叠的窗口。但这些窗口没有标准 GUI 的修饰性窗口部件,并且不能被移动或改变大小。图 13-21 给出了某款 PDA 访问库存管理系统时的 HUI 界面。

图 13-21　库存管理系统 HUI 界面

13.5　软件结构设计

13.5.1　软件结构设计的目标

信息系统设计的最终结果是形成一个能完成规定功能的软件系统。为了设计这个软件系统,从信息系统分析的详细调查开始到设计已经历了一个漫长的过程,其间的各项工作都是为最终的软件设计服务的。因此,信息系统分析与设计的质量将集中反映到软件设计的质量上。软件结构设计的目标是:提高软件的可靠性、可维护性、可修改性和可重用性。

13.5.2　信息系统的软件结构

物流信息系统是一个复杂系统,为了使复杂问题简单化,人们运用模块化思想构造管理信息系统的软件结构。

模块化原理有两种方法:HIPO 法和结构化设计方法(SD 方法)。这两种方法是目前应用最广泛的系统设计方法。这两种方法有各自的缺点,对于 HIPO 法来说,由于 H 图(功能图)只表示模块间的调用关系,不表示模块间的控制及通信关系,所以必须用 IPO 图对每一个功能模块的"输入—处理—输出"情况进行详细描述。而 SD 方法虽然克服了 H 图的缺点，把 H 图和 IPO 图的功能集中在结构图上，但传统的 SD 方法把整个系统的结构图画在一张图上，对于物流信息系统这样一个大型系统来说很不方便。SD 方法的另一个缺点是：它侧重于系统的"程序结构描述"，且面向系统设计员，不便于用户理解。

实际使用中，系统设计员常常把这两种方法结合起来描述软件结构。这种方法把软件分成两大层次：功能结构层和程序结构层。前者面向逻辑、面向用户；后者面向程序结构、面向系统设计员和程序员。

1. 功能结构层

这一层用 H 图表示，用以描述新系统的逻辑功能，功能结构层在系统分析的逻辑设计阶段，根据新系统的目标和用户需求确定。H 图中的每一个模块称为功能模块。

功能模块是从用户业务的需要及分解的角度出发进行划分的。它确定了新系统的工作范围，指出"做什么"的问题。H 图自上而下分解，并逐步细化，上一层模块是下一层模块的抽象，下一层模块是上一层模块的具体化，直到最低层的功能模块才表示一项具体的、独立的业务信息处理活动。由于 H 图面向业务人员的管理问题，便于用户理解和确认，是 MIS 软件的外壳，编程阶段可以被直接翻译成菜单。

2. 程序结构层

通过层层分解，功能图的基层功能已变得很简单，但它还只是从业务活动的角度进行描述，并没有指出怎样用程序执行，进一步的工作是将它分解成面向程序结构的、更小的模块——程序模块。我们可以用 SD 方法的理论、工具（结构图）及设计和评价原则完成这项工作。

物流信息系统的软件结构设计的任务是为 H 图的每一个基层功能模块设计一张结构图。为了与功能模块区别，结构图中的每个模块称作程序模块，每个程序模块对应一段程序，它也可以是一个公用模块。

若系统有多个基层功能模块，那么需要设计多张结构图，这些结构图便构成了物流信息系统软件的程序结构图，形成物流信息系统软件的内核。

3. 程序结构层的设计过程

我们可以从新系统的数据流程图导出结构图，具体设计过程如下：

① 设计新系统功能图（系统分析阶段已完成）；

② 设计新系统分层的数据流（系统分析阶段已完成）；

③ 根据新系统的基层功能模块所对应的基层数据流导出一张结构图。

图 13-22 是物流信息系统软件结构的两个层次及其设计过程的示意图。可以看出，物流信息系统软件结构可以表示为一张功能图加上多张结构图。

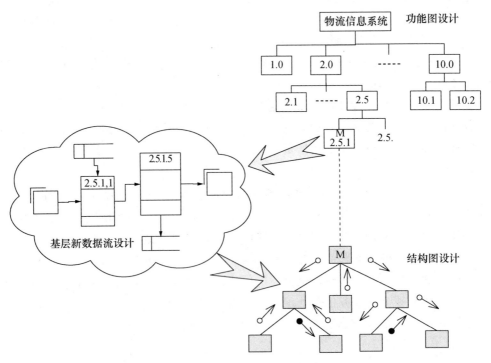

图 13-22 物流软件结构的两个层次及其设计过程

13.5.3 案例：某物流信息系统的结构图设计

1. 结构图设计

以第 8 章案例中的物流信息系统"合同登记"功能模块为例。该模块对应的基层数据流图是图 13-23，由分析可知，它是一张比较特殊的、以变换为中心的数据流图，它只有输入和输出处理逻辑，没有变换中心。以"合同登记"为最高模块，设计的结构图如图 13-24 所示。其中，模块 B 下也可以增加一个"读取合同单"模块，以优化模块 B 的块内联系。

2. 模块说明书的编写

编写模块说明书是系统设计的一项基本工作，它定义了一个模块的处理过程。模块说明书由系统设计员编写，是系统实施阶段进行程序设计的基本依据。

模块说明书应包括以下内容：模块名称、所属子系统、模块的处理逻辑、模块的调用与被调用的关系，以及与模块相关的数据库文件。

一张结构图对应一份模块说明书。因此，模块的调用与被调用的关系、与模块相关的数据库等可以从对应的结构图与数据流图中得到，在模块说明书中则省略。

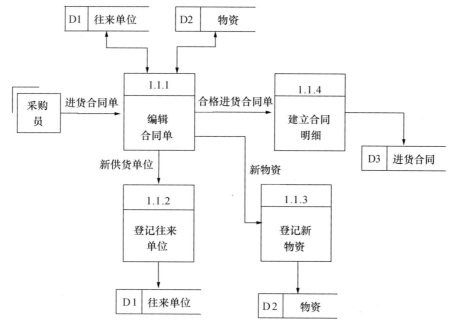

图 13-23 合同登记处理逻辑的细化

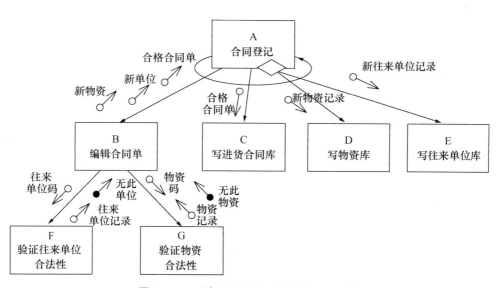

图 13-24 "合同登记"功能模块的结构图

表 13.8 至表 13.14 是对图 13-23 中的模块进行说明的模块说明书。

表 13-8　合同登记模块说明书

模块名称：合同登记
模块标识：A
处理逻辑： 　　对每一张进货合同单 　　调用模块 B，获得合格合同单 　　调用模块 C，将合格合同数据写入进货合同库 　　若是新物资 　　　　调用模块 D，增加新物资到物资库 　　若是新往来户 　　　　调用模块 E，增加新往来户到往来单位库

表 13-9　编辑合同单模块说明书

模块名称：编辑合同单
模块标识：B
处理逻辑： 　　显示进货合同屏幕 　　输入合同依据、合同号、签订日期 　　输入供货单位码，并调用模块 F，调用模块 F 验证其合法性 　　若合法 　　　　在屏幕相应位置显示供应商记录 　　否则 　　　　显示模块 F 发来的标志"无此单位" 　　　　输入新供应商记录 　　　　发送"新单位"给模块 A 　　输入收货单位码 　　（过程同输入供货单位码） 　　输入物资码，并发送给调用模块 G，调用模块 G 验证其合法性 　　若合法 　　　　在屏幕相应位置显示品名、规格、型号 　　否则 　　　　接受"无此物资"，并显示 　　　　输入物资码、品名、规格、型号 　　　　发送"新物资"给模块 A 　　输入合同数量、合同价、技术标准、交货期 　　输入整车、零担、专线、水运的相应数据 　　输入备注 　　校验（视觉）数据是否正确 　　若正确 　　　　将合格合同单发送给模块 A 　　否则 　　　　修改各项数据，直到正确 　　　　将合格合同单发送给模块 A

表 13-10 验证往来单位合法性模块说明书

模块名称：验证往来单位合法性
模块标识：F
处理逻辑： 　　接受往来单位码 　　查往来单位库 　　如果有此单位 　　　　发送该单位记录给模块 B 　　否则 　　　　发送"无此单位"给 B

表 13-11 验证物资合法性模块说明书

模块名称：验证物资合法性
模块标识：G
处理逻辑： 　　接受物资码 　　查物资库 　　如果有此物资 　　　　发送物资记录给模块 B 　　否则 　　　　发送"无此物资"给模块 B

表 13-12 写进合同库模块说明书

模块名称：写进货合同库
模块标识：C
处理逻辑： 　　接受合格进货合同数据 　　按进货合同库要求的内容，写进货合同库

表 13-13 写往来单位库模块说明书

模块名称：写往来单位库
模块标识：E
处理逻辑： 　　接受新往来单位记录 　　写往来单位库

表 13-14 写物资库模块说明书

模块名称：写物资库
模块标识：D
处理逻辑： 　　接受新物资记录 　　写物资库

13.6 信息系统安全设计

13.6.1 先导案例

为了适应集团总体发展战略,天瑞集团决定抓住时机,建设一套先进、实用、可靠的物流信息系统。系统的安全性成为天瑞集团重点关注的内容,系统设计人员通过对策略、技术与管理的有机结合来实现全面的安全设计,采取相应的安全维护措施有:

对重要的网络设备采用 UPS 不间断稳压电源;对数据库服务器、中心交换机等采用双机热备份或磁盘镜像技术,并对管理信息数据采用适当的数据备份系统等;及时安装操作系统和服务器软件的最新版本和修补程序;进行必要的安全配置,在系统配置中关闭存在安全隐患的、不需要的服务;加强登录过程的身份认证,设置复杂、不易破解的登录口令,并经常变更,确保用户使用的合法性,限制未授权用户对主机的访问;严格控制登录访问者的操作权限,将其操作权限限制在最小的范围内;充分利用操作系统和防火墙本身的日志功能,为事后审查提供依据;在各个子公司的服务器上安装防病毒软件、个人防火墙产品,防止各种病毒以及黑客的侵害。

13.6.2 信息系统安全设计的内容

信息系统安全包括两层含义:一是信息安全,二是网络安全。前者是指信息的保密性、完整性和可用性;后者指的是使信息的传输和网络的运行能够得到安全保障,内部和外部的攻击能得到有效的防范。

物流信息系统安全设计应从以下几方面考虑:

1. 人员安全管理

除对重要岗位的人员进行审查之外,在制度建立过程中要坚持授权最小化、授权分散化、授权规范化原则。只授予操作人员为完成本职工作必需的最小权利,包括对数据文件的访问、计算机和外设的使用等。对于关键任务必须在功能上进行划分,由多人来共同承担。

2. 用户标识与认证

用户标识与认证是用于防止非授权用户进入系统的技术措施。用户标识用于表明身份,应具有唯一性。认证用于验证用户向系统表明身份的有效性,通常有三种方法:用户个人所掌握的秘密信息(如口令、电子签名密钥、个人标识号 PIN 码等);用户所拥有的物品(如磁卡、IC 卡等);用户的生理特征(如声音、笔迹、指纹等)。

3. 物理与环境保护

在重要区域限制人员进出，保证公用设施安全，使系统硬件不受损害。

4. 数据完整性与有效性控制

数据完整性与有效性控制要保证数据不被更改和破坏，包括系统的备份和恢复措施；计算机病毒的防范与检测制度；实时监控系统日志文件，记录与系统可用性相关的问题，如对系统的主动攻击，系统处理速度下降和异常停机等。

5. 逻辑访问控制

逻辑访问控制是基于系统的安全机制，确定某人或某个进程对于特定系统资源访问的授权。根据授予用户能够完成指定任务的最小特权的原则，设定用户的角色和最小特权的范围；对访问控制表建立定期审核制度，及时取消用户为完成指定任务已不再需要的特权；对重要任务进行划分，避免个人拥有进行非法活动所必需的授权；限制用户对操作系统、应用和系统资源进行与本职工作无关的访问；如果应用系统使用了加密技术，要对加密方法、加密产品的来源、密钥的管理等进行专门评估；由于信息系统要连接到互联网，要分析是否使用另外的硬件或技术对网络进行安全保护，对路由器、安全网关、防火墙等的配置，端口的保护措施等进行评估。

6. 审计与跟踪

审计与跟踪系统维护一个或多个系统运行的日志记录文件，记录系统应用、维护活动，是进行系统安全控制的重要手段。用户活动记录应支持事后对发生的事件进行调查，包括分析事件的原因、时间、相关的维护标识、引发事件的程序或命令等；应对日志记录文件进行专门保护，对于联机访问日志记录文件要严格控制；必要时，可设立安全管理员（而不是系统管理员）来承担审计与跟踪系统的管理任务。

信息系统安全设计需要依赖多种技术，概括起来有：（1）网络加密技术；（2）防火墙、内外网隔离、网络安全域的隔离技术；（3）网络地址转换技术；（4）操作系统安全内核技术；（5）身份验证技术，如口令认证、数字证书认证；（6）反病毒技术，包括预防病毒、检测病毒和消灭病毒三种技术；（7）信息系统安全检测技术；（8）安全审计与监控技术；（9）信息系统备份技术。由于篇幅所限，详细内容不再展开。这些技术可以单独使用，也可以组合使用。系统设计员在考虑安全方案时，应结合具体应用，权衡各种技术的成本与性能，作出合理选择。

13.7 信息系统设计报告

物流信息系统设计报告是整个系统设计阶段形成的文档的总称。它是物流信息系统实施的依据，所以也称为系统实施方案。系统设计报告不仅要确切反映系统设计方案，而且要按照规范提高报告的编写质量，确保后续工作顺利进行。系统设计报告也是运行与维护的必备文件。

一个好方案的产生必须经过充分讨论与严格审核,因此,在物流信息系统设计报告正式成文之前,要组织专家审核,尽可能避免出现重大问题。

系统设计报告的主要内容有:(1)物流信息系统设计的目标;(2)系统平台的配置报告;(3)数据库文件的设置清单及其说明,如文件名、文件类型、包含的字段、关键字等;(4)代码赋值清单,根据代码结构,列出代码对象的具体代码值;(5)输入、输出设计说明,包括输入、输出格式设计说明;(6)用户界面设计说明;(7)整套结构图及模块说明书;(8)系统安全及保密设计;(9)物流信息系统实施费用的估计。

13.8 案例:昆山铭泰纸业进销存信息系统设计

昆山铭泰纸业是一家小型的纸箱加工厂,自身资源极其有限,企业的整个管理过程、业务流程大多还处于模糊状态,市场运作经验相对匮乏。该企业是典型的订单型生产企业,产品品种规格多,批量小,且经常变化,无法建立稳定的BOM,企业的生产过程很难以一种有序稳定的状态开展,紧急插单生产更是家常便饭,生产计划常被打乱。

因此,该企业急需一款管理系统软件,该系统必须能满足进销存物流的管理,同时必须兼顾与财务数据的一致性,库存商品账必须与财务总账数据匹配。

1. 系统平台设计

本系统采用C/S模式,其网络拓扑模式如图13-25所示,选用Delphi为主要开发工具,结合使用SQL数据库管理系统与Windows操作系统。设计人员既考虑了系统的需求,又兼顾了运行的效率,以及今后系统的功能拓展等,使该系统具有运行效率高、开发周期短、扩展能力强、技术规范等特点。

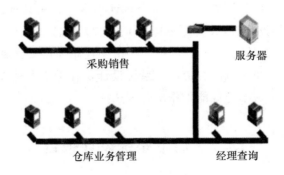

图13-25 统拓扑结构图

第 13 章 物流管理信息系统设计

2. 数据库结构

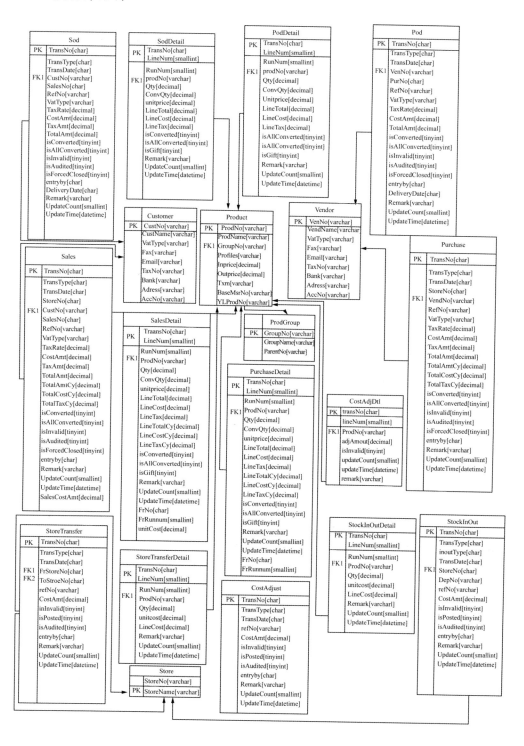

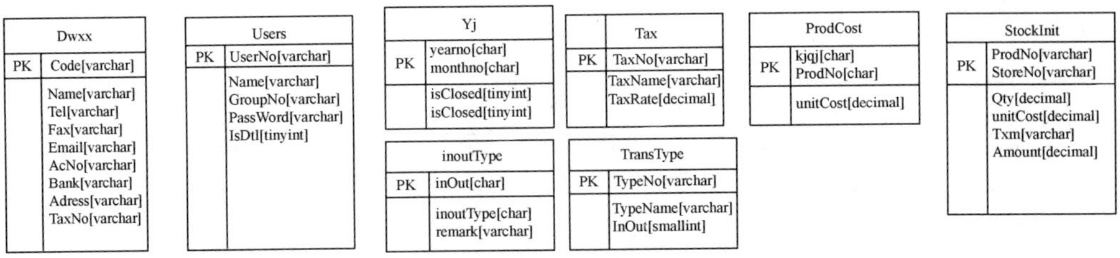

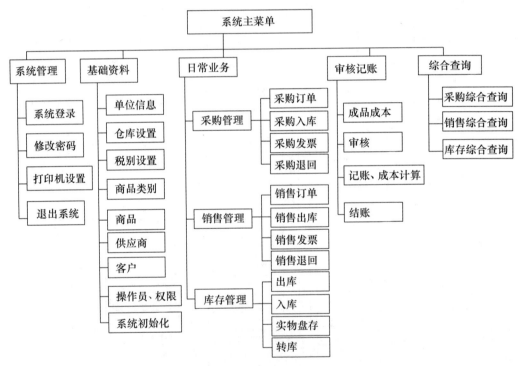

图 13-26 据表结构图

3. 用户界面设计

如图13-27所示，系统主菜单包含系统管理、基础资料、日常业务（采购管理、销售管理、库存管理）、审核记账、综合查询5个部分。在此，以日常业务中的采购管理为例，展示其用户界面设计。

图 13-27 系统主菜单设计

（1）采购订单

采购订单是采购管理的业务入口，采购订单详细记录了采购商品的详细信息，包括供应商、交货日期、采购员、物料明细、价格、金额、税别、系统自动根据税别计算税金。上述信息将为后期的采购收货提供原始依据。

采购订单有多种状态控制：审核、作废、完成、强制关闭。

完全交货后订单自动变为完成状态，若强制关闭，系统将中止该订单的执行，采购入库单将无法引用本订单，即关闭后的订单不允许再收货。

第 13 章 物流管理信息系统设计

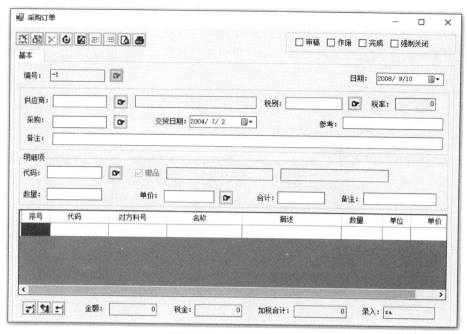

图 13-28 采购订单界面

（2）采购入库

采购入库记录供应商的订单执行情况，采购入库必须引用采购订单，仓库管理人员在办理入库业务时，选定订单后系统自动引入价格、管理人员税别、物料明细等信息，自动更新订单执行状态及订单数据表中的交货数量，核销未交货数量。同时，系统自动增加对应明细物料库存。采购入库界面完全隐藏成本信息。

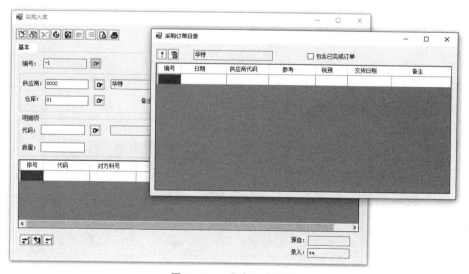

图 13-29 采购入库界面

(3) 采购退回

采购退回是采购入库的逆向操作。操作同采购入库。

利用采购入库与采购退回可以统计订单的交货状态，更新库存信息。

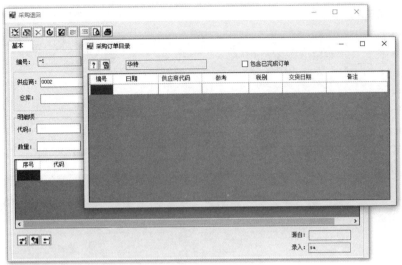

图 13-30　采购退回界面

(4) 采购发票

采购发票模块用于核销所有采购入库、采购退回记录，采购发票业务必须引用相应的采购入库或采购退回业务，业务确认后将自动更新采购未开票记录。采购发票只是一种结算核销行为，对实物库存不产生影响。该模块可以统计所有货到而发票未到的明细，便于与供应商的结算对账。

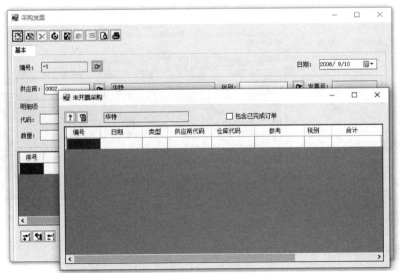

图 13-31　采购发票界面

本章小结

物流信息系统设计是信息系统开发过程中的一个重要阶段,其目标就是为下一个阶段物流信息系统的实现制定蓝图。在这一阶段,我们将在已经获得批准的系统分析报告的基础上,根据系统分析产生的逻辑模型,选择一个具体的计算机系统,设计出能在计算机系统上运行的物理模型。也就是说,系统设计是解决"如何干"的问题。

在物流信息系统设计阶段,通常采用结构化设计方法来进行。结构图是结构化方法的重要工具,可以由数据流图导出。结构图中的每个模块都可以采用 IPO 图来描述。物流信息系统设计阶段的主要工作有:(1)物流信息系统平台设计,确定计算机系统的硬件和软件配置方案;(2)数据存储的详细设计,包括数据库逻辑结构设计和数据库物理结构设计;(3)输入、输出设计;(4)用户界面设计;(5)软件结构设计;(6)其他细节设计,如代码实体赋值、系统安全设计、数据处理方式设计等。

习题

1. 物流信息系统设计的主要任务是什么?它能为下一步系统实施工作提供什么?
2. 请谈谈物流信息系统设计阶段以下各项工作的内容。
(1)数据库设计;
(2)输入、输出设计;
(3)代码设计;
(4)软件结构设计。
3. 从数据流图转换到结构图,有哪几种方法?这些方法各自的特点是什么?
4. 目前有哪几种输入校对方式?它们的优缺点是什么?各适应哪些方面?
5. 用户界面设计有哪几种形式?各自的特点是什么?
6. 如何进行物流信息系统硬件与软件的配置?考虑的因素有哪些?
7. 请指出结构图设计与功能图设计之间的联系与区别。

参考文献

[1] 霍佳震主编:《物流信息系统》,清华大学出版社 2011 年版。
[2] 刘仲英:《管理信息系统(第 2 版)》,高等教育出版社 2012 年版。
[3] 白丽君、彭扬编著:《管理信息系统分析与设计》,中国物资出版社 2009 年版。
[4] John Satzinger,Robert Jackson,Stephen Burd:《系统分析与设计(原书第 4 版)》,耿志强、朱宝、李芳、史晟辉译,机械工业出版社 2009 年版。
[5] 张旭军:《按步建网络——大连钢铁集团企业网络管理方案》,载《中国计算机用户》2001 年第 23 期,第 72 页。

[6] 中关村在线软件事业部:《摩卡服务管理的成功案例:香港空运货站》,http://caifu.zol.com.cn/167/1678575.html。

[7] Ben Shneiderman, *Designing the User Interface 3rd Edition*, Addison Wesley, 1998.

[8] 董河江、张云、任万豪:《数据克隆,铸造集中管理——用友 ERP-U8 在天瑞集团的成功应用》,载《软件和集成电路》2002 年第 8 期,第 66—67 页。

[9] 潘蔚:《昆山铭泰纸业公司进销存管理信息系统设计》,南京理工大学 2008 年硕士学位论文。

第 14 章

物流管理信息系统实施

学习目的

1. 了解外购与外包方案的实施过程;
2. 掌握程序设计的方法;
3. 理解程序调试与系统测试的方法;
4. 了解基于组件的系统开发思想;
5. 了解程序调试、版本管理的基本方法;
6. 了解人员培训的方法;
7. 掌握系统切换的方法。

物流信息系统的实施是开发工作的最后一个阶段,是将"设计图纸"上的新系统方案变成用户看得见、可运行、能够帮助用户完成工作的系统。其主要任务为:(1)根据设计方案购置和安装相关的计算机系统和网络系统;(2)建立数据库系统;(3)程序设计与调试;(4)整理各种基础数据,培训相关的操作人员;(5)新旧系统切换和新系统试运行。其中,第一项任务由计算机设备供应商按设计要求来完成。在熟悉数据库技术的情况下,只需1—2个开发人员,几个工作日就能完成第二项任务。可见,系统实施主要是后三项任务。物流信息系统的实施,可以利用外部资源,如外购、外包等,也可以自行开发。

14.1 外购/外包方案的实施

14.1.1 先导案例

美国惠而浦(Whirlpool)公司1911年于纽约建立,总部设在密歇根州的奔腾港。1991年,惠而浦公司宣布全面收购飞利浦大型家用电器系列,从而成为全球规模最大的大型白色家电制造商。其庞大的物流配送体系的有效运作,很大程度上要归功于物流信息系统外包的成功,通过物流信息系统的外包使得物流过程中库存积压、送货延时、运输不可控等风险大大降低。第三方的物流信息系统帮助该公司及时跟踪货物的运输过程,掌握准确的库存信息,从而合理调配和使用车辆、库房和人员等各种资源。通过为顾客提供实时的信息查询功能，在有效沟通企业生产与顾客需求的同时，为企业与顾客提供了优良的客户服务，使惠而浦公司占有更多的市场。

14.1.2 信息系统的外购与外包方案

所谓外购，就是购买能够满足物流信息系统功能设计要求的软件、硬件或程序模块。这些程序、软件和硬件解决方案通常都是现成的、通用的，由供应商直接提供。

外包（outsourcing）就是物流企业将全部或一部分的物流信息系统，在规定的服务水平基础上，以长期合同的方式委托给外包服务商，由其管理及提供企业所需的物流信息服务。它包括：软硬件维护与支持、技术培训、主机数据中心、客户服务器、网络、桌面系统运营和管理、系统集成、应用开发与实施、电子商务、管理咨询与重构等。

需要强调的是，外购与外包是两个不同的概念。外购侧重的是产品本身，由于购买一次完成，供应商的后续服务（使用培训、技术支持、维护升级等）占整个项目的比重较小。而完整的信息系统外包，意味着使用外部组织来管理和维护内部数据，企业购买的是物流信息系统的使用权，由外包商来履行建设、运行和维护信息系统的职责。

14.1.3 外购和外包的优势

1. 实施外购方案的优点

（1）缩短开发时间

由于企业购买的是现成软件，软件的设计、编程和测试均已完成，并且拥有比较完整的软件文档资料，可以节省大量编制程序、调试程序和测试程序的时间，也可以节省许多人力，从而加快信息系统的开发进度。

（2）减少投入费用

由于购买的现成系统可以缩短系统的开发时间，投入的费用也可以大幅减少。与自行开发相比较，外购的系统可以较快地投入运行，并能较早地产生效益。通常，外购主要是一些通用的系统，通过与软件供应商的谈判，还可能以较低的价格获得软件系统。当然，企业如果购买专用软件，费用可能会高一些。

（3）保证系统可靠性

外购的软件都经过开发商的严格测试，因此可靠性是有所保证的。特别是，当软件系统已经面世了一段时间，并被不少用户所使用，那么该软件的可靠性是值得认可的。因为软件的各种重大错误，甚至一些隐蔽的错误，都已由软件商检测并修正。

除上述优点外，外购软件一般都比较规范，如文档资料完整，叙述规范，操作界面一致性强，并能提供一定的操作培训。

2. 实施外包方案的优点

与外购方式相似，外包也可以通过市场化的方式，降低实施物流信息系统的时间、成本和相关费用，同时将部分风险转嫁给外包商。

由于外包业务与需求方自身的经营活动紧密相关，外包供应方对任务的执行情况直接影响需求方的运营绩效。因此，供应方既要懂得信息技术，还要了解需求方的业务活动。需求方可以要求供应方按照自身特殊的业务需求，对现有的成套软件进行修改，甚至重新开发，这就避免了外购系统通常要对其所购买的通用软件进行二次开发的困扰。

另外，通过物流信息系统外包，企业将信息技术控制权移交给供应方，需求方便能将信息系统的管理和维护的资源节省下来，将更多的精力集中到核心业务上，以增强自身的竞争力。

14.1.4 外购和外包服务的选择

目前，越来越多的物流企业在信息化进程中将外购、外包作为降低运营成本的手段，但在实施过程中，还应注意以下几方面的问题：

1. 系统的效能和效率

企业需要密切关注系统能否高效地满足自身业务的功能需求。无论是外购还是外包，物流信息系统都应该与物流企业的业务流程一致。在实际使用中，物流企业会遇到一些特殊情况，如生产资源的调度系统在正常运转时，需要紧急安排一批救灾物资的生产，供应商的解决方案应当具备处理此类问题的能力。有的系统在长期运行以后，运行效率会随着数据量的增加而下降，这点在规划时就应该注意。

2. 供应商的服务

（1）信誉问题

供应商信誉将影响供应商所承诺的各种服务，如售后服务、技术咨询、响应速度等。

对于外购方案，要选择有信誉的软件商，才能够得到周全的售前服务、售中服务和售后服务。例如，有的软件商不仅送货上门，还负责安装并进行适当的调试和测试。同时，软件商会根据所运行的环境，设置运行的各项参数，并提供免费的培训服务。有的软件商还会提醒用户系统使用的注意事项，明确告诉用户在使用过程中应避免误操作，以及一旦出现误操作应该如何处理等。软件商能否为客户提供长期的技术支持，是评价软件提供商服务水平的分水岭。

对于外包方案，重点考查供应商提供稳定服务的能力和处理紧急情况的响应速度。供应商应拥有有效的数据安全和整合的策略和标准，以防范系统可能遇到的病毒或黑客攻击；同时，应具备完善的数据备份机制，以便在灾难发生后能以最快的速度进行数据恢复或弥补漏洞。

（2）升级和更新

任何一个软件供应商都会不断地修正自己研发的软件系统，使之功能逐渐完善，稳定性日渐提高。那么软件供应商采用何种方式将升级信息通知用户，从升级服务上，能够看出软件供应商对用户的态度，这也是选择外购、外包供应商的重要指标。

3. 不同软件之间的衔接

企业采用外购策略时，会从不同的软件供应商处得到相应的处理程序模块，这会引起不同软件之间的程序调用和数据传递等一系列问题。由于每个软件供应商开发的软件系统都自成体系，开发时一般都不考虑与其他软件程序的接口问题，所以在采取外购策略时，只要有关的软件程序来源不同，就会碰到不同软件之间的衔接问题。

14.1.5 外购方案的实施

实施外购策略，一般要经历以下几个步骤：

1. 掌握信息系统的各项功能

通过系统分析与设计，并参考相关技术文档，开发人员与用户对新系统的目标、结构与功能已经十分清楚，所以这一步骤的主要工作是：

（1）回顾新系统的设计方案

在系统分析与设计阶段，已经生成多种技术文档，根据这些资料就能够确定待购软件的结构与功能模块。这就要求开发人员与用户对新系统的结构与功能非常清楚，还要求开发人员能够结合今后的运行环境，进一步审视系统的设计方案。如一个跨国公司物流信息系统的实施，就需要考虑国外部门在当地的税收政策，所要购买的系统要能灵活处理不同的税率及税务数据，并在与总公司衔接时要具有进行币种汇兑处理的功能。

（2）估计新系统的规模和未来的需求

根据系统设计说明书，确定新系统的规模，同时弄清目前的业务处理量。系统规模与业务处理量密切相关，应当适应业务处理量，并留有一定的富余量。因此，需要预测今后一段时期内的业务量及其增长趋势，并以此估算系统规模的大小，从而做到心中有数。

（3）明确各种条件的限制

物流信息系统的运行与环境紧密相关，各种限制条件都会对系统的运行带来影响。实际上，在物流信息系统的分析阶段，已经调查了物流企业管理环境的各种条件，也充分注意到这些条件对系统开发和运行所带来的限制。在实施阶段采用外购策略时，企业要关注目前所拥有的机器设备以及今后系统运行的平台，重点考虑平台的兼容性，机器设备的配置、运行速度、容量等。

2. 确定软件系统的供应商

在选择软件供应商时，除了考虑上述各种因素外，还要将系统设计说明书分发给软件商。寻找供应商的方法有以下几种：

（1）与计算机硬件厂家联系

硬件厂家会提供一份经过验证的、可在特定硬件平台上运行的软件清单，然后据此与软件供应商联系。

（2）在商业期刊上寻找软件供应商

软件供应商通常都会在商业期刊或是专业杂志上刊登广告，因此，开发人员可以在相应的网站上找到所需软件产品的描述。能和相关行业协会取得联系也是获得软件供应商名录的有效方法。

（3）向同行业的相关企业或专家咨询

咨询时应该头脑冷静，要"过滤"某些"不正确"的信息。一般情况下，专家或资深人员具有丰富的软件选型经验，在帮助企业选择软件包方面具有专长。

（4）采用招标的方式寻找软件供应商

通过媒体或是企业网站发布软件采购要求，向外招标，坐等供应商"上门服务"。

另外，在寻找和选择软件供应商时，要注意对方是否愿意对已开发的软件进行适当改动或二次开发。当物流企业开发力量不够时，可以采用招标的方式，将整个实施过程外包给专业公司来进行。这样不仅可加快进度，还可提高效率，但要进行风险控制。

3. 评估购置软件系统的功能

企业在确定候选软件供应商及相应的软件包之后，就要尽可能地获得供应商及其软件包的有关信息，如商家信誉、承诺服务、软件产品介绍，还要特别关注已经购买、测试或评价过该软件的企业，必要时甚至还要走访这些企业。

如有可能，应该试用有关软件包。对于小型系统，可以采用一些真实数据让系统处理。对于大型系统，需要进行多次测试。通过测试，再根据设计说明书的要求，对软件的功能进行评价。

4. 购置软件系统

对软件供应商及相关软件包作出评估以后，就可以进行购置软件系统的步骤。

软件外购的费用包含两部分：一是软件的使用费，二是软件的维护服务费。购买软件包，并不是购买软件的所有权，而是软件使用权。在软件许可条款中，规定了软件的使用范围，如在单机、一定数量的计算机、网络还是所有站点上运行。在购买时要针对许可证条款进行洽谈。

企业定期（每月或每年）支付一笔费用给软件供应商，当系统出现问题时，可以寻求供应商的支持。当软件新版本发行时，一些软件供应商会与老用户联系，免费或以折扣价格向老用户提供新版本。

5. 安装软件系统

安装软件系统的工作量取决于系统规模的大小。小型系统可能只需要一两天就完成，但对于大型系统或网络系统来说，将需要更多的时间和精力。同时，还要提前制订安装计划，以应付突发事件的发生。如果是定制的软件包，安装过程可能会更加复杂和艰巨。

软件系统安装之后，物流企业还应做好运行数据的准备工作，如期初数据和具体业务数据。软件供应商还要负责软件的设置、测试、用户培训、数据文件导入等一系列工作。

14.1.6 外包方案的实施

如果采用完整的外包策略，物流信息系统的开发和运行维护都可交给外包方负责，因此重点应放在供应商的选择上，其流程如图14-1所示。

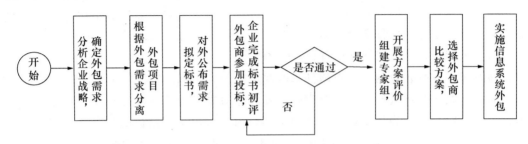

图 14-1 外包供应商选择流程

14.2 程序设计的组织

如果企业采取自行开发的实施策略，就要根据系统设计说明书来组织程序设计，然后编程调试，再进行系统测试，最后完成系统的切换工作。

14.2.1 先导案例

安得物流有限公司创建于2000年，是国内最早开展现代物流集成化管理、以现代物流理念运作的第三方物流企业之一。该公司隶属于美的集团，同时也对外提供物流服务。公司最早通过外包方式开发物流信息系统，但当系统投入运行时，远远无法满足业务和管理的要求。于是公司进行自主研发，其自主研发的安得物流供应链管理信息系统（ALIS2.0）的第一个模块——仓储系统正式上线。至今已有订单系统、运输系统、配送系统、财务系统、人力资源系统、合同管理、保险管理、接口系统、决策分析、计划管理等多个模块，这些模块为公司的持续发展发挥着不可估量的作用。同时，该系统为公司节省了100多万的软件费用。

14.2.2 明确程序设计的目的

进入程序设计之前，所有参与程序设计的人员都必须明确设计程序的目的，了解物流信息系统的总体结构以及数据库设计等。程序设计人员需要明确的是：

(1) 待开发的物流信息系统的目的与功能；
(2) 物流信息系统的总体结构及模块划分；
(3) 程序应实现的功能，在整个系统中的作用和位置；
(4) 程序的前后调用关系以及各种数据信息；
(5) 程序详细的逻辑处理过程以及特殊要求；

（6）程序设计涉及的数据库及数据文件，并注意相关文件的格式要求；

（7）程序设计将要采用的计算方法、处理精度等。

14.2.3 衡量程序设计的指标

程序的质量直接影响整个物流信息系统的质量。为了保质保量完成程序设计工作，就需要对程序质量进行衡量。衡量程序设计工作好坏的主要指标有：

1. 可靠性（reliability）

可靠性包含安全可靠性和运行可靠性两方面。安全可靠性反映在多个方面，如操作人员的安全可靠问题，系统运行时数据存取的安全可靠问题等。运行可靠性是通过高质量的程序设计、细致入微的程序调试、规范严谨的系统测试等工作过程来把关。

2. 规范性（standardability）

规范性要求物流信息系统的划分、书写格式、变量命名等都有统一的规范要求。程序设计的规范化和结构化，都会给日后的阅读、修改、维护等带来便利。

3. 可读性（readability）

程序设计人员所编写的程序应该条理清晰，结构清楚，他人易于理解。因为可读、易懂是今后修改和维护程序的基础。

4. 可维护性（maintainability）

程序设计要做到编程规范、结构清晰、可读性强，否则将会大大增加维护的工作量。

14.2.4 程序设计的方法

1. 结构化程序设计方法

结构化程序设计方法一般对应于结构化系统分析和结构化系统设计。而结构化系统分析与设计，我们在第8章和第9章已详细介绍过。结构化程序设计是以模块化设计为中心，将待开发的软件系统划分为若干个相互独立的模块，这使得完成每一个模块的工作变得单纯而明确，为设计一些规模较大的软件打下良好的基础。

由于模块相互独立，因此在设计其中一个模块时，不会受到其他模块的牵连，因而可将原来较为复杂的问题简化为一系列简单的模块设计。模块的独立性还为扩充已有的系统、建立新系统带来不少方便，因为我们可以充分利用现有的模块进行积木式的扩展。

按照结构化程序设计的观点，任何算法功能都可以通过由程序模块组成的三种基本程序结构的组合（顺序结构、选择结构和循环结构）实现。

结构化程序设计的基本思想是采用"自顶向下，逐步求精"的程序设计方法和"单入口单出口"的控制结构。"自顶向下，逐步求精"的程序设计方法从问题本身开始，经过逐步细化，将解决问题的步骤分解为由基本程序结构模块组成的结构化程序框图；"单入口单出口"的思想认为一个复杂的程序，如果仅是由顺序、选择和循环三种基本程序结构通过组合、嵌套构成，那么这个新构造的程序一定是一个单入口单出口的程序。据此就很容易设计出结构良好、易于调试的程序来。

2. 速成原型式的程序设计方法

这种方法在程序设计阶段的具体实施过程是：

（1）将 HIPO 图（hierarchy input process output）中类似带有普遍性功能的模块集中，如菜单模块、报表模块、查询模块、图形生成模块等，这些模块几乎在每个子系统中都是必不可少的；

（2）具有普遍性的功能模块集中以后，就要寻找相应的、可用的软件工具。如果寻找无果，则要考虑开发一个能够适合各子系统情况的通用模块；

（3）用软件工具来生成程序模型的原型。

如果在 HIPO 图中有一些特定的处理功能或特殊的处理模型，而这些功能或模型又无法通过现有的软件工具来生成，那么就需要程序设计人员专门编制一段程序添加到系统中去。利用现有的软件和原型方法可以很快地设计出所要的程序。

3. 面向对象的程序设计方法

面向对象的程序设计方法（OOP）一般与面向对象设计（OOD）相对应。它是一个简单、直接的映射过程，就是将 OOD 中所定义的范式直接用 OOP 取代。如在 OOD 范式中的类和对象，就可用 C++ 中的对象类型来取代，而 OOD 范式中的处理功能也可用 C++ 中的函数和计算功能来取代，等等。在系统实施阶段，面向对象的程序设计具体步骤是：

（1）分析在问题空间和解空间出现的全部对象及其属性；

（2）确定应施加于每个对象的操作，即对象固有的处理能力；

（3）分析对象间的联系，确定对象彼此传递的消息；

（4）设计对象的消息模式和处理能力共同构成对象的外部特性；

（5）分析各个对象的外部特性，将具有相同外部特性的对象归为一类，从而确定所需要的类；

（6）确定类间的继承关系，将各对象的公共性质放在较上层的类中描述，通过继承共享对公共性质的描述；

（7）设计每个类关于对象外部特性的描述；

（8）设计每个类的内部实现（数据结构和方法）；

（9）创建所需的对象（类的实例），实现对象间应有的联系（发消息）。

14.3 组件开发技术

随着物流信息化进程的快速推进，传统的"从无到有"的开发方式已不能满足市场需求，人们期待物流软件的开发能像堆积木一样通过简单拼装完成，并且开发出来的功能模块不作任何修改就能够应用于其他系统，同时，软件的可维护性和健壮性也能得到保证。组件开发技术的出现很好地解决了上述问题。

14.3.1 先导案例

飞利浦在全国有 40 多家物流供应商,其中有一些比较专业的第三方物流商,有些只是运输公司,如何实现与众多物流供应商之间的数据交换,成为飞利浦信息化亟待解决的问题。

华夏媒体公司是美国 MCC 公司在中国成立的专门从事企业信息化软件开发的公司,其主打平台 iSCM-NetX 可以整合企业供应链过程中不同业务伙伴的信息系统,完成跨企业系统之间的数据交换,实现信息共享。华夏媒体用了不到一个月时间就为飞利浦完成了物流信息交换平台的设计。但是程序设计却没有想象的那么顺利,为了达到飞利浦提出的可以一周全面对接一家企业的物流供应商的要求,设计人员进行了许多通用组件的开发。

14.3.2 组件的定义

组件(component)又称为构件,是指具有一定功能的,可以进行单独开发、编译、调试和测试的独立程序模块。一个组件能够通过接口与其他组件组装并协同工作,也可以装配到不同的软件系统中,以实现软件的复用。

组件的含义可以从以下三个方面理解:(1)组件是一个分布式对象;(2)组件是独立可复用的二进制代码;(3)组件是完成特定功能的软件模块。

14.3.3 组件的特点和标准

1. 组件的特点

(1)即插即用

由于业务逻辑封装在已规划好的组件单元内,组件可以方便地集成于系统中;组件不依赖于操作系统和操作平台,因此在使用时不用修改代码,也不用重新编译。

(2)以接口为核心

组件的接口和实现是分离的,组件通过接口实现与其他组件或系统的交互,组件的具体实现被封装在内部,组装者只关心接口,不必知道其中的细节。

(3)标准化

组件的接口必须严格地标准化,这是组件技术成熟的标志之一。

2. 组件标准

组件标准包括规范的组件接口定义、组件间通信、组件组装的规范,如命名机制、消息传递机制,等等。目前,流行的三种组件标准分别是:OMG 组织(Object Management Group)提出的 CORBA(common object request breaker architecture)、微软的 COM(component object model)和 DCOM(distributed COM)以及 Sun 公司的 EJB(enterprise java beans)。

其中,CORBA 标准在软件行业中最早出现,并以其互操作性和开放性强而著称;EJB 的跨平台性非常强,因兼容性佳和开发简单而受到关注;而 COM、DCOM 则具有制作容易、开发工具众多的优点。虽然 COM 标准在系统平台选择上存在局限,但 Windows 平台下商品化组件较多的局面在某种程度上弥补了这一缺陷。

14.3.4　基于组件开发的优点

早期的物流信息系统就是一段单独的应用程序。但随着应用的复杂性增加,程序规模也变庞大,开发难度也逐渐加大。而基于组件开发（component-based development,CBD）方法的思想是:将一个应用程序分解成多个模块,每个模块保持一定的功能独立性,在协同工作时通过相互间的接口完成实际的任务,这样的模块称为组件。组件可以单独开发,单独编译,甚至单独测试。当所有的组件开发完成后,把它们组合起来就能得到完整的应用系统。

采用 CBD 的优势表现在以下几个方面:

1. 提高开发效率

采用 CBD 方法有利于提高软件开发的速度并降低成本。将组件动态地插入或卸载,可以实现软件模块的即插即用。当客户有新需求时,首先在组件库里找到现有的匹配需求的组件,通过事先定义好的组件接口进行调用,同时重新编写不适用的组件,在较短的时间内就可以编写符合要求的应用程序。

2. 增强程序的可维护性

系统维护时,应尽可能减少代码的修改。传统方法构建的信息系统往往会"牵一发而动全身",局部修改往往影响整个系统的运行,因而整个应用程序都要重新布置。然而,CBD 方法却只需更新部分受影响的组件。组件把应用程序划分成较小的部分,每个部分自身变化造成的影响都局限在一定范围内,这使得应用的重构变得容易。例如,在保持业务逻辑不变的情况下,用户界面可以替换或增加一个可选的用户界面。

3. 方便移植扩展

组件与开发语言无关,也不依赖于操作系统和数据库。良好的平台兼容性使得 CBD 方法能将系统部分或整体迁移到良好构架的应用上去。同时,CBD 方法有助于开发者关注应用集成问题,它以一种增量的方式进行改良,即新组件可以与现存的应用实现互操作,使得逐步扩展或替换成为可能。

另外,CBD 方法还允许软件公司为同一软件产品创建大批组件,提供灵活的产品解决方案,以不同的组件搭配和服务价格区别对待不同企业的需求。

14.3.5　组件化的开发流程

1. 系统的组件化分析

物流信息系统的组件化分析是指分析新系统是否适合用组件化来开发以及分析现有组件或第三方组件的工程。对物流企业来说,它们并不关心物流信息系统具体的实现技术,而是关心系统功能的完整性、稳定性、操作方便性以及前期开发、后续维护与升级的费用。

需要注意的是，CBD 方法并不适用于所有的场合，比如，预期软件不大会发生改变；应用组合的某些部分应用频繁，但是很少需要改动；软件模块偶尔才用到或者软件使用率低。在这些情况下，改动的需求可能很小，CBD 方法的投资回报率偏低。

如果购买第三方软件，则获取组件的一般流程如下：（1）寻找组件；（2）初选候选组件，包括分析组件是否基本满足应用需求，是否具有平台兼容性，还需了解组件供应商特点，考虑能否获得其授权；（3）正式评估，分析软件实现需求的范围，更具体地了解供应商的细节和产品计划的细节以及费用、许可证模式、合同细节等，还需考虑供应商所能提供的支持和维护。

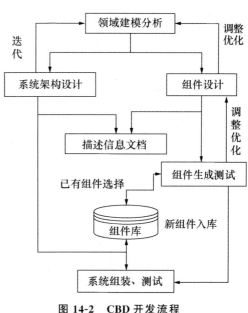

图 14-2　CBD 开发流程

2．组件的接口和功能设计

组件的接口和功能设计是指在对组件化分析的基础上，完成标识组件功能、接口的过程。基于组件的项目有两个基本原则：（1）保持组件接口和组件的简单，即不要试图让组件去实现太多的功能，或提供太多的接口；（2）尝试将复杂的组件分成多个子组件，可以使用功能分解和由上而下的设计，使每个子组件处理一个任务，或者一小批相关的任务。

事实上，在软件设计过程中，组件的角色由组件接口来替代，因此接口设计至关重要。它必须具有高度的内聚性或是聚合度，即接口应该有非常明确的软件应用目的以及相应的处理和操作功能。在设计时，应当充分考虑接口的输入信息、输出信息以及调用前的状态、调用后的状态和备注等方面。伴随着接口的确定，一些具体的互操作也会确定下来，一个标准的接口应该具备良好的互操作性。

3．组件的编码实现和组装复用

在确定组件的接口和互操作功能后，即可正式开始系统的开发，包括新组件的编码实现、已存在组件的剪裁、软件在开发过程中的流程的衔接和组件的组装等工作。同时，通过组件库管理系统，将已有适合的组件和新开发的组件加入组件库，这体现了软件复用的思想。

已有的组件也许与期望实现的接口功能存在分歧，这就需要进行修改。可以按照系统的各个层次分别创建项目，然后对每个项目单独开发与编译。这样，组件在开发时就可以与其他各层进行联调，不必等到所有层次全部开发完毕再进行整合调试，从而方便开发人员尽早发现问题，提高开发效率。

4．组件的测试与部署

组件测试是验证组件是否完成预计业务功能以及是否提供相应的接口的操作。主要方法有单元测试与集成测试,前者用于验证组件本身所能实现的功能,后者验证组件被系统调用的情况。

组件部署包括两方面:一方面指设置本地部署系统如何调用,用作私有程序集还是共享程序集;另一方面是分布式环境中的部署,这涉及组件服务器的搭建和客户端如何访问远程服务器中的组件等问题。

14.4　程序调试与系统测试

14.4.1　先导案例

2008 年,软件测试厂商核心安全技术公司 CST(Core Security Technologies Inc.)透露,苹果电脑 Mac OS X 操作系统上的 iCal 日历应用程序存在三个致命的安全漏洞,这给 Mac 用户造成了严重的后果。经调查,该程序出现安全漏洞的主要原因是测试不足造成的。据了解,软件测试在软件质量安全控制上的地位不可替代。像美国这种软件产业发达的国家,软件企业会将 40% 的工作量花在软件测试上,测试费用占项目总费用的 30%—50%,有时甚至为总费用 3—5 倍。

14.4.2　程序编码

程序编码(coding)就是将处理逻辑转变为可被计算机执行的指令。如果程序设计人员已经具有详细的程序设计说明书,那么编程工作就会比较简单,只需将逻辑处理功能的说明转换成程序代码就可完成编程工作。在编程时要注意:

1. 使用一致的、有意义的变量名

变量的名字应该包括类型信息,这样可以使程序模块更容易理解。例如,变量名的前半部分描述变量的数据类型,后半部分描述变量的实际含义。

2. 加入足够的注释

在每个模块的开头提供:模块名、模块功能描述、程序员姓名、编码日期、模块批准日期及批准人、模块参数、变量名及其用途,还要列出该模块要访问的文件或要修改的文件、模块的输入和输出、错误处理的能力、包含测试数据的文件名等。如果对模块进行过修改,则要列出修改列表、修改日期及修改批准人、已知的错误。除了开头注释外,还应该在代码中插入内嵌的注释来帮助维护人员理解编码的含义。

3. 原错误代码予以保留

事实证明,人们常常会犯同样的错误。很多情况下,某些被修正的错误,很有可能再犯。因此,对于有错误的代码,不应该简单地直接删除,而是应将其转成注释,再加上内嵌注释,这样就可以为日后审计留下线索。

当然,程序的结构也应引起注意,例如,分支结构的嵌套不要太深,模块的语句不要太多,避免使用 GOTO 语句等。总之,最好在编程前制定统一的标准,保证编程风格的一致。

14.4.3 程序调试

程序编码结束后,就要进行程序调试,排查各种错误,如语法错误、逻辑错误等。相对来说,语法错误容易发现,逻辑错误却很难排查。程序调试是系统实施阶段最艰巨的劳动,调试人员必须通过现象找原因。如何在浩如烟海的程序元素中找到出错元素,形同大海捞针,这对程序设计人员的耐心、毅力、技术水平都是一次考验。

1. 程序调试过程

程序调试一是错误定位,二是改正错误。很显然,这是一个循环过程,如图14-3所示。具体步骤是:

(1) 从错误的表现形式入手,分析判断,以确定程序中出错的位置;
(2) 研究分析相关的程序,找出错误的内在原因;
(3) 修改代码,排除这个错误;
(4) 对修改之处进行测试,以确认修改的结果。

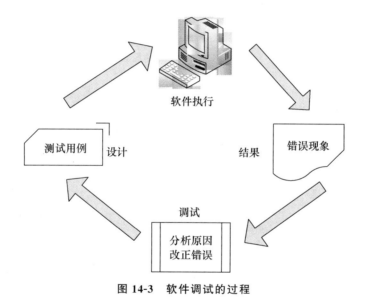

图 14-3 软件调试的过程

程序调试有一定的技术难度,主要表现在:

(1) 产生错误现象与引起错误的语句,两者的位置可能会相距甚远。这种情况在调试耦合的程序模块时会更加明显。

(2) 当纠正某个错误时,可能会使错误所表现出来的现象暂时消失,但错误并未真正排除,即错误可能会更加隐蔽。

(3) 产生的错误并非由一些程序本身的错误所引起,如计算的精度不够等。

(4) 错误的现象可能是由一些人为的错误所引起的,而这些错误又不太容易被发现。

(5) 错误是由于时序问题所引起的,与处理过程并无关系。

(6) 错误现象可能是周期性地出现。这在软、硬件结合的嵌入式系统中比较常见。

2. 程序调试的策略

（1）试探法排除错误

根据错误的现象及征兆，对错误发生的大致位置进行猜测，继而对程序中有怀疑的地方及其附近的区域进行试探。

（2）回溯法排除错误

一旦发现错误，先对错误进行分析，确定其位置，然后沿着程序的控制流程，人工追踪源程序的代码，直到找出错误的根源或是确定产生错误的范围为止。

（3）归纳法排除错误

从一些线索着手，通过分析它们之间的关系找出错误，执行步骤如图14-4所示。

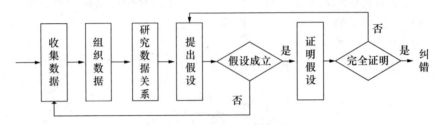

图 14-4　归纳法排错流程

（4）演绎法排除错误

根据已有的测试用例，设想及列举出所有可能出错的原因，然后利用原始测试数据或新的测试数据，逐一排除不可能的假设，最后剩下的原因就是错误的根源，执行步骤如图14-5所示。

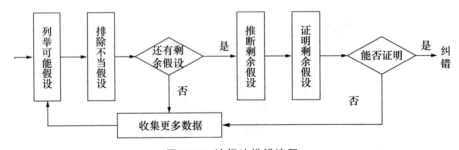

图 14-5　演绎法排错流程

14.4.4　系统测试

先对程序进行测试，然后是单元测试，接下来还要将各个单元连接起来测试。这个过程不断重复，最后组成一个完整的系统，然后对整个系统进行测试。

1. 程序测试

程序测试的方法主要有以下几种：

（1）黑箱测试：不论程序内部如何编制，只需从外部根据"输入—处理—输出"要求进行测试。

（2）数据测试：使用大量的实际数据进行测试。用于测试的数据类型要齐备，各种"边界""端点"都应测试。

（3）穷举测试：也称完全测试，即程序运行的各个分支都必须测试。

（4）模型测试：对所有程序运行的结果都进行核算。

2．单元测试

单元测试也叫模块测试，是对模块的几个方面进行测试，包括接口、局部数据结构、边界条件、出错处理、控制逻辑等。

接口测试是检查程序模块之间的数据流和控制流。如调用变量的属性与模块的参数属性的匹配问题、传送的变量与模块中的参数次序问题等。

模块中的局部数据结构是错误的重要来源，应该从多方面进行测试，包括针对模块中使用变量的初始化问题、数据类型的相容问题、全程数据变量对模块的影响程度问题等。

边界条件测试是重要的测试内容，因为软件的失效常常就发生在边界上，因此需要使用大量的数据来测试。

3．系统测试

单元测试后，还要进行单元的连接测试，最后才是系统测试。如果采用B/S体系结构，还要进行相关的体系结构测试，如事务处理相关性能的测试、不同硬件平台兼容性测试、网络通信的测试等。

（1）连接测试

将两个或两个以上相互关联的程序模块连接起来的测试就是连接测试（link testing），也叫集成测试（integration testing）。

单元测试并不能保证测试完的单元与其他单元之间准确地传递数据信息。例如，运行一个事务主文件更新程序，需要一个验证处理过程，而验证过程的输出必须以适当的形式成为更新程序的输入，为此需要对两个程序模块进行连接测试。连接测试的数据既要考虑正常数据，也要考虑异常数据。测试数据不仅能模拟真实情景，也应考虑接口处数据传递的特点。例如，在两个程序之间传送一个有12条记录的文件，然后再传送一个有0条记录的文件来模拟异常情况。

（2）系统测试

当各个模块没有组装成完整的系统时，是无法模拟实际情况的，如查询、打印报表等处理过程。在系统测试过程中，通过输入数据（包括真实的数据）、执行各种查询、打印报表等来模拟真实的情况。所有的处理和输出结果都要经过仔细、严格的认证和核实，以保证系统运行正常、功能完善。

系统测试的目标是：对所有程序执行最终测试；确定系统各个部分能够正确地集成；确保能正确应付各种实际的处理情形；证明用户可以成功地与系统进行交流。总之，所开发的信息系统能够满足用户的需求。所以，系统测试是否完成取决于用户（如操作人员、各级管理人员等）的认可。

（3）体系结构测试

如采用B/S结构，就需要进行体系结构测试，对架构的分布式特性、事务处理相关的性能、不同硬件平台存在的可能性、网络通信的复杂性、集中式或分布式数据库的协调性等进行测试。以下测试方法供参考：

① 应用功能测试。原则上，客户端应用应该独立地测试，以发现运行中的错误。

② 服务器测试。测试服务器的协调和数据管理功能，考虑服务器性能（整体反应时间和数据吞吐量），有时还要考虑各种突发的数据吞吐以及相应的反应时间。

③ 数据库测试。测试服务器存储的数据的精确性和完整性，检查客户端应用提交的数据，以保证数据的存储、更新和检索。

④ 事务测试。创建一系列的测试以保证每类事务按照要求处理，着重测试处理的正确性，同时关注性能问题，如事务处理的时间和数量、事务失败率等。

⑤ 网络通信测试。验证网络节点的通信是否正确发生，并且消息传递、事务和相关的网络联通有无错误发生。网络安全测试也是测试的一个重要部分。

4．基于非执行的测试

仅仅在系统实施阶段安排测试是远远不够的。例如，需求分析阶段没能对需求说明文档仔细审核，直到开发才发现先前的错误，那么造成的损失可能会很大。所以，测试工作不应该仅仅安排在系统实施阶段，在整个生命周期都要进行。在需求分析阶段要进行需求测试，以便验证需求的完备性、合理性、正确性。对于描述需求的文档也要进行检查，以确保语义表达准确、清晰、不被误解。系统设计阶段，要检查、测试设计方案的合理性、正确性。系统实施阶段的测试当然更需要。在安装、运行与维护阶段，也要进行测试，不断检查更新后的软件版本。

基于执行的测试能够保证软件在正常环境、正常操作时不出问题，但不能保证软件在特定环境、非正常操作时也能正常运行。例如，黑客攻击、意外断电、开发人员留有后门或设置逻辑炸弹之类的问题，在一般的测试中就难以发现。如果某个设计描述被误解，程序的流程和分支判断太多导致发现不了某个分支的错误，数据类型不合理，取值范围太小导致变量越界或溢出，所有这些问题只有在进行基于非执行的测试时才有可能被发现。

基于非执行的测试应当由具备不同技能的测试人员从不同角度去进行。测试人员要对各种文档、图表、程序代码仔细阅读、静态测试，在尽可能理解文档的基础上，分析所有隐含错误并按发生频率将其分级，最后提出合理的修正方案。

14.5 版 本 管 理

14.5.1 版本管理的含义

版本用以描述信息系统或组件的演化状态。一个版本就是软件系统的一个实例，在功能、性能方面与其他版本有所不同，通常，新版本是对前一版本的修正和补充。

版本管理是软件配置管理的核心，是对信息系统不同版本进行标识和跟踪的过程。事实上，对版本的控制操作常常通过一定的策略和规则来进行，主要包括检入、检出,版本的创建、删除与合并,版本审计,版本的历史记录和发行等操作。

版本管理的目的在于对软件开发进程中文件或目录的发展过程提供追踪手段,保证用户在任意时刻都可以根据需要恢复到任何历史版本,同时避免文件丢失和相互覆盖。版本管理记录了每个配置项的发展历史,这样就保证了版本之间的可追踪性,也为查找错误提供了帮助;通过对版本库的访问控制,避免未经授权的访问和修改,可达到有效保护软件资产和知识产权的目的。此外,版本管理也是实现团队并行开发、提高开发效率的基础。

14.5.2 版本管理的主要模型

版本管理模型可分为线性模型、树状模型、有向无循环模型(如图14-6所示)。各自特点如下:

图 14-6 版本管理模型

(1)线性模型是最简单的模型,它以版本出现的先后次序进行排列。在这种模型下,版本管理软件把每一个新版本都看作由当前最近的版本演变而来,版本演变是按照一对一的映射关系进行的。

(2)树状模型以设计方案的版本繁衍过程为依据,其版本号反映了各版本间的从属、并列或继承关系,同时也可以反映设计过程中以某一中间版本为基础,选择多种设计方案从而形成多个设计结果的情况。

(3)有向无循环模型是上面两种模型的综合,通过此模型建立的版本树更符合实际开发的情况。

14.5.3 版本管理中的关键技术

1. 版本演化

软件版本管理中的版本演化分为两种形式:

(1)修订

修订用于表达一个对象经历的一系列演化阶段,各个阶段之间形成线性结构。在修订的过程中,软件本身的基本属性和结构不发生变化,但是属性的定义则不断精细化。

（2）变形

变形用于表达以某个对象为基准，通过适当的功能和结构的变化来获得一系列的变化。变型是扩充软件产品知识的重要途径，整个演化过程形成树状结构。

2. 版本创建、删除的策略

版本的创建策略：版本创建通常在三个时间点发生：

（1）创建新配置项的时候发生，最初版本就为1.0；

（2）在配置项被检入时发生，版本可能朝纵向（若配置项被排他写检出）或横向演化（若配置项被共享写检出）或不演化（若配置项被只读检出）；

（3）在分支时发生，配置项的分支是版本朝横向演化。

版本的删除策略：允许拥有一定权限的使用者手工删除，普通用户无权删除。

3. 分支合并管理模型

（1）版本分支

由于构件的演化方向和开发流程不同，软件版本形成了多分支的树形结构。分支是为了在某个文件上并行开发而临时建立的，分支上的修改迟早要合并到主线，这个整合的过程称为合并。版本分支有以下几个用途：

① 代表独立的开发路径。

② 代表某个构件的不同派生，派生反映了执行的不同时间或空间效率实现、不同平台的端口、有不同窗口系统之间的接口，等等。

③ 代表实验性的开发，此版本在后续阶段会被丢弃或合并到基本开发中。

④ 适应多个开发者同时对同一构件进行修改。分支暂时性地存在，当多个修改版本完成后被合并。

（2）版本合并

合并就是将独立存在于两个版本中的文件结合成一个新版本，然后放到其中的一个分支。分支有以下几种合并方式：

① 仅允许将子分支合并到源分支上，合并后子分支终止。这种方式可以支持试验性开发的分支，也可以支持对一个构件同时修改的管理。

② 仅允许将子分支合并到源分支上，但合并后子分支可以继续发展，并且可在以后某一时刻再次合并到源分支。

③ 不仅允许从子分支向源分支合并，也允许源分支向子分支合并。

④ 允许任意两个兄弟分支之间的合并，合并不限于其在分支中创建的时间顺序，但是分支的结构仍然用于确定它们合并的共同的原始版本。

⑤ 允许非最新版本的分支之间的合并，只要选定的修改互相不依赖，它们没必要是连续的。通过适当的合并机制，旧版本可以获得新功能，成为一个新分支的初始版本。

4. 版本的访问与同步控制策略

软件开发人员对源文件的修改不能在软件配置库中进行，而是复制一份副本到各自的工作空间进行，这时需要规定副本的"读"和"写"权限。访问控制就是用于管理用户存取或修改一个特定软件配置对象的权限。同步控制管理版本的检入、检出控制，规定检入、检出的顺序，以确保不同开发人员并发修改时不会发生混乱。

5. 版本增量存储

软件的不同版本间具有很大的内容相似性，如果对源码的各个版本都进行存储，对计算机空间来说是一种浪费，所以对于各个时期的不同版本的存储，有必要使用增量存储方法，以减少冗余。一般有两种方式：

（1）向前增量方法，存储初始版本的全部内容，后继版本则存储与它们的母版本的差异；

（2）向后增量方法，存储当前最新版本的全部内容，对老版本则存储它们与子版本之间的差异。

14.5.4 版本管理的工具

三种具有代表性的版本管理工具分别是：开源软件 CVS（Concurrent Version System），微软公司的 VSS（Microsoft Visual SourceSafe）和 IBM 公司的 Rational ClearCase。

CVS 的特点是源代码开放，在 Unix/Linux 平台有着广泛的应用；VSS 是微软公司出品的面向 Windows 操作系统环境的文件版本管理软件，几乎适用于任何的 Windows 应用，它通过将各种类型的文件存入内部数据库，帮助用户有效管理工程；ClearCase 则是堪称最好、功能最强大的商用版本控制软件，它包含一套完整的结构透明且界面可亲的配置管理工具，全面支持软件配置管理，适用于那些在复杂环境进行项目开发的团队。

14.6 人 员 培 训

物流信息系统运行得成功与否，取决于用户是否理解，是否知道有效地使用。所以对用户的操作培训，对管理人员的运行和维护培训，是物流信息系统开发不可缺少的工作。

物流企业一般具有网点分布地域广、人员难以集中、管理流程多的特点，特别在要害部门和重要环节，如网点的新订单（业务合同）、财务结算等方面，如果没有一套完善的培训方案，难以正确推广和应用物流信息系统。

14.6.1 先导案例

为了建立高效、迅速的现代物流系统，海尔公司使用了 SAP 提供的 ERP 系统，组建了自己的物流管理系统。ERP 实施后，由于信息化工作的不断推进，原有的手工管理变为计算机操作，这对基层的物流工作者如保管员、司机、年纪较大的采购员均是挑战。因此，海尔物流开展了全员培训，对相关操作人员进行了严格的技能考试，考试通过后才能上岗。物流信息中心也开通了内部培训的网站,详细介绍系统的基础知识、业务操作指导书,并对操作的问题进行答疑,这些均保证了信息化使用的效果。

14.6.2 培训方式

物流信息系统会改变物流企业传统的工作方式、方法、习惯及管理路径,几乎涉及所有员工,因此要进行全员培训。同时,考虑到决策层、管理层、操作人员的权限与职责,对物流业务内涵的掌握要求不同,培训的内容与手段也需分类。通常采用以下几种方式:

1．定期举行物流讲座或研讨会

定期邀请专家及标杆企业的代表,以讲座和座谈的形式,向管理层灌输信息管理理念,从而加大物流信息化改造的力度。

2．以多种形式开展物流宣传

通过板报、宣传栏、知识竞赛、宣传册等形式,向物流相关部门加大现代物流知识的宣传力度,从而保证物流信息化改造的成功。

3．对管理层进行深层次培训

根据系统运行的进度和实际情况,定期对管理层进行业务和技术培训,保证管理层在执行物流运作过程中的准确度,提高物流管理效率。

4．进行专业化培训

对物流公司员工进行具体的物流操作培训,培训方式以"学习班"为主,如有必要,可以采取邀请专家授课和到先进企业培训的形式。

14.6.3 系统操作人员的培训

操作人员培训是与编程和调试工作同时进行的。这样做的原因是:

(1) 编程工作一旦启动,系统分析员就能腾出时间开展用户培训;

(2) 程序编制与测试完成后,系统就将投入试运行。如果这时用户的培训尚未完成,就会影响整个系统实施计划的执行;

(3) 经过培训的用户能够更有效地参与系统测试工作;

(4) 在培训过程中,系统分析员会对用户的需求有更清楚的了解和理解。

对用户的培训,主要包括以下内容:

(1) 系统的概貌及整体结构;

(2) 系统所使用的关键术语;

(3) 系统的分析原则、设计思想,解决问题的步骤;

(4) 系统运行的平台,所用的主要软件工具;

(5) 系统的操作与使用,包括各种数据、文字的输入,相关信息的输出等;

(6) 系统操作中的各种注意事项;

（7）系统中有关数据的收集、过滤、审核、统计的方法；
（8）系统运行过程中可能出现的故障及其排除方法；
（9）系统文档资料的分类以及检索方式。

14.6.4 系统维护人员的培训

物流信息系统的运行与维护主要由用户来负责，因此有必要对今后负责系统运行与维护的人员进行培训。可从以下几方面入手：
（1）项目背景以及对企业目标的支持；
（2）物流信息系统的功能、总体结构和详细结构；
（3）熟悉系统开发中的各种文档资料；
（4）系统流程和所涉及的各种技术问题；
（5）对各种问题的具体解决方法；
（6）系统的输入、处理、输出、流量、负载、通信等问题；
（7）系统运行与维护过程需要注意的问题。

14.7 系统试运行

正式投入运行前，物流信息系统需要经历试运行。系统测试已经使用了相关的测试数据，但这些数据不一定能测试系统实际运行中可能出现的一些事先难以预料的问题，所以让新系统试运行一段时间是对系统最好的测试方式。

14.7.1 先导案例

作为紫竹药业的 ERP 供应商，和佳软件公司在正式上线紫竹药业 ERP 系统前，进行了 3 个月的试运行。试运行期间，各使用单位对运行结果和发现的问题进行了详细记录。经过试运行的考验，系统能基本满足客户要求，达到预期目标和评价标准。接着，企业组织各使用单位进行了项目的阶段总结。各单位对已经上线使用的每个模块每个功能进行上线前后对比，并进行量化描述，对上线后功能的增加或减弱、工作效率的提高、信息响应的速度、信息的可获得性等内容进行评价。还要求各单位提出 ERP 系统还存在哪些问题，对系统的进一步需求等，同时确定修正的方案和实现的时间。

14.7.2 准备工作

系统投入试运行之前，相关的准备工作包括两个方面：场所准备和数据准备。

1. 场所准备

场所准备就是要准备好新系统的实际工作场所。对小系统而言，比较简单，可能只要办公室的一个角落就足够。但对大型系统来说，可能需要若干间机房，房间中的有关配置还需要进行改建和装修，如重新铺设特殊地板，铺设连接各种设备的电缆，还要考虑安装新的安全系统需要增大电网的功率。

2. 数据准备

数据准备就是将原手工处理的文件转换成系统文件的过程。如果是对原系统进行重新开发，则要将原系统中的数据整理出来，并转换成新系统文件。具体工作包括以下几方面：

(1) 各种数据的归类整理要科学，特别是对基础数据的统计工作，具体方法应程序化、规范化；

(2) 计量工具、计量方法、数据采集渠道和程序都应该固定，以确保新系统运行有稳定可靠的数据来源；

(3) 各类统计、数据采集、报表应标准化、规范化；

(4) 将各种准备好的数据装入新系统。

数据的准备过程需要用户和系统开发人员共同参与。因为这些数据都要导入系统，而计算机信息系统对数据的加工处理有自己的要求，所以数据的准备不仅要归类整理，还要对数据进行编码，为数据装入新系统作好准备。

当即将被取代的旧系统也是一个计算机化的系统时，应尽可能将数据转换工作自动化。旧系统可将数据以新系统可接受的格式或标准格式（如 ASCII 码）输出，也可开发相应的程序，将数据从旧系统提取并转换成新系统的格式。数据转换虽然可以借助程序自动完成，但新系统通常还需要一些额外的数据项，如一些控制数据等。这些数据准备的工作量也比较大，而且需要逐个输入。

14.7.3 系统安装

将计算机设备放置到工作场所，并使它开始运行，这就是系统安装。计算机设备可由生产商或供应商负责安装，但用户及开发人员必须参与安装，确保所有设备都安装到位。系统安装后，安装人员应该进行测试，包括单元测试、系统测试、容量测试、综合测试等，以确保这些设备符合预定指标要求，同时确保新系统能够在这些设备上正常运行。

14.7.4 系统试运行

试运行的工作主要包括：

(1) 对系统进行初始化，并输入各原始数据记录。例如，对于物流信息系统，除了初始化外，还需要输入各账户的期初数据，并确保借贷平衡。

(2) 在试运行过程中，详细记录系统运行的数据和状况。

(3) 对实际系统的输入方式进行全面考查。考查可以从输入的方便性、效率性、安全可靠性、误操作的保护等方面进行。

(4) 将新系统的输出结果与原系统的处理结果进行仔细核对。

(5) 对系统的实际运行指标进行测试，如运算速度、传输速度、查询速度、输出速度等，还要测试安全可靠性指标，特别是通过网络传输数据的系统，更应注意这个问题。

14.7.5 系统的转换

试运行结束后,信息系统就可以正式投入运行。在新系统投入运行时,必须处理好与原系统的转换关系。新旧系统的转换方式有多种,如图14-7所示。

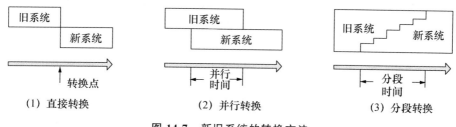

图 14-7 新旧系统的转换方法

1. 直接转换

直接转换就是在确定新系统运行准确无误时,在一个特定的时刻,启用新系统,终止旧系统。对于处理过程不复杂、数据不多、应用场合不是很重要的系统可以采用直接转换的方式。

直接转换通常是成本最低的一种转换方法,因为对用户而言,任何时刻只需操作和维护一个系统。但是,直接转换法风险比较大。因为无论测试和培训多么细致,系统运行后都会遇到在调试与测试过程中没有遇到的问题。一旦新系统无法运行,很可能会使工作混乱。

2. 并行转换

并行转换是指新旧系统同时运行一段时间。在这段时期内,对两个系统的输出进行严格管理,调整它们之间的差异。当用户认为新系统正确无误时,便可以删除旧系统,以新系统完全替代旧系统。

并行转换的优点就是安全、可靠、风险低。如果新系统不能正常工作,旧系统将作为备份系统来使用。另外,由于新旧系统并行工作,可以减轻操作人员对新系统使用的惊慌与不安。并行转换的缺点也是显而易见的,首先是运行成本高,这是由于新旧系统同时运行,就要同时为两个系统的运行支付费用。当新旧系统在技术上不兼容,或者运行环境无法同时支持两个系统时,并行转换就不一定适合。此外,如果两个系统执行不同的功能或者新系统涉及旧系统没有的业务处理方法,并行转换也不一定适合。

一般情况下,银行、金融行业及一些企业的核心系统经常采用并行转换的方式来使新旧系统平稳过渡。

3. 分段转换

分段转换实际是以上两种转换方式的结合,即新系统投入运行时要按阶段或模块来进行,一部分一部分地替代旧系统。对于还没有正式运行的部分,仍然可以在模拟的环境中进行考验。

分段转换能够保证整个系统运行的可靠,与并行转换相比费用低,因为一次只需处理新系统的一部分,同时转换的风险也要比直接转换低。如企业要采用这种转换方式,在系统的设计和实现时就有一定的要求。此外,当新系统不容易被分成几个逻辑模块时,此种转换方式就不能实现。

图 14-8 表示三种转换方式的成本与风险的关系。不论采用何种转换方式,都既要保证业务能够正常开展,有关的数据能及时处理,同时也要使新旧系统平稳过渡,并且不对相关的数据处理产生很大影响。

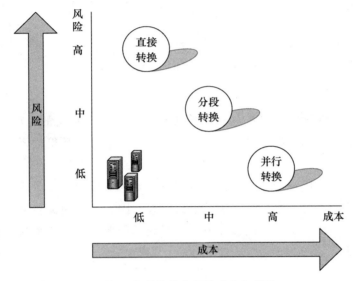

图 14-8 各种转换方式的成本与风险

14.7.6 用户验收

系统转换完成以后,用户就要对新系统进行验收。验收主要是从两个方面进行:一是对所开发的系统进行验收;二是对各种文档资料进行验收。

1. 系统验收

系统验收主要针对系统的有效性进行验收。用户将严格按照开发时提出的需求及相关说明书,逐项进行验收,以确定系统的特性与需求的相符情况。在整个过程中,用户不仅要对系统的运行效率进行评估和验收,还要对系统的可维护性、容错性等进行验收。

验收过程实际上就是由用户来主持的一项测试过程。用户除了对系统的有效性进行验收外,还要对系统的安装、运行环境、相关的配置及系统的配套等方面进行验收。整个验收过程以用户为主,但系统的开发人员也应参加。当用户认为系统的功能与相关需求存在差距时,就要找出原因,同时双方进行协商,妥善地解决所发现的问题。

2. 文档验收

自系统投入开发以来，已经产生许多种文档资料。这些资料既包括开发过程中的各种文档，如规划报告、需求说明书，也包括用户培训的相关文档，如用户手册、操作手册等。因此，用户除了要对系统进行验收，还要对文档资料进行验收。系统开发人员应该提供有关系统开发过程的详细文档资料。

目前，系统开发商都使用一种规范的用户验收文档，它是系统安装或系统完成阶段的陈述被认可后，由用户签署的一种规范协议。用户验收文档具有法律效力，在用户签署验收文档后系统又出现问题时，通常用它来区分、排除或减轻系统开发人员与用户之间的责任。

14.8 案例：基于组件的第三方物流信息系统集成

近年来，国内第三方物流发展迅速。但随着企业对物流服务需求的日益个性化，常规的物流服务在保证供货的准确性和及时性、与顾客的长期关系等方面问题也日益突显。为满足企业对物流需求的变化和多样性，第三方物流必须充分利用信息技术来调整物流，基于组件的第三方物流信息系统集成方案应运而生。

基于组件的第三方物流信息系统集成方案的设计思想是利用组件技术，对第三方物流企业提供的物流服务进行封装，形成可重复利用的物流服务组件。同时，考虑到客户企业物流服务需求的多样性，引入面向服务体系构架，依据客户企业对物流的需求项目，将已封装的物流服务组件集成包装成服务模块。客户企业可以利用内部的信息系统，通过接口对第三方物流企业提供的物流服务模块进行访问、操作、维护，为物流信息系统的集成和互操作提供技术支撑，从而实现客户企业对物流信息的全程可控。系统模型如图14-9所示。

基于组件的第三方物流信息系统集成方案的具体实施步骤为：

（1）通过 EJB 技术对第三方物流企业提供的服务进行封装，形成基本业务组件，例如，装车组件、运输组件、到达组件、库存组件、配送组件、客户关系组件等。

（2）对客户企业进行物流需求分析，制定物流服务集成方案。

（3）物流信息系统的开发人员将业务组件包装成服务模块，使用 Web Service 描述，然后登录物流信息中间交换平台注册用户，并将 Web Services Description Language 发布到服务注册表中。

（4）将服务模块接口提供给客户企业，通过客户企业系统查找、调用物流服务，以实现信息互通。

组件是一个对象（接口规范或二进制代码），接口被明确定义，且具有可重用性。面向服务的体系结构是一种松散耦合的软件体系结构，能够降低服务的提供者与使用者之间的紧密耦合性。二者的结合使得集成方案主要具有以下四个特点：

（1）容易实现。服务接口应用层的访问通过服务模块封装实现，数据交换采用 xml 格式，不用修改原有体系结构。

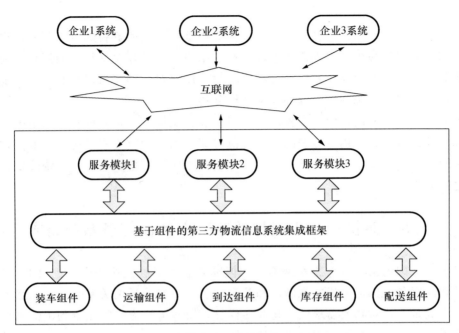

图 14-9　系统模型

（2）松散耦合。服务体系结构将服务实现和客户如何使用服务完全隔离，屏蔽了具体的细节，使得修改可以完全不受影响。

（3）数据访问安全。由于应用是基于服务的，数据交换的格式是 xml，而数据库一般部署在防火墙后，因此整个平台信息的访问也是安全的。

（4）能通过提供增值服务实现平台自身效益。平台能够收集物流实体的交易数据，可以有偿为客户提供定制数据模型，同时可以以会员形式或服务次数收取服务费。

该集成方案在开发方面也具有相当的优势，主要体现在：（1）利用现有资源可以将物流服务构造成现有组件的集合；（2）面向服务的体系结构可以使不同平台应用程序之间服务模块的部署变得更加一致；（3）降低了开发成本；（4）便于改进业务流程，提高服务质量。

本章小结

物流信息系统的实施是开发工作的最后一个阶段，是将"设计图纸"上的新系统方案变成用户看得见、可运行、能够帮助用户完成所需功能的实在系统。这个阶段的工作重点是建立数据库系统、程序的设计与调试、整理各种基础数据、培训相关用户、新旧系统切换和新系统试运行。

物流信息系统的实施，可以利用外部资源（如外购、外包）开发，也可以依靠自己的力量自行开发。外购或外包的优点是开发的时间短，投入的费用比较少，但系统的运行维护可能也需要依赖外部力量。而自行开发需要的时间可能比较长，要完成的工作比较多，投入的费用也比较大，但整个开发过程能够培养有关人员，这可能有利于系统的运行和维护。物流信息系统的实施，还可以采用基于组件开发的技术，能够提高开发效率，增强程序的可维护性，还方便移植扩展。另外，当物流信息系统的规模很大时，需要多人并行开发，此时应当做好版本管理工作，并选用适当的版本管理工具。

不论采取何种系统的实施策略，在系统投入运行之前，都需要进行新旧系统的转换工作。不同的转换方式具有不同的风险和费用。开发人员与用户应该充分了解这一点，以保证新旧系统的平稳过渡。

习题

1. 外购系统的方案有什么优点和缺点？
2. 在选择物流软件供应商时应注意哪些问题？
3. 系统实施过程中的编程工具有哪几类？它们分别适用于何种场合？
4. 什么是系统测试？系统测试的目的是什么？哪些人员需要参与系统测试？
5. 在新系统实施之前，哪些人必须接受培训？
6. 哪种系统转换方法费用最高？哪种系统转换方法风险最高？为什么？
7. 分析员常在系统测试时使用真实数据，有无可能在一些环境中使用模拟数据比真实数据更有效？如可能，这样的环境有哪些？
8. 适应性维护和完美性维护有何不同？请举例说明。
9. 组件开发技术给物流软件产业带来哪些影响？
10. 如果一位负责物流管理信息系统的项目经理说："维护系统的分析员和程序员不需要任何新的软件工具，因为他们只是编写补丁程序。"你能用什么观点改变这位经理的想法？
11. 参观某个物流企业的信息系统部门，调查了解其系统开发的过程，如有可能，阅读开发的相关文档资料。
12. 检查一个复杂的终端客户软件包，如 Microsoft Office，分析该软件在哪些方面（如果有的话）使用了基于组件的软件开发？
13. 分析计算机硬件基于组件的设计和结构与计算机软件基于组件的设计和结构有什么相同之处和不同之处？计算机软件是否可以获得像计算机硬件一样的插拔兼容性？

参考文献

［1］霍佳震主编：《物流信息系统》，清华大学出版社 2011 年版。
［2］刘仲英：《管理信息系统》，高等教育出版社 2012 年版。
［3］白丽君、彭扬：《管理信息系统分析与设计》，中国物资出版社 2009 年版。

[4] John Satzinger、Robert Jackson、Stephen Burd：《系统分析与设计（原书第 4 版）》，耿志强、朱宝、李芳、史晟辉译，机械工业出版社 2009 年版。

[5] 雨田：《赢得外包 分析惠而浦（美国）的物流外包伙伴》，http：//biz.163.com/05/0511/10/1JFC92A600020QDS.html。

[6] 谢淑润：《细节决定成败——浅析安得物流成功之道》，载《中国储运》2007 年第 9 期，第 56—58 页。

[7] 21 世纪经济报道：《飞利浦物流："第四者"插足"第三者"》，http：//www.chinawuliu.com.cn/xsyj/200407/21/131563.shtml。

[8]《最新软件精选 复制速度大提速》，载《新电脑》2008 年第 7 期，第 88—90 页。

[9] 网络事业部：《SAP 助海尔物流信息系统建设案例分析》，http：//www.chinawuliu.com.cn/information/200409/13/150464.shtml。

[10] 陈慧：《ERP：紫竹药业的一剂良药》，载《电子商务世界》2004 年第 7 期，第 27—29 页。

[11] 李楠、房凯：《基于组件的第三方物流信息系统集成方案研究》，载《商场现代化》2009 年第 15 期，第 71—72 页。